主　　　编　张士辉

副　主　编　陈青鸿　方先勇

执 行 主 编　方先勇

执行副主编　项琳冰

编　　　辑　陈小洪　阮星一

　　　　　　林复初　乐丹丹

改革开放40年
大事记

ANNALS OF 40 YEARS OF
REFORM AND OPENING UP
IN WENLING

（1978—2018）

温岭市委党史研究室（温岭市地方志编纂室）◎编

ZHEJIANG UNIVERSITY PRESS
浙江大学出版社

·杭州·

图书在版编目（CIP）数据

温岭改革开放 40 年大事记(1978—2018) / 温岭市
委党史研究室(温岭市地方志编纂室) 编. -- 杭州 ：浙江
大学出版社，2024. 10. -- ISBN 978-7-308-25475-5

Ⅰ. D619.554

中国国家版本馆 CIP 数据核字第 2024V9N332 号

温岭改革开放 40 年大事记(1978—2018)

温岭市委党史研究室(温岭市地方志编纂室)　编

责任编辑		钱济平
责任校对		朱卓娜
封面设计		雷建军
出版发行		浙江大学出版社
		（杭州市天目山路 148 号　邮政编码 310007）
		（网址：http://www.zjupress.com)
排　　版		杭州星云光电图文制作有限公司
印　　刷		杭州钱江彩色印务有限公司
开　　本		710mm×1000mm　1/16
印　　张		22.25
字　　数		320 千
版 印 次		2024 年 10 月第 1 版　2024 年 10 月第 1 次印刷
书　　号		ISBN 978-7-308-25475-5
定　　价		75.00 元

浙江大学出版社市场运营中心联系方式：0571-88925591；http://zjdxcbs.tmall.com

序

　　温岭,祖国东海之滨一颗璀璨明珠,是中国大陆新千年和 21 世纪第一缕曙光首照地,被誉为"曙光首照地,东海好望角"。党的十一届三中全会以来,百万温岭人民沐浴改革开放春风,在中国共产党的领导下,以经济建设为中心,勇立时代潮头,敢闯敢干,砥砺前行,以自己的聪明才智和辛勤劳动,谱写了一页又一页辉煌的历史华章。改革开放之初,温岭作为民营经济发祥地、股份合作经济发源地和市场经济先发地,成为浙东沿海地带经济最活跃、发展最快的地区之一。40 多年来,温岭经济总量大幅跃升,经济结构不断优化,民营经济蓬勃发展,城市化进程快速推进,经济社会各项事业持续、快速、全面、健康发展,形成了机制灵活、市场活跃、民资丰厚等鲜明的区域经济发展特色。温岭实现了从农业大县到经济强市①的成功跨越,人民生活实现全面小康,经济社会面貌发生翻天覆地的变化。

　　1978 年,温岭全县生产总值 2.03 亿元,人均生产总值 218 元,财政收入1805 万元,社会消费品零售总额 1.06 亿元。至 2018 年,温岭全市生产总值 1091.06 亿元,人均生产总值 89378 元,财政收入 130.7 亿元,社会消费品零售总额 633.34 亿元,是温岭发展速度最快的时期。改革开放的辉煌成就,归功于中国共产党的正确领导,归功于温岭人民一往无前的进取精神和波澜壮阔的创新实践。

　　《温岭改革开放 40 年大事记(1978—2018)》用翔实的史料,以编年体的形式,全景式展现了温岭改革开放 40 年的清晰脉络,记录了温岭人民

---

　　①　1994 年 2 月 18 日,温岭撤县设市。

开拓进取的坚实步伐，彰显了温岭大地激荡人心的沧桑巨变，是一部科学严谨、实用性强的资料性专著。这本 40 年大事记的出版，为温岭全市干部群众回顾总结改革开放和社会主义现代化建设成功经验提供了真切生动、内容翔实的丰富史料，也为 120 万温岭人民留下了创业创新、奋发图强的宝贵精神财富。

　　铭记历史，鉴往知来，启迪当今，激励后人。我们要从这本 40 年大事记所记载的奋斗历程中汲取智慧和力量，总结经验得失，探索发展规律，不断开拓进取，奋勇迈进新征途。当前，我们正在以中国式现代化奋力书写全面推进中华民族伟大复兴的温岭新篇章，全市上下要以习近平新时代中国特色社会主义思想为指导，感恩奋进再出发，创新引领再创业，形成团结奋斗、众志成城的强大合力，向湖向海向未来，加速实现"两城两湖"精彩蝶变，再创温岭发展新辉煌。

中共台州市委常委

温　岭　市　委　书　记

2024 年 2 月 27 日

编辑说明

一、《温岭改革开放 40 周年大事记(1978—2018)》(以下简称《大事记》)以马克思列宁主义、毛泽东思想、邓小平理论、"三个代表"重要思想、科学发展观、习近平新时代中国特色社会主义思想为指导,坚持辩证唯物主义和历史唯物主义的立场、观点和方法,以"存真求实"为原则,全面客观地记载温岭改革开放 40 年来的重大历史实践活动和巨大成就,涵盖政治、经济、军事、科技、文化、教育、卫生、人民生活、社会风俗等诸方面的大事、要事、新事、特事,全方位展示温岭人民 1978 年至 2018 年波澜壮阔的奋斗历程和创业创新征途。

二、《大事记》的编写根据《温岭市志(1988—2007)》编纂过程中积累的大量资料,往前溯源到改革开放起始的 1978 年,往后循迹到改革开放 40 周年的 2018 年。编纂内容从《温岭县志》《温岭市志》和有关文件、档案、年鉴、报刊、书籍中搜集精选大量资料整理编写,编辑部还征集采访大量史料,经考证、核实后载入,一般不注出处。

三、《大事记》以公元纪年,采用编年体记事,每年以月、日为序记载,同日发生的不同事情,次条标以"同日"记载。全年综合性、归纳性和统计性的事物一律以"是年"置于该年纪事之末。某些事项因涉及多个时间节点,为体现事物发展的全貌和完整性,采用纪事本末体记述,避免同一事物记载过于烦琐,做到主线清楚、大事突出、客观反映事物全貌。

四、《大事记》编写以语体文记述,行文力求通顺流畅、言简意赅。书中涉及的地名、机构名称、事件、人名及职务等沿用历史称谓。

五、《大事记》的记载以揭开改革开放序幕的党的十一届三中全会为开篇,为体现 1978 年历史记载的完整性,在该年末附记了 1 月至党的十一届三中全会召开前的历史大事。书末以人口数、气象数据、历年生产总值、财政收入与支出等 7 张数据表格作附录,力求突出资料性、准确性、客观性、全面性原则。

由于《大事记》所记内容时间跨度长达 40 年,涉及面广,史料搜集难度大,加之编纂人员水平之限,编纂过程中难免存在疏漏和不妥之处,恳请读者谅解和批评指正。

目 录

温岭改革开放*40*年大事记

1978 年

12月18—22日　党的十一届三中全会在北京召开。全县广大干部群众通过阅读报纸、收听广播等方式学习领会党的十一届三中全会精神。

12月　成立县农垦局,专门管理农场和海涂围垦。1984 年 4 月撤销。

是年　开始实行义务兵与志愿兵相结合的兵役制。

是年　松门礁山建县台湾渔民接待站。

是年　县饲料公司成立,开始生产和推广配(混)合饲料喂养畜禽。全县各地牧场普遍使用。

是年　县水利局大米草试验推广项目获全国科学大会奖,奖励载重汽车一辆。

是年　全县农村私营油坊进一步发展,除部分土榨外,淋川镇、岙环镇,横山乡等乡镇还出现机械榨油。

是年　松门粮油加工厂改革米糠榨油,采取净糠上榨、鲜糠压榨、控制糠温等方式,改用螺旋喂料器、改革榨螺及圆排配件,使米糠出油率稳定在 11.78％、利用率达 84.35％。次年 2 月,浙江省粮食局在该厂召开全省米糠榨油现场会。

是年　县教育局分上半年和下半年两次组织对全县民办教师进行文化考查,同时进行政治考核,并规定从下半年起一律停止招收民办教师。至年底,核定中、小学正式民办教师 1875 名,劝退 146 名。

是年　全县共有 7791 个生产队,20.2 万户,集体牧场 664 个,70％的生产队实行定额记分。社员口粮实行基本口粮以人定量为主,超过口粮部分按劳分配。

是年　全县共有社队企业 1792 家,其中农业企业 734 家,从业人员 13795 人,总收入 850 万元。工业企业 834 家,从业人员 27063 人,总收入 2677 万元。

是年　全县生产总值 20355 万元,其中第一产业 8462 万元,第二产业 5797 万元,第三产业 6096 万元,人均生产总值 218 元;财政预算收入 1805 万元,财政预算支出 1186 万元。年末全县共 941791 人。

附

1 月 4—6 日　县农办在横河公社召开农副业统一分配座谈会。

1 月 10—13 日　县第七次工会代表大会召开。大会选举第七届委员会委员 29 人,王梅生为主席。

2 月 19 日　县物资局、农林局联合发文,分配供应工农-12 型拖拉机 32 台,机动喷雾器 26 台,动力机 295、195 等 50 台,凭公社介绍信和农机公司物资供货通知单购买。

3 月初　召开有 3000 余人参加的农业学大寨经验交流会。会后组织基本路线教育工作队,进驻各社队,深挖深查,开展"一批双打"(批判"四人帮",打击贪污盗窃、打击投机倒把)运动。

3 月 13 日　温岭糖化厂(位于箬横山前)因甘蔗垛倒塌,5 人被压身亡。

5 月 4 日　县物资局将 495 台农收-1A 型打稻机分配至各区供销社:城关 50 台、城北 50 台、城南 30 台、温西 40 台、大溪 55 台、泽国 65 台、新河 90 台、箬横 80 台、松门 35 台。

5 月 26 日　光明公社拖拉机站成立。次年改为农业机械化服务公司,系台州首创。

5 月　岙环联办盐场改为县内第一个社办盐场。

6 月 23 日　琛山、温峤等 4 个公社 10 个生产队的 11.5 亩晚稻秧田,因误将除草剂一号当除草醚使用,造成秧根烂死,致使 180 余亩晚稻无秧种植。

7 月 4 日　恢复县人民检察院。

8 月　地方国营温岭化肥厂在城关北塔路建成投产。

8 月 26—29 日　全县农业学大寨经验交流大会召开,同时举行庆功授奖大会。

9 月 20 日　凌晨 1 时 45 分,石塘镇桂岙大队杨和祥,男,24 岁,持三角刀等凶器刺伤同船(温渔 2205 号船)8 名渔民(其中一人死亡)后,劫船逃跑至台湾。

9 月 29 日　县委宣布再次"大办民兵师",成立县民兵师和武装基干民兵团,并任命民兵师和基干团干部。

9 月　浙江省温岭师范学校重建(1985 年 4 月后,归属台州地区管理)。

同月　撤销区、社教办,恢复校长制。

同月　厂矿企事业单位不再设立革命委员会(革命领导小组)。次年 3 月,撤销各区革委会(革领组),恢复区公所。

同月　长屿罗西小学新建的校舍,因质量差而倒塌,致使 78 名师生受伤。

同月　浙江省农业科技大会授予温岭县畜牧兽医站为红旗单位。

同月　温岭早稻一季平均亩产超"纲要"(800 斤)。

10 月 16 日　县广播事业局成立。原广播站、广播转播台划归该局管辖。

10 月 26—29 日　召开共青团温岭县第七次代表大会,选举产生共青团温岭县第七届委员会,会议选举委员 33 名,樊友来任书记。

10 月　全县中小学撤销红卫兵、红小兵组织,恢复学生会,少先队组织。

同月　县电视转播台在城关镇梅坑村龙岗山建成并开播。

11 月 8—11 日　县第五次妇女代表大会举行,选举产生县妇女联合会第五届委员会,会议选出执行委员 44 名,叶瑞瑾为主任。

12 月　召开县第二次科学技术工作者代表大会,重新成立县科学技术协会,选举产生县科学技术协会第二届委员会。

1979 年

1 月 1 日　集体商店职工开始实行退休制度,按国营企业标准执行。

1 月 8 日　恢复县委统战部,组织检查落实各项统战政策。

1月9日　县冬季物资交流大会在城关镇召开，历时4天。总成交额115.8万元。

1月13日　恢复县文化馆建制。

1月30日（正月初三）　高达5.3米的异潮（群众谓之"拜岁潮"）浸入上箬塘及松门镇南片盐塘，土石坍毁严重，两塘损失5万余元。灾出意外，十分罕见。

1月　县商业局首先在国营温岭理发店实行经营承包责任制试点。4月，扩大到温岭旅馆、车站旅馆、温岭照相馆。

2月2—16日　县委召开四级干部大会，传达中央〔1978〕77号文件，学习党的十一届三中全会公报和中央〔1979〕4、5号文件，传达省委六届二次全会扩大会议精神。会议第一阶段有390余人参加，第二阶段扩大到3000余人，会议确定把全县工作重心转移到社会主义现代化建设上来。

2月15日　贯彻中共中央〔1979〕5号文件及《关于地主、富农分子摘帽问题和地、富子女成分问题的决定》精神，分别在城关、泽国、新河对地主、富农、反革命、坏分子（时称四类分子）进行评审摘帽试点，然后分3批进行，至1983年底，摘掉全部四类分子帽子，纠正错戴帽子243名。其间，对地、富子女都新定了成分。至此，结束历时30余年的监督改造工作。

2月　县总工会创办县职工业余学校。

3月4日　城关粮油加工厂增设"粮食检验仪器"车间，次年1月9日，定名为"温岭粮食检验仪器厂"，实行独立核算。

3月28日　县革委会发出《关于开放粮油市场，建立粮油交易所的通知》，允许农民和完成粮油征购（包括加价）任务的生产队自营粮食和食油。

3月29日　中共浙江省委、省革命委员会命名松门粮油加工厂为"大庆式企业"。

3月　新河区卫生院经省卫生厅批准升格为温岭县第二人民医院。

同月　城南区岙环乡照谷农业合作社社员于1956年首创的照谷型滚水土石混合坝项目获省科技大会三等奖。

4月3日　温岭县人民医院改称为温岭县第一人民医院。

4月15日　下午2时半,以箬山陈其伍为首的4人乘台轮建兴5号至台湾基隆,在履行加入特务组织手续后,被派回大陆潜伏。同年6月28日,陈其伍向温岭县公安局投案自首。同案犯姚叶雷、邬加兴、陈其四,分别于7月1日、8月在福建连江县和大陈岛被边防部队抓获归案。

4月30日　牧屿饲料厂建成,系全县粮食部门首家专业生产配合饲料的加工厂。

4月　县委针对有些地方自发出现的"分小小队现象"(明组暗队),强调要稳定"三级所有,队为基础"的制度。上半年全县并回98个"明组暗队"的生产队。

5月　建立县基本建设委员会。

同月　成立县归侨、侨眷联合会筹备组。

同月　县纪律检查委员会筹备小组建立,沈清成任组长。

6月12日　浙江省委任命施希圣为中共温岭县委书记。吕金浩任县革委会主任,汪升义为县革委会副主任。

7月1日　县七届人大一次会议选举产生第七届人民政府县长1人和副县长6人。县长吕金浩,副县长王梅生、林美富、阮秋生、林耀秋、李昌祥、汪升义。

7月2日　恢复县农业银行,各区的银行营业所划归县农业银行领导。

7月15日　凌晨4时40分,县百货公司泽国批发部小百货仓库(6号仓)因赛璐珞皂盒自燃引起火灾,烧毁仓库8间(250平方米)和全部小百货商品,经济损失30.82万元。

8月　浙江广播电视大学温岭工作站建立。

同月　成立县工农业余教育委员会。552个大队开办夜校,3万余人参加学习,7000余人摘掉文盲帽子。

9月8日　县委召开庆功大会,表彰江建军等50名温岭籍干部、战士在对越自卫反击战中荣立军功。其中一等功1人,二等功2人,三等功

47 人。立功人员的亲属应邀参加大会,县委号召全县青年"向英雄学习"。

9 月 11 日　城关镇中城区从事理发的个体户周德清领到了工商营业执照(岭工商记字第 0000007 号),为全县已知的最早持有执照的个体工商户。

9 月 27 日至 10 月 8 日　石塘镇武装民兵营 2 连 2 排计 58 人举行抗击小股敌人袭扰登陆、实弹战术演练。军分区、县区镇领导,全县区公所、人民公社专武干部、有关单位的民兵干部临场观摩和检查指导。

9 月　集体商店首次建立工会组织。

同月　县广播事业管理局首次开办工商广告服务。

同月　温岭电影院竣工。该工程于 1975 年 11 月筹建动工,共投入资金 38.5 万元(不含内部装潢),占地 2070 平方米,总建筑面积 1713 平方米,内设座位 1397 个,以及儿童补票处、值勤室、机房、舞厅、售票亭等。同年 10 月 1 日,开始对外实行"敞门入场"。

10 月 3 日　县委决定恢复县人民武装委员会,吕正浩任主任。

10 月 18—21 日　中共温岭县第五次代表大会召开。出席正式代表 592 人,列席代表 93 人,代表全县 19265 名党员。会议主要内容是进一步学习贯彻党的十一届三中全会、四中全会和五届全国人大二次会议的精神;听取和审议四届县委《解放思想,同心同德,为加速社会主义现代化建设而奋斗》的工作报告,总结县第四次党代会后 9 年来的经验教训,讨论确定党的工作重点的转移,落实全县在三年国民经济调整期间的经济建设和党的建设任务;通过《关于四届县委工作报告的决议》。大会采取无记名投票、差额选举的方式,选举产生中共温岭县第五届委员会委员 39 人,常务委员会委员 14 人,施希圣当选书记。

11 月 1—6 日　国家科学技术委员会在温岭召开全国第二次引种推广大米草现场会,辽宁、河北、天津、山东、上海、广东、广西等十多个省、自治区、直辖市和中央有关部委、高等学校、科研单位及浙江省内沿海各地、市、县代表共 130 余人参加会议,其中专家十余人。

11 月 22 日　温岭县卫生进修学校成立。

11 月　经省民政厅批准恢复建立石陈区(渔业区)。

12 月 15 日　重建石陈区粮食管理所。

12 月 21 日　疏浚五湾河工程启动。河道北起廿四弓河的永安闸口,经新河、箬横两区至松门王家闸,总长 15.2 公里。投放劳力 44.6 万工,完成土方 75.75 万立方米,增加蓄水量 40 万立方米,受益农田 8 万亩。

12 月 28 日　国务院授予大溪供销社赵振巨全国劳动模范称号。

12 月　县委成立落实政策办公室。复查"文化大革命"期间 1150 名受审干部和 19 起重大集团性案件(涉及 2300 人)。除一人外,其余全部平反昭雪。

同月　重建县人民法院审判委员会。

同月　江厦潮汐试验电站建成。

是年　错划右派教师全部改正,并将所谓右派边缘处理的教师也恢复了公职。

是年　全县 247213 亩杂交晚稻平均亩产 386 公斤,从根本上改变了晚稻长期产量低和不稳定的局面,粮食总产量创历史最高纪录。

是年　对全县海塘、海涂进行全面调查。据调查自 1949 年至 1979 年底,全县围成海塘 99 处,总面积 12.17 万亩,塘线总长 66.66 公里;排涝闸 40 座,82 孔,国家拨款 555.63 万元;在围海塘 7 条,设计面积 5.53 万亩,塘线长 22.46 公里。海涂资源还有 5 片,总面积 10.12 万亩,已种大米草 4891 亩。

是年　箬横区粮管所新仓库,建成台州地区第一座河埠吸粮塔及相应的粮食出入仓输送线 334 米等机械设施,当年投资并建成投产。

是年　商业系统实行企业利润留成试行办法。留成比例为百货、燃料公司 8.5%,五交化、糖酒烟公司 10%,医药公司 16%,饮服公司 65%。

是年　县商业局、县食品公司获商业部、全国供销合作社 1979 年度"鲜蛋经营先进单位"。

是年　撤销县内务局,建立民政、劳动、人事 3 个局;撤销农林水办公室,恢复基本建设委员会和物价委员会,改水利电力局为水利局。

是年　华裔挪威籍潘子垣夫妇赠县侨联日产"皇冠牌"轿车一辆。

是年　县文化馆举行县文艺作品创作评奖,分为小说、报告文学、散文、故事、评论小品、童话寓言、诗歌、戏剧、曲艺九大类。每类均设一、二、三等奖。评选出得奖作品 31 件。这是全县在粉碎"四人帮"以后的第一次文艺作品评奖活动,标志着全县文学艺术作品新的繁荣。

1980 年

1 月　建立县人民边防武装警察大队,隶属省人民边防武装警察总队。

同月　全县粮食仓库普查测绘完成。共普测 9 个区的粮管所、27 个粮站、53 个仓库点、16 个门市部、10 个粮油饲料加工厂。

2 月 3 日　县工商局首次查获台湾渔轮"兴德满"号走私船走私手表 3725 只,电子计算器 2890 台,打火机 987 只。

2 月 25 日　根据中央、省委决定,全县实行"划分收支,分级包干"的"一定五年不变"财政管理体制。

2 月　美国百老汇百货公司举办中国工艺品展卖会,县花边厂职工陈春花应邀赴美国现场表演绣花技术。

同月　在"稳定所有制,加强责任制"思想的指导下,县委提出 1980 年要在人民公社集体经济内部重点建立和完善八项管理制度。

3 月 25 日　根据省委〔1979〕251 号文件精神,县委发出《关于恢复中国人民政治协商会议温岭县委员会组织的通知》,恢复中国人民政治协商会议温岭县委员会组织。至此,中断活动 14 年的温岭县政协恢复活动。

4 月　全面开展第二次土壤普查工作。至 1985 年 5 月通过省级验收,并编印《温岭土壤》和《温岭县第二次土壤普查资料汇总表》。

4 月 26 日　县革命委员会批准商业系统 68 名私方人员(指公私合营企业中资本家一方),从原工商业者中区别出来定为劳动者。

5 月 4 日　江厦潮汐试验电站 1 号机组并网发电。时居世界第三,至 1985 年底安装 5 台机组,总装机容量 3200 千瓦。

5月8日　县科技干部科学技术职称评定委员会成立,首次开展技术职称评定工作。

5月30日　中华医学会温岭分会成立。1994年3月15日,改称温岭市医学会。

5月　石塘油库建成。占地面积8700平方米,设油罐31只,容量2000立方米,商业用房758平方米,码头494平方米,投资41.7万元。1984年油库扩建至3000立方米,时为县内最大油库。

同月　经省、地民政局同意,筹建温岭县社会福利院。决定在城关下水洞原敬老院旧址建造房屋。1982年5月,建成一幢9间三层楼房,建筑面积920余平方米。8月开始接纳城镇无依无靠、无生活来源的孤老残幼和弃婴。

同月　县水利局与县农垦局合署办公。

6月11日　县委召开县、区、社三级书记和全县农技干部会议,重点研究如何充分发挥杂交水稻增产优势,夺取晚稻亩产超"纲要""争九百"。

6月17日　县农业局召开"学麻车,争高产"经验交流会,全县21个先进大队出席会议。

6月26日至7月1日　县第七届人民代表大会第一次会议召开,出席大会的代表631人,列席会议人员148人。根据五届全国人大二次会议通过的有关规定,取消县革委会,恢复县人民政府,选举新的组成人员。沈清成为县人大常委会主任,至此,历时13年的县革命委员会历史宣告结束。

6月26日至7月2日　政协温岭县五届一次会议召开,出席委员116人,收到委员提案102件。会议听取和讨论县政协四届常委会会务报告,确定今后任务是组织委员学习,加强知识分子工作,开展与台胞、港澳同胞、海外华侨的联系,努力为四化建设和促进台湾早日回归祖国事业服务。会议选举产生常务委员22人,林希才当选县政协主席。

6月　召开县民政工作会议,学习东浦公社扶贫工作试点经验,要求各公社先在一个生产大队开展扶贫工作试点。

夏秋　霍乱流行,疫情波及53个公社195个大队。

7月1日　渔用柴油分配实行"以机渔结合,以渔为主"的定量供应办法,渔货投售占60%,机具马力占40%。

7月10日　温岭县粮油贸易公司成立,企业性质为县属集体。1983年6月3日,更名为温岭县粮油议购议销公司,企业性质转为全民。后复改为温岭县粮油贸易公司,全民企业。

7月21日　省拨两台240立升苏式冰箱,首次分别安排给新河、箬横两区农技站兽医专用。

7月31日　县军队转业干部安置工作领导小组成立。

7月　早稻多种病虫并发,发生量大,盛发期长,危害面广。

8月5日　由县水利局设计,县内第一座灌注桩基础汽-15级,3孔斜交松礁公路桥动工,采用水下浇筑混凝土桩,年底竣工。

8月　罕见的持续性降雨,致使早稻损失1亿斤左右。

同月　全面开展畜禽品种大普查。

同月　开辟盐业外销市场,四次赴苏、皖销区联系挂钩,争取计划外销盐6000余吨,其中首次销往安徽安庆市1924吨食盐。

9月6日　县委农村工作部撤销,建立农业委员会。

9月13日　县档案馆成立。

9月27日　传达贯彻中共中央〔1980〕75号文件《关于进一步加强和完善农业生产责任制的几个问题》。县委重申温岭不属于文件所指的长期落后的"三依靠"地区,不搞包产到户。

9—10月　各公社(镇)分别召开人民代表大会,取消革委会,恢复公社管理委员会或镇人民政府,选举产生公社管理委员会主任、副主任、委员或镇长、副镇长。

10月8日　县复退军人安置工作领导小组成立。

10月24日　县政府批复,物资企业实行利润留成比例:利润留成70%,净上交30%,从1980年1月1日起至1981年12月31日止,暂定2年。

10月　召开县第一次归侨、侨眷联合会(简称县侨联),选举产生县侨联第一届委员会。

同月　县教师进修学校创办,统一管理中师函授和小学教师培训工作(1985 年 3 月 18 日台州地区行政公署验收批准,6 月 11 日省教育厅备案)。

同月　县水利学会成立。

同月　温岭县政协主席会议研究决定:县政协设立秘书处和文史、农业、工业、教育、文卫、对台宣传、侨务 8 个工作组。

11 月　县电影管理站改为县电影发行放映公司。

12 月 20 日　县农业技术培训学校正式开学,首批学员 64 人,进行为期 25 天的业务培训。

同日　城关人民医院改建为温岭县中医院。

12 月 31 日　县气象站改属省气象局垂直领导。

12 月　3.64 吨冻对虾首次出口日本。

是年　夏旱加秋旱,全县甘薯总产减收近 1500 万公斤。

是年　横河公社 10150 亩晚稻,采用鲜早稻草还田施肥法获得成功。

是年　猪瘟大流行。

是年　赌博之风危及社会治安秩序。县人民政府再次发布禁赌通告,提出要把禁赌作为综合治理的一项重要内容来抓。

是年　县公安局按照国务院《对农业人口转为非农业人口总数的千分之二的控制指标的规定》,开始进行"农转非"工作。

是年　水产船队增置全县第一艘钢质"冷藏船"。该船排水量 301 吨,载重 115 吨,主机 600 匹马力,副机 3 台 280 匹马力,电机 3 台 152 千瓦;冷藏温度为零下 20℃;时速 12 海里(合 22.13 公里);并安装有雷达、测向仪、定位仪、电台、电舵操纵等先进设备。

是年　征收农业税实行"两改三不变"(即征收实物、货币结算)。"两改"是:改征收稻谷"斤顶斤"为按规定粮质标准价格折算成金额价款抵交;改公粮、购粮分别入库为征购粮食统一由粮食部门与生产队等论价结算粮食任务。"三不变"是指粮食征购基础数与征购粮食原则不变、"先征后购"与"先税后贷"原则不变。

是年　全县有 7685 个生产队建立了各种形式的生产责任制,占生产队总数的 75%。其中实行"小段包工,定额计酬"的有 3410 个队;实行"分组作业,联产计酬"的有 3589 个队(分成 8754 个操作组);实行"专业承包,联产计酬"的有 89 个队。

是年　全县工业总产值 18479 万元,首次超过农业总产值 17975 万元,实现历史性的巨大转变。

是年　全县生产总值 27552 万元,其中第一产业 9808 万元,第二产业 9884 万元,第三产业 7860 万元,人均生产总值 289 元,财政预算收入 2308 万元,财政预算支出 1728 万元。年末全县共 957144 人。

1981 年

1 月 3 日　由县统一命题,招考具有高中以上文化程度的农村青年为公社水利员。经考核合格,录取聘用 57 人。

2 月　县委提出,要在当前农村政策上,通过教育做好"三个纠正"(纠正分田到户、包产到户,分组过小,擅自分队),落实国务院和省委规定的两个不允许:不允许私人购买汽车、拖拉机和机动船等大型运输工具从事贩运;在农村不允许私人合伙办厂。

同月　各级农技部门采取有线广播、技术咨询以及开展技术经营服务等方式,以解除联产承包到户之后农民的后顾之忧。

同月　省财政厅、轻工业厅批准松门镇南片新塘建滩 1000 亩;次年续批 1200 亩,总投资 49.97 万元。1982 年 8 月全面投产。

3 月 9 日　台州行署批准坞根公社为第二次国内革命战争时期根据地。中共温岭县委、县人大、县人民政府联合组织慰问团,对坞根革命老区人民进行慰问,并召开庆祝大会。

同日　城北区农技站在山马大队第 12 生产队试行土温室蒸汽催芽,取得成功。

3 月 17 日　东浦公社西浦大队第三、第四生产队首创以绿萍作肥料肥田,实行水田"冬种蔬菜,春养绿萍"。

3 月　县内部分地区约有 400 个生产队试行旱地或一季作物包产到

户责任制。至 8 月 11 日全县实行包产或包干到户责任制的生产队达到 1751 个,占总队数的 17.9％。

同月 全县中小学开展"文明礼貌月"活动。

4 月初 恢复县党政领导定期接待群众来访日制度。

4 月 28 日 温岭县广播事业管理局改称温岭县广播事业局。

4 月 县政府召开县第一次科技成果奖励大会,对 1980 年前的 51 项科研成果分四等进行奖励。

同月 在泽国镇进行户口整顿试点工作,两个月后全县铺开。

同月 温岭中学教师陈咸熙被省政府首批授予特级教师称号。

5 月 6 日 开始实施儿童计划免疫。

5 月 7 日 省政府批复,同意将淋川公社分为淋川、川北两个公社。

5 月 县委提出,在生产责任制上可以搞"两统一",即水田、山林统一经营,不搞包产到户,旱地可以搞包产到户或包产到劳,但决不允许分田单干。(当时简称为"水统旱包"责任制)

同月 温岭县储粮害虫防护剂(防虫磷)应用成果,被国家粮食部授予三等奖。此后,推广至全县农村保粮。1985 年,县粮食局被评为推广应用"防虫磷"省级先进单位。

同月 温岭中学被确定为省重点中学。

同月 经县政府组织验收合格,大溪区冠城公社成为全县第一个青壮年基本无文盲的公社。

同月 县内第一座农村自来水站——大闾公社湖漫堂自流式自来水站建成供水。

6 月 9 日 成立地名普查领导小组,开展首次地名普查工作。次年 9 月,领导小组改名为县地名委员会。1983 年开始实施地名管理并编纂《温岭县地名志》,1988 年 7 月出版。

6 月 13 日 县人民政府下达文件,实行种子购销合同制,把种子工作纳入计划繁育、计划收购、计划供应的轨道。

6 月 20 日 横峰公社民兵金理明在手榴弹投掷中机智排险,避免了一起严重事故,荣立三等功 1 次,并全县通报表扬。

6月　建立党史资料征集小组。1985 年 9 月撤销。1986 年建立党史资料征集研究委员会。

7月 10 日　县医疗事故技术鉴定委员会成立。

7月 13 日　中央农业广播电视学校温岭分校开学,首批有 31 名学员参加农学专业学习。

7月 13—15 日　县首次畜禽专业户表彰大会在城关召开。

7月 20 日　为落实 4 月 17 日国务院《制止农村建房侵占耕地的紧急通知》要求,县人民政府发出《关于保护耕地严格控制城乡建房用地的紧急通知》。

8月 1 日　县政府印发《关于农村社队联产责任制若干问题的试行规定》(十条),明确生产队划分承包地不准打破队与队之间现有土地的所属界限,社员对承包的责任地只有种植权。

8月 6 日　上马乡农民陈恩富,无证驾驶无牌证手扶拖拉机,载客 9人,驶至粗砂头附近麻车坑地方,连人带车翻下 50 米深的悬崖,坠入大海,除陈恩富和 1 名乘客跳车受伤外,其余 8 名乘客均死亡。陈恩富被县人民法院判处有期徒刑 7 年。

8月 17—23 日　县委召开三级干部会议,全面部署建立农业生产责任制工作。会上总结一年来生产责任制的实践经验,证明搞责任制比不搞的好;联产责任制比不联产的好;从实际出发,分类指导,比一刀切好;积极引导比放任自流或强扭好。要求秋收前,由群众做主,从实际出发,选择建立各种形式的生产责任制。但联产到劳,土地按劳为主承包是正确的,要大力推行。

8月 19 日　县司法局建立,下设法律顾问处、公证处。

9月 22—23 日　全县平均降雨量 307 毫米。全县受淹农作物 30 万亩,倒塌民房 237 间,死亡 3 人,冲坏山塘小水库 18 个。县委、县政府迅速组织各级干部抢险救灾。又受 16 号台风影响,受淹盐田近万亩,损失原盐 376 吨。23 日下午,温岭盐场遭龙卷风袭击,损失盐膜 2400 平方米、存盐 110 吨。

9月 30 日　县政府决定撤销县知青农工商联合企业,建立独立核算、自负盈亏的县属大集体性质的温岭县松门农场。

9 月　投资 38 万元为县百货公司城关百货大楼竣工,建筑面积 2236 平方米。次年元旦开业,营业面积 1008 平方米,是商业系统最大的营业场所。

10 月 13—18 日　省农业厅、省畜牧兽医学会在温岭召开养牛学术研讨会,并对温岭地方畜种——温岭高峰牛进行省级技术鉴定。温岭高峰牛被定为浙江省地方良种黄牛。

10 月 25 日　成立县山林定权发证领导小组。在横山、江厦、太湖三个公社开展林业"三定"试点,次年春全面铺开。到 1984 年 5 月,基本划清山林权属,按政策给社员划定自留山,并初步落实林业生产责任制,颁发山林所有权证和自留山使用证。

11 月 7 日　省政府批准石桥公社划分为石桥头和土坦两个公社。

11 月中旬　温岭县委在城关召开群众文化工作会议,具体贯彻中共中央〔1981〕65 号文件精神。各区(镇)社的宣传委员、团委书记、工会、中小学负责人以及来自全县的文化专职干部和热心人、积极分子,共计代表 400 余名参会。会议学习中央文件,制订了群众文化工作发展规划。县委、县人民政府还奖励石粘、横峰、坞根、镇海四个文化中心,并向石桥文化站图书室等单位各赠送了价值 500 元的图书。

11 月 30 日　因连续下雨,全县稻田田烂泥闭,10.2 万亩绿肥及春粮出现烂子、烂芽及死苗现象,危害较重。

11 月　自 8 月至本月底,全县共有 10085 个生产队建立各种形式的生产责任制,占总队数的 94.64%,其中实行"双包"到户的有 7761 个队,占生产队总数的 72.83%。生产责任制的建立,极大地调动了广大群众的生产积极性。

12 月 6 日　新河区粮管所新仓库动工建造县粮食部门首座粮食烘干房,至 1982 年,土建及全套机械设备安装完毕,一次启动试烘成功。

12 月 24 日至次年 1 月 3 日　文化部在北京召开全国农村文化艺术工作先进集体、先进工作者表彰大会。本县盛光辉参加大会,受到表彰。

12 月至次年春　县委召开农村工作会议。会议认为在生产责任制问题上大变动的时期已经过去,从现在起要认真搞好责任制的总结、完善、稳定,促进农业生产全面发展。会后,县委先后抽调 452 名干部到城关、高桥等三镇六社的 96 个大队,进行完善农业生产责任制试点工作,调整承包形式,并处理好统一经营和分散经营的关系,签订承包合同。

12 月　成立农业区域委员会及其办公室,后经五年努力,编成《温岭县综合农业资源调查及区域报告》和 11 个专业报告。为本县农业因地制宜地布局、制定中长期的规划和分类指导生产发展提供了科学依据。

是年　为提高教师素质,根据教育部、省教育厅"关于整顿民办教师"的指示精神,对民办教师进行全面考核整顿,劝退 492 人。

是年　县教育局对全县中小学危房进行大检查,并采取措施加以维修。

是年　实行国营企业利润留成,集体工商企业年终劳动分红制度。

是年　《海涂种植科技成果推广》获农牧渔业部科技成果一等奖。

是年　箬横娄江村生产的草帽远销欧美、东南亚等地。

是年　因石油供需矛盾突出,根据县委及有关部门要求,各加工厂的柴油动力机被改装为电动设备。全县 11 个粮油饲料加工厂的 27 台柴油动力机(2127 马力)至 1982 年底全部改装为电动设备,容量 1574 千瓦。

是年　为节约燃油,全县封车 56 辆,占全县总车辆数的 23.63%。

是年　实行民兵与预备役相结合制度。

是年　县农业局上报的"黄牛优良品种——温岭高峰牛"选育,获省科技成果一等奖。

是年　集体商业职工开始实行年终劳动分红制度,每人所得不超过当年一个月的平均标准工资。

1982 年

1 月中旬　开展打击经济领域严重犯罪活动的斗争。

1 月　箬山公社分设为箬山、苍岙两公社。

同月　在农村全面贯彻中共中央〔1982〕1 号文件,普遍落实以家庭经营为主的"联产承包责任制"。自 1980 年 9 月贯彻中央〔1980〕75 号文件以后,全县农村开始实行改革,至 1981 年底,已有 10085 个生产队建立联产承包生产责任制,占总队数的 94.64%。

2 月 4 日　晚上 10 时 15 分,山前乡下墩村第 5 生产队仓库死灰复燃,遭遇七级大风引起火灾。公安消防队接警后,在 30 分钟内到达 30 公里外的现场,顶住零下 2 摄氏度的严寒,迅速投入战斗,经过 2 小时,扑灭大火,保住了民兵室的武器及学校、民房 80 余间,受到当地群众赞扬。

2 月 26 日　县委、县政府召开"五讲四美"("五讲"指讲文明、讲礼貌、讲卫生、讲秩序、讲道德;"四美"指心灵美、语言美、行为美、环境美)动员大会,确定 3 月首次开展"全民文明礼貌月"活动。

2 月　县委作出扶持"两户"意见,规定对从事商品生产的"专业户""重点户"给予政治上鼓励,政策上放宽,物资上优待,销售上方便,技术上指导等扶持和资助。至年底"两户"达 45713 户,占总农户的 19.54%。

同月　第一外海航运公司"岭机 8 号"钢质货轮(由椒江市海东造船厂制造)建成投产。该货轮载重 425 吨,250 匹马力,为全县第一艘新型"节能"钢质货轮。

3 月 6 日　台州地区物资局分配温岭县 1982 年度水泥计划 6160 吨。

3 月　全县学校开展"五讲四美"活动。

同月　贯彻全国人大常委会《关于严惩严重破坏经济的罪犯的决定》,至年底,全县查获走私、投机倒把大案、要案 68 起,罚没金额 24.75 万元。

4 月 16 日　国家潮汐能考察团到江厦潮汐试验电站考察。

4 月　成立温岭县职工教育管理委员会。

5 月　温岭草编厂女工杨建华应日本天豪有限公司邀请,赴东京、横滨、大阪等市作草制品编织表演,获得日本民众好评。

5 月 10 日　全县 39.4 万亩早稻插秧结束,这是土地全面承包到户的第一春,虽然开插期比往年迟了两天,结束却早三天,插秧质量胜往年。

6 月 县武警中队建立。

7 月 1 日 第三次全国人口普查标准时间。全县总人口为 246913 户、968533 人,其中男 499135 人,女 469398 人。平均每户 3.92 人,性别比为 106∶94。人口平均预期寿命 67.41 岁,其中男性 66.65 岁,女性 68.31 岁,比全省平均预期寿命 69.51 岁少 2.1 岁。

7 月 30 日 9 号台风影响本县,损失严重。受淹农田 20 万亩,倒塌房屋 175 间,损坏渔船 5 艘,冲毁公路 4 处。

7 月 县委组织工作队,抓住渔区"三修"季节,开展渔业生产责任制的完善工作。80 个渔业大队实行包干上交或比例分成等形式的生产责任制。到 1984 年 9 月,除 29 个村仍坚持"四费上交大包干"外,其余都实行"单船核算"。

同月 全县第一座电视小差转台——石塘镇电视小差转台在前山岗头建成,发射功率为 1 瓦。

8 月 全县开始施行发展粮食生产,保护耕地,控制人口"三大国策"教育。

同月 开始对全县青壮年职工进行初中文化补课。后经三年努力,共有 7876 名职工参加考核,合格 6501 人,合格率 82.33%。

同月 联树村创建全县第一个农民文化院。文化院活动项目有电影、电视、民校识字班、农业科技班、说书场、棋室、图书室、少年儿童阅览室、乒乓室、康乐球室、排练室等。

9 月 县物价委员会根据省政府《关于执行国务院逐步放开小商品价格,实行市场调节的意见》,首批将 197 种小商品定价权下放给企业,次年第二批放权小商品 350 种。

同月 县贫下中农协会停止活动。

10 月 19—24 日 农业局李绍宏出席在贵阳召开的中国畜牧兽医学会第五次会员代表大会。

10 月 27 日 县第一人民医院成功施行首例嗜铬细胞瘤切除手术。

10 月 省政府召开"浙江省拥军优属、拥政爱民先进集体、先进个人表彰大会"。横峰公社、横河公社和高桥公社后街大队被评为拥军优属先进集体,冠城公社念姆洋大队党支部书记、退伍军人赵守良被评为先进个人,出席了会议。省政府、省军区授予温岭县人武部"省拥政爱民先进单位"奖旗。

11 月 2 日　破获一起重大贪污盗窃国家粮油案件。自 1977 年至 1982 年,蔡洋乡副业运输队在承运国家粮油期间,串通新河粮油加工厂个别职工,共计盗窃国家粮食、油脂 236599 市斤,伪造涂改运输证明单等手段冒领运费 1156 元。作案首犯被逮捕法办。

11 月 6 日　抓获台湾国民党情报局特务船"泉盛 3 号"船长、特务分子李炳春。1983 年 6 月 8 日,杭州市中级人民法院依法判处李炳春有期徒刑 5 年。

11 月 28—29 日　暴雨成灾。太湖公社雪梨坑水库坝垮,8 千瓦水力发电站被冲毁。全县受淹面积 26057 亩,冲毁田地 697 亩,冲毁渠道 5317 米、坎坝 5200 处,4 人死亡、1 人受伤。

11 月　松门镇外海航运公司购进"岭机 31 号"水泥钢丝网货轮,载重 200 吨,250 匹马力,为县内第一艘钢筋混凝土结构沿海货轮。

12 月 13 日　县公安局首次印发《关于加强反敌特"心战"破坏的通告》。

12 月 22 日　县保护耕地清理乱建房领导小组成立。

12 月 28 日　中国第一家股份合作制企业——温岭县牧屿牧南工艺美术厂创办。牧屿王华森、陈华根等 4 人合股集资 9000 元,创办牧南工艺美术厂。

是年　县城小西门建成第一幢商品房。

是年　县石料厂精雕的一对高为 1 米的青石门狮首次运销美国纽约。

是年　粮食生产创历史最高纪录,总产超 8 亿斤,年增 1 亿斤,亩产超"双纲"(800 公斤),人均粮食超八百(400 公斤)。

是年　工农业总产值与上年相比增加 1 亿元。

是年　"早稻地膜覆盖育秧育谷下田"新技术在新河获得成功。

是年　泽国酒厂建成省内第一个黄啤合一机械化生产车间,年产酒能力超 1 万吨,是省内最早实现机械化生产的黄酒厂之一。

是年　林大明创办的箬横机电五金厂开始生产汽车油封骨架,标志着县内汽摩配行业有了进一步的发展。

是年　省唱片发行工作经验交流会在温岭召开,温岭县唱片发行组被评为省先进单位。

是年　省批准全县改造低产田计划,分别改造新河东片、盘马塘片、淋松塘片、车路南片、超英河片低产田,面积 8.94 万亩。

1983 年

1 月　全县专业户代表大会召开,参加会议代表 550 人。会议总结交流专业户、重点户的生产经验,并颁发《劳动致富光荣证》。县委同时制定扶持专业户的八条措施,积极支持"两户"发展,繁荣农村商品经济,促进全县经济快速发展。

1 月 15 日　县工商行政管理局批准同意温岭县牧屿公社牧南工艺美术厂为社员联营集体企业。温岭的所有制变革由此拉开序幕,此后股份合作制企业迅速发展。1994 年,企业更名为台州宝利特鞋业有限公司。

1 月 18 日　110 千伏温岭变电所竣工投产,全县转入华东电网供电,原 7 个电厂终止发电,改为供电所,担负供电任务。

1 月 25 日　泽国个体商人蔡仙林安装上县内首部私人电话。

同月　开始长途贩运登记发证工作。至 1987 年,登记领证 8866 户,9283 人。

同月　县内首家水产冷冻 100 吨级的乡镇企业——石塘镇东角头冷冻厂建成投产。

3 月初　改革国营商业体制,县供销社、商业局、粮食局建立改革领导小组,县百货、五交化、糖酒烟、燃料、饮食服务等公司与县财税局签订经营承包合同。

3 月 8 日至 4 月 14 日　县委派出政社分设体制改革工作组,在横河公社进行政社分设试点工作。开始改革人民公社"政社合一"体制,改设乡人民政府和乡农工商联社,下设村民委员会、村联社。

3月9—14日　县五届政协二次会议召开,出席会议委员 87 人。收到委员提案 170 件。会议听取和审议县政协常委会工作报告和提案处理情况报告,号召全体委员积极为改革开放和经济建设事业,为实现祖国统一大业献计出力。

3月10—13日　县七届人大二次会议召开,出席代表 568 人,列席人员 83 人。会议审议并批准副县长王梅生所作的《政府工作报告》,国民经济和社会发展计划草案、财政预决算报告及县人大常委会、人民法院、人民检察院工作报告。会议以"改革要坚决,经济要抓紧"为指导思想,提出今后经济、精神文明、政权建设等各项任务。会议选举产生出席省第六届人民代表大会代表 15 人。

3月25日　县委决定举办深入学习中共十二大文件轮训班,对全县县管干部分 4 期开展学习培训。

春　引进工厂化育秧技术,在光明公社试验育秧 93 亩,获得成功。该公社系全省首批试点单位之一。至 1987 年,全县已有 4 个育秧点、4 套工厂育秧设备、7 台机动插秧机,育秧面积 4478.5 亩,机插试验面积 622 亩。

4月12日　县锅炉燃油器厂研制的"船用旋杯式燃油器"成功通过鉴定,系国内首创。

4月29日　县个体工商业第一次代表大会召开,会议选举产生温岭县个体工商业联合委员会,9 月改称为县个体劳动者协会。

5月7日　县政府发出〔1983〕71 号文件,建立温岭县造田造地领导小组。

6月上旬　应水电部邀请,新华社、中央电视台、《光明日报》、《经济日报》、《中国导报》、《中国建设报》、《北京周报》等 7 家新闻单位 8 名记者集中在江厦潮汐试验电站考察采访。

6月　县水利局女工程师王至善、县边防大队教导员胡英富出席第六届全国人大会议。

同月　省广播电视厅在温岭县进行开办个体户录像队放映试点,先后批准胜海、环海、东升、石塘剧场等 4 个营业性录像放映点。县文化馆成立省内第一支录像放映队,借支 15000 元,于"七一"举行招待会与开映典礼。

同月　成立县内第一个区、乡联办企业——大溪区农机化服务公司。

夏　旱 38 天,全县农田受灾 7.1 万亩,蔡洋翻水站翻水 13 天。

7 月 6 日　县政府发出《关于做好农业税早稻预征和社会减免工作的通知》,将由生产队集体负担缴纳的农业税,改为根据各承包户的土地面积或产量分配到户,由各承包户负担缴纳。

7 月 20 日至 8 月 5 日　县城关"五七"学校学生郭大篷参加由文化部、教育部、全国总工会、全国妇联、全国少年儿童文艺委员会、中国少儿活动中心在青岛联合举办的全国少年儿童文艺夏令营活动。

7 月　松门镇松南村胡育卫等 7 人,筹集资金 1 万元,在荒岛积谷山放养山羊 500 只。1985 年,因该岛行政区域所属变动,放养终止。

8 月 21 日　全县部署严厉打击严重刑事犯罪活动,至 1986 年底止,历经三个战役九仗,共收捕各类刑事犯罪分子 1020 名,占全县总人口的 0.098%,处决 15 名。全县社会治安情况明显好转。

8 月 25—29 日　全县农村工作会议召开。会议提出要坚决贯彻中央关于集中财力物力,保证重点建设和严厉打击刑事犯罪分子的两项重大决策,抓紧进行以政社分设为中心环节的农村体制改革;提出要振兴林业,开展多种经营,全面发展山区经济。

8 月　县供销合作社改称县供销合作社联合社。

同月　省政府同意增设肖家桥公社,归新河区管辖。

同月　城关中学招收财会班。此为县中等教育机构改革之始。

同月　县劳动服务公司工艺编织厂被劳动人事部、国家工商行政管理局、中国社会科学院、全国总工会、共青团中央、全国妇联评为"发展城镇集体经济先进单位",同时,厂代表出席全国发展集体和个体经济,安置城镇青年就业先进表彰大会。

9月3日　县老干部局建立。1985年1月,县老干部局改为县委老干部局,属县委工作机构。

9月4—8日　全县城镇工作会议召开。会议要求集中财力物力,确保重点建设,严格控制基本建设规模;做好税收工作,加强市场管理,加强流动资金管理,严厉打击刑事犯罪分子,整顿社会治安。

9月　县广播事业局服务部叶文德作为全省唱片发行先进工作者,出席在成都召开的全国唱片发行工作经验交流会。

10月11日　县委、县政府批转县企业领导小组《关于全县企业整顿工作情况和今后意见的报告》,报告显示自1982年3月开始企业整顿以来,完成整顿企业64家,占企业总数的55.12%,正在继续整顿61家,在整顿中领导班子作调整的有48家。县委、县政府要求各级各部门继续抓好企业整顿,重点是调整和配备好企业领导班子,完善经营责任制。

10月　县人民公社实行政社分设的体制改革基本完成。县委首先分别在新河区、横河、高桥公社进行供销社体制改革,这是人民公社政社分设和信用社体制改革的第一批试点。全县先后派出1500余名各级干部、职工、离退休老干部和青年积极分子组成工作队,分别到各地帮助工作。61个农村人民公社,全面建立乡党委、乡政府和乡农工商联社,7个建制镇调整或选举新的党政领导班子,成立工农商联合公司。全县870个村,选举产生新的村党支部、村民委员会和村联社。村民委员会下设人民调解、公共卫生等委员会,并设立村民小组。供销社、信用社体制改革和共青团、妇(联)代会、民兵以及科协等组织也同步进行整顿和改选。

同月　县内第一家乡镇党校——镇海乡党校成立。

11月1—2日　县委召开党员代表大会,选举施希圣、李绍宏、陈夏东、张桂花(女)、朱学初等5人为出席省第七次党代会的代表,陈思透为候补代表。

11月26日　逐步放开小商品价格,实行市场调节。全县实行工商企业协商定价的小商品有8大类547种。其中:百货类139种;针棉织品类73种;文化品类99种;五金类34种;交电类57种;日用杂品类86种;小食品类9种;小药品类50种。

11 月　中共温岭县委纪律检查委员会改为中共温岭县纪律检查委员会,林希才任书记。

同月　长屿农民章小成购"凤凰牌"大型客车一辆投入客运。此为当时县内第一辆个体客车。此后,私营客运业兴起。

同月　县政府批准县工商局设立经济合同仲裁委员会,由正副主任各 1 名、委员 3 名组成,配备仲裁员 4 人,兼职仲裁员 3 人,专(兼)职书记员 2 人。

12 月 5 日　坞根文化宫落成,这是全县第一个农民文化宫。文化宫内设影剧厅,共 936 个座位。还有观众休息厅、化妆室、康乐球室、电视室、图书室、阅览室、棋艺室、中国工农红军第十三军二师革命斗争史陈列室、演员宿舍、厨房等一整套建筑,总面积 722 平方米。

是年　全县"两案"(指同时遭到林彪、江青两个反革命集团迫害的人的案件)审理工作历时 1 年零 8 个月全面结束,共复审 507 件,其中法律处理的不属"两案"10 件 ,维持原判的 7 件,维持免刑的 1 件;党政纪处理案件的不属"两案"72 件,仍给予各种处分的 178 件。

是年　第二次国内革命战争时期台州军委委员、浙东南交通联络站站长赵任获平反昭雪,撤销原判,恢复中共党籍(赵于 1951 年被错杀)。

是年　民政部门组织专人调查坞根地区红十三军二团(师)武装斗争人员牺牲情况和事迹。报经省人民政府批准,叶景泰等 7 人被追认为革命烈士。至 1987 年底,全县牺牲于第二次国内革命战争时期(1927 年—1937 年)被追认为革命烈士的人员共 61 名。

是年　国营企业实施利改税。企业由上缴财政利润改为依照税法缴纳所得税和调节税,税后利润由企业自行支配,扩大了企业在利润分配上的自主权。

是年　温岭县参加台州地区农业局组织的《温黄平原连晚汕优 6 号亩产超千斤栽培模式》的制定和实施,综合分析 31 年的气象资料、475 块千斤田的调查资料和 5 年大田生产经验,组装成配套栽培技术,绘制成模式图,为全省最早的一个栽培模式。

是年　各类专业户发展迅猛。至年底共有专业户 71389 户,占农户总数的 30.6％。

是年　成立高橙开发研究中心。至 1987 年共种植高橙 7690 亩,总产 800 吨。

是年　杂交水稻制种丰收,平均亩产 98.7 公斤,创历史最高纪录。

是年　温岭县被联合国儿童基金会列为冷链装备单位。次年,装备完毕。

是年　乡村企业迅速发展。全县有 1368 个乡、村办企业,其中乡办企业 413 家,从业人员 50091 人,工业产值 8432 万元,占全县工业总产值的 34.15％,实现利税 460 万元。全县民营企业总产值首次突破亿元。

是年　全县生产总值 42138 万元;其中第一产业 14354 万元,第二产业 13204 万元,第三产业 14580 万元;人均生产总值 427 元;财政总收入 2929 万元,财政支出 2222 万元。

1984 年

1月1日　野孩子诗社成立。该社成员的作品曾在《星星》《绿风》《东海》和《文学青年》等报刊上发表。年内相继成立的文学社团还有"野岛文学社""潮汐文学社""月河文学社""扬帆文学社"。居民的文学创作热情空前高涨。

1月　开始进行机构改革。省、地委对县级领导班子进行调整。随后,各区和县级机关各部门的领导班子也作调整。一批县、区、局级老干部退居二线。

1月23日　县委召开党员干部大会,宣布机构改革和中共温岭县委新班子组成人员。省委决定:任命胡岳为中共温岭县委书记。地委任命吴志文、陈夏德、林美富为县委副书记。随后,县人大常委会任命吴志文为代县长,任命於保福、樊友来、郭坚宇为副县长。

同月　温岭县人民边防武装警察大队,更名为中国人民武装警察部队温岭县大队。

同月　新河中学黄道元被评为全国优秀班主任。

　　同月　温岭县人民政府公布县第二批重点文物保护单位:锦鸡山摩崖(新河镇)、烽堠遗址(新河镇披云山顶)、太平天国天朝恩赏将军林秉钧墓(城关镇小南门外)、中国工农红军第十三军第二团(师)总指挥部驻地台门(温西区坞根乡洋呈村)、双门洞摩崖五处(新河区长屿镇岙里村)。属地保护文物:石雕观音(新河区肖家桥乡肖家桥)、朝阳洞摩崖(松门镇甘岙村)、狮子山摩崖(石塘镇)、天后宫(箬山镇外箬东海村)、陈和隆旧宅(箬山镇里箬村)、前皇洞摩崖(城北区肖村乡前皇村)、龙骉门摩崖(大溪区部渎乡后溪村)、石狮子 1 对(温西区琛山乡西洋潘村)、丹崖山驻军大礼堂门口石狮子 1 对(泽国镇)共 9 处;并划定省、县级重点文物保护单位的保护范围和建筑控制地带。

　　同月　全县农村已有 3000 多农户自理口粮到上海、宁波、南京和乌鲁木齐等全国各大中城市经商或从事劳务活动。

　　2 月 6 日　首次召开温岭籍科技人员座谈会,共商家乡建设大计。应邀出席的中高级科技人员 79 人,来自 18 个省市。

　　2 月 9 日　县政府决定对全县 7900 亩可利用的浅海、滩涂确定使用权,发放使用证,至 10 月结束。共计对 74 个单位发证 77 份,涉及面积 13.097 万亩。

　　2 月 26—30 日　全县农村工作会议召开。提出要搞好粮食生产,发展特色农业"拳头"产品,发展乡村工业,加快发展劳务输出。

　　3 月 7 日　石粘养鸭大王张天津在北京受到王震、方毅、姚依林等中央领导接见。

　　3 月 18 日　琛山乡莞渭童村下望头山西坡出土商代晚期青铜蟠龙大盘 1 件,通高 26 厘米,口径 61.5 厘米,重 22.5 公斤,圆腹圈足,侈口方唇。盘内以浮雕手法铸出一条蟠龙,龙首挺出盘底 10 厘米。据专家鉴定,很可能与江淮地区出土、现藏日本白鹤美术馆的六鸟蟠龙纹盘是姐妹盘。

　　3 月 19 日　在泽国区召开创建文明村、文明单位经验交流会,推广联树乡试点经验。会后有 311 个村、480 个单位开展创建文明村(单位)活动。

3月24日　成立县审计局,定编8人。1985年12月增编4人。

3月24—25日　国务委员兼国家经委主任张劲夫、省人大常委会主任李丰平到温岭参观考察江厦潮汐试验电站。

3月27日　县委、县政府作出《关于加强教育工作若干问题的决定》,要求到1986年全县基本实现普及小学教育,扫除文盲,发展幼儿教育,有计划地改革中等教育结构,多方集资,分级负责,办好学校。

3月　县劳动局、人事局合并建立县劳动人事局,县林业特产局改称县林业局,撤销县财政贸易办公室,体育运动委员会并入教育局。

4月24日　撤销县基本建设委员会,改设县城乡建设环境保护局,主管城乡建设规划编制和管理工作;撤销县物价委员会,改建为县物价局。

同日　县广播电视服务公司成立。县广播事业局更名为县广播电视局,正式成为政府的职能部门。

4月　撤销县农业委员会、农垦局;撤销县二轻工业局,改设县二轻工业总公司,与手工业联合社合并,实行两块牌子,一套班子。

同月　县文化馆出版民间故事集《石夫人》,收集县内业余作者创作的民间故事60篇,发行5000册。10月,刊出《大潮汛》(国庆征文集),发表县内作者作品20篇,发行1000册。

同月　在文物普查中,大溪区照洋乡大岙村发现古城遗址,时有学者考证此为西周徐偃王城。

同月　县计划生育办公室升格为县计划生育委员会,编制增至14人。区镇乡计划生育专职干部81人。

同月　全县暂住人口管理工作开始。在城关进行暂住人口管理工作试点,对暂住人口的登记范围、登记步骤、依靠村委会及有关单位齐抓共管等问题取得共识。共登记暂住人口3172人(男1365人,女1807人),其中:本县2950人,省内各县169人,外省53人;按职业分:务工1022人,经商122人,就学1050人,保姆107人,还有探亲治病的280人,投靠亲友的591人;居住期在3个月以下的270人,3个月以上的2902人。

5 月 7 日　县政府在县劳动服务公司所属集体单位试行职工养老保险制度。

5 月 28 日　撤销县盐务管理局,业务工作并入县盐业公司。次年 5 月 3 日,恢复盐务局建制,仍实行两块牌子、一套班子。

5 月底　全县共集资 992.85 万元,新办联营企业 413 家,乡镇企业蓬勃发展。自党中央〔1984〕1 号、4 号文件发布后,广大干部群众进一步解放思想,全县掀起集资办厂热潮。

5 月　撤销县农业机械局,改设农机管理总站;县对外贸易局、物资局转为企业局。

同月　县综合农业区划委员会正式办公。此后,组织 400 余人对全县气象、海洋、土地、山林、水资源、畜牧业、种植业、农业经济和能源进行调查研究。历时两年多,完成《温岭县综合农业区划报告》《温岭县农业区划报告集》《温岭县农业区划数据集》《温岭县农业区划图集》。其成果分别获国家和省、地区奖励。其中《温岭县综合农业区划报告》获 1995 年全国农业区划委员会科研成果三等奖。

同月　成立县干部教育工作领导小组。

同月　横峰镇鞋类专业批发市场在横峰街建成。该市场占地 1800 平方米,内有棚屋、铁架屋等,场内可容纳摊位 420 个,销售适用于全国各地的冬夏各式鞋类,有成品、半成品、原辅材料,一条龙批发,产品辐射全国大小城市。日进场交易 1000 人以上,年成交额 1000 万元以上。

6 月 23 日　县委、县政府制定《关于扩大国营商业企业自主权的试行办法》,对国营商业企业的业务经营权、劳动人事权、财务开支权、福利使用权、商品作价权作出明确规定。

6 月 20—26 日　中央教育科学研究所在温岭召开小学高年级实验班读写教学讨论会,来自 26 个省、自治区、直辖市共 180 多人参加会议。收到学术报告、学术论文 50 余篇。

6 月 24—27 日　中共温岭县第六次代表大会召开。出席会议正式代表 480 人,列席代表 60 人,应邀列席大会的还有同中国共产党长期合作共事,为温岭工作作出贡献的爱国人士。县委书记胡岳代表第五届县委作题为《解放思想,锐意改革,进一步开创两个文明建设的新局面》的工作报告。会议审议和批准县纪律检查委员会工作报告,选举产生第六届县委委员 35 人,候补委员 4 人。选举胡岳为书记。同时,选举产生县纪律检查委员会委员 10 人。

6 月 25 日　县委、县政府印发《关于加快城镇集体工业经济发展的几项规定(试行)》,提出要扩大企业经营自主权,开发新产品,改革工资、奖励、劳动用工、干部管理制度。

同日　县委、县政府颁布《关于扩大国营工业企业自主权的试行办法》,要求企业编制年度生产经营计划。企业有权自销,可自主安排技术改造项目。此后,经济体制改革在全民和集体企业中展开,全县的国营和集体工业、商业全面推行经济承包责任制。

同日　县委、县政府颁布《关于深入进行供销社体制改革的试行办法》,扩大供销社经营范围和服务领域,改革人事、劳动、财务管理、价格管理制度,自 7 月开始试行。

6 月 29 日　县委、县政府印发《关于放宽合作商店若干政策问题的试行规定》,合作商店可以自主经营,灵活购销,有一定的作价权。同时改革盈余分配制度,实行经营责任制,实行职工集资、股金分红制度。

6 月　温岭汽车配件厂购置微型电脑 1 台,开始用电脑管理企业。

同月　省政府授予温岭县边防大队"反走私先进集体"称号。

同月　开始进行土地资源利用现状概查。测得温岭陆域东西长 55 公里,南北宽 31 公里,全县土地面积 1380294 亩,折合 920.20 平方公里。耕地面积 65.43 万亩,占全县土地面积的 47.4%。耕地面积扩大的主要原因是温岭在中华人民共和国成立后的 34 年间进行了 98 处围海造田,面积达 121665 亩。

7 月 10—15 日　政协温岭县六届一次会议召开。出席会议委员 186 人。收到委员提案 223 件。会议要求全体委员学习贯彻六届全国人大二次会议和全国政协六届二次会议精神,解放思想,清"左"除弊,锐意改革,投身于改革开放事业,为四化建设和统一祖国出力。会上选举产生县政协第六届委员会主席 1 人、副主席 8 人、秘书长 1 人和常务委员 27

人,王梅生任县政协主席。

7月11—15日　县第八届人民代表大会第一次会议召开。出席会议代表 472 人,列席代表 71 人。会议听取和审议代县长吴志文作的《政府工作报告》,县人大常委会主任沈清成作的《县人民代表大会常务委员会工作报告》等。会议以经济建设为中心,着重讨论经济体制改革和对外开放两件大事,提出七项工作任务和要求,并作出相应决议。会议选举产生县第八届人大常务委员会主任、副主任,主任沈清成。会议选举吴志文为县长。

7月18—19日　省长薛驹到温岭参观考察江厦潮汐试验电站。

7月29日　县经济研究中心建立,县长吴志文兼任主任。

同日　20时,龙卷风起自石桥头山岙村,经7个村至沙角出海,倒塌房屋 31 间,伤 4 人。此后 8 月 7 日、8 月 31 日、9 月 10 日又连续在塘下乡下张村、南洋村、塘下村、田洋乡石仓下村发生龙卷风现象,造成较为严重的损害。

7月　县第一人民医院开展人工起搏术,首例"风心"二尖瓣狭窄房扑电复律成功。

8月2日　县物资综合公司成立,该公司属集体性质。

8月13—16日　全县乡镇企业工作会议召开。会议提出要抓好企业整顿,发展骨干企业。至年底,全县集体工业企业注册 2839 家,其中年内新增 147 家,社员联营 1022 家,约占新发展企业的 70%;家庭工厂 26000 个。

8月20日　县政府决定恢复县体委。

8月21日　共青团温岭县第九次代表大会召开。会议听取戴康年作题为《振奋精神,立志改革,为进一步开创两个文明建设的新局面贡献青春》的工作报告。

8月30日　省委统战部批复温岭县委统战部,对于曾戴过反革命帽子的原工商业者,明确摘帽后其生活待遇可按原工商业者对待。

8月　由畜牧兽医干部冯洪钱编著的《民间兽医本草》一书由中国科技文献出版社出版。

同月　冠城乡念姆洋村党支部书记、退伍军人赵守良出席"全国双拥先进表彰大会"。

同月　浙江广播电视大学温岭学院(简称温岭电大)教学楼兴建动工,投资 20 余万元,面积 1080 平方米,1985 年底建成。

9 月 10 日　16 时,田洋乡石仓下村暴风骤雨,340 间房屋遭不同程度损坏,250 户群众受灾。

9 月 24 日　县粮食劳动服务公司成立,性质为城镇集体企业。

9 月　县"五七"工农兵学校改为温岭县农业技术学校。

同月　教育局建立县校办企业公司,使全县校办企业的生产、经营、管理等方面逐渐步入正轨。

同月　县工商局设立个体经济管理股,负责全县个体工商户的登记和管理。

9 月 30 日至 10 月 6 日　为庆祝新中国成立三十五周年,城关地区举行国庆集会、文艺大游行、焰火晚会、文艺调演、集体舞表演、曲艺演唱、篮球赛、画展、摄影展、美术展、黑板报展、武术表演、电影放映、录像放映等多种形式的庆祝活动。10 月 1 日晚上举行焰火晚会,在西郊场、虎山公园、北门三角马路等三处,燃放节日礼花 333 发,各种礼花交相辉映,盛况空前。10 月 2 日晚在灯光球场举行城关地区首届"青春美"集体舞蹈表演赛,县印刷厂创编的舞蹈《美好,青春》和县通用机械厂演出的《十六步》获一等奖。

10 月　县内开始推行高等教育自学考试制度。

同月　成立县经济技术协作办公室,组织、指导县内外物资、资金、技术、人才等协作工作。

同月　县电影院首次放映彩色立体电影,片名《欢欢笑笑》。

11 月 1 日　县政府批准,即日起全县 14 家国营小型企业分别实行"改、转、租",打破"大锅饭"局面。

11 月 7 日　县委、县政府印发《关于知识分子工作的若干规定》,要求大胆选拔优秀中青年知识分子进入各级领导班子,促进科技人员合理流动,积极引进人才,改善知识分子的工作、生活条件。

11月15—18日　农牧渔业部乡镇企业局在温岭召开乡镇企业鱼粉加工技术推广会。辽宁、河北、山东等 7 省的有关县(市)乡镇企业代表100 多人参加会议。

11月　中央电视台摄制组到石塘拍摄电视风光片《渔村小叙》。该片后获节目"银帆"奖。

同月　农民潘岳林等 8 人集资创办"天皇货物中转托运站",为全县第一家联户货物中转托运企业。

12月10—12日　全县政法工作会议召开。会议回顾总结 1983 年 8 月以来全县严厉打击严重刑事犯罪斗争第一战役情况,部署第二战役任务,争取实现社会治安根本好转。

12月15—18日　县第七届妇女代表会议召开。会议号召广大妇女在经济改革和发展商品生产等工作中发挥积极作用。

12月30日　县文化局、县总工会联合举办全县职工演唱比赛。每区选拔或推选 3～4 名职工,共 21 名演员演唱了京剧、越剧、沪剧、黄梅戏、滩簧、词调等剧种的唱段。

12月　县委组织力量,处理地下党历史遗留问题,对有历史遗留问题的 816 名地下党员进行复查,落实政策,为 69 名失去组织关系的党员恢复党籍。

是年　联树乡被评为"体育之乡",受到省文体委、文化厅、省团委的联合表彰。

是年　养猪专业户赵素娟当选为省人大代表。

是年　宣布土地承包期一般延长到 15 年以上,并采取"两标预测"(即按各户社员在承包 15 年内的劳力、口粮基分变化情况进行预测)大稳定小调整办法,对土地承包作适当调整。

是年　红十三军第二师烈士陵园建成。陵园建于坞根乡西山南麓山坡上,占地 5.6 亩,纪念碑正面刻有国防部部长张爱萍将军亲笔题词:"中国工农红军第十三军第二师纪念碑",另外三面分别有解放军将领叶飞、郭化若和著名书法家陈叔亮的题词。1989 年扩建了红军烈士纪念亭、烈士墓和红十三军第二师革命事迹陈列室等建筑。

是年　横峰镇掀起制鞋热潮。全镇有鞋厂879家,其中镇办3家,村办11家,联户办22家,户办789家,从业人员8000人,日产60万双鞋,成为台州地区鞋业专业镇。

是年　全县形成100多个专业村。其中交通运输专业户2448户,从事贩运的个体户有1万人;个体工商户8660户,从业8870多人;乡村集体冷库14座,社员联营小冷库15座。

是年　粮食总产量408802吨,为粮食生产高产年。但因粮食购销发生重大转折,当年净调入粮食4225吨。从此粮食供需变化由顺差变为逆差,每年需调入大批粮食才能解决供需矛盾。温岭县由余粮县变为缺粮县。

是年　全县生产总值51657万元;其中第一产业14220万元,第二产业19809万元,第三产业17628万元;人均生产总值518元;财政总收入3655万元,财政支出2761万元。全县乡镇企业创产值1.35亿元。

年末　全县户籍人口超百万,达到1002350人。

1985 年

1月1日　全县粮油加工企业、饲料加工企业、运输企业及粮食商业所属粮油加工企业,开始实行"利改税"制度。

1月5日　县政府同意成立县体育基金会,发行"温岭县金牌摇篮捐资纪念券"30万张。

1月5—10日　中共温岭县六届二次全会扩大会议召开。会议主题是学习、贯彻《中共中央关于经济体制改革的决定》,提出推进经济体制改革,开创两个文明建设的新局面。

1月13日　新河披云大桥动工兴建,次年12月竣工。大桥3孔,净跨30米,为灌注桩基础、钢筋混凝土桁架拱桥,全长118.44米,时为县内最长公路桥。

1月下旬　苍岙乡黄泥村渔民在大陈洋海面捕获一只大乌贼,长60余厘米,重3公斤多。

2月1—3日　全县思想政治工作会议召开。会议主要研究如何围绕四化建设做好党的思想政治工作,要求坚持疏导方针,正面教育,有的放矢,继续抓好整党宣传、党员教育和"五讲四美三热爱"活动。

2月5日　县政府批转《关于科技人员流动的若干试行规定》,明确专业技术人员的聘请、借用、停薪留职、辞职等方面的规定。

2月10—12日　县文学艺术工作者第一届代表大会召开。会议学习党的文艺方针政策,总结全县 35 年来,特别是中共十一届三中全会以来的文艺创作成就,提出今后文艺工作意见。选举产生县文学艺术工作者联合会第一届委员会委员 20 人,常委 7 人,杨森为主席。

2月11日　省民政厅批准大溪、石桥头、石粘 3 个乡改为建制镇,管辖范围和政府驻地不变。

同日　温岭籍战士江于庆在参加中越边境自卫反击战中触雷,仍以断肢支撑躯体向敌猛射,掩护战友炸毁敌堡,终因流血过多壮烈牺牲,被部队追记一等功。

2月14日　县政府发出《关于农民到城镇落户有关问题的通知》,明确两种对象(长期在城镇经商、办企业的)允许在建制镇和县城落户。

2月20日　春节,举办温岭县出土文物展览。

2月28日至3月5日　县农村工作会议和乡镇企业先进集体、能人表彰会召开。会议贯彻中共中央〔1985〕1 号文件和全省农村工作会议精神,落实中央有关放开农产品价格,促进农村产业结构调整的政策;表彰 1984 年度乡镇企业先进集体和能人;提出 1985 年农村工作、农村改革的任务和意见。

2月　县化工机械厂更名为县摩托车总厂。5 月,生产出第一辆西湖牌 250CC 摩托车。

同月　塘下乡敬老院落成并接纳老人。此为县内最先创办的乡敬老院。

3月5—12日　省委常委、省政协主席王家扬带领调查组到温岭考察江厦潮汐电站、温西中学、石塘镇东角头村、东海塘,赴石陈区调查渔业经济发展情况,并召开城关镇党外知名人士代表座谈会。

3 月 8 日　全省民间舞蹈集成工作现场会在温岭召开。温岭民间舞蹈《大奏鼓》《五兽舞》《流徙传》《天皇花鼓》四个节目编入浙江省民间舞蹈集成卷,其中《大奏鼓》还编入全国民间舞蹈集成卷。

3 月 18 日　县政府批转《关于改进渔业税征收管理意见的报告》,拟采取"以船定销、一年一定、定率征收、分季缴纳"和"不能向收购单位出售或自行运销,一律改为委托乡政府代征"的办法。

3 月 25 日　全县区、乡书记和部委办局负责人会议召开。会议明确全县中心任务就是通过改革和开放,搞好经济建设。

3 月 29 日　县委抽调 34 名干部组成工作队,分别进驻新河、温西、城北 3 个点,深入贯彻中央〔1985〕1 号文件和县农村工作会议精神,宣讲有关政策,帮助调整产业结构,促进农产品购销。

3 月　恢复县二轻工业局,与二轻工业总公司、手工业联社合署,实行三块牌子、一套班子。

同月　召开教育工作会议,贯彻《中共中央关于教育体制改革的决定》,部署发展职业技术教育,分级管理农村中小学,多渠道筹措教育经费。

4 月 1 日　改革农产品统派购制度,取消粮食、棉花统购,改为合同定购。至 4 月 24 日,水产品购销放开,议购议销。

4 月 15 日　县政府决定在温岭通用机械厂、温岭微型电机厂、温岭电动工具厂和温岭铸造厂等 4 家企业试行工资总额随经济效益挂钩浮动的办法。

4 月 24 日　县政府发出《关于筹措农村学校办学经费实施意见的通知》,由乡(镇)政府征收教育事业费附加,并鼓励社会各方面和个人自愿投资办学。

4 月 25 日　县第八届人大常委会第六次会议通过《关于加强法制宣传,普及法律知识的决议》,提出用五年左右时间在全县公民中普及法律常识的要求。

同日,为第一个全国儿童预防接种宣传日。副县长郭坚宇和各乡镇领导 71 人,率医务人员 369 人分别到小学、托幼机构宣传计划免疫,并现场施行接种。

4 月 26—28 日 召开县少先队员、辅导员代表大会,选举产生由 19 人组成的县少先队工作委员会。

4 月 根据国务院有关规定,成立县清理公司领导小组,对全县 244 家公司、中心、贸易货栈进行清理整顿,保留公司、中心 80 家,占 32.8%;转、并 88 家,占 36.1%;注销 73 家(包括行政办公司 4 家),占 29.9%;吊销营业执照 3 家,占 1.2%。

5 月 1—3 日 台州地委书记魏夏久、专员杨雨洒到温岭参观考察松门礁山码头、石陈东角头冷库、箬山东红水产食品冷冻厂。

5 月 12 日 中华护理学会温岭分会成立。1992 年,挂靠县第一医院,办公室设在县一医护理部,负责日常工作。1994 年 3 月 15 日,改称温岭市护理学会。

5 月 14—15 日 全县政治工作会议召开。会议提出要坚持两手抓,一手抓严厉打击严重刑事犯罪和经济犯罪活动,一手抓全面落实综合治理各项措施,实现社会治安根本好转。

5 月 17 日 温岭县个体医务工作者协会成立。1988 年 1 月 9 日,并入温岭县农村卫生协会。

5 月 19—23 日 县六届政协二次会议召开,出席会议委员 168 人,收到委员提案 149 件。会议围绕工业生产、农业结构体制改革、科技教育、饮食卫生及"三废"处理等问题开展讨论,提出中肯的批评意见和建议。11 名委员在会上介绍自身为经济建设出力的经验。

5 月 20—23 日 县第八届人民代表大会第二次会议召开,吴志文作《政府工作报告》。会议提出实现年度国民经济发展指标的七条措施:增强企业活力,调整工业结构,加快技术改造,搞活流通,调整农村产业结构,选拔人才,服务基层服务企业。

5 月 31 日 钓浜乡高升村渔民,在温台渔场近海捕获一条大姆鳇鱼,重 150 公斤。姆鳇鱼属硬骨鱼纲姆科鱼类,味道鲜美,营养丰富,是名贵海产品。

5 月 恢复盐务局,与盐业公司合并,实行两块牌子、一套班子。

同月　西日本国际贸易促进会邀请温岭花边厂绣花姑娘梁锦君赴长崎、熊本等六市作绣花表演。

6月3日　县委、县政府发出《关于做好社会治安综合治理工作的通知》,提出要大力开展精神文明建设,做好民事纠纷的调解处理工作,严禁赌博,大力开展法制宣传。

6月4日　县委召开整党会议,部署整党工作。县委、县政府等73个支部,1303名党员参加第一批整党,主要任务是如何增强党员党性,提高党员思想政治素质,纠正新的不正之风。工作至年底结束。

6月7日　中共温岭县委作出《关于开展学习江于庆同志的决定》,并向烈士父亲颁发江于庆一等功臣勋章证书。

6月11日　钓浜乡4113号渔船在洛屿东南洋面上捕获一条大黄鱼,长2.05米,胸围1.25米,重85.55公斤。

6月　全县形成养兔热潮,出现"万兔乡"4个;"千兔乡"13个和一批"百兔户"及毛兔、兔毛购销专业户。

同月　股份合作经济发展。全县股份企业6553家,37220股,入股农户36295户,占总农户14.77%。

同月　建立整党工作办公室。

7月13—14日　省党史征集委员会副主任杨福茂、委员周丕振、省委党史办副主任高三山等一行14人到坞根参观红十三军第二团(师)旧址,并研究温岭党史工作。

7月22日　县成立退休基金统筹领导小组,下设办公室,对全民所有制企业(含企业化管理事业单位)实行退休基金统筹,解决企业退休职工的后顾之忧。

7月30日　23时,6号台风在邻县玉环登陆,受其影响,县境风力12级以上,大暴雨,并带有闪电。城关过程雨量408毫米,洪峰水位5.32米。全县34万亩农田受淹,水利工程被毁严重,倒塌房屋5914间,死亡100人,重伤住院435人,轻伤848人。

8月9日　泽国福乐客运社宁波班车,在宁海麻岙岭五福桥翻车,15人死亡,33人受伤。

8月31—9月3日　全县进行物价大检查,抽调各部门39人,组成5个检查小组分赴3个区、镇,重点抽查128家经营单位。

8月　中国渤雷海测量公司专家7人(其中有英国籍3人),赴三蒜岛进行东海油田测量定位工作。

同月　欧洲经济共同体两位新能源专家由国家科委处长胡成春、省科委副主任金昌铭等陪同参观江厦潮汐试验电站。

同月　县公安局组成5人复查组,复查"冤、假、错"案。至1988年12月,共复查有申诉材料的"文化大革命"期间的案件130起,涉及人员131名,均依法作出处理。

同月　成立县青少年科技辅导协会。

同月　县供销社创办职工学校。

9月3日　为纪念抗日战争胜利四十周年,县广播站首次连续播出《我县抗日救亡运动史料》和部分老同志的回忆录。

9月10日　热烈庆祝第一个教师节,各地开展尊师重教活动。

9月底　全县乡镇企业产值18023万元,超额完成全年计划的106%,比上年同期增长132.8%。

10月19日　在全省率先成立县老干部关心下一代协会。1994年,协会更名为温岭市关心下一代工作委员会。

10月24日　全县进行党风党纪大检查,共抽调421人,检查10个区(镇)、2个农场和21个部委办、局党委(党组)的党风党纪情况,评议记分,进一步落实党风责任制,发现一批党风党纪建设先进典型。大检查工作至1986年1月23日结束。

10月　县政府奖励参加对越自卫反击战的温岭籍干部战士。在云南中越边境参加自卫反击战的300多名温岭籍解放军指战员受到县政府现金奖励,其中65人荣立战功,按立功等级再予重奖。12月,荣立三等功以上的退伍军人和1979年参战立功的74人由县统一安排工作。

同月　方城小学创办本县第一个家长学校。

11月15日　9时45分,县拆船公司购进的万吨废货轮"安顺"号,于车关乡头岙沙头,一次冲滩成功,进入拆卸。

11月23日　县政府颁发《温岭县全民所有制企业退休基金统筹试行办法》,从1985年12月1日起实施。

11月29日　19时30分,温岭县昱升生物化工厂发生水解罐爆炸的重大责任事故,6人死亡,4人受伤。事故主要责任人后续受到刑事处罚。

11月　经省地考核验收,温岭被认定为"小学教育普及县"。小学入学率98.4%,巩固率99.47%,毕业率99.03%,普及率93.37%。

同月　日商参观团到温岭参观水产养殖、加工。年底,首次运销日本东京、大阪等地鲜活梭子蟹100吨。

12月3日　县委印发《温岭县落实知识分子政策工作三年规划》,建立落实知识分子政策工作联席会议制度。

12月16日　全国邮电劳动模范、箬横邮电支局邮递员江柏青赴北京出席全国邮电劳动模范代表大会。

12月21—24日　县委工作会议提出加快小集镇建设的方针和举措。

12月　新河镇养猪专业户赵素娟、沙山乡对虾养殖专业户朱宣定获省农业劳动模范称号。

同月　县政府首批为71家企业颁发"重合同,守信用"证书和匾额。

同月　县委再次召开教育工作会议,学习贯彻《中共中央关于教育体制改革的决定》,部署发展职业技术教育,对农村中小学实行分级办学,分级管理。

是年　新河中学党支部副书记黄道元被授予"浙江省劳动模范"称号。

是年　与科研单位、大专院校横向技术联合的乡镇企业有60余家,引进技术人员150多人。开发新产品26项。

是年　落实知识分子政策,将具有中级以上技术职称和小学五级以上、中学七级以上,家在农村的科技人员和教师共368户808名家属子女转为城镇居民户口,由国家供应口粮。

是年　县建筑公司首次派遣技工5人出国施工。

是年　联树乡农民王景鸣培育出西瓜良种"岭育一号"，在全国 35 个西瓜良种评比中获亚军。

是年　全县乡镇企业 7000 余家，其中农民联户办的 2674 家，个体企业 2079 家。

是年　全县生产总值 69826 万元；其中第一产业 26138 万元，第二产业 20608 万元，第三产业 23080 万元；人均生产总值 693 元；财政总收入 5353 万元，财政支出 3211 万元。

是年　至年底城镇居民家庭电视机、自行车、手表基本普及，相当一部分职工家庭拥有彩色电视机、电冰箱、洗衣机等高档生活用品。

1986 年

1 月 1 日　县总工会举行工人文化宫落成典礼，当日开放。文化宫占地面积 2 亩，四层楼面，高 24 米，建筑面积 1160 平方米。

1 月 2 日　县委整党办发出〔1986〕1 号文件，部署县二期三批整党工作。参加该批整党工作的有乡镇机关和县、区、乡企事业单位党支部共 526 个，党员 6625 人。工作分四个阶段进行。

同日　县城乡建设环境保护局对全县 72 家电镀厂开展全面整顿。经调查协商，核准 10 个电镀定点厂家，其余一律停产。

1 月 5 日　凌晨 1 时半，县政府招待所第二宿舍，因用火不慎，引起火灾，造成 6 人死亡、1 人受伤、19 间楼房烧毁、经济损失近 20 万元的特大事故。

1 月 10 日　县道教协会成立，会址设道源洞，蔡信德任会长。

1 月 11 日　台州地委任命詹德清为温岭县委副书记。20 日，县人大常委会任命詹德清为代县长。

1 月 15 日　全县严厉打击严重刑事犯罪活动的第二战役第五仗斗争开始。是夜，统一行动，抓捕各类犯罪嫌疑人。

1 月 22 日　下午四时，长屿西坑里岩场突然塌方，压死 6 人，压伤 4 人。

1月23日　县政府发布《关于实施〈浙江省计划生育条例〉的规定》。

1月25日　温岭摩托车总厂、温岭机床厂试产的西湖牌 XH250-B 型双轮摩托车、FL-71 发动机经省级鉴定通过,投入批量生产。

1月　县第一人民医院因在 8506 号台风灾害中抢救伤员的成绩显著,被评为全国抗洪先进集体,院长马永松出席全国表彰大会,会上李鹏总理亲自授予嘉奖证书和铜制奖匾。

2月1日　县工商行政管理局取缔泽国卷烟批量交易市场,查处各类卷烟 4146 箱(每箱 50 条)。

2月5日　县政府批准三蒜岛单独建立行政村,定名为三蒜村,隶属石塘镇。

2月18日　县邮电局电报中文译码机首次投入使用。

2月23日　台州地区在临海群艺馆举办文物普查成果展览会,温岭出土的晚商青铜蟠龙大盘、陶瓷明器、新石器时代的石斧等 30 多件文物和赵一瑞同志征集的照片参加展出。

3月1日　桐山乡被评为全国计划生育工作先进集体。蔡永芳、王金凤、沈素莲、高璞被评为全国计划生育工作先进个人。

3月5—8日　县委农村工作会议召开。会议提出抓好"改革、稳农、促工、服务、扶贫"工作方针。

3月6日　省民政厅〔1986〕59 号文件批准呑环乡、牧屿乡、横峰乡、长屿乡、淋川乡、新街乡等 6 个乡改为建制镇,原乡政府改为镇政府,实行镇管村。

同日　中午 11 时 40 分,县糖化厂因蔗渣堆塌坡,7 人被压,4 人轻伤,1 人重伤,2 人死亡。

3月10日　县委、县政府命名 37 个单位为文明村、文明居、文明工厂、文明学校、文明医院、文明单位。至此,全县文明单位共 51 个。

3月11日　农牧渔业部农机化局确定温岭县为部农机化管理服务工作联系县。5 月 24 日,合同签订。

3月19日　县第八届人大常委会第十二次会议举行,听取和审议县人民法院关于打击严重刑事犯罪和严重经济犯罪的汇报;听取县工商局关于清理和整顿公司工作情况的汇报;通过县人大常委会办公室关于县八届二次会议代表议案处理情况的汇报。

3月22日　县政府成立清查土地领导小组。自30日起全面清查城乡建设乱占滥用土地现象。

3月22—23日　1985年度县劳动模范、先进集体、先进个人表彰大会召开。会议表彰1985年度县级各类先进的同时,还表彰年度省级劳模、先进集体、先进个人及全国邮电系统劳动模范。10名先进代表在会上介绍经验。

3月27日　县政府发出通知,建立县地方志编纂委员会及办公室,县长詹德清任编委会主任。

3月31日　规模为600立方米水体的县对虾育苗厂在上马下齐建成投产,当年育苗1.4亿尾。

4月1日　县委、县政府印发《关于建立企业领导干部奖励制度的试行办法》,提出分等奖励办法。试行范围为国营和县属集体工业企业。

同日　县委、县政府印发《关于对引进新产品、新技术建立效益奖的试行办法》,分四等进行奖励。试行范围为财务制度健全的乡(镇)办以上工业企业。

4月7日　经地区行署和省民政厅批准,箬山乡改为建制镇。

4月8日　代县长詹德清主持政府办公会议,议定县自来水厂向湖漫水库取水按取水头部水表计量付费,每立方米3分。10日10时20分,水表投入计量,正式向城关镇提供工业和生活用水。

4月10—15日　县六届政协三次会议召开,出席会议委员170人,收到委员提案161件。

4月11—15日　县第八届人民代表大会第三次会议召开。詹德清当选为县长。

4月16日　省委副书记陈法文到温岭检查工作,参观石塘镇东角头冷冻厂、松门幸福电子设备厂和松门礁山码头,并就发展乡镇企业、海岛建设和整党工作等作出指示。

4月20日　县委以〔1986〕27号文件批转县清查土地领导小组《关于

查处乱占滥用浪费土地若干规定》,查处重点是 1983 年 7 月 20 日以来全县城乡各项建设用地情况。同时明确作出 5 项检查内容和 5 条处理政策规定。要求广大党员和干部自觉执行和维护土地法规,并带领群众与违反土地法规的行为作坚决的斗争。

4 月 22 日　全县贯彻新《婚姻登记办法》。8 月 15 日,开始执行《浙江省婚姻登记办法实施细则》。

4 月 25 日　县第一人民医院妇产科医生俞小花参加省援藏医疗队,赴西藏吉隆县人民医院从事为期一年的妇产科带教工作,为温岭县首位援藏医务人员。

4 月 26 日　自本日起县级机关先后举行五次普及法律常识考试,共 64 个单位、1446 人(含副局级以上干部 241 名)参加。12 月 22 日,向成绩合格的 1406 名干部职工颁发"普法常识合格证书"。

5 月 1 日　县科委畜牧兽医师冯洪钱,获全国总工会授予的"五一劳动奖章"。

5 月 15 日　江厦潮汐试验电站二期工程发电试验项目,被国家计委、经委、科委、财政部联合授予科技攻关先进单位,并受到水电部奖励。

5 月 16 日　县委发出〔1986〕29 号文件,部署全县农村村级整党工作,参加整党工作的农村和居民支部共 875 个,党员 16000 多名,10 个区(镇)分两批进行。

5 月 16—18 日　全县政法工作会议召开。会议提出要组织好严厉打击刑事犯罪活动的第三战役,严厉打击严重经济犯罪,落实好社会治安综合治理。

5 月 19 日　温岭县与河南省孟津县结为友好县,在温岭签订友好协议书,有效期 10 年。

5 月 25—27 日　中央书记处政策研究室副主任一行 4 人到温岭听取关于农村工作情况的汇报,参观考察石塘东角头冷库、江厦潮汐试验电站。

5 月 26 日　县政府在城关龙岗山建成一座 3 瓦调频台,工作频率为 102MHz,改善了县广播站信号源,使城关地区能收听到省台调频广播。

5 月 27 日　县文化管理委员会组织力量，对全县个体书摊进行了突击清查。共清查 65 个摊点，查获非法出版书刊 1587 册、挂历 11 本、各类小报 359 份，收缴非法录音带 124 盒。

5 月 31 日　全县开展粮油价格大检查，72 个单位被查，抽查面达 46%。查处万元以上大案 3 起，没收非法收入 41058 元。

5 月　局部地区病毒性肝炎暴发，暴发点多达 89 个，坞根乡寺基村，全村 601 人中得病 30 人，患病率为 4.99%。是年，全县总发病数 5754 例，发病率 561.52/10 万。

6 月 1 日　县政府批转县劳动人事局《关于 1986 年城镇培训就业工作意见的报告》，首次实行先培训后就业的招工制度。

同日　农业局及农工商综合大楼奠基，11 月 1 日完成基础工程，1988 年 12 月 24 日正式落成。

6 月 3 日　县委、县政府联合召开反盗斗争紧急会议，县委、县政府领导及 16 位区（镇）长和公、检、法、司负责人出席会议。

同日　县政府决定，从 1986 年度开始全县全面建立乡（镇）财政。

6 月 5 日　县政府发布《关于严厉打击盗窃犯罪活动的通告》。县长发表广播讲话，号召全县人民行动起来，投入反盗斗争。

同日　举行县人民武装部改归地方建制交接仪式。

6 月 17 日　温西区肉食经营实行食品站与屠工"联购分销四管理办法"（价格、规格、税收、食品卫生管理）。9 月 14 日，县政府召开现场会议推广。至 11 月 3 日，除石陈区外，全面推行该办法。

6 月 20 日　全县清理整顿公司工作历时半年结束。仅保留公司、中心 80 家，为原有 244 家的 32.8%。

6 月 21 日　县公安局重新印发《关于加强民间用枪管理的通告》，即日起开展验审工作。

6 月 26 日　县委党史资料征集研究委员会成立。1993 年 8 月 13 日，更名为中共温岭县委党史研究室。

6 月 28—30 日　全省工厂化育秧与机插配套技术推广工作现场会，在东浦农场召开。

6 月 29 日　团中央书记处书记李源潮、团省委书记茅临生到温岭检查共青团工作。7 月 20 日,李源潮再次到温岭听取松门、石陈区农村整党及团建工作汇报。

6 月　中国人民解放军温岭县人民武装部改称浙江省温岭县人民武装部,属地方建制,为副县级单位,负责全县民兵和兵役工作,编配部长、政治委员,内设办公室、军事科、政工科和民兵武器装备仓库。

同月　温岭啤酒厂所产"晶水牌"黄啤酒,在全省质量评比中夺魁。

同月　钓浜乡红旗村一对机帆船,在东海洛屿洋面上捕获一条大黄鲹,长 1.4 米,重 62.5 公斤。

同月　县政府颁发《温岭县实行九年制义务教育的实施意见》。

同月　浙江省近亲婚配遗传学效应试点调查在新河镇进行。共调查 3385 对夫妇、10747 人,近亲通婚率为 1.4%,姨表婚配对数占近亲婚配总对数的 40%。近亲婚配子女死亡率 14.1%,遗传病患病率 6.7%,大大高于非近亲婚配所生的子女。

7 月 5 日　松门至交陈公路动工兴建,该公路自松南村至乌坑村,全长 6 公里,路基宽 6.5 米,行车路面 4 米,桥梁 4 座,涵洞 7 个,投资 60 万元,于 1988 年 10 月 28 日建成通车。

7 月 6 日　县劳动人事局对全县已经报名的 2216 名城镇待业青年实行统一考试。至 9 月 1 日,县政府批准本年度全民单位招收就业前培训生 556 名。

7 月 12 日　县政府转发《关于"星火计划"实施意见的报告》,提出技术开发领域 9 个方面 21 项工作安排。

同日　全县工业工作会议召开。会议提出要扩大企业自主权,建立经济责任制,开展横向联系等改革措施。

7 月 15 日　县人武部组织城关中学高二(1)班学生进行军训试点。参训学生 51 名,历时半月,经三项训练课目总评,及格率达 96%,其中报话业务考核及格率 100%,优秀率 89%。第一练实弹射击及格率为 92%,50 人达到合格标准。此系新中国成立后县内首次中学生正式军训。

7月19—20日　全县农村工作会议召开。会议提出要搞好"夏收夏种",促进乡镇企业大发展,完善双层经营体制。

7月23日　县委、县政府召开首次修志工作会议,部署《温岭县志》编纂任务。在机关的县委、县人大、县政府、县政协的领导同志出席会议。各部、委、办、局和各区、七大镇的负责人以及在城关的部分离休老同志共130多人参加。县委书记胡岳作《盛世修志,众手成志,促进我县两个文明建设》的讲话。

7月28日　坞根乡发生哄抢专业户鱼塘的严重事件。有500多人哄抢鱼和珍珠蚌,导致承包户损失6万余元,事后参与者受到公安部门处理。

7月31日　县委、县政府贯彻党中央、国务院两办通知精神,部署全县中小学危房修缮、改造工作。至年底,共投入资金149.07万元,改建、拆建一类危房16965平方米,维修二、三类危房2万多平方米。

8月9日　县政府颁发《关于贯彻执行国务院〈征收教育费附加的暂行规定〉的实施意见的通知》。自7月1日起对全民企业、县属集体企业及其他企事业单位和个人,按三税(产品税、增值税、营业税)数额的1%征收教育事业费附加。

8月16日至次年2月　台州专署先后批准青屿、横山、沙山、江厦、桐山、琛山、冠城、部渎、横峰、温峤、潘郎、岙环、江湾等13个乡(镇)为第二次国内革命战争时期的根据地。

8月20日　经国家工商局批准,省工商局为温岭县"源统实业有限公司"核发营业执照。该公司位于泽国镇郊,系县内第一家中外合资企业,资金总额100万元。

同日　18时许,沙山乡白璧村一机动船在离瞿屿塘500米的海面遭暴风侵袭而沉没,船上28人全部落水。经东门村朱友余等4人奋力抢救,20人被救起而生还,8人遇难。

8月23日　县委、县政府抽调机关干部47人,组成11个"学兰溪、抓改革"调研组,到8家企业蹲点,帮助企业学习、推广兰溪经验,建立、完善经济责任制。

8 月 30 日前后　 岙环等 11 个乡（镇）相继发现台湾的空飘"心战"品，这是温岭在新中国成立以来发现"心战"品最多的一次。

8 月　 县石料厂用近 60 块白色大理石拼接完成重约百吨的石雕七仙女群像，矗立在安徽安庆市中心，得到国内外人士的高度评价。

9 月 4 日　 县政府向省政府报告温岭干旱情况。当年夏秋持续干旱，7 月降雨量仅 12.9 毫米，创历史同期少雨纪录。

9 月 11 日　 县第八届人大常委会第十五次会议举行，会议听取和审议县计委《关于温岭县国民经济和社会发展第七个五年计划（草案）》的报告；听取和审议县公安局关于全县开展反盗窃斗争情况的汇报；讨论通过《关于实行九年制义务教育议案的决议》和《关于加强环境保护工作议案的决议》；审议批准县政府财政预算部分变更，在预备费中加支 60 万元用于资助改善中小学危房的请示报告。

9 月 17 日　 城南国庆塘受 17 号台风袭击，海浪冲开缺口 7 处，长 100 米左右。县、区与大闾乡、岙环镇组织民工 300 余名，奋战 4 昼夜，全力抢险，动用草包 3500 条，土石方 1000 多方。

9 月 18 日　 县政协、县委统战部邀请台胞、台属、去台归来定居人员、侨眷及原黄埔军校学生和起义投诚人员在城关举行中秋茶会。

9 月 29 日　 县农业局农艺师梁祖霞编著的《生物知识集锦》一书由上海文化知识出版社出版。该书为梁祖霞继《遗传浅说》《选种知识》出版后的第三本著作。

9 月 30 日　 全县 2078.5 亩杂交稻制种平均亩产达 143.11 公斤，比上年亩产 96.5 公斤增长 48.2%，超历史最高水平。

9 月　 北京科教电影制片厂到江厦潮汐试验电站拍摄《潮汐发电》科教片。

10 月 1 日　 房产税开始征收，征收范围只限县属七大镇，其余则暂缓征收。是年，共征收房产税 0.6 万元。1986、1987 两年共征收 61.9 万元。

10 月 3 日　 全县有 6548 户烈军属、五保户、农村贫困户参加家庭财产保险，县里给每户补贴投保 1000 元的保险费。共计保险金额 654.8 万元,支付保险费10476.8元。

10月4日 县政府、县人武部发出《关于公民履行兵役义务奖惩措施的联合通知》。

同日 卫生部部长崔月犁到温岭考察泽国区卫生院。12月13日,经省卫生厅批准,该医院升格为县级医院,定名为温岭县泽国医院。

同日 全省农村新经济联合体与合作经济组织调查汇报会在温岭召开,有九个地(市)县21位代表参加。温岭农工部介绍全县农村新经济联合体情况:已建立7000个股份企业,共计3.8万股,就业人员5.7万多人,占全县农村劳动力总数的11.4%,仅股份工业企业的产值就占全县乡镇企业总产值的70%以上。

同日 县政府制定《温岭县工业企业提高经济效益奖励办法(试行)》,全县全民工业企业、二轻集体工业企业和乡镇企业均可参加评奖。

10月14日 县基督教三自爱国运动委员会表彰在社会主义现代化建设中表现杰出的67名信徒。县基督教协会同时成立。

10月15日 司法部、国家土地管理局联合发出《关于学习宣传〈土地管理法〉的通知》,温岭县结合实际作出部署。县政府召开贯彻《土地管理法》有线广播大会和区乡(镇)土地管理员会议。此后,又配合司法、宣传部门,利用一切宣传工具,开展多种形式的宣传活动。

10月20日 坞根、青屿、江厦三乡试种药用长春花成功,被列为杭州民生药厂长春花生产基地之一。

10月30日 县物价局、计量所、工商局授予城北供销社生活资料商店棉百门市部"物价计量信得过单位"称号。至此,全县已有12个单位荣获"双信"称号。

10月31日 14时许,箬横宝明客运社的太平洋二号大客车从宁波回箬横,途经临海猫狸岭仙人桥路段,因让车失误翻入40米深的山坑,造成3人死亡、10人重伤、30人轻伤的重大交通事故。

10月 中央农业广播学校温岭分校第一期农学专业学员31人,经过4年半时间的学习,正式毕业。

同月 温岭高峰牛编入《中国良种黄牛品种志》。温岭高峰牛属中亚热带瘤牛型役用地方品种,1981 年 10 月通过省级有关部门鉴定,确定为以役为主的省地方良种黄牛和中国十大优良地方品种之一。

11 月 11 日　藤岭隧道通车典礼举行。隧道自 1985 年 10 月开工兴建,历时 13 个月竣工,全长 686 米,宽 10 米,是当时台州地区最长的一条隧道,采用政府投资与群众集资相结合的办法筹集资金。

11 月 22 日　根据《中华人民共和国居民身份证条例》,建立县颁发居民身份证领导小组。副县长兼任组长,第一副组长由县公安局副局长担任,成员 15 名,下设办公室。各区、乡(镇)相应建立颁发居民身份证领导小组。

11 月 28 日　木城河、箬松大河疏浚工程开工。该工程全长 21 公里,自 15 日起筑坝放水,历经 3 天突击,2 天扫尾,于 12 月 5 日撤坝通水。工程共动员民工 8.3 万人,投工 23 万工,挖土 24 万立方米,可增蓄水量 20 万立方米。

11 月 29 日　县古建筑工程队队长李春友在雁荡山受到国务院副总理田纪云、省委书记王芳等接见。该工程队自 1984 年始,承包雁荡山旅游区观音洞石栏杆、望梅亭、卧龙亭、烟波亭、逸兴亭等仿古石建筑,均为全优工程,受到中央领导和中外游客好评。

11 月 30 日　全县乡镇企业至本月底总产值突破 5 亿元大关,工业总产值比去年同期增长 34%,名列台州前茅。

11 月　庆恩王隧道建成。该工程始于 1984 年,由肖村乡自筹资金、劳力,县里补助 1.7 万元。隧道全长 350 米,高 4 米,宽 3.5 米,自肖村南岙经庆恩王、花芯,出晋岙里至箬横。

12 月 1 日　县邮电局在城关地区开办邮政储蓄新业务。

12 月 4 日　县委、县政府决定扩大厂长负责制试点,在泽国酒厂、变速器厂试行的基础上,扩大到 17 家工业企业。

12 月 5 日　横河乡金闸村 137 亩柑橘平均亩产 5064 公斤,使本县大面积(100 亩以上)柑橘栽培首次突破亩产万斤(市斤)大关。

12 月 8 日　省、地联合检查验收组验收,确认温岭县已达到基本无文盲县的标准。

12月9日　泽国邮电支局率先筹资开通 1000 门 HJ-01 型纵横制自动电话,成为温岭第一个交换自动化支局,结束了温岭农村无自动电话的历史。

12月11日　全国劳模赵振巨因车祸造成后脑骨折和脑挫伤,经抢救无效去世,终年 68 岁。

12月15日　城关镇万寿路初步建成通车,全长 960 米,宽 34 米,时为县内最宽最规范街道。

12月19日　县政府下达〔1986〕307 号文件,将箬山陈和隆旧宅列为县重点文物保护单位。

12月26日　县工商银行首次办理承兑业务,共计金额 14.6 万元。至 31 日,又首次承办票据贴现业务,共计金额 25.4 万元。

12月27日　新河披云大桥竣工,全长 118.44 米,宽 11 米,总投资 70 万元,为全县最长公路桥。

12月　山市乡下园山村发现 8 处初唐至五代青瓷窑址群。次年 4 月,在冠城乡沈岙村发现西周陶窑址。

是年　大溪道班被交通部评为全国交通系统"两个文明"建设先进集体。

是年　温岭县电影事业管理站开始发行录像片。此后几年,发行收入不断增长,1988 年,发行收入 7704 万元,位列全省县级电影公司第五位。

是年　卖淫嫖娼现象危及社会治安,公安部门予以严厉打击。

是年　全县生产总值 84676 万元,其中第一产业 29840 万元,第二产业 23974 万元,第三产业 30862 万元;人均生产总值 831 元;财政总收入 6548 万元,财政支出 4497 万元。

1987 年

1月15—19日　县委工作会议要求党员干部必须旗帜鲜明地反对资产阶级自由化,提出继续深化改革,把经济建设搞上去。

1月18日　县内第一个镇级卫星地面接收站——松门镇卫星地面接收站在崇寺山建成,发射功率为5瓦。

1月25日　17时,浙岭农副第24017号机动船,因严重超载,又遇八级大风,在山前乡熨斗山北约800米的海面翻船,24人遇难,11人脱险。

1月　中国人民武装警察部队温岭县大队改称中国人民武装警察部队温岭县边防大队。

2月10—11日　全县乡镇企业表彰会召开,会议表彰138个乡镇企业先进集体和130名乡镇企业先进工作者。

2月20日　全县颁发居民身份证试点工作在新河区的新河镇和蔡洋乡进行,至4月25日结束。5月,全面铺开,全县投入发证工作人员4000名,从事宣传、登记、校正、组织居民照相、过录编码、打印身份证底卡等工作。

2月23日　省委决定,由陈思透主持温岭县委工作。

2月　批准潘郎乡改为建制镇。至此,乡级建制镇共17个。

同月　开展禁赌专项斗争,动员全社会力量参与禁赌,形成强大声势,责令全县赌徒自首,慑于通告威力,全县2000余名赌徒分别向公安机关和乡(镇)政府部门登记自首。公安机关依法逮捕6名、拘留224名。

3月2—5日　世界银行评估团对东海塘大面积养殖对虾进行实地考察评估。

3月6日　石粘镇养鸭专业户张天津赴北京出席全国农村科普工作会议。18日,被授予"全国农村科技致富能手"称号。

3月28日　县委批转《关于开展坚持四项基本原则正面教育的意见》,要求各级领导班子在开展自身理论学习的同时,组织好党员和干部职工的学习,加强对学校师生的教育。

3月　县政府发出《关于市制计量单位改革的通知》。至年底,全县商业、供销、粮食及城镇各商店基本完成市制杆秤的改革工作。

同月　经中央党校函授学院浙江分院批准,在温岭县委党校设立函大辅导站,通过统一考试,分院批准录取87级函大学员120人,学制业余3年。

3—4 月　县委、县政府抽调 35 名干部组成调研组，由县长詹德清负责，分 7 个组到 9 家企业，了解全县工业企业开展增产节约、增收节支活动及深化企业改革情况。

4 月 1 日　取消 1962 年规定的市镇人口每人每月补助 1 市斤熟食品粮票，对个别收入低、吃口重而发生口粮困难者，经申请，给予适当补助。

4 月 3 日　举办第一期"坚持四项基本原则，反对资产阶级自由化"轮训班。轮训班共办 6 期，600 余人参加。

4 月 4 日　县委、县政府印发《关于深化改革，增加乡镇企业活力的若干规定》，提出要坚持改革、开放、搞活，坚持多种经营方式，乡办、村办、联办、户办"四个轮子"一起上。

4 月 6 日　《温岭县群众文化史》一书编写完成。该书自 1984 年夏开始收集资料，历经 3 年成书。记载了温岭县自中华人民共和国成立后至 1987 年期间的文化发展历史。

4 月 9 日　县政府印发《关于建立创优产品奖励制度的试行办法》，奖励产品获得地区同行业第一名和省优以上的企业。

4 月 11—14 日　中共温岭县第七次代表大会召开。到会正式代表 480 人，列席代表 40 人，特邀代表 1 人。会议听取和审议六届县委《坚持四项基本原则，坚持改革开放搞活，为建设繁荣兴旺文明富裕的温岭而努力奋斗》的工作报告及县纪律检查委员会的工作报告，选举产生中共温岭县第七届委员会委员 35 人，候补委员 5 人，常务委员会委员 11 人。陈思透当选为县委书记。会议通过《中共温岭县委关于加强自身建设的意见》。

4 月 16 日　县政府提出对全县部分工业企业实行工资总额同入库利润（包括所得税、调节税、承包费、利润）挂钩浮动办法，自 1987 年 1 月起至 12 月底止，试行 1 年。

4 月　开展打击贩卖、传播淫秽录像、淫秽物品活动。开展严禁赌博，破除迷信，保护耕地的宣传教育活动。

4—5 月　全县狠刹赌博、迷信、毁田三股歪风。全县停建违章房屋

557 间,清理预制场 85 个,轮窑 5 支,收缴乱占滥用耕地的罚款 124541.8 元;拆除和改造违建庙宇 298 所,收缴罚款 1180 元;抓赌 367 场次,没收赌具 466 副,收缴罚款 61201.4 元,行政拘留 113 人。

5 月 5—11 日　政协温岭县第七届一次会议召开。出席会议正式委员 162 人,列席人员 16 人,收到委员提案 186 件。会议号召全体委员团结各界人士,坚持四项基本原则,坚持改革开放,为实现"七五"计划和 1987 年各项计划参政议政,献策出力。会上选举产生常务委员 26 人,王梅生为县政协主席。

5 月 6—11 日　县第九届人民代表大会一次会议召开。出席会议代表 330 人,列席代表 133 人。会议审议和通过詹德清作的《政府工作报告》和计委主任作的《国民经济和社会发展计划草案的报告》等;确定温岭县经济发展第七个五年计划的主要指标和今后三年的奋斗目标与任务;通过《县国民经济和社会发展第七个五年计划草案》等决议。大会选举林美富为县第九届人大常委会主任,选举詹德清为县长。

5 月 26 日　县委、县政府批转《关于加强乡村合作经济组织和建立农业发展合作基金制度的意见》,乡村两级基金由乡村分别筹集,各自管理和掌握使用,专户存储。

5 月　县饲料公司创制的"石人牌"饲料,经国家工商行政管理局商标局核准注册,系全省配合饲料商标注册最早的一个县。

同月　县工商市场开发服务中心与新河下张村共同投资扩建的温岭县塘下钢铁市场正式建成并投入使用。

同月　松门水产品批发市场在远景村建成。该市场投资 45 万元,占地 4006 平方米,内有"T"型敞房、管理房、冷藏库、简易棚屋等。场内分鲜活、虾米、干货等行,可同时容纳 600 多个摊位,3000 多人进行交易。客商大多来自上海、北京、天津、大连、武汉、广州、厦门等地。日客流量在万人以上,全年成交额达 3000 万元。当年被省、地、县评为"五好市场"。

同月　县社会福利院被省民政厅评为全省 10 个文明院之一。

同月　应国际兽医组织邀请,冯洪钱赴北京参加国际兽医学术讨论会。

6 月 3 日　县政府决定撤销县教育局,改设县教育委员会。

6 月 10—12 日　中央书记处农村政策研究室孟庆祥、查世煜等到温岭调查研究有关股份制经营情况。温岭股份合作社经济的发展引起中央有关部门和新闻媒体的关注,相继到温岭调研采访。

6 月 18 日　县政府批准设立"温岭县农业技术推广中心"。

6 月 23 日　县政府作出《关于深化商业改革增强企业活力若干规定》,对商业局所属石油、五交化、百货、糖烟酒和城关百货大楼等 5 家中型企业实行此规定,自 1987 年 1 月 1 日起试行 2 年。

6 月 28 日　中央书记处农村政策研究室副主任吴象和《人民日报》记者到温岭了解开发性生产、合作经济等情况。

6 月 30 日　县村级建设汇报会召开。全县 880 个村有 638 个村完成村级组织整顿,253 个村建立农业发展合作基金会。

6 月　县委、县政府对实行承包经营责任制的企业作出两项政策规定。一是对盈利企业实行核定基数、年年递增、超收分成的办法;二是对亏损企业实行核定亏损额,减亏留用,超亏不补,限期扭亏的办法。

6—7 月　县委、县政府抽调有关部门 32 人,组成深化企业改革、落实承包经营责任制工作组,县长詹德清任组长,分赴 12 个企业,进行为期 20 天的试点工作。7 月底前全面落实全民企业的承包经营责任制。

7 月 3—8 日　全面开展河道清障工作。副县长吕振欧带领有关单位 20 名干部会同有关区、乡干部,对全县主干河道设障进行检查,查处固定设障 203 处。

7 月 11 日　县委办下发〔1987〕33 号文件,同意县工商业联合会恢复活动。继后,在县委统战部的关心下,商请第三届工商联有关领导返回工商联开展筹备恢复工作。

7 月 15—18 日　全县乡镇企业工作会议提出,发展乡镇企业要从实际出发,走特色发展道路,认清新形势,提高乡镇企业的竞争力和应变力,重视人才培养。

7 月 22—24 日　长屿镇被省政府、省军区评为省"拥军优属先进集体"。

7月26日　城南区4户农民集资购买县内第一台联合收割机。

7月27日　7号台风登陆温州,全县遭狂风暴雨袭击,10万亩早稻被淹,损失粮食约1800万公斤。

7月　撤销县经济委员会,改设工业委员会。撤销县计划委员会,改设计划经济委员会。

同月　箬山镇渔民庞德来在海上拾到一独木舟,长5.9米,宽0.6米,深0.3米,据考证为宋代之前所造。

8月14日　县政府印发《关于开发海岛经济的若干政策规定》,对开发海岛经济实行若干优惠政策。

8月25日　县政府印发《关于开展横向经济联合的若干规定》,进一步鼓励和推动横向经济联合。

同日　县委、县政府决定从1987年开始建立计划生育工作责任制,使全县在"七五"期间每年出生人数控制在15000人左右。

8月　县文化局、文联、文化馆在县委、县政府的领导下,由县委宣传部牵头建立县民间文学集成领导小组办公室,在全县范围内进行较大规模的民间文学普查。其间搜集到故事、传说1200篇,歌谣1000余首,谚语9555条。

9月1日　城关、凤城、冠城、温峤、沙山、龙门、箬横、松门等8个乡镇,率先实施九年制义务教育。

9月9—13日　受第12号台风和冷空气的共同影响,全县遭受到自1952年以来35年不遇的洪涝灾害,受灾面积35万亩,成灾面积20万亩,绝收面积4300亩,损失粮食(晚稻)6100万公斤,184个村庄近15万人被洪水围困,直接经济损失8125万元,3人死亡。省农业厅厅长赵小道率省慰问团一行11人到温岭了解灾情并到灾区慰问受灾群众。

9月11日　县人大常委会九届三次会议通过《关于在全县范围内开展妇女病普查的决定》,要求3年内完成。据1990年统计,共普查妇女病307万人次。

9月18日　箬横宝明客运社10-59001大客车,自上海载59名乘客返温,行驶至天台县关岭弯道处翻车,造成 12 人死亡、17 人重伤、32 人轻伤的重大事故。驾驶员被吊销驾驶证,追究刑事责任。

9 月 30 日　县政府开始对预算内 24 家国营工业企业实行承包经营责任制。

9 月　温西工业品综合市场在温峤镇西大街口建成,占地 7537 平方米,建筑面积 2000 平方米,投资 38 万元,内有营业房、棚屋和敞开式营业场地,可容纳 1000 余个摊位。主要经营五金工具、废旧电器、刀具等,日客流量 3000～5000 人,全年成交额达 2800 万元。为县内最大的旧电器、刀具交易专业市场。

同月　县教委设立职称改革办公室,首次对中小学教师进行职称评定。

10 月 7 日　县台属台胞联谊会成立。

10 月 17 日　温岭电视台筹建领导小组成立,下设办公室。19 日,县政府同意年内由地方财政拨款 25 万元筹建温岭电视台,不足部分集资解决。

10 月 25 日　县内第一家联合诊所——城关联合妇幼诊所经县卫生局批准开业。

10 月 28 日　县委、县政府发出《关于城镇居民建造个人住宅有关问题的通知》,对城镇居民建造个人住宅作出详细规定。

10 月　占地 3.5 亩,总投资 81.9 万元(县财政拨入 50 万元),建筑面积 2100 平方米的新图书馆大楼一期工程动工,次年 6 月 15 日竣工。馆址坐落在太平街道溪滨路。

11 月 10 日　箬山镇水仙花岙隧道通车,隧道长 292 米,净空高 4.5 米,宽 6 米。1987 年 1 月动工,共投资 60 多万元,镇集资 50 万元。通车之日,群众欢欣鼓舞,场面非常热闹。

11 月 14 日　县委在大会堂召开中共十三大精神传达大会。十三大代表、仙居县委书记瞿素芬在大会上作会议精神传达。

11 月 17 日　县委、县政府印发《关于实行晚婚晚育的意见》,大力提倡和鼓励晚婚晚育。按法定年龄推迟三年以上结婚的为晚婚(即男 25 周岁、女 23 周岁),已婚妇女 24 周岁以上生育为晚育。

11 月 21 日　泽国酒厂所产"月桂牌"醇香蜜酒,获中国首届黄酒节二等奖。

11 月 25—28 日　台州行署、军分区在温岭召开民兵"以劳养武"经验交流现场会。温岭县人武部介绍率领民兵兴办乡镇企业、开展"以劳养武"的经验,61 名代表实地参观温岭县"以劳养武"成果展览及大溪、温西、城关、新河、箬横等 7 个劳武企业。

11 月　县工商局根据举报电话,深夜追捕,截获一起偷运白银 112.5 千克、价值 13 万元的特大贩银案。

12 月 7—10 日　县政协七届二次会议召开,出席会议委员 168 人,收到委员提案 191 件。会议要求全体委员认真学习中共十三大文件,坚持一个中心、两个基本点,发挥人才优势,为发展生产力这个根本任务服务。

12 月 8—10 日　县第九届人民代表大会二次会议召开。会议审议并批准《1988 年国民经济和社会发展计划(草案)的报告》,选举林美富、詹德清等 11 人为出席浙江省第七届人民代表大会的代表。

12 月 13 日　中国农工民主党温岭支部成立,党员 8 名。系县内第一个民主党派基层组织。

12 月 17 日　县委作出发展股份合作企业的 10 条规定,肯定股份合作制是社会主义性质的合作经济,资产和经营收入均受法律保护,并在用地、用电、贷款等方面给予支持和帮助。

12 月 25—26 日　副省长许行贯、省水利厅厅长钟世杰等一行,在台州地委书记项秉贤和县委书记陈思透、县长詹德清等陪同下,视察金清闸外移闸址——剑门港和东海塘促围工程。

12 月 27—29 日　中共温岭县七届二次全会提出深化改革、稳定物价、控制人口增长、发展经济的工作目标。

12 月　县政府、县人武部制定《温岭县 1985 年—1990 年民兵"以劳养武"建设五年规划》。次年 4 月 1 日,县政府批转《关于全县民兵组织开展以劳养武、创办劳武企业有关问题的意见》,解决民兵组织活动经费。

　　同月　县政府决定成立"温岭县救灾扶贫基金会"。基金会的任务是以有偿资金扶助受灾户发展生产,治穷致富。各乡(镇)也设立救灾扶贫基金会。

　　同月　建立"中国农村致富技术函授大学"温岭辅导站(1988 年 11 月转为分校),招收学员 548 名。县教育局组织全县 80 名区乡成人教育系统干部参加农函大的教学辅导。

　　是年　县农业局李绍宏被省政府授予浙江省有突出贡献科技人员称号。李绍宏等专家经过 20 多年的选育工作,培育出温岭高峰牛这一优良黄牛品种,其科技成果曾获省政府一等奖。

　　是年　全县出口水产品 14 种,产量 2008 吨,占地区出口量的 60.8%,出口产值 4000 万元,创历史最高水平。

　　是年　长屿石雕艺人梁宗涛制成普陀山法雨寺"九龙壁"青石浮雕,被誉为"园林艺术珍品"。

　　是年　浅海滩涂综合技术开发被正式列入国家"星火"计划,儿童保健鲜虾乳与虾味味精被列入省"星火"计划。

　　是年　全县春粮总产量 32729 吨,比上年增长 8.84%,创历史最高纪录。

　　是年　68 个乡镇开办成人教育中心 65 所,开展农村实用技术培训,2.8 万余人受训。

　　是年　全县有专业户 11472 户,其中种植业 519 户,林业 72 户,畜牧业 1175 户,渔业 378 户,建筑业 1414 户,运输业 2195 户,商业、饮食业 2972 户,联合体 2457 个,从业人员 22886 人。从而打破传统农业经济格局,转入发展商品经济的新格局。

　　是年　全县生产总值 107129 万元,其中第一产业 38716 万元,第二产业 31088 万元,第三产业 37325 万元;人均生产总值 1039 元;财政总收入 7951 万元,财政支出 4870 万元。

　　是年　县人口密度每平方千米达 1127 人,为全国人口密度最高的县(市)之一。县内人口密度基本情况是:石塘一带渔区每平方公里 2119 人;东南沿海平原(原新河、箬横、松门区)为 1266 人;内陆水网地区(原城关、城北、泽国区)为 1482 人;低山丘陵地带(原城南、温西、大溪区)为 770 人;新围垦的东浦、东片农场为 210 人。

1988 年

1 月　为缓解城镇蔬菜供应紧张的状况,全县 6 个建制镇蔬菜基地面积扩大至 766 亩。其中城关 324 亩、泽国 202 亩、温峤 30 亩、箬横 80 亩、松门 50 亩。

2 月 11 日　县委、县政府命名苍岙乡新红村等 11 个村为县文明村,箬横镇延寿堂中西药商店等 11 个单位为县文明单位,凤城乡丹山至大溪镇下村路段为县文明路段。5 月 28 日又命名松门供销社国药商店等 19 个单位为县文明单位。8 月 17 日又命名新河中学等 6 所学校为县文明学校。

2 月 27 日　县文联常务副主席、温岭籍画家郭修琳自温岭启程,开始万里海疆行。至 12 月返温,行程 14000 余千米,沿途完成速写、国画稿 400 余幅,摄影作品 1500 余幅。后编成画册《海之歌》,由浙江人民美术出版社出版发行。

3 月 8 日　县政府批转全县 65 家二轻企业实行工资总额和利润挂钩分配方案,自当年 1 月起执行,试行 2 年。

3 月 12 日　县政府发文成立县房产交易所,管理私房买卖交易有关事项。

3 月 16 日　在全县领导干部会议上,地委领导宣布钱兴中任中共温岭县委书记。

3 月 18 日　23 位旅居台湾的温岭籍同胞自台北经香港抵达温岭。自 1987 年台湾当局允许民众赴大陆探亲以来,回温岭探亲的台胞日益增多。

3 月 25 日　县太平贸易公司成立,系专门从事对台劳务输出和小额贸易业务的全民所有制企业。

4 月 5 日　县政府批准成立县以劳养武领导小组。至年底全县共创办劳务企业 47 家,年产值 1199.94 万元,实现税利 55.05 万元,基本解决部分区、乡镇的民兵活动经费。

4 月 9 日　县政府发文,成立县建筑工程管理局。

4 月 18 日　县土地管理局成立。

4 月 21 日　台州地区武术馆温岭分馆在温岭大会堂举行开馆剪彩仪式。

4 月 24 日　县政府决定从年内起,对县乡镇重点骨干企业实行经济优惠政策(10 条规定),鼓励和支持乡镇企业上规模、上等级。并在 7 月 6 日批准 24 家企业为 1988 年度乡镇重点骨干企业,首批享受若干经济优惠政策。

4 月　城关(今太平街道)肖泉村百家山北麓发掘 5 座西晋残墓,出土一批瓷器。

5 月 1 日　温岭县城关城市信用合作社开业,发行股票 300 股,每股 1000 元,募集资金 30 万元。后发展为浙江民泰商业银行。

5 月 2—8 日　县委、县政府分别在北京、上海召开"振兴温岭经济研讨会",邀请温岭籍在外科技人员和有关代表共商振兴温岭经济的良策。

5 月 11 日　温岭中学举行建校六十周年校庆活动。

5 月 12 日　县食品公司肉食蛋加工厂采用新工艺生产的涂膜溏心彩蛋,首批 55 箱(7920 只)经上海口岸运销美国。又于 10 月、12 月分两批共 150 箱出口美国。

5 月 19 日　高龙乡山后洪村接通电源,20 余户村民用上电灯。至此,全县内陆行政村实现村村通电。

5 月 20—23 日　县九届人大三次会议在城关召开,出席代表 279 名,列席人员 123 名。会议听取和审议县政府、财政、人大常委会、法院、检察院的报告,并作出相应决议。会议作出关于认真学习、贯彻执行《中华人民共和国全民所有制工业企业法》的决议。

5 月 20—30 日　政协温岭县第七届委员会第三次会议召开,出席会议 177 人。会议听取和审议《政协第七届温岭县委员会常务委员会工作报告》和《政协七届一次会议提案工作情况报告》,并通过相应决议。

5 月 25 日　县长城客运社一辆大客车驶至 104 国道黄岩黄土岭前坡段时,翻车坠入水库,造成 7 人死亡的特大事故。

5 月　《温岭县城镇房屋所有权登记发证实施办法》施行,全县城镇房屋所有权登记发证工作开始。

6 月 3 日　县烟草专卖局和浙江省烟草公司温岭县公司成立。

6 月 8 日　县住房制度改革领导小组成立。11 月颁发《住房制度改革实施意见》。

6 月 23 日　城关发生顾客因食用温岭酒家含有氟硅酸钠的馒头而中毒的严重事件,160 人中毒。县委、县政府组成抢救领导小组和事故处理善后小组,省卫生厅派出医疗组到温岭帮助抢救,民航派专机从济南运送急救药品。经全力抢救,除 5 人死亡外,其余 155 人痊愈出院。

6 月　省政府批准石塘粗沙头港为二类口岸对外开放。

7 月 4 日　县保险公司在箬横区首次开办"生猪保险"。这是恢复保险业务后最早推出的农业政策性保险。

7 月 25 日　县进出口公司成立,系县内首家获得进出口自营权的全民所有制企业。

7 月　《温岭县地名志》出版。

8 月 4 日　经国务院批准,温岭县被列入对外国人开放地区。

8 月 26 日　县政府决定成立县社会福利有奖募捐委员会,办公室设于民政局。首次发行 1988 年即开型有奖募捐券 20 万张(元)。

8 月　县委、县政府确定人均收入不到 300 元和村级无经济来源的田茶、盘山等 21 个村为县定贫困村。

同月　县民间文学集成办公室编辑的《温岭县故事卷》出版发行。10 月,姐妹篇《温岭县歌谣谚语卷》出版发行。

同月　城北、温西等区部分村发生猪瘟,并波及全县。全县生猪发病 2000 余头,死亡 600 余头。经采取扑杀、填埋等措施,至 9 月中旬疫情得到控制。

9 月 15 日　县委、县政府联合发文,对干部、职工超计划生育作出处理规定。凡超计划生育的干部、职工一律开除公职、开除党籍。

9月15—16日　中共温岭县代表会议召开,出席代表182人。县委书记钱兴中作《认清形势,振奋精神,为出色完成今年各项任务而奋斗》的报告。会议选举产生出席省第八次党代会代表6人。

9月21日　县级机关首次实行目标管理责任制,县委书记、县长分别与各部门主要负责人签订1988年度目标责任书。

同日　经中国人民银行台州地区分行批准,成立温岭县台谊典当服务商行,为新中国成立后县内首家典当商号。

9月　根据《浙江省收费许可证暂行管理办法》规定,全县开始实行收费许可证制度。

同月　温岭金融市场业务开办,累计拆入资金1259万元。

同月　县汽车配件厂厂长郭冬初一行5人赴法国、西班牙考察,与国外同行开展技术交流,引进先进设备。系县内第一个出国考察的企业代表团。

同月　工业企业第一轮承包,县经委所属通用厂、机床厂、罐头食品厂等18家企业实行以利润为承包指标,以产值、资产增值、新产品开发、设备完好率为考核内容的经营承包责任制。

同月　县供销总社与县财税局签订承包经营合同,实行"核定计税利润基数,超、短基数奖赔"的承包办法,承包期3年。

10月1日　县糖酒公司泽国零售商店租赁给个人经营,为期3年。为县内国营纯商业第一家向社会招标租赁的企业。

同日　浙江省汽车运输公司温岭车站改称温岭汽车运输公司,体制变省属为县属企业。

10月8日　据县群众体育活动统计,经常参加体育锻炼的人数共18.47万人,占总人口数的16.79%,其中学生14.9万人、职工0.56万人、农民1.5万人。

10月9日　以在京工作的温岭籍人士为主组成的"振兴温岭经济北京联谊会"于北京成立。

10月18日　由文化部社会文化局、县文化馆等8个单位联合举办的"中国农民版画联展"在县工人文化宫展出,共展出作品150件,其中温岭作品 30 件。

10 月　经县级验收,交陈乡初等教育"四率"达到普及基本要求。至此,全县 68 个乡镇全部普及初等教育。

11 月 9 日　县委抽调 114 名机关干部组成 14 个农村工作组,进驻各区,开展形势教育,以党的十三届三中全会精神为指引,推动农村各项工作的完成。

11 月 9—15 日　中国良种黄牛育种委员会第十二次委员扩大会议在温岭召开,经会议现场鉴定,确认温岭高峰牛为中国黄牛优良地方品种之一,并同意接收温岭高峰牛育种委员会为中国良种黄牛育种委员会成员,增补温岭高峰牛育种委员会主任李绍宏为中国良种黄牛育种委员会委员。

11 月 22 日　县工商局核准镇海乡应万青等 5 人合资的温岭县新镇煤炭有限责任公司,注册资金 50 万元,雇工 8 人,经营计划外煤炭批发。这是县工商局核准登记的第一家私营企业。

11 月　首座 220 千伏泽国变电所建成,总投资 2000 多万元,主变容量 12 万千伏安,时为台州地区最大的变电所。

12 月 7 日　因经济过热,台州地区计划经济委员会发文下达温岭首批固定资产投资停缓建项目 10 个,建筑面积 18928 平方米,压缩总投资 956 万元。

12 月 19—21 日　县政府于松门镇召开国有土地使用权申报和城镇房产权发证工作会议,介绍松门镇试点经验。会后,该项工作在全县各建制镇展开。

12 月 28 日　松(门)交(陈)公路建成并通过验收。全线长 6 千米,投资 60 万元。

12 月　由台州土地管理局统一组织,首次对全地区各县市的地形地貌进行航空拍摄。温岭县获航空拍摄底片 372 张,全部放大成 1∶10000 航空相片,用于全县土地利用现状和地籍调查。

同月　坞根出土印度象化石。该化石埋离地面约 1 米深,30 余颗牙齿完整地排列在一起。经北京古人类、古脊椎研究专家和教授初步鉴定,该化石已有 100 多万年的历史。

同月 省教委确定在温岭师范学校建立浙江省特殊教育师资培训中心,并接受联合国儿童福利基金会 10 万美元的资助。

是年 县水产品总产量达 92593.67 吨,比上年增长 19.72%,创历史最高水平。其中海洋捕捞首次突破年产 7 万吨大关,海水养殖首次突破年产 2 万吨大关,水产大县雏形形成。

是年 县农村生产结构出现新变化,农村工业总产值超过农业总产值,居五大业之首。

是年 全县财政总收入 10233.5 万元,首次突破亿元大关,跨入全省 15 个亿元县行列。

1989 年

1月1日 新落成的县图书馆对外开放。该馆占地面积 2335 平方米,建筑面积 2366 平方米,为台州地区规模最大的县(市)级公共图书馆。

1月7—8日 中共温岭县委七届四次全会召开。会议通过《关于稳定发展农业的决定》,提出 1989 年工作的指导思想和主要任务,进一步完善以家庭经营为主的联产承包责任制。

1月16日 县客运服务总站开业。城关地区的社会长途客运车辆实施统一管理,统一排班、统一售票、统一停车和实行单车核算制度。

1月19日 县中小学校全面实施校长负责制和教职工聘任制。是日,举行校长任命大会,县政府、县教委向 148 位区、乡中小学、县直属学校校长颁发任命书。

1月20日 县消费者协会成立。

1月24日 县委、县政府作出《关于严禁党员、干部、职工赌博的规定》,凡在 1989 年 2 月 1 日后再参加赌博的党员、干部、职工,不论何种形式、不论数额大小,一律开除党籍、开除公职。

1月 温岭电视台经国家广电部批准建立,30 日举行开播仪式。

3月5—15日 县进出口公司首次组织近百种商品参加在杭州举办

的省第三届出口商品交易会,与日本、意大利、英国、法国、瑞士等 5 个国家和香港、台湾地区的客商签订出口成交合同 8 份,金额 120 万美元。

3 月 10 日　县委召开首批专业技术拔尖人才命名表彰会,徐正宥等 19 人被评为县级拔尖人才。

3 月 13 日　县委决定从 3 月开始到 6 月底止,在全县各级党组织中开展民主评议党员和妥善处置不合格党员工作。至 5 月 15 日,全县有 805 个党支部开展民主评议工作,12851 名党员参加民主评议。

3 月中旬　沿海不断发生渔船遭抢事件。箬山、石塘、松门等镇有 28 艘渔船 49 艘次在海上遭抢或低价强行收购。3 月 21—25 日,地、县边防部队、渔政站和海巡支队、县公安局等联合行动,在披山至钓浜一带海域进行巡逻,查扣福建海盗船 8 艘以及其他涉嫌船只 4 艘。

3 月 26—30 日　政协温岭县第七届委员会第四次会议在城关召开,出席委员 154 名、列席联谊会会员 10 名。会议听取和审议《政协七届常委会工作报告》和《政协七届三次会议以来提案处理工作情况报告》,并通过相应决议。

3 月 27—30 日　县第九届人民代表大会第四次会议在城关召开。会议听取和审议县政府工作报告、经济和社会发展计划报告、财政决算报告;听取和审议县人大常委会工作报告、县人民法院和县人民检察院工作报告,并作出相应决议;会议通过《关于突出教育战略位置,加快我县教育事业发展的决定》;会议接受县检察院检察长毛庆祥的辞职请求,并补选县人民检察院检察长。

3 月　县地名委员会办公室编绘的《温岭县地图册暨地名录》出版。

4 月 1 日　开始在九个建制镇实行婚前健康检查制度。

同日　中国银行温岭支行举行开业典礼。

4 月 10 日　县委表彰青屿乡乌沙门村青年农民王顺根纵身火海、奋不顾身救出两名儿童的动人事迹,并作出向王顺根同志学习的决定。

4 月 20 日　县档案局(科级建制)建立,被列入政府编制序列。

4 月 30 日　台州地区第一个省标准盐场——温岭苍岙盐场,经省盐务局检查验收合格。

4月　新建至潘郎公路、石粘至横峰公路、松门至龙门跨海公路动工兴建。

5月1日　县重点工程 35 千伏石塘输变电工程完工,投入运行。

5月12日　长屿镇岙里村有线广播、电视共线传输开通,可共线传输 5 套电视节目、1 套广播节目,创县内电视有线传输之先例。

同日　交通部部长钱永昌、副部长王展意到大溪道班视察,鼓励养路工人再接再厉,更上一层楼。同年9月,省委书记李泽民到大溪道班视察。

5月19日　县委、县政府决定,除努力增加国家拨款外,自是年起,在全县范围发动全党、全社会筹集人民教育基金,并决定建立县人民教育基金委员会和县校舍改造领导小组。此后 3 年多时间,共集资 6007.5 万元,改造校舍 392 所,完成建筑面积 27.89 万平方米,省人民政府为此重奖 100 万元。

5月27日　大溪镇农贸市场开业,是台州最大的综合性农副产品交易场所。

5月29日　县委召开县级机关党员大会,传达中共北京市委《关于北京学潮情况的通报》和省委书记李泽民的讲话,要求广大党员、干部维护安定团结的局面。

5月　大溪道班班长仇永春被国务院授予"全国劳动模范"称号,受到党和国家领导人接见。

6月19—20日　县政府召开 1987—1988 年度科学技术进步奖励大会。会议表彰一等奖 1 项、二等奖 4 项、三等奖 9 项、四等奖 19 项。

7月8日　突击检查全县文化市场,收缴查禁图书 7 册,非法出版图书 845 册,非法图片 35 套,走私录像带 142 盒,涉嫌有问题杂志 673 本,并于当天在城关当众烧毁。

7月20日　9 号台风袭击温岭,降雨量 243.1 毫米,全县 6 人死亡,7 人受伤,毁损房屋 531 间,淹没早稻 27.17 万亩,沉毁渔船 30 艘,直接经济损失 6800 万元。

9月9日　安顺客运社东风牌大客车,自金华回温岭驶至 104 国道路桥段与简易三卡车相撞,造成 5 人死亡、轻重伤各 2 人的特大事故。

9 月 15 日　　23 号台风在松门登陆,风力 12 级以上,降雨量 222 毫米。全县 21 人死亡,86 人受伤,房屋倒塌 2610 间,损坏 4110 间,船只沉没 24 艘,晚稻受淹 43 万亩,海塘被冲毁 22.4 千米,直接经济损失 1 亿元以上。

9 月 19 日　　县保险公司为遭受 23 号台风损害并已投保的 152 家企业和 2942 户家庭赔款,总金额 83 万元。

9 月 20 日　　县第一人民医院新建的门诊大楼落成,建筑面积 4670 平方米。

同日　　县重点水利工程——金清闸闸门更新改造工程通过竣工验收。该工程于 1988 年 4 月开工,总投资 28.62 万元。

9 月 26 日　　县委、县政府作出《关于开展创建计划生育合格村活动的决定》。至年底,全县有 620 个村达到"合格村"标准,66 个乡镇、554 个村建立计划生育协会。

9 月　　首次引进稻麦条播机 3 台,在光明乡、高桥乡投入试用。

同月　　戚继光纪念馆于新河披云山麓兴建,次年 12 月落成。殿左存有明嘉靖四十一年(1562)所立的"南塘戚公奏捷实记碑"一块,为省级文物保护单位。

10 月上旬　　横山乡白溪村李某红(14 岁)和李某军(17 岁)一同到城关赶集时失踪。县信访室经多方联系于 11 月中旬获知两少女已被拐卖到福建德化县。县公安局、县妇联立即派人前往解救,李某军得以安全返回,李某红下落不明。

10 月 17 日　　省委书记李泽民自乐清抵温,视察江厦潮汐试验电站。

10 月 18 日　　县老年大学在城关开学,开设卫生保健和书法绘画两个班。

10 月中旬　　全县开展除"六害"(卖淫嫖娼、制作贩卖传播淫秽物品、拐卖妇女儿童、私种吸食贩运毒品、聚众赌博和利用封建迷信骗财害人)斗争。至 11 月底,共查处"六害"违法犯罪人员 463 名。

10 月 20 日　　11 时,县邮电局开通全国直拨电话,可拨打国内 300 多个城市的电话。

10 月 28 日　省民政厅批准横河乡为抗日战争时期革命根据地。

11 月 4 日　经省经贸厅批准，省工商局为中港合资达昌塑胶有限公司核发营业执照，投资总额 98 万美元。至此，全县共有中外合作、合资企业 3 家。

11 月 21 日　县民政局出资为全县军属、五保户、特困户办理家庭财产保险，共办理 9607 户，保险金额 962 万元，支付保险费 15392 元。

11 月 23 日　全县农村党的基本路线教育开始。县区乡抽调 2376 名干部，组成 10 个工作队分赴 10 个区（镇），之后各区组成县区乡三级混合工作组进驻 68 个乡镇，开展党的基本路线和农村方针政策教育。

12 月 18—21 日　县委、县政府召开山区开发工作会议，作出《关于深化改革，绿化荒山，振兴温岭林业的决定》，提出"两年准备，三年消灭荒山，八年绿化温岭"的林业发展规划。

12 月 25 日　省卫生厅批复，温岭等 22 个县（市）为第一批基本消灭疟疾县（市）。

12 月 27 日　《人民日报》刊文《温岭两千农民上农函大》，报道温岭自 1987 年以来，有 2793 名农民参加"农函大"学习，用科学技术指导生产实践，成为农村新型科技人才。

12 月 30 日　据县太平贸易公司统计，全年对台贸易额 6.05 万美元，向台湾 190 艘次渔轮输出渔业劳务人员 596 人次，净收入 20.63 万美元，投放渔区劳务酬金人民币 59.83 万元。

12 月　长屿镇出土新石器时代的"石犁头"8 件。

是年　新办乡镇敬老院 5 所，接收孤寡老人 45 名。至此，全县乡镇敬老院共 17 所，入住孤寡老人 162 名。

是年　首次实现财政收入、工商税收收入"双跨亿"。其中，县财政总收入 11534 万元，县级工商税收收入 10367 万元。

1990 年

1月1日　渭川乡下蔡珍珠项链市场开业。市场占地面积 3000 多平方米,固定摊位 250 个,珍珠项链日交易量约 2000 公斤。

1月3日　县皮革厂首次向上海市土畜产进出口公司运去销往法国的猪皮拷里革 1.51 万张、20 万尺,出口交货值达 65 万元。交货后又续接 50 万尺出口任务。

1月11日　民政部于松门镇举行授匾仪式,授予松门新兴制冷厂厂长、全国三八红旗手江香莲"德高望重"铜匾一方,表彰她为敬老院捐款的义举。

1月31日　全县农村储蓄首次突破亿元大关,余额 10076 万元。

2月3日　县政府决定,从 1 月起对全县百岁老人发放生活补助费,每人每月 25 元。全县有百岁老人 7 名。

2月26日　县政府批复,同意建立县残疾人联合会,由县民政局代管。

3月2日　县委召开 10 万人参加的"学雷锋,树新风"广播动员大会。全县大张旗鼓地开展学雷锋、树新风活动。

3月26日　县政府农村宅基地"三统一"(统一规划、统一调整、统一安排)工作组赴长屿镇金桥片区 8 个村搞试点。历时 48 天,取得经验,在全县推广。

3月27日　县初级卫生保健委员会成立。

4月3—6日　中共温岭县第八次代表大会召开,大会正式代表 478名,列席代表 37 名。钱兴中代表七届县委作题为《坚持党的基本路线,治理整顿,深化改革,把我县的社会主义现代化建设事业推向前进》的工作报告。大会听取和审议县七届委员会工作报告和县纪律检查委员会工作报告,选举产生中共温岭县第八届委员会和县纪律检查委员会。钱兴中当选为县委书记。

4月16—20日　政协温岭县第八届委员会第一次会议召开,本届委员 183 名,列席联谊会会员和七届委员 51 名。会议听取和审议《县政协七届常委会工作报告》和《提案审查报告》,选举产生县政协八届委员会常务委员会,吴志文当选为县政协主席。

4 月 16—21 日　县第十届人民代表大会第一次会议召开,大会正式代表 366 名,列席人员 128 名。会议听取和审议县政府、计划、财政、人大、法院、检察院的工作报告,选举产生县十届人民代表大会常务委员会和县政府县长、副县长以及县法院院长、县检察院检察长;林美富当选为县人大常委会主任,张敬钤当选为县长。会议作出《关于科技兴县的决定》。

4 月 25 日　东浦新塘(城南段)标准加固工程通过竣工验收。该工程自 1986 年 4 月动工,至 1989 年 12 月竣工,全长 2009 米,总投资 59.93 万元。

5 月 3 日　县政协石陈区联络组建立。至 23 日,箬横、泽国、大溪、新河、温西、松门、城北、城南等区亦相继建立政协联络组。

5 月 7 日　全县开展以签订不再生育、已婚生育、间隔生育、晚婚晚育四项计划生育合同为主要内容的依法管理计划生育活动。至 6 月 30 日,共签订四项合同 153618 份,签订率 91.26％。

5 月 15 日　沙山乡东门头村村民在该村山上擒获毛冠鹿一头。毛冠鹿别名乌獐,系国家一类保护动物。后交杭州动物园饲养。

5 月 19 日下午　县公安局民警在横山乡擒获荷枪实弹、预谋去玉环县凡塘乡抢劫的徐学华等 5 名案犯,缴获五四式手枪、苏式 M 手枪、麻醉枪、催泪枪各 1 支(通称"5·19"案)。

5 月 20 日　县第十二届体育运动会于城关举行,设 19 个比赛项目,2826 人参赛。比赛中破 1 项地区纪录、7 项县纪录。

5 月 26 日　县政府发文建立县红十字会。

6 月 23 日　县标准计量局成立。

7 月 1 日　零时,第四次全国人口普查标准时间。此时,全县经普查登记的常住人口为 98.47 万人,户籍管理人口为 107.18 万人。

7 月 20 日　县保险公司首次开办水稻保险。东浦、东片农场的 2400

亩制种水稻参加保险,缴纳保险费 3 万元。后因遭台风袭击,保险公司赔偿 36 万元。

7 月 24 日　台州行署发出《关于温岭县与黄岩市大小五百屿附近海涂争议处理意见的决定》,将黄岩市黄琅乡海胜村 21 户村民、连同在团结塘的 100 亩土地和长新塘的 120 亩对虾塘一并划归温岭县管辖。县政府于 10 月 19 日发出建立五百屿村的通知,隶属新街镇。

7 月　全县工厂化育秧点发展至 19 个,育秧面积 1.74 万亩。

8 月 8 日　建立县对外经济协调办公室,为县政府对外联系和处理对外经济技术合作的综合性工作机构。

8 月 31 日　15 号台风来袭,风力 12 级以上,降雨量 326.6 毫米,全县 6 人死亡,11 人受伤,房屋倒塌 1140 间,损坏 6486 间,直接经济损失 8000 多万元。

9 月 18 日　县编委批复同意县科委设立温岭县科技开发中心,其职责是为县内中小企业、乡镇企业提供各种技术服务,并承担技术市场的协调、监督等日常工作。

同日　温岭人民广播电台建立。11 月 1 日,举行开播仪式。

9 月 20 日　县十届人大常委会第四次会议确定"海鲜节"为温岭地方节日。

10 月中旬　第一批 29 对线外大型机帆船(250 匹马力以上)建成投产,大大提高了渔民外海捕捞能力。

10 月 19 日　县政府印发《关于暂住人口登记和流动人口计划生育管理的实施办法》,暂住人口须向当地公安派出所申报登记。

10 月 24 日　县政府举行工业企业第二轮承包合同签字仪式,16 家全民和二轻企业的厂长(经理)分别与代表发包方的县财税局和企业主管部门负责人签订为期 3 年的承包合同。

10 月　设于温岭师范学校的县聋哑学校开学,填补了县特殊教育的空白。

同月　中国银行温岭支行发放县汽车配件厂技改贷款 150 万美元,系县内发放的第一笔外汇贷款。

11 月 2 日　中顾委委员、国家体改委党组书记安志文莅温考察，提出对股份经济予以"肯定与疏导"。

11 月 8 日　县委发出《关于开展 1990 年度民主评议党员的通知》。全县开展党员评议工作。

11 月 20 日　县首届海鲜节暨冬季商品交易会于城关万寿路五龙商场举行开幕式。至 23 日，全县有 377 家企业和 3137 家个体工商业者参加展销，展出商品有 20 多个系列、近 3000 个品种；4 天中累计参观者 15 万人次。参加业务洽谈的还有美国、德国、日本等国家和香港地区的客商。

11 月　全县开展文明家庭评选活动和"三能七好"（种田能手、办厂能人、科技能手，好长辈、好后生、好少年、好媳妇、好婆婆、好夫妻、好邻居）群英评选活动。评出"三能七好"村级群英 10542 名，乡级群英 2538 名，县级群英 100 名。

12 月 4 日　全省取消对食糖、食盐、火柴、肥皂等 4 种商品凭票限量供应，实行敞开供应。

12 月 5 日　城关水果批发市场落成开业。

12 月 8 日　省电视台摄制组到石塘拍摄电视风光片《石头城之歌》，展现石塘渔村石屋建筑、海湾景观和独特的风土人情，并拍摄流传渔区 300 余年的民间舞蹈《大奏鼓》。

12 月 25 日　据县经贸局统计，是年有日本、美国、加拿大、联邦德国、丹麦、瑞士、澳大利亚等国家以及香港、台湾等地区客商 43 批、83 人次到温岭进行贸易洽谈。

同日　泽国与城关的自动电话联网工程通过验收并投入运转，系县内第一个与城关市话联网的区镇。

12 月 27 日　农业部公布第二批沿海渔港，石塘、礁山渔港被列为一级渔港，钓浜渔港被列为二级渔港。

12 月 29 日　县气象局成立。

12 月　位于万寿路的县五交化大楼落成开业。

是年　全县 22 家全民工业企业共亏损 413.7 万元，为县全民工业企业有史以来亏损最多的一年。

1991 年

1月5日　县保密局成立。

1月10日　县委、县政府抽调干部、警员组成工作组进驻峤环镇,取缔峤环街卷烟走私市场。

1月11日　县委下文恢复和建立县府办等26个单位的党组,并成立10个区镇和25个部委办局的纪检、监察组。

1月16日　县委、县政府部署计划生育突击周活动。

1月30日　县国防教育委员会成立。

1月31日　县供电局成立。

1月　县直属机关开展1990年度民主评议党员工作,共评出合格党员2198名,基本合格党员294名,不合格党员4名,推荐县级优秀党员17名。

同月　县科委陈必铮所著寓言集《真理的父亲》由少年儿童出版社出版,公开发行。

同月　县变速器厂全面实行"优质优价计件"和"质量否定"工资制。至9月底,可比产品成本比上年同期下降13%,销售利润率比上年同期增长2.62个百分点,经济效益明显增长。

2月4—12日　县水产局在城北等五区(镇)的河港水面,放流增殖各类大规格鱼种65.39万尾。6月12—15日,又投放鳊鱼、银鲫等夏花鱼苗106.55万尾。

2月5日　中共温岭县委八届三次全会召开。县委书记钱兴中传达党的十三届七中全会和省委八届三次扩大会议精神。次日,召开县委八届三次扩大会议,钱兴中作县委工作报告,县长张敬钤作《关于制定国民经济和社会发展"八五"计划及十年规划和科技兴县发展纲要的说明》,宣传部部长陈连清作海湾形势报告。

2月8日　县"三能七好"群英表彰大会在温岭剧院召开。王梅初等100人被授予县"三能七好"群英称号,林夏保等10人为重点表彰对象。

2月中旬　县政协举办 1991 年春节"寄情故乡"展览,34 位旅居美国、澳大利亚、挪威、加拿大等国家,以及香港、台湾地区的温岭籍人士寄来诗词、书画、书信、题词、著作等共 114 件。

2月21日　县委召开领导干部会议。地委组织部部长胡岳宣读任免决定,陈广祥任中共温岭县委书记。

2月下旬　县委、县政府从县级机关各部门、区、乡、镇和企事业单位抽调 753 名干部,组成 90 多个工作组,分赴全县各企业开展形势任务教育,为期一个半月。

3月1日　全县农村信用社储蓄余额 10887 万元,首次突破亿元大关,比年初增加 1356 万元。

3月5日　县委、县政府召开纪念毛主席"向雷锋同志学习"题词发表二十八周年暨 1990 年温岭县"见义勇为、助人为乐"先进人物表彰会,为全县 10 名先进人物颁发荣誉证书。

3月5—15日　县内近百种地方特色产品参加华东首届出口商品交易会展出。日本、美国、英国、意大利等国家,以及香港、台湾地区的客商购买总金额达 114 万美元。

3月18日　省计经委批准温岭《石塘渔船避风港工程项目建议书》。该项目总投资 1133 万元,第一期 250 米防波堤工程,投资 600 万元,可形成 60 万平方米围护面积、锚泊 500 艘渔船。

同日　县物价局公布全县第一批取消收费项目,共 21 项。

3月26日　坞根乡举行红十三军二师史料陈列室开馆仪式,县委书记陈广祥、副书记胡宣义等领导参加。该史料陈列室于 1993 年 5 月获浙江省党史优秀成果三等奖。后被列为爱国主义教育基地。

3月　"合格村卫生室"创建活动开始。至年底,建成甲级和乙级村卫生室 333 个。

4月1日　县民政局等 17 个单位发出联合通知,要求在全县范围开展"为残疾人事业捐献一元钱"活动。

4月2日　县物资局和计委、交通局联合发出"关于加强汽车购销管理试行办法的通知",规定全县汽车购销由县机电设备公司负责,全年计划销售 209 辆汽车,金额 1700 万元。

4 月 5 日　石塘庆丰冷冻厂 50 吨大对虾运销日本东京。

4 月 9 日　县妇联与商业局联合召开妇女养猪能手表彰会,对全县 59 名在 1990 年度养猪 50 头以上并全部交售给国家的"女状元"进行奖励。

4 月 10—14 日　政协温岭县第八届委员会第二次全体委员会议在城关举行。

4 月 11—15 日　县第十届人民代表大会第二次会议在温岭大会堂召开。

4 月 15 日　县邮电局北门街营业处首次对外开办国内直拨电话业务。

4 月 17 日　县城建环保局与 21 家企事业单位签订《环境保护目标责任书》,系台州地区首创。

4 月 18 日　县政府有关部门与温岭通用机械厂签订核亏协议,实行"一厂一策,定目标、给政策、渡难关"的方针,使企业恢复生产,摆脱困境。

4 月中旬　县保险公司推出渔船保险业务,承保渔轮 12 艘,保险金额 750 万元,保险费 11 万元,系台州地区首次开办。

4 月 22 日　根据国务院、省政府通知,全县提高粮食统销价格。其中,标一早籼米每公斤从 0.28 元提高到 0.53 元。

4 月 22—23 日　县残疾人第一次代表大会在城关召开,出席大会正式代表 104 人,其中残疾人代表 53 名。会议通过《开创我县残疾人事业新局面而努力》的工作报告和《中国残疾人联合会章程温岭县实施细则》,选举产生县残疾人联合会。全县当时有残疾人 5.3 万余名。

4 月　由县旅游皮箱厂和香港凯利贸易公司合资经营的浙江金凯来皮件箱包有限公司经省政府批准正式成立。总投资 80 万港元,协议外资 32 万港元,合作年限 10 年。

同月　以东角头冷冻厂为核心,由 5 家冷冻类成员企业组成的松散型冷冻企业联合体在石塘正式成立。

5月10日　泽国幸福路储蓄所使用电脑办理储蓄业务,系县内首家使用电脑办理储蓄业务的农村金融机构。

5月14日　22时许,城关镇人民东路发生一起抢夺现金89300元的事件,事发后作案人潜逃。同月17日,犯罪嫌疑人梁景华被抓获归案。

5月15—24日　县内制鞋企业相继出现苯中毒案例。县卫生局、劳动人事局发文,要求对制鞋作业场所进行劳动卫生监测。

5月16日　县液化气站竣工验收,投入使用。

5月19日　全国第一个法定"助残日"。县四套班子领导及有关部门负责人走访和慰问聋哑学校教师、工艺灯具厂职工,并向聋哑学校学生赠送节日礼品。全县各福利企业给901名残疾职工发放慰问品。

5月中旬　县委集中10天时间,在县区机关进行思想作风整顿,着重解决领导层的廉政勤政和发挥机关职能作用的问题。

5月21日　挪威华人联谊会主席、温岭籍挪威北京饭店董事长潘子垣先生接受县侨联聘书,被聘为县归侨联合会名誉主席;并捐赠15万元港币资助家乡公益事业。

5月22日　16—19时,太湖、大溪、温峤、江厦、青屿等5个乡镇的25个行政村,先后遭冰雹袭击,部分民房、农作物等遭受较严重损失。

5月23—26日　共青团温岭县第十一次代表大会召开。

5月25日　为了配合"5·31"第四个"世界无烟日"活动,县爱国卫生委员会召开"反吸烟"会议,部署在公共场所和公共交通工具上开展不吸烟活动。

5月28日　省重点水利工程——台州地区金清新闸一期工程在剑门港正式开工。

5月29—30日　县政府召开宅基地"三统一"工作会议。至年底,完成宅基地"三统一"的村有490个,共节约耕地3000余亩。

5月30日　县属全民所有制企业实施新一轮全民所有制企业工资总额与经济效益挂钩工作,至年底共落实83家。

5月31日　县政府召开县第四届"重合同,守信用"单位命名大会,授予132家企业牌匾和荣誉证书。

5 月　全县参加退休基金统筹的企业单位共 281 家,其中全民企业 126 家,占应统筹的 100%;集体企业 155 家,占应统筹的 96.1%。参加统筹的在职职工 21485 人、离退休人员 5470 人。

同月　公安、卫生、药品监督等部门经过一个月的紧张工作,在县内查获私种罂粟 7 处,涉及 8 人,销毁罂粟 1291 株,收缴罂粟成品 250 克,并对重点人员收容审查。

6 月 4 日　国家星火项目"温岭县浅海滩涂综合技术开发"通过验收。

6 月 12 日　县质量监督检验所大溪电器测试站建成。该站投资 30 万元,为台州地区第一个乡镇级电器测试站。

6 月中旬　县食品公司泽国蛋品厂生产的优质皮蛋,首次采用集装箱运销日本。

6 月 25 日　县委于城关西校场举行有万人参加的"庆七一　迎火炬"活动,数千名群众沿途迎接来自中国共产党诞生地——嘉兴南湖的革命火炬。县委书记陈广祥为前来迎接革命火炬的 10 个区镇的队伍点燃火炬。

同日　县政府办公室发出通知,要求各地贯彻国务院决定,开展全国第一个"土地日"宣传活动。

6 月 28 日　温峤镇许宅村地籍调查工作结束,县政府首次向 301 户农民颁发《土地使用证》。此举为建立农村土地管理地籍档案,促进土地使用制度的改革取得了经验。

同日　县体育总会成立。

6 月下旬　县人民广播电台开办县级调频广播。1993 年 11 月 19 日,开通调频立体声广播。

6 月　县花边厂从日本引进 8 台"百灵达"BEMR 系列电脑多头绣花机,并投入生产。

同月　县微型电机总厂经中国人民银行台州分行批准,委托浙江省证券公司成功发行企业短期债券 120 万元,债券期限为一年,年利率 9.1%,创县内企业发行企业债券之先例。

同月　全县共建立村级党员活动室 652 个,占村级党支部总数的 73.8%。

7 月 5 日　台州地区引进的第一条单冻生虾仁生产流水线在县长征冷冻厂建成,并投入批量生产。

7 月 8 日　县汽车改装厂生产的两辆仿日"考司脱"16 座面包车开往上海,首批运销非洲尼日利亚。

7 月 13 日　县民用建筑工程公司与上海兴业房产股份有限公司签订劳务协作意向书,25 名建筑技术人员于 10 月启程赴加勒比海地区安提瓜和巴布达国家建造仿古凉亭。

同日　县政府各有关部门联合行动,突击取缔闻名全省的泽国走私卷烟市场,当场查扣走私卷烟 2594 条、现金 4 万元、摩托车 3 辆、标致牌轿车 1 辆。

7 月 19—20 日　县第十届人大常委会第九次会议通过《关于在全县开展第二个五年普及法律常识工作的决议》《关于建设江厦排涝隧洞工程的决议》和《关于建造县青少年宫的决定》。

7 月 25 日　台州中级人民法院和县人民法院在城关召开公判大会,对 12 名罪犯宣告刑事判决,判处贩毒犯徐学华死刑,执行枪决。

7 月 28 日　松门镇一渔民在温岭近海捕获一只长 50 多厘米、重约 2 公斤的玳瑁。

7 月　石粘镇石粘村饲养专业户吴增富建成万禽场,饲养罗曼、依莎蛋用种鸡 6200 羽,艾维茵、红宝等肉用种鸡 1000 羽,蛋用鹌鹑 2400 羽。

8 月 7 日　箬山镇浙岭渔 1226 号渔船在东海 1892 海区拖虾作业时,救起一韩国落水渔民朴昌寿,后由国家外事部门送其回国。

8 月 10 日　一艘越南难民船因机器故障来到石塘港,载有难民 31 名。石塘边防派出所会同当地政府及时给予修理,对患病难民予以医治,并补给必要日用品。越南难民感激不已,于 12 日离港。

8 月 20 日　省长葛洪升莅县视察江厦隧洞选址现场,并听取县长张敬铃的工作汇报。

8 月 24 日　县委、县政府召开 1989—1990 年度科学技术进步奖颁奖大会。授予"氟硅酸钠急性食物中毒的临床研究"等一等奖 3 项,二等奖 5 项,三等奖 14 项,四等奖 12 项。

8 月底　县政府决定自 9 月 1 日开始,在牧屿、郑颜、光明、横峰、石粘、照洋、太湖、新建、松门、土坦等 10 个乡镇第四批实施九年制义务教育。至此,全县实施九年制义务教育的乡镇达 25 个。

9 月 12 日　温岭首座跨海大桥——松(门)龙(门)公路跨海大桥合龙,结束了龙门海岛渡船通行的历史。

10 月 3 日　县公安局刑侦队在长屿镇官路村擒获公安部两次通缉的湖北省特大持枪杀人在逃犯王国青,缴获五四式手枪 1 支、子弹 8 发。

10 月 9—23 日　举行县首届中国象棋"棋王"赛,26 名棋手参赛。

10 月 14 日　在京温岭籍科技人员联谊会召开,县委书记陈广祥赴京出席。

10 月 24 日　县政府与省科委联合在杭州柳莺宾馆举行 1991 年温岭海鲜节暨科技交易会新闻发布会。

10 月 24—26 日　县委召开全县农村社会主义思想教育工作会议。29 日,282 名县级机关干部组成工作组分赴各乡镇帮助指导社教工作,为期 2 个月。

10 月 28 日　县委、县政府在城关会场召开岩下、渭川两乡划归城关镇交接大会。至此,城关镇行政村增至 49 个,总人口近 10 万人,总面积近 60 平方千米。

11 月 1 日　首次开通城关至泽国公交车,全程 21 千米,设 20 个停靠站。

同日　县中小学生田径运动会于城关开幕,300 余名运动员参赛。

11 月 3 日　潘郎镇举行老人休闲中心大楼落成典礼。中心占地面积 2000 平方米,建筑面积 500 平方米,耗资 35 万元,由台胞陈宜昌先生资助。

同日　城关第一菜场翻建竣工,交付使用。菜场建筑面积 4605.35 平方米,其中商场面积 1700 平方米,住宅 31 套,总投资 210 万元。

11 月 15 日　农业部授予温岭"七五期间渔业生产先进县"称号。

11 月 20—22 日　举办 1991 年温岭海鲜节暨科技交易会,来自全国 15 个省市和日本、美国等国家,以及香港地区的 1000 多名嘉宾出席盛会。

11 月 26 日　台州地区在温岭东浦新塘塘脚河召开地区冬修水利现场会,地区领导、省地水利部门领导和台州各县(市)委书记及温岭各区镇书记、区长参加会议。参加此次水利建设的民工在 3 万人以上。

11 月 30 日　温岭首次公开出让国有土地使用权招标会在石粘镇举行。标的为石粘镇中大街北段地块,土地面积 2.81 亩,规划建房 6 幢 41 间。

12 月 3 日　泽国镇五金刀具电器轴承市场落成开业。该市场占地面积 6000 平方米,内设 1098 个摊位,总投资 80 万元。

12 月 5 日　香港合资企业"浙江大洋复合管有限公司"经台州经委批准成立。总投资 55 万美元,其中港资 15 万美元,合作年限 15 年。

12 月 7 日　《中国共产党浙江省温岭县组织史资料(1924. 秋—1987.12)》经县委常委会审查定稿。全书 60 余万字。

12 月 16 日　省水利水电设计院与温岭签订承办江厦排涝隧洞工程可行性研究合同。23 日,13 名专家、技术人员到温岭实地勘查。

同日　温岭与陕西省神木县结为友好县。

12 月 17 日　交通部批准县水产供销公司的"岭水 10 号"冷藏船可直航日本,投入国际航线营运。

12 月 22 日　县制药厂第一批硫酸新霉素投产成功,经测定各项指标均符合标准,填补省内空白。

12 月 23 日　因遭强冷空气袭击(海面风力 10 级以上),全县发生海损事故 5 起,沉船 5 艘,死亡(含失踪)18 人。全年共造成沉船 24 艘、死亡 44 人、重伤 3 人,直接经济损失 290 万元。

12 月 28 日　石粘至横峰公路建成,经验收合格。公路全长 3.5 千米,路面宽 6 米,于 1989 年开始施工,总投资 92 万元。

同日　县委举行县老干部活动室落成典礼。该活动室建筑面积 1628 平方米,内设会议室、老年大学、音乐厅、书画室、录像室等学习、活动室 24 个。

12 月 29 日　泽国农副产品综合市场开张营业。市场占地面积 2500 平方米,设摊位 297 个。

12 月 30 日　县游泳馆落成,建筑面积 2490 平方米,总投资 110 万元。

12 月底　全县已有 13 个乡(镇)、100 余个村、15000 多户居民安装有线电视。

12 月　黄岩长潭水库移民安置、落实工作基本完成。县移民办自 1988 年 5 月建立以来,共筹集移民经费 199.77 万元,并从东浦、东片农场无偿划出土地 890 亩,设立长川、长安、长山 3 个移民村,建房屋 310 间,接收黄岩小坑乡 7 个村移民 161 户,598 人。

是年　新建城关第二菜场、大溪废旧电器市场、箬山菜场、箬山小百货市场、泽国副食品市场、泽国五金工具电器轴承市场等 6 个市场,扩大市场交易场地 2.36 万平方米。

1992 年

1 月 1 日　民政部批复,同意将温岭列为农村社会养老保险试点县。

1 月 7—8 日　中共温岭县委八届四次全会扩大会议在城关举行。县委副书记张敬钤传达省委八届六次全会扩大会议精神,县委书记陈广祥作题为《团结奋斗,求实创新,把温岭的各项工作推上新台阶》的工作报告。

1 月 9 日　县内第一台程控数字通信设备在城北邮电支局通过验收。该机终端容量 2000 门,已开通 512 门,石粘、横峰两镇电话进入农话本地网。

1 月 10 日　县内正式开通国际、港澳长途直拨电话,受理单位和个人国际、港澳长途直拨进网申请。

1 月 23 日　蔡洋乡六闸村村民陈妙根驾驶满载甘蔗的运输船,在横河乡桩头村河段沉没,船上 12 人中有 9 人溺水身亡。

1月29日　县城开通无线寻呼,台州第一家无线寻呼系统"126"人工台建成营业。

1月中下旬　全县连续发生森林火灾 19 起,过火面积 487 亩。其中林地 252 亩,受害林木 360.5 立方米,损失幼树 6.59 万株。

2月18日　县微型电机总厂、县轻工电机总厂开展企业劳动用工、工资分配改革试点。至年底,全县经委系统有 9 家企业推行全员劳动合同制,2572 名职工签订劳动合同。

2月20日　县委抽调 160 名干部分赴 32 家国营、二轻骨干企业,开展社会主义思想教育工作,为期一个半月。

2月　新一代工厂化育秧播种流水线通过可行性试验,该技术由光明乡农技服务公司与县电子设备厂联合研制,每小时生产效率由原来的 410 盘上升到 720 盘,各项性能技术指标均优于原流水线。

同月　台州地区"八五"交通重点项目——省道泽楚线温岭路段路面改造工程设计通过会审。原 6～7 米宽的块石路面设计改建成 18 米宽的水泥路面,其中主车道 12 米,两边非机动车道各 3 米,按交通部颁布的平原微丘二级技术标准设计施工。

同月　县瓷厂的金属色反射膜瓷砖试制成功。此项目在同济大学专家的协助下完成,是一种广泛应用于各类高层建筑的高级装饰材料,系国内首创。

同月　县政府决定,从 1991 年起连续 3 年由县财政拨款 2.5 万元,为 25 个贫困村干部购买养老保险。

3月2日　省政府批准温岭为全省 18 个县(市)城镇国有土地使用权有偿出让试点县之一。

3月10日　县土管局和农经委在温峤镇山下村开展农村宅基地有偿使用改革试点。该村 235 户、19701 平方米宅基地,年核缴土地使用费 2000 元。

3月上旬　县首家职业介绍所成立。

3月20日　台胞江道生向县教育基金会捐赠 100 万美元。

3月26日　海军司令员张连忠、政治委员魏金山签署命令,授予陈从军"爱民模范"荣誉称号。1 月 7 日,海军猎潜艇第 72 大队 641 艇后主炮温岭籍班长陈从军,为救落海渔民陈夏头而牺牲。6 月 19 日,陈从军烈士骨灰安放仪式在温岭烈士陵园隆重举行。

3 月 28 日　田洋乡农业综合服务中心正式成立,为台州地区第一个乡办社会化服务经济实体。

3 月 30 日　箬山镇 1924 号、1927 号船在 213 海区捕获一条大鲨鱼,长 6.7 米,重 2500 公斤。

3 月　光明农技服务公司与桥林村 38 户农民签订近 100 亩、为期 15 年的土地经营转让合同,进行土地适度规模经营试点。

4 月 8 日　县民政局于城关镇呑底胡村花纹山建立城关公墓,一期工程征用山地 5 亩,建坟穴 480 个。

4 月 10 日　建立县城市规划委员会,委员会在县建设局下设办公室,负责建制镇规划区范围内的规划管理和监察工作。

4 月 25 日　松门水产品批发市场迁建工程奠基仪式在松门镇举行。该工程是县"八五"期间市场建设的重点工程之一,占地面积 33000 平方米,总投资 1000 万元。

4 月 28 日　温岭微型电机总厂举行全员劳动合同签约仪式,在县内率先实行全员劳动合同制,全厂 525 名职工从此告别"铁饭碗"。

4 月　《温岭县志》由浙江人民出版社出版,县志编纂委员会编,编委会主任詹德清、张敬钤,主编吴小谦。该志比较全面系统地记述了温岭自明成化五年(1469)立县至 1987 年的历史变迁,总计 107 万字。志书于 1993 年 9 月获全国新编地方志优秀成果二等奖。温岭自建县后,500 多年间修志 7 次,成书 5 部,时存 4 部。自《光绪太平续志》修成后,近百年间县志断修。

同月　大溪镇小溪岭头园屿坑发掘五代墓葬,出土铜镜、钱币和陶瓷明器等共 40 多类 80 余件。这是继 20 世纪 50 年代建造太湖水库发现宋代明器后又一重大考古发现。

同月　龙门乡南、北沙镬两海岛村渔民大规模自发移居松门镇。两村合计 170 户 550 多人,至月底只剩 4 户留居海岛。60%的移民在松门镇或建或买新房,余或借或租当地居民私房。

5 月 3 日　国务院总理李鹏视察温岭旅游用品厂,并为该厂题写厂名。

5 月 20 日　中共温岭县委八届五次全会扩大会议在城关召开。会议中心议题是按照省委、省政府的统一部署,统一思想、统一行动,保证撤区扩镇并乡工作顺利进行。会上,县委副书记胡宣义通报省民政厅批准温岭撤区扩镇并乡行政区域方案。

5 月 21 日　县国债服务部正式对外开业,首期 100 万元国库券上柜发售,5 天售完。

5 月 22 日　温岭 32 位渔民乘坐中远渔 903、904、905、906 号 4 艘渔船,赴南太平洋贝劳(现译为帕劳)共和国进行为期 6 个月的钓捕金枪鱼作业,6 月 3 日抵达贝劳。为台州渔业史上首次跨国远洋作业。

5 月 27 日　海军某部队飞机失事,在石粘镇虎头山坠毁。石粘镇人武部闻讯火速组织应急小分队,奔赴现场抢救飞行员、保护现场。

5 月　县东红生物化工厂开发生产的开特灵植物生长调节剂,被国务院生产办公室列入国家级重点新产品试产计划。该产品是核酸类营养型的植物生长调节剂,具有增强植物光合效能,调节植物营养吸收等功效。

6 月 3 日　县政府在温岭剧院举行公开竞投,出让万寿路兴华楼国有土地使用权。兴华楼共 24 间,宅基地面积 964 平方米。省、地和兄弟县(市)有关领导观摩指导。

6 月 5 日　国家医疗队先后在县第一人民医院、第二人民医院、泽国医院帮助开展小儿麻痹症后遗症矫治手术,完成矫治手术 86 例。

6 月 6 日　《温岭县志》首发式于温岭大会堂隆重举行,县长张敬铃到会讲话。

6 月 10 日　全县撤区扩镇并乡工作自 5 月 20 日开始至是日结束。撤销 9 个区,原有 65 个乡镇调整为 20 个镇、14 个乡。

6 月 19 日　县公证处为石桥头镇石料工艺雕塑厂和日本东京都兴荣通商株式会社共同开发密溪矿山绿色花岗石荒料等 3 项协议书办理公

证手续。这是公证制度恢复 11 年后办理的第一起涉外经济公证。

6 月 28 日 泽国至松门 11 万伏输变电工程竣工投产。工程总投资 1160 万元,主变压器容量 31500 千伏安。

7 月 1 日 县内全民、集体所有制企事业单位和城关镇范围内的私营企业、个体工商户,开始办理社会养老保险。

7 月 6 日 国家统计局和国务院发展研究中心公布 1991 年度全国农村综合实力百强县(市)名单,温岭县榜上有名,位列第 59 位。

7 月 14 日 县委、县政府制定《温岭县社会主义新农村建设达标纲要》和 15 项建设标准。

7 月 16 日 县退休干部活动中心正式开放。活动中心设在县展览馆内,面积 180 多平方米,设有球类、棋类、牌类、书报阅览、电视录像等 5 个室。

7 月 22 日 县委、县政府发出《关于加强县改革开放和加速经济发展的若干意见》,提出 34 条政策措施。

8 月 1 日 上午,县水产供销公司"岭水 10 号"冷藏船装载着享誉日本市场的 90 吨温岭"233"冻虾仁,在礁山港水产码头启航,直达日本神户。此为台州地区直达日本的第一条国际海运航线。

8 月 4 日 温岭籍国手吕林与队友王涛夺得第 25 届奥运会乒乓球男子双打冠军。26 日,县委、县政府决定奖励吕林 4 万元人民币。

8 月 8 日 中国银行温岭支行向全县发行长城信用卡。

8 月 16 日 大溪、太湖、山市等乡镇遭暴雨夹冰雹袭击。仅 2 小时,降雨量达 155 毫米,造成山洪暴发,2.7 万亩作物被淹没或冲毁,公路、渠道、桥梁、民房、企业受损,经济损失巨大。

8 月 27 日至 9 月 1 日 受 16 号强热带风暴影响,全县平均过程降雨量 344 毫米,又逢农历八月初三大潮汛,沿海潮位顶托,河港水位急剧上涨,内地平原一片汪洋。全县被毁海塘 18 条,死亡 14 人,失踪 24 人,经济损失 1.5 亿元。

8 月 建立县物资总公司,与物资局实行两块牌子、一套班子,合署办公。

9 月 4 日　县摩托车总厂生产的钱江 100 型摩托车参加 1992 年蒲江杯全国摩托车质量展评,获外观、质量一等奖。

9 月 5 日　温岭汽车改装总厂生产的三联牌轿车型汽车和轻型货车在杭州通过省级鉴定,达到国内同类产品的先进水平,投入批量生产。

9 月 7 日　"温岭村计划生育协会"在北京海淀区甘家口成立。在该地区经商的 200 多户温岭籍育龄妇女全部加入协会。

9 月 18 日　县邮电局开通中文无线寻呼通信,为台州第一家中文无线寻呼台。接收寻呼信号的中文 BP 机,可显示 28 个中文汉字。

9 月 22 日　县委召开"超常规、创特色、干一流"动员大会,县委书记陈广祥在会上作题为《超常规 创特色 干一流 把我县的改革开放和经济建设推向一个新高潮》的讲话。会后,温岭的改革开放和经济建设掀起高潮。

9 月 29 日　泽国镇水澄村村民林某因非法生产爆竹引起爆炸,造成 7 人死亡、1 人重伤的特大伤亡事故。

10 月初　温岭机床附件厂实施股份合作制试点。全厂股份合作总资本为 200 万元,其中企业集体股 150 万元,联社股 20 万元,职工入股 30 万元,每股面额 100 元。

10 月 21 日　县电脑技术公司开业,为台州地区首家全民高科技经济实体。

10 月 24 日　县外汇管理支局成立,为台州地区第一家县级外汇管理机构。

同日　县重点工程万门程控电话电信综合大楼通过竣工验收,建筑面积 5189 平方米。

10 月 31 日　应新疆伊宁市邀请,县长张敬铃带领商业、石油等部门领导赴伊宁市考察。11 月 2 日签订协议书,结为"友好县市"。

11 月 4—9 日　全国第二届二次禽肉禽蛋加工学术研讨会在县食品公司召开。来自北京、上海、南京、安徽、江西、福建、浙江等 7 省市的从事畜牧医学、食品加工、科研的 70 多名学者、教授、高级工程技术人员参加。

11 月 15 日　中国科学院院士、全国政协委员闻邦椿(长屿村人)到长屿参观,并在深苔古硐题写"洞幽景奇"四个字。

11 月 25 日　县政府颁发《关于企业分配制度改革的实施意见》。

12 月 6—8 日　全省筹措教育基金、改善办学条件现场会在温岭城关召开。副省长李德葆,省教委、计经委、财政厅等部门领导和全省各市(地)市长、专员,各县(市)分管教育的县(市)长及有关部门负责人共 50 多人参加会议。会议期间,参观、考察了温岭集资办学兴建的 38 所新校舍。

12 月 19 日　县粮食(集团)总公司成立暨县粮油交易市场开业。

12 月 25 日　县汽车客运公司一辆客车自县城开往箬山,途经藤岭隧道南口外 500 多米处时,因旅客携带的硫黄、火药发生燃烧爆炸,致车辆失控,翻入 5.7 米深的坡下,14 人死亡、40 人受伤。

12 月　省林业厅批准建立江厦森林公园。公园位于县境西郊海滨,距县城 12 千米,总面积 3 万亩。公园以小明因、白岩山、桐子山、七一塘为游览区主体,融山、水、林、景、寺为一体,森林资源丰富,自然景观优美,交通便捷。

是年　松门水产品批发市场年成交额突破 2 亿元,连续 3 届被国家工商局命名为"全国文明集贸市场"。

是年　全县参与边境贸易的乡镇企业有 16 家,交易地点北至黑河边境南到中越边境,产品从单一的童鞋和运动鞋发展到服装、机电产品、五金电器、家用水泵、水表等,边贸交易额 2500 万元以上。

是年　开展科技进步年活动,全县落实科技开发项目 108 个,技术改造项目 74 个,总投资 1.35 亿元,为历年之最。

1993 年

1 月 1 日　粮价放开,职工每人每月补贴 3 元(含赡养系数),定额粮票停止使用。月内,粮食收购由合同定购改为合同订购。

1 月 5 日　中共温岭县委八届六次全会召开。会议听取和审议陈广祥代表县委所作的《抓住机遇,自加压力,负重拼搏,真抓实干,推进我县经济再上新台阶》的工作报告,并通过相应决议。会议决定 3 月底召开中共温岭县第九次代表大会。

1 月 6—7 日　县委、县政府召开全县科技工作会议暨科技进步奖颁奖大会,为加快实施"科技兴县"战略作再动员。会议表彰和奖励 1991—1992 年度 39 项县级科技进步奖。

1 月 8 日　县政府发布《温岭县散装水泥管理办法》,并建立散装水泥办公室。是年,全县散装水泥使用量超万吨。

1 月 14 日　县政府发出《关于筹集公路建设资金的通知》,对县内拥有各类机动车的单位和个人,在征收养路费的同时,收取公路改造建设资金。

1 月 18 日　县政府发出做好牲畜"五号病"防治工作的紧急通知,并建立县防治牲畜"五号病"领导小组。

2 月 22 日　县政府公布 1993 年度县重点工业企业名单,温岭汽车配件厂、摩托车总厂等 28 家企业榜上有名。这些企业 1992 年实现了利税总额均在 100 万元以上,或出口交货值在 1000 万元以上的目标。

2 月 27 日　建立县锦屏经济技术开发区管理委员会(后改称"县经济技术开发区")。开发区规划用地 243 公顷,人口规模 25000 人。8 月 9 日,省政府增补温岭经济开发区为省级经济开发区。

3 月 2 日　县委、县政府召开渔区工作会议,制定县"八五"期间发展钢质渔轮和大马力拖虾船、多路并进开发浅海滩涂的规划目标。会后,县政府发布《关于加快发展外海渔业和开发滩涂的若干规定》。至年底,渔区共新造、购进钢质渔轮 27 对,使全县钢质渔轮拥有量达到 67 对,初步形成规模。

3 月 8 日　经地区教委批准,县模具塑料厂负责人投资创办县首家民办学校——温岭县育才职业学校,秋季开始招生。

3 月 15 日　省政府公布第三批省级风景名胜区名单,温岭"长屿硐天"名列其中。

3 月 18 日　县民政局根据温岭撤区扩镇并乡后行政区划的变化情况,经报省民政厅核准,重新认定坞根乡、岙环镇、横山乡、温峤镇、江厦乡、潘郎镇、横峰镇、横河乡等 8 个乡镇为革命老区乡镇。

3 月 23 日　县政府发布《关于加速我县经济发展的若干意见》,针对骨干企业"两金"(应付账款和存贷两者占用的资金)、兴办专业市场、发展"三资企业"、提高乡镇企业、增强国有集体企业发展后劲等制定若干优惠鼓励措施。

3 月下旬　江厦乡东门头村 5 位村民合股集资在乐清湾海区放置 45 个网箱,放养鲈鱼、黑鲷、黄鳍鲷等海珍鱼类。年底喜获丰收,实现县内海水网箱养鱼零的突破。

3 月 30 日至 4 月 2 日　中共温岭县第九次代表大会在城关召开。大会正式代表 459 人,列席代表 35 人。会议听取和审议陈广祥代表八届县委所作的《抓住机遇,加快发展,为把我县建设成为富庶文明的滨海新城而奋斗》的工作报告和县纪律检查委员会所作的工作报告,并通过相应决议;选举产生中共温岭县第九届委员会和县纪律检查委员会。陈广祥当选为县委书记。

3 月 30 日至 4 月 2 日　全省水产局长会议在温岭召开。省委常委、副省长刘锡荣在会上作重要讲话。

4 月 12—16 日　政协温岭县第九届委员会第一次会议在城关召开。本届委员 195 名,列席政协联谊会会员和县级机关各部门、各镇乡负责人 69 名。会议听取和审议《县政协八届常委会工作报告》和提案审查报告,并通过相应决议;选举产生县政协九届常委会,吴志文当选为县政协主席。

4 月 13—18 日　县第十一届人民代表大会第一次会议在城关召开。大会正式代表 387 名,列席代表 117 名。大会听取和审议县人民政府、县计划委员会、县财政税务局、县人大常委会、县人民法院、县人民检察院的工作报告,并作出相应决议;选举产生县第十一届人民代表大会常委会成员和新一届县人民政府成员,孙理庆当选为县人大常委会主任、张敬钤当选为县长。

4 月 14 日　县政府决定,对首次实现年度利税总额突破 1000 万元的温岭汽车配件厂厂长、温岭摩托车总厂厂长予以重奖。

4 月 15 日　县委、县政府发出《关于推进乡镇企业大发展大提高的若干意见》。

4 月 27 日　新建的松门水产品批发市场正式开业。该市场位于沿海路,共投资 1000 万元,建筑面积 23000 平方米,拥有 2000 个固定摊位,可同时容纳 15000 人进行交易。

4 月 28 日　浙江省温岭五交化集团公司在泽国成立,为全省五交化系统首家创建的集团公司。

同日　温岭 8 艘远洋渔船、63 名渔民,按照省远洋渔业公司与贝劳共和国签订的劳务合作协议,赴贝劳海域钓捕金枪鱼。这是继去年 4 艘渔船成功尝试后的第二次远征。

5 月 5 日　全县春季造林总面积 4800 亩,其中荒山造林 2000 亩,沿海平原工程造林 680 亩,火烧迹地更新和一般造林 2120 亩;新发展各类干鲜名特优果树经济林 2100 余亩,其中 80% 做到了统一规划、基地营造、集约经营。

5 月 11 日　全县农村社会养老保险试点工作在温峤镇展开。是年,温峤镇投保 10967 人,投保率为 33.2%,收取保险费 47.63 万元。

5 月 15 日　晚上,县邮电局第一期万门程控电话开通。全县有 12 个乡镇联网成功。

5 月 16 日　塘下钢铁市场(第三代)破土动工。该市场为县规划建设的十大专业市场之一,一期工程占地面积 7 万平方米,投资 1000 万元,为封闭式专业市场。

5 月 22 日　县精神文明建设委员会成立。

5 月 23 日　在瑞典哥德堡举行的第 42 届世界乒乓球锦标赛上,温岭籍国手吕林与队友王涛合作夺得世乒赛男双冠军。

6 月 1 日　县政府发出《关于加强我县国有、二轻工业和国有商业企业股份制改革的试行意见》。

6 月 7 日　县政府批准,将坐落在新河镇丁岙村的南宋戴复古墓列为县级文物保护单位。

6 月 8—12 日　县委、县政府在广州和深圳举行对外经济洽谈会,美国等 8 个国家和地区的 80 余位客商应邀参会。签订合同与意向书 35 个,总投资 6206.44 万美元,协议利用外资 4178.83 万美元。

6 月 20 日　省道泽坎线泽国至藤岭隧道口段改建工程竣工。工程于 1992 年 4 月动工,耗资 3300 万元。改建后的路面主车道宽 12 米,两侧非机动车道各宽 3 米,大大改善了城区至 104 国道的交通状况。

6 月 28 日　浙江摩托车厂成立庆祝大会在温岭剧院举行。该厂时为省内规模最大、经济效益最好的摩托车生产定点企业,其前身为温岭摩托车厂。

6 月 29 日　县委、县政府在温岭大会堂召开撤县设市动员大会。

6 月　台州地区第二届地区级专业技术拔尖人才评比揭晓。温岭郭修琳、袁振璜、郭冬初、林华中、李绍宏、林定秋、冯洪钱、江惟平等 8 人获"第二届地区级专业技术拔尖人才"称号。

7 月 15 日　县第一人民医院 CT 室正式开诊,是台州地区唯一拥有全身 CT 医疗仪器的县级医院。

7 月 20 日　县政府在大溪镇召开公墓建设现场会,推进丧葬改革。

7 月 21 日　县东部沿海地区打出天然气井。其中前江 1 号井、箬横 3 号井,在打至 50.6 米深时发生井喷,喷出的天然气流高达 10 米多,气压 6~8 个大气压,天然气储量丰富。

7 月 27 日下午和 28 日傍晚　城关、温峤等 9 个镇、乡,连续两次遭雷暴雨、冰雹袭击,有 11 人丧生,其中 7 人直接被雷击死,2 人触电身亡,2 人被洪水冲走溺亡。房屋、耕地、道路、桥梁损毁严重。

7 月 28 日　县房地产交易中心开业,为省内首家成立的县(市)级房地产市场。

7 月 29 日　县长屿硐天风景名胜区管理委员会成立。

8 月 1 日　城关至温西方向的公路隧道工程——莞田岭、吴呇岭两处隧洞贯通。

8 月 6 日　18 时许,松门镇松北村渔船"浙岭渔 6339 号"在舟山市沈家门以东海区遇险,船舱开裂进水。正在途中的台湾"金协潮"号渔船发现后,奋力将 6 名温岭同胞救上船。次日 19 时许,获救渔民安全抵达礁山港。

8月13日　县人才劳务市场在城关开业。

8月24日　法国瓦雷奥汽车配件集团公司董事长兼总经理古塔尔先生、副董事长白朗匈先生一行专程到温岭汽车配件厂考察合资事项，就温岭汽配厂、瓦雷奥、中汽公司三方合资兴办"温岭—瓦雷奥汽车零部件有限公司"做可行性研究。

8月26—27日　省政府在温岭召开全省防治和扑灭稻水象甲虫疾病紧急会议，副省长刘锡荣到会讲话，农业部植保总站等专家、学者到会指导。

9月13日　浙江队温岭籍选手吕林在第七届全国运动会上获乒乓球男子单打冠军。县委、县政府、县体委致电祝贺。

9月15日　县委、县政府召开科技大会，对去年在全县科技进步年活动和"七个一百"工程中涌现出来的11家县级科技进步优秀企业、55家县级科技进步先进企业、14家科技进步企业、62名县级优秀科技工作者、32名县级推进科技进步先进工作者、5个县级科技示范镇（乡）、14个县级科技示范村、81户县级科技示范户作表彰和奖励。

同日　县委、县政府召开台州高速公路募股动员大会。经深入发动，至月底，共募集股本金1908.8万元（不包括县财务开发公司发起股500万元），超计划400余万元。

9月18日　县"八五"期间重点工程项目城关自来水二期扩建工程破土动工，预计总投资2000万元。计划开凿一条2300米长的隧道，引入湖漫水，兴建一座净水厂。

9月20日　江厦乡沙山村发现首例"二号病"（霍乱）病人。此后又陆续在江厦村及坞根乡白牛皮村等地发现5例病人，2例病毒携带者。经封锁疫点、通力防治，10月2日，疫情被扑灭。

9月28日　县政府确定坞根、横山、钓浜、镇海、横河、贯庄、石桥头、肖村、淋川、温峤、联树、泽国、江厦、东浦等14个镇乡从秋季招生开始，实施九年制义务教育。

同月　由县地方志办公室编选的《石屏诗词三百首》，即南宋江湖派著名诗人戴复古的诗词选注,由江苏古籍出版社出版发行。

10 月 1 日　横峰镇鞋料综合批发市场建成开业。该市场占地面积 30 亩,建筑面积 11660 平方米,摊位 412 个,为当时全省最大的鞋料批发市场。

10 月 6—7 日　全省浙南片计划生育工作会议在温岭召开,省委常委、副省长刘锡荣出席会议。

10 月 24 日　由省交通设计院编制的甬台温高速公路线位方案在温州通过交通部专家组技术论证。

10 月 26 日　温岭县人民对外友好协会成立,胡宣义任会长。协会办公室设在县外事办。

10 月 27 日　国家石油部勘探局局长张文昭率领 8 名专家和技术人员到温岭对箬横等地浅层天然气进行勘探。

10 月　横峰镇邱家岸村由农户筹款建造的"小康型"住宅竣工,共 34 套,建筑面积 9100 平方米,成为台州地区农民"小康型"住宅第一村。

同月　国家统计局对全国 2171 个县市的社会商品零售总额进行排序,首次排出"1992 年全国社会商品零售总额百强县市",温岭以 105208 万元的零售总额名列第 58 位。

11 月 8 日　县个体劳动者第四次代表大会暨温岭县私营企业第一次代表大会在城关召开,进行个协换届选举,并成立县私营企业协会。

11 月 21 日　台州地区民政局转发省民政厅民行字〔1993〕45 号批复,同意将温岭县"城关镇"更名为"太平镇"。次年 3 月 9 日,正式更名。

11 月 24 日　由国家计委、财政部、国家统计局和国务院发展研究中心等八部委组成的中国明星县(市)评审委员会公布全国"明星县(市)"评审结果,全国有 101 个县(市)被评为"中国明星县(市)",温岭名列其中。

同日　县委、县政府发出《关于加强个体、私营经济健康发展的若干意见》。

同月　《中国共产党浙江省温岭县组织史资料(1924.秋—1987.12)》由新华出版社出版,内部发行。该书收编了 1924—1987 年 60

余年间的 1926 个单位(组织)和 3214 位领导人的名录以及主要历史事实。

12 月 1 日　温岭客运社一辆从温岭开往杭州的大客车,傍晚在 104 国道临海马头山地方与一辆手扶拖拉机相撞翻入灵江,10 人死亡、6 人受伤。

12 月 10 日　县政府发布《关于吸收农民进县城落户暂行办法》。凡愿意进县城落户从事第二、第三产业,并缴纳进城增容费的农民(不包括现役军人),不受地域、年龄、性别限制,均可办理"蓝印户口",成为县城居民。

12 月 12 日　由台胞江道生捐资兴建的道生幼儿园、道生小学、道生中学举行落成典礼。

12 月 16 日　县公安部门在城关粮食招待所抓获贩卖鸦片的团伙 3 人,查获正在推销的鸦片 4400 克。

12 月 18 日　江厦排涝隧洞工程正式开工,在温峤镇举行开工典礼。省委常委、副省长刘锡荣代表省委、省政府发来贺电,省、地、县有关领导出席庆典仪式。

同日　模拟移动电话(俗称"大哥大")开通。

12 月 28 日　泽国鞋革商城举行开业典礼。该商城第一期工程建筑面积 3.32 万平方米,投入资金 2300 万元,拥有 12 个交易大厅,1200 余个摊位,为台州地区"八五"规划的重点市场之一。

12 月　县政府收到国家统计局颁发的"一九九三年度中国农村综合实力百强县(市)"证书。这是温岭继 1991 年度首次被评为"百强县"后,再次荣登"百强县"金榜。

是年　县内有 3 家工业企业产值超亿元:浙江摩托车厂 2.79 亿元,鸿达塑料公司 1.35 亿元,县服装总厂 1.02 亿元。浙江摩托车厂的工业总产值和利润均居台州地区工业系统之首。

1994 年

1月5日　石塘中心渔港工程开工。该工程把渔港南面的横屿与东侧的门东屿筑堤连接,防波堤总长352.5米,能阻挡东南和南偏东两个方向的大潮侵袭,形成50万平方米的全方位避风锚地,解决500余艘渔船的锚泊问题。总投资约2800万元。

1月17日　县政府发布《关于加强野生动物保护的通告》。

1月18—19日　中共温岭县委九届三次全会扩大会议召开。会议听取、审议和通过陈广祥书记代表县委所作的《敢试敢闯敢冒,敢超敢创敢干,为推进我县经济建设再上新台阶而努力奋斗》的工作报告。会后,陈广祥、张敬钤代表县委、县政府与34个镇乡签订1994年度镇乡工作目标责任状、计划生育目标管理责任书。

1月20—21日　台州地区交通局组成的公路验收组对温岭新建成的火叉港至山前公路的镇海、新街路段和礁山港至龙门海岛公路进行验收,评定合格,列入养护计划。至此,温岭比原定规划提前两年实现乡乡通公路目标。

2月18日　民政部下达《关于浙江省撤销温岭县设立温岭市的批复》文件。2月25日,浙江省人民政府下达《关于撤销温岭县设立温岭市的通知》文件。标志着温岭建县500多年后进入一个新的发展时期。

2月21日　黄椒温联合供水工程全面开工,按计划进度,一期供水工程次年6月底竣工,8月通水。

2月　由著名词作家周祥钧作词、著名作曲家何占豪谱曲的温岭市歌《温岭之歌》问世。

3月1日　开始实行每周44小时的新工时制度。

3月9日　撤县设市庆祝大会在温岭中学操场隆重举行。省地领导、友好县(市、区)和兄弟县(市、区)领导、温岭籍在外知名人士和海外人士、在温岭担任过领导职务的离退休老同志、省级以上模范和"五一奖章"获得者等应邀出席庆典。会后举行盛大的文艺表演和庆祝游行,并举行新闻发布会。

同日　以推进科技与经济紧密结合为宗旨的温岭市科技市场正式开业。中国科学院、中国专利开发公司、浙江大学等 15 个科研单位的 1000 多条实用技术转让项目及市内外企业的近百种实用新产品参加展销。

3 月 24 日　随着松门邮电支局开通程控电话,全市 9 个邮电支局全部实现电话交换程控化。

3 月 26 日　中法合资法雷奥汽车零部件公司合营合同在温岭举行签字仪式。合资公司由法国瓦雷奥公司投资 55％、温岭汽车配件厂投资 35％、中国汽车工业总公司投资 10％,注册资金 1000 万美元。

3 月 31 日　市政府在温峤镇召开防治稻水象甲虫现场会议。是年,全市共举办防治扑灭稻水象甲虫技术培训 4 期,参训 280 人次,查明全市有 10 个乡镇 39 个村逾 10 万亩水稻发现稻水象甲虫。

4 月 7—9 日　政协温岭市九届二次会议召开。会议学习贯彻党的十四届三中全会精神和中共温岭市委九届三次会议精神,听取并审议市政协常委会工作报告和提案工作情况报告,并作出相应决议。市委书记陈广祥在会上讲话。

4 月 8 日　市委、市政府发出《温岭市 1994—2000 年社会主义精神文明建设实施意见》。

4 月 16 日　在纪念中国古代伟大思想家孔子诞辰 2545 周年之际,市孔子思想研究会于上塘村成立。岙环镇江绾、上塘、何家、南岙等村居住着孔子 71 代到 77 代后裔 3000 余人,为南孔一宗。

4 月 19—23 日　市第十一届人民代表大会第二次会议召开。会议听取和审议市政府、市人大常委会、市人民法院、市人民检察院工作报告,审查和批准《温岭县(市)1993 年国民经济和社会发展计划执行情况及 1994 年国民经济和社会发展计划》《温岭县(市)1993 年财政决算和 1994 年财政预算》等文件。

4 月 25 日　市委、市政府决定在公安、工商、财税、商业、供销、卫生、教育、邮电、交通、金融等部门行业开展"树行业新风,干一流业绩,创文明窗口"的竞赛活动。

4月29日　市委、市政府召开实施"科教兴市"战略研讨会暨第二届专业技术拔尖人才表彰会。王新、王超棣等25人被授予温岭市第二届专业技术拔尖人才称号。

同日　市政府批准市建设局关于城市燃气专项规划的请示。6月1日,由中国市政工程华北设计院设计的温岭管道液化气工程扩初设计通过省级专家评审。9月28日正式开工。第一期工程总投资2000万元,由国家一级企业天津市振津管道工程公司负责施工,输配管网总长度13千米,供气规模一万户。此为省内县市级首家管道液化气工程。

5月6日　台州地区规模最大的中外合资企业——法雷奥温岭汽车零部件有限公司开业。法国瓦雷奥公司总经理斯道德、中国汽车总公司副总经理夏德明及省、市领导出席开业典礼。

5月28—31日　应中国基督教两会邀请,美国哥伦比亚神学院代表团一行16人到温岭作为期3天的访问。

5月　泽国至新河公路开始建设,公路全长8.85千米,按三级标准设计,投资350万元。

6月2日　市政府颁发《温岭市企业产权制度改革实施办法》。

6月7日　市公安局部署夏收前在全市开展"打流氓、破大案、追逃犯"专项斗争。至8月7日的两个月中,全市共摧毁各类违法犯罪团伙68个,其中流氓团伙29个;抓获各种刑事作案成员431人,其中逃犯137人;缴获赃款赃物折合人民币95万多元。

6月8日　市商业(集团)总公司成立。

6月17日　长屿镇崇国寺被列为市级文物保护单位。崇国寺始建于东晋咸和年间,初名普光寺,宋祥符元年重建后改名崇国寺,至今已有1600多年历史。

6月21—22日　省委书记李泽民视察温岭,并在温岭宾馆召开有台州地区体改委和部分县市的一些企业负责人参加的企业产权制度改革座谈会。

6月25—30日　省重点工程温黄平原金清新闸一期排涝工程通过

省级验收。新闸长 80 米,设 8 孔水闸,其中 2 孔可通航。该工程于 1991 年 6 月开工,总投资 7000 万元。新闸担负着温岭、黄岩两地 1700 余平方千米集雨面积的排涝任务。

6 月 26 日 浙江摩托车厂钱江 100 摩托车通过国家摩托车质量检测中心、省机械厅、省商检局、地区工业局、地区商检局等五家单位组织的出口评定检测,获出口许可证。

6 月 28 日 市地名补查和资料更新成果通过地区验收。经过 3 年多时间的努力,市地名办共补更地名 4515 条,标 1∶5 万成果图 2 套及 21 个建制镇平面图 1 套,形成系统完整的新一代地名资料。

6 月 28—30 日 市委、市政府召开全市解放思想再动员大会。市委书记陈广祥提出打好城建、交通和经济建设 3 个硬仗,实施"城建大拆大建、交通大干大办、经济大步大上"的"六大"战略目标。

7 月 7 日 市公安政法部门在太平镇召开打击刑事犯罪分子公判处理大会。61 名犯有流氓、盗窃、敲诈、容留妇女卖淫、贩运假币、组织他人偷渡等罪行的犯罪分子,依法受到处理。

7 月 9 日 霍乱防治工作紧急会议召开。7 月 13 日,市内发现首例病人,之后在松门、石塘一带沿海集中发病。政府组织卫生防疫人员奋力防治,至 10 月 11 日结束,共发现霍乱病例 290 例,除一老人死亡外,其余均治愈。

7 月 16—18 日 地区交通局对市西线公路"两岭"隧道工程进行验收,评为合格工程。莞田岭隧道长 279.25 米,宽 10.5 米,吴岙岭隧道长 669.0 米,宽 8.5 米,三段接线共长 2135.35 米,缩短公路里程 2 千米,共投入建设资金 900 万元。

7 月 18 日 市政府批转公安局报告,同意先在泽国、大溪、松门、新河、箬横、石粘、温峤等 7 个建制镇开展办理"蓝印户口"工作。

7 月 19—20 日 全省食盐运销、加碘工作会议在温岭召开。9 月起,太平、泽国、大溪 3 镇开始供应碘盐,并逐步推广。

7 月 20 日 市政府建立台州高速公路温岭段工程建设指挥部,副市长柯桂苑任总指挥。7 月 25 日,指挥部工作人员进驻大溪道班,开始工作;28 日,工程人员在大溪镇大岙村隧道洞口打下第一个中心桩。

7 月　黄椒温联合供水工程的子项目泽国水厂设计通过会审。一期工程投资 720 万元,计划于 10 月动工,1995 年 6 月竣工。

8 月 6 日　市内两大生产资料市场——泽国机床电器交易中心、塘下钢铁市场新址落成,正式开业。

8 月 9 日　省政府第 23 次常务专题会议纪要,统一增补全省十多个开发区为省级经济开发区,温岭经济开发区榜上有名。

8 月 20—22 日　17 号强台风袭击温岭。沿海风力 12 级以上,内陆阵风 12 级,平均降雨量超过 200 毫米。境内 30 个乡镇的 438 个村庄进水,4.3 万人被洪水大潮围困,32 万亩晚稻、16.8 万亩经济作物受淹;死亡 14 人,重伤 48 人,房屋倒塌 5851 间,海塘受损 60 余条,直接经济损失超过 5 亿元。

8 月 22 日　经国务院批准,撤销台州地区和县级黄岩市、椒江市,设立台州市(地级)。台州市辖玉环、三门、天台、仙居 4 个县和新设立的椒江区、黄岩区、路桥区。温岭市、临海市的行政管理,委托台州市人民政府代管。

8 月 23 日　工商银行温岭市支行向总行争取到亚洲开发银行贷款 100 万美元和人民币贷款 1500 万元,支持浙江摩托车厂技术改造项目。

同日　温岭水产公司“岭水 8 号”国际冷藏运输船满载 400 吨速冻蔬菜,从宁波港出发,首航日本大阪。这是继“岭水 10 号”船后温岭又一艘国际直航冷藏运输船投运。

8 月 24 日　省长万学远率省慰问工作组到温岭视察灾情,慰问灾民,指导救灾工作。

8 月 28 日　凌晨 4 时 20 分,石塘镇前进村“浙岭渔 20422 号”渔船在东海 213 海区 2 小区捕鱼作业时,被一艘不明国籍的大货船撞翻,船上 8 名渔民全部遇难。

8 月　太湖水库一期供水工程正式开通,向大溪镇供水。该工程投资 375 万元,日供水量 5000 吨。

9 月 6 日　市委、市政府在温岭大会堂召开万寿路西延工程拆迁动员大会,陈宝福代市长作动员报告,并与 22 个部门签订拆迁承包责任状。

9 月 15 日　马来西亚金狮集团董事长钟延森到温岭,同浙江摩托车厂洽谈合资项目事宜。

9 月 16 日　受台湾海峡 7.3 级强烈地震波影响,市内有轻微震感。14 时 22—25 分,市区万寿路、文化南路等几处高层建筑里的居民感到大楼微晃,发现门窗自动开合,面盆水晃动,持续约 4 分钟。

9 月 25 日　泽国卷烟市场建设竣工并开始试营业。该市场建筑面积 6000 多平方米,固定摊位 132 个,拥有购销、仓储、通信、信息等配套服务设施。

9 月 26 日　省教委批准温岭建立农村管理干部中等专业学校。学校开设农村管理专业,学制两年(全日制脱产学习),培养"跨世纪农村干部"。

9 月 29 日　温岭市国家税务局和地方税务局正式成立,举行挂牌仪式。

9 月　经省新闻出版局批准,将创办于 1982 年 3 月 20 日的《温岭农技报》改为《温岭报》,为中共温岭市委机关报。

同月　横峰镇邱家岸村建成全市首个程控电话村,已安装使用程控电话的农户占全村总户数的 65%。

10 月 4 日至 11 月 20 日　市委、市政府抽调 35 个部门的 76 名干部组成依法治理工作队,进驻太平、泽国、石粘、牧屿、横峰、联树、肖村等 7 个镇乡开展第一批依法治理工作,创建"安全村居"和"五无村"。

10 月 8 日　由市委党史研究室编写的《中共温岭地方党史》一书正式出版。

10 月 11 日　台北市温岭同乡会理事长李蕴代表台北市同乡会 43 名会友,将 100 辆残疾人手摇车捐赠给市内残疾同胞,市残联举行受赠仪式。

10 月 16 日　甬台温高速公路温岭段开工典礼在太湖乡兴达电机厂门口广场举行。省委副书记、副省长柴松岳以及武警交通指挥部主任吴承志少将、省财政厅厅长翁理华、省体改委主任章荣高、省高速公路副总指挥耿小平以及台州市党政军领导和温岭市领导参加开工典礼。柴松岳副省长按响开工第一炮。

10 月 18 日　上午,市委、市政府在温岭中学操场召开"全市村村通公路工程建设动员大会",全面启动"村村通"工程。全市乡镇干部、村党支部书记和村委会主任、市级机关全体干部参加会议。

10 月 26 日　全市唯一的海岛乡龙门乡开通程控电话。至此,全市34 个乡镇全部实现程控电话联网。

10 月　《温岭市妇女运动史》出版。该书记载了从 1919 年"五四运动"到 1992 年总计 70 多年的温岭妇女运动史料,共 14 万字。

11 月 2 日　温岭自来水厂二期工程湖漫水库至小河头净水厂输水隧洞贯通。

11 月 15 日　温岭有线电视台建立。

12 月 4 日　全市电话号码由 6 位数升为 7 位数,区号由原来的"05863"改为"0576"。

12 月 5 日　国务院副总理邹家华考察江厦潮汐试验电站,并视察中法合资法雷奥温岭汽车零部件有限公司。

12 月 6 日　温岭获首届"全国科技实力强县(市)"称号。

12 月 25 日　省石油勘探处 2295 地震队在箬横镇团结村打出日产高达 1 万立方米的高纯度天然气井。

12 月 27—30 日　举办 1994 年海鲜节暨经济和社会发展战略研讨会。国务院研究室、国家计经委等单位的 200 多位专家、学者参加研讨会,有 24 篇论文参加交流。28 日晚在市区举行 1994 年海鲜节火炬环城跑。

12 月 30 日　新建的温岭长途汽车客运站竣工验收。

12 月　开通地区台"127"自动寻呼系统和"128""129"台全省无线寻呼联网系统。移动电话实现全省漫游。全市电话用户进入国内国际自动直拨网。

是年　全市渔业产量 28.5 万吨,比上年增长 67.01%,居全省第 2位;水产品总值 11.15 亿元(1990 年不变价格),首次突破 10 亿元大关,比上年增长 80.13%,居全省第一。

是年　全市建设标准海塘 5 条,长 8315 米,年底前完工 4 条,为近几年来修建条数最多、总长度最长的一年。

1995 年

1 月 5 日　市委决定在全市农村党支部中开展以"争创富民班子、争当富民书记、争做富民党员"为主要内容的"富民工程"建设活动。

1 月 8 日　省重点工程 104 国道温岭大溪岭路段改建工程完成,新建复线举行通车典礼。复线的建成,缓解了台州南大门的交通瓶颈制约。

1 月 13—14 日　市委召开九届四次全会扩大会议,审议通过市委书记陈广祥所作的《抓住机遇,加快发展,为我市提前跻身全省十强而努力奋斗》的工作报告。

1 月 18 日　台州高速公路第 8 标段温岭大溪岭隧道工程举行开工典礼。该标段由铁道部第一工程局第五工程处负责承建。大溪岭至湖雾岭隧道总长 4.1 千米,时为中国高速公路中最长的隧道,隧道的另一半属温州高速公路。

同日　粮食大厦竣工验收。3 月 29 日,粮食局从后溪岸搬迁到万寿路粮食大厦办公。

1 月 26 日　浙江省商业(集团)总公司同意温岭市商业(集团)总公司挂靠开展进出口业务,设立温岭进出口业务部。

1 月　温峤镇冬花菜种植面积 1 万余亩,比上年翻一番。冬花菜是腌制咸菜的原料,温峤镇为浙东南最大的咸菜生产基地,咸菜远销温州、丽水以及外省山西、河北等地。

同月　建设部批准全国 153 个小城镇建设试点,泽国镇被列为试点镇。

2 月 2 日　市工商银行 3 台 ATM 自动取款机开机运行。

2 月 13 日　《温岭报》发行试刊第一期,3 月 9 日正式出版。

2 月 20—22 日　景宁畲族自治县委书记等一行 15 人到温岭参观访

问,并与温岭结为友好县市。按省委、省政府决定,温岭为全省 13 个对口支援景宁县的县市之一。

2 月 22 日　台州市教委批准温岭筹办首家民办特色高中——台州光大外国语学校。11 月 25 日,光大外国语学校与温岭中学签订联合办学协议。该校还与加拿大汉海集团签订互惠合作协议,汉海集团每年为该校 1—2 名毕业生提供约 10 万元人民币的奖学金赴加拿大约克大学求学,并捐赠该校 50 台计算机和 1 台彩色复印机。

2 月 24 日　市政府在 95 年度粮食订购工作通知中,进一步明确扶持种粮大户政策:凡全年粮食播种面积 20 亩以上,其中早稻面积不少于 10 亩,向国家交售订购粮在 2000 公斤以上的大户,可享受向当地银行或信用社申请农业贷款政策,贷款额可占交售粮食总值的 50%,贷款按基准利率计息不上浮。

3 月 1 日　建立首批市级爱国主义教育基地,基地包括温岭烈士陵园、红十三军坞根烈士陵园、松门解放纪念碑、新河戚公祠、市图书馆、泽国 37831 部队、大溪公路管理站、石塘雷公山民兵哨所、横峰镇邱家岸村、江厦排涝隧洞、浙江摩托车厂、法雷奥温岭汽车零部件公司、大溪旅游用品厂等 16 个单位。

3 月 5—9 日　政协温岭市第九届委员会第三次会议召开。市政协主席吴志文作常务委员会工作报告,市委副书记章文彪到会讲话。

3 月 6—11 日　市第十一届人民代表大会第三次会议召开。会议审查批准代市长陈宝福所作的《政府工作报告》和市计委的《1994 年国民经济和社会发展计划执行情况与 1995 年计划草案的报告》、市财税局的《1994 年财政决算和 1995 年财政预算草案的报告》,以及市人大常委会、市人民法院、市人民检察院的工作报告,并就审议的各项工作报告作出决议。

3 月 14 日下午　市委、市政府在温岭大会堂召开陈跃敏先进事迹报告会。会上宣读《中共温岭市委关于开展向陈跃敏同志学习活动的决定》《温岭市人民政府关于授予陈跃敏"人民的好教师"称号的决定》。陈跃敏是市三中青年数学教师,从教 15 年,为教育事业奉献了青春和生命。

3月30日　市政府、市农业局、联树乡政府确定在联树乡楼下张村联合建办百亩粮田"一优两高"农业示范方。至年底,全市共办"一优两高"农业示范方 28 个,面积 4533 亩。

4月11日　方山南嵩岩风景名胜区总体规划评审会在大溪镇召开。北京大学城市与环境学系风景研究室主任谢凝高教授、中国城市规划设计院高级顾问郑孝燮、国家文物局古建筑专家罗哲文、中央美院雕塑系教授钱绍武、中国城市科学研究院高级城市规划师鲍世行等一批著名专家参加会议。规划界定风景区总面积 9.88 平方千米,确认自然人文景观 68 处,其中一级景点 11 处。

4月21日　温岭自来水厂二期扩建工程全部竣工,正式供水。日供水能力从原来的 1.4 万吨增加到 4 万吨,总投资 2650 万元。

4月24日　市政府命名联树乡为"一优两高"农业建设合格乡,横山种猪场等 22 个企业为第三批农业"龙头"企业,太平镇刘彩凤等 74 人为发展"一优两高"农业带头人。

4月29日　全市早稻塑料盘育苗抛秧新技术田头现场会在箬横镇召开。该项技术在箬横镇试验成功,为大面积推广提供了经验。

5月1日　遵照国务院令,机关、团体和企事业单位开始实行每周 5 天工作制。

5月10日　下午,市委、市政府在市委常委会会议室举行室内插挂国旗仪式。至 5 月底,全市党政、司法机关的主要会议室都插挂立式国旗,主要领导人办公桌插挂台式国旗。

5月11日　温岭汽车客运新站投入使用。新客站工程总投资 700 余万元,占地面积 13500 平方米,建筑面积 3500 平方米,是台州市第一家实行电脑售票的车站。

5月25日　温岭与贵州省赫章县缔结为友好市县。至此,温岭在国内已先后与河南省孟津县、陕西省神木县、新疆维吾尔自治区伊宁市、杭州市下城区、景宁畲族自治县和贵州省赫章县等 6 个地方缔结为友好县(市、区)。

5月27日　市政府发布关于严格执行拖网渔船伏季休渔的通告。

为保护渔业资源,从是年开始,每年 7 月和 8 月,严禁拖网渔船和帆张网渔船进入指定海区生产。

5 月 31 日　市政府确定 104 国道泽国至大溪路段全面进行路基拓宽和路面改造,在建的泽国、山市、大溪三镇穿镇地段的拓宽改造工程要求在 9 月底完成,其余非穿镇地段的路基一律拓宽至 18 米以上,2 年内完成。路基拓宽的政策兑现及工程费用由泽国、山市、大溪三镇按辖区分别负担,机动车道改造由市财政负担。

6 月 1 日　在职职工和离退休职工开始实行医疗统筹。

6 月 4 日　在 1995 年全国拳击锦标赛上,市少体校拳击队选送的 67 公斤级选手严晨获冠军。

6 月 6 日　市委、市政府为温岭籍乒乓球运动员吕林举行庆功会,并颁发奖金,祝贺他为祖国立功,为家乡争光。上月在天津举行的第 43 届世界乒乓球锦标赛中,吕林与队友王涛合作蝉联男双冠军。

6 月 12—13 日　市委在温岭大会堂召开"超创干、进十强"再动员大会。市级机关各部门围绕市委、市政府提出的"奋战一年,跻身全省十强县市"的目标作表态发言。会上宣布 1994 年度市级机关立体考核结果,表彰考核得分前 10 名的领导干部和在 1994 年度"超创干"方面业绩突出的先进单位,对考核落后的 4 名部门领导作出黄牌警告。

6 月 15 日　市第十一届人大常委会第十七次会议审议通过《温岭市科学技术发展十五年规划和"九五"计划》。

6 月 16 日　市政府第 26 号令发布《温岭市农村社会养老保险暂行办法》。

6 月 26 日　市政府发布《温岭市深化城镇住房制度改革实施意见》《温岭市住房公积金制度实施办法》等 6 个文件,房改政策成套出台,全市城镇住房制度改革全面展开。

同日　市委办、市府办转发市教委《关于全市中小学校长负责制和教职工聘任制的意见(试行)》,从 7 月开始,在全市教职工中实行"全员聘任,双向选择"的人事制度改革。

7 月 1 日　革命老区坞根乡隆重举行纪念红十三军二师成立 65 周

年暨坞根岭隧道通车典礼。曾在这里战斗过的原浙南游击队领导人邱清华、周丕振和省政协副主席陈法文等,专程从杭州赶到坞根参加纪念活动。

7 月 3 日　浙江摩托车厂从北京中国保护消费者基金会捧回证书和铜匾。该厂生产的"钱江"牌 QJ125A、QJ100 摩托车被消费者推荐为 1995 年中国消费者信得过产品。钱江牌摩托车在该会组织的全国摩托车用户调查问卷中,评价结果名列榜首。

7 月 4 日　市政府发布《关于加强焚烧废旧物品管理的通告》,以制止一些地方少数人擅自焚烧废旧物品严重污染环境的违法行为。

7 月 15 日　省重点建设项目——金清新闸一期排涝工程中的大闸、新开引河、新引河公路桥等项目,通过省级验收,认定大闸及新引河工程为优质工程,新引河公路桥为合格工程,同意投入运行。

7 月 17 日　箬横镇供水工程可行性报告通过省、地、市三级水利水电专家评审。该工程计划从距镇 7 千米的花芯水库引水,日供水规模 0.85 万吨,总投资 1016 万元,由企业投资和贷款解决。

8 月 8 日　市骨伤科医院新院在石粘镇建成,投入使用。新院总投资 800 多万元,占地面积 30 亩,建筑面积 5680 平方米,床位 110 个。

8 月 10 日　市政府建立东海塘围垦开发领导小组,市长陈宝福任组长,下设工程指挥部,副市长张学明兼任总指挥。东海塘是"九五"期间全省九大围涂工程之一,由长新塘和东海塘两片相邻的滩涂组成,围涂面积 50350 亩,工程造价约 4 亿元。

8 月 23 日　为纪念抗日战争和世界反法西斯战争胜利五十周年,市人武部组织 38 个基层单位 500 多名武装干部和民兵应急分队队员,进行首次大规模民兵摩托车集结训练,230 多辆摩托车组成的长龙从温岭中学操场出发,绕市区几条主要街道浩浩荡荡前进,彰显摩托化应急分队的战斗力。

8 月 25 日　4 时 30 分,7 号强热带风暴在石塘镇登陆,登陆时最大风力 11 级,最大降雨量 272 毫米,又值大潮汛,泄洪受阻。内河水位猛涨,均超过警戒水位及危险水位。造成全市 2 人死亡,民房 82 间、桥梁

15 座倒塌,晚稻受淹 21.7 万亩,2900 多亩棉花落铃严重,直接经济损失 5800 多万元。

8 月　国家统计局对全国县(市)按农业增加值排序,温岭以 19.38 亿元名列全国"百名农业生产大县"第 18 位,居全省之首。

9 月 4 日　市委、市政府在温岭大会堂召开创建卫生城市动员大会,部署在市区开展大规模的以整治脏乱差为突破口的创建卫生城市统一行动,迎接第三次全国卫生城市检查评比。此为温岭撤县设市后第一次参加全国卫生城市检查评比活动。

9 月 5 日　全市科技大会在温岭大会堂隆重召开,陈宝福市长做《加强实施"科技兴市"战略,加速科技经济一体化进程》的讲话。会议表彰 1993—1994 年度科技进步奖获奖项目,市政府还与有关部门签订 1995 年科技工作任务书。

9 月 6—7 日　著名经济学家于光远在温岭参观考察浙江摩托车厂、大众齿轮厂、海星集团以及太平、长屿、松门、钓浜等镇乡的经济发展情况。

9 月 15 日　市重点工程项目之一的管道液化气工程北塔气化站建成通气。首期工程可使 1 万户居民用上管道液化气。

9 月 22—25 日　全国城市卫生检查团、全国城市环境综合整治检查团到温岭检查,对 127 个公共场所和单位作实地检查,随机访问过往旅客 20 人、居民 80 人。

10 月 8—13 日　省"基本普及九年义务教育、基本扫除青少年文盲"(简称"两基")验收检查团在温岭检查验收。评估验收的 22 项指标,有 19 项达标,3 项基本达标。

10 月 11 日　在省政府召开的全省农田水利基本建设会议上,温岭被评为"浙东标准海塘建设先进单位",获得 10 万元奖励。东浦塘石桥段(1.3 千米)、国庆塘(1.49 千米)、莞岙塘(1.76 千米)三项工程被评为省先进工程。

10 月 12 日　马来西亚金狮集团代表团一行 86 人到温岭参观访问浙江摩托车厂。代表团有金狮集团董事长钟廷森,联合国人权委员会主席、马来西亚置地有限公司董事长穆萨·西塔姆,马来西亚时任首相长子米尔赞·马哈蒂尔等高层人士。浙江摩托车厂与马来西亚金狮集团合资组建了浙江美可达摩托车有限公司等 4 家合资公司,总投资 6300 万美元,其中金狮集团占 49%。

同日　市购物中心工程破土动工。该工程计划投资 1 亿元,用地面积 43.5 亩,建筑面积 8 万平方米,其中购物商场面积 3 万平方米,设摊位 1500 个。

10 月 17 日　温岭从广西桂林一次性购进 10 台桂林 4 号联合收割机。市财政出资 55 万元补助种粮大户及乡村农机服务站购置联合收割机,全年购进 27 台,包括上年购进台数,全市已拥有联合收割机 39 台,数量居台州各县(市)之首。

10 月 22 日　温岭全民健身计划纲要动员大会暨市第十三届运动会田径比赛开幕式在温岭中学运动场举行。开幕式后,举行有 2000 多人参加的温岭市实施全民健身计划纲要启动工程大游行,市六套班子领导身穿运动服、肩披"贯彻体育法,全民健身"的红色绶带,跑在队伍前头。

10 月 26 日　从长潭水库引水的联合供水一期工程建成。泽国镇共投入 4120 万元用于此工程建设,12 月 20 日试通水成功。

同日　"温岭九节虾"在第二届中国农业博览会(北京)上获金奖。

10 月 31 日至 11 月 1 日　"温岭杯"中国乒乓球明星赛在温岭师范体育馆举行。参加比赛的明星有邓亚萍、乔红、刘国梁、丁松、吕林等 16 位乒乓球名将。丁松、邓亚萍分获男女单打冠军,刘国梁、乔红分获男女单打亚军。

10 月　由市委组织部负责编纂的《中国共产党浙江省温岭市组织史资料　第二卷(1988.1—1994.3)》由人民日报出版社出版,全书共 42.6 万字。

11 月 1 日　台州首家民营航空公司——温岭腾龙航空包机有限公司,在民航部门的支持下,承包"福克 100 型"客机一架,开通"上海—路桥"和"上海—路桥—汕头"2 条航线。

11 月 6 日　市委召开全市农村党的基本路线教育工作会议,介绍石粘镇试点工作经验。12 月 12 日市委在塘下镇召开"路教"现场交流会。

11 月 7 日　16 时至 23 时,冬季首次强冷空气南下,东海洋面发生 8 级大风和巨浪,正在鱼山渔场生产的温岭 5 艘木质拖虾渔船翻船沉没,15 人死亡,其中石塘镇"浙岭渔 3585 号"船上 7 人全部遇难,成为温岭近年来最大的海损事故。

11 月 12 日　市孔子思想研究会在温岭宾馆召开温岭市首次儒学研讨会。山东曲阜孔子博物院院长孔祥林、曲阜师范大学孔子文化学院教授骆承烈、新加坡泰安集团公司总裁陈浩等著名人士参加会议。

11 月 15 日　"浙岭渔 9511 号"船(箬山镇黄泥村)在东海 119 海区 3 小区作业时,打捞到一个重约 250 公斤的漂浮物。经有关部门鉴定,此物为某大国制造的海上监测仪,具有一定的科研价值。

11 月 18 日　省道林石(林岙—石塘)公路改建工程通过省交通厅组织的竣工验收,即日起交付使用。林石公路于 1993 年 4 月动工,工程总投资 5800 万元。

12 月 2 日　省 SDH 光缆通信网首盘光缆埋放仪式在大溪镇念母洋村隆重举行。该光缆埋设工程由省武警总队受领援建,经过泽国、山市、大溪 3 个镇 16 个村,总长约 15 千米。至月底铺设完工。

12 月 4 日　台州高速公路塘岭隧道左线提前贯通。塘岭隧道连接黄岩和温岭,全长 935 米,其中温岭境内 510 米,由武警交通二总队承担施工。

12 月 11 日　省政府授予温岭"基本普及九年义务教育、基本扫除青壮年文盲县(市)"称号。

12 月 11—14 日　全国少年儿童校外教育先进工作者、著名战士作家高玉宝,应市教委、市关工委、市少工委的邀请,先后到温岭中学、温岭师范等 9 所中小学作题为《生命的价值和人生之路》《行动起来做跨世纪的小主人》的报告。

12 月 17 日　龙门乡"浙岭渔 791 号""浙岭渔 7901 号"两艘渔船在舟山渔场冒着 8～9 级大风,救起即将沉没的韩国釜山 Cretor 号货轮上的全部 22 名船员,安全返回松门礁山港。

12 月 18 日　省爱国卫生运动委员会举行新闻发布会,全省 18 个地县级城市被命名为"浙江省卫生城市",温岭居第 9 名。

12 月 20 日　市政府发布《关于加强市区烟花爆竹管理的通告》,禁止任何单位和个人在市区生产、销售、储存、燃放烟花爆竹。重大庆典活动需燃放烟花爆竹的,由市政府发布公告。

12 月　历时 3 年半完成的"市土地资源详查"获国家土地管理局 1994 年度土地调查优秀科技成果一等奖。

年底　万寿路西延改造工程竣工,拆迁户安置完毕。该项工程是温岭撤县设市后第一次城市拆迁,也是首次实行"产权调换、差价补偿"安置形式的拆迁。

1996 年

1 月 8—9 日　中共温岭市委九届六次全会扩大会议召开。会议审议通过《中共温岭市委关于制定温岭市国民经济和社会发展"九五"计划和 2010 年远景目标建议》。

1 月 12—13 日　市委、市政府召开温岭市城市总体规划评议会,对武汉城市建设学院城市规划设计研究院与市建设局合作编制的《温岭市总体规划(草案)》进行评议、修改,并经市人大常委会审议同意,报省政府审批。

1 月 15 日　省委、省政府命名"浙江省首批小康县(市)",温岭市榜上有名。

1 月 22 日　江厦排涝隧洞工程导洞贯通。隧洞全长 2269 米,导洞断面宽 12 米,高 5.5 米。时为全国最长的排涝隧洞。

2 月 12 日　横淋线道路拓宽工程全面竣工。横淋线为市东部沿海主要干道,起自肖村乡横山头,止于淋川镇咸田王村,全长 28 千米,按 13.2 米宽的平丘三级加宽沥青公路改造,总投资 4000 万元。

2 月　启动跨世纪优秀青年科技人才工程。市委、市政府授予 90 位科技人员"市级优秀青年科技人才"荣誉称号,并设立优秀科技人才奖励基金。

同月　浙江省农民技术人员职称评定工作领导小组公布全省农民高级技术职称评定结果,温岭有 15 人被评为"农民高级技师",占全省总数的 12.1%,台州市的 71%。

同月　江厦乡的"虾塘综合利用"科研项目获农业部"渔业丰收二等奖"和浙江省政府"渔业丰收一等奖"。

3 月 16—20 日　政协温岭市第九届委员会第四次会议举行。会议听取市政协副主席贾腊金所作的政协工作报告和马梅友副主席所作的提案工作情况报告。18 日上午邀请部分新老委员代表参加庆祝温岭市政协成立四十周年座谈会。

3 月 18—22 日　市十一届人大四次会议举行。会议听取和审查市政府、市人大常委会、市人民法院、市人民检察院的工作报告和《温岭市国民经济和社会发展"九五"计划和 2010 年远景规划纲要(草案)》,并就会议审查的各项议程作出决议。会议通过《关于加快发展我市普通高中教育和中等职业技术教育的决定》。台州市人大常委会主任林希才到会传达全国人大四次会议精神。

3 月 28 日　市政府发布《温岭市儿童少年事业发展规划(1996—2000 年)》。

4 月 1 日　中国人民保险公司温岭市支公司分设为中保财产保险公司浙江省温岭支公司和中保人寿保险公司浙江省温岭支公司(后改称中国人民财产保险股份有限公司温岭支公司和中国人寿保险股份有限公司温岭市支公司)。

4 月 10—11 日　市委、市政府召开镇乡干部教育整顿大会,公布市委《关于镇乡党政机关和事业单位工作人员交流的暂行规定》等文件。会后,在全市镇乡干部中开展民主测评。首批镇乡干部交流工作至 4 月 19 日结束,全市共交流镇乡干部 230 名,其中行政干部 108 名,事业单位工作人员 122 名。

4 月 11—12 日　浙江摩托车厂"九五"一期技改项目设计方案,在省机械厅的主持下,通过专家会审。该技改项目达成生产后,将使该厂在摩托车总装、涂装、减震器和碟刹生产方面的工艺技术装备和规模能力达到当时国内外先进水平,总投资约 2.3 亿元。

4月17日　市民兵训练中心二期工程举行奠基仪式。该工程占地面积 22 亩,计划投资 1000 万元,花 3 年时间建造一个集多项功能于一体的现代化民兵训练中心。国防部部长迟浩田为训练中心题名。

4月18日　为使全市人民吃上"放心肉",市政府核定 24 个生猪定点屠宰场,规定凡从外地调入的生猪和专业户(场)饲养的肉猪,必须实行定点屠宰,进行宰前检疫、宰后检验。

4月中旬　温岭供电局筹资 4000 多万元兴建的一座装机发电能力为 10000 瓦的调峰电厂竣工,投入试运行。

5月3日　由市委宣传部、团市委、市教委联合组织的温岭市首届成人仪式在温岭中学大操场举行,温岭中学、育才学校等 8 所学校的 1191 名学生在国旗下庄严宣誓:捍卫神圣宪法,维护法律尊严……

5月6日　省政府公布全省"五个一批"重点骨干企业名单(全省共 315 家),温岭的浙江摩托车厂、法雷奥温岭汽车零部件有限公司、浙江海鸿集团榜上有名。省政府对被列为重点骨干的企业实施优惠政策。

同日　召开严厉打击刑事犯罪活动工作会议,部署"严打"实施方案。从 4 月到 7 月,用 4 个月时间,在全市范围内开展一场严厉打击严重刑事犯罪活动的斗争。

5月11—12日　联合国"世界基督教联合会"访问团一行 4 人到温岭考察访问。

5月15日　青海省乌兰县蒙古族副县长纳木加,由中央组织部介绍到温岭挂职锻炼一年,届满离任回乌兰。是日送别留影时,纳木加向市四套班子领导献哈达,表达蒙汉深情。

同日　在长屿镇塘岙岭头一墓坑中,发掘出唐代青瓷双系盘口壶等 9 件瓷器和 1 件青铜碗,对研究浙中南沿海地带隋唐时期的社会经济和历史文化有重要价值。

5月20日　自 3 月中旬开展"反对封建迷信、制止非法建造寺观教堂、滥建坟墓"专项治理工作以来,全市共拆迁坟墓 2210 穴,平毁坟墓

3434 穴,绿化掩盖坟墓 3466 穴;拆毁寺观教堂 109 座,改作他用 442 座;取缔封建迷信活动场所 15 处,取缔反动会道门 8 处。非法建造寺观教堂、滥建坟墓的歪风得到遏制。

5 月 23 日　省科技攻关项目、温岭市青蟹生产性育苗技术研究性攻关项目课题组周友夫、徐筱初,经过 6 年试验,初步找到人工育苗途径,330 只母蟹经越冬、受精、抱卵,抱卵率达 86.9%。省海洋水产养殖研究所所长杨瑞琨等专家对该项目进行阶段性成果验收,决定开始工厂化育苗试验。

5 月 31 日　市政法机关在太平镇西校场召开声势浩大的"严打"宣判处理大会,依法宣判处理 102 名杀人、抢劫、流氓、盗窃等妨害社会秩序、破坏社会主义经济秩序的严重刑事犯罪分子,1 万多名群众自发赴会旁听。

6 月 7 日　全市首家行业协会——注塑行业协会在大溪镇成立。

6 月 13 日　江厦乡政府截获 3 卡车从韩国进口、运往该乡东坑村焚烧回收铜材的废旧电器线路板"洋垃圾",交市环保站处理。

6 月 15—16 日　龙门乡"浙岭渔 796 号"渔船、石塘镇"浙岭渔 20617 号"渔船,因渔民下船清仓,发生硫化氢气体中毒事故,两船共 7 人死亡。

6 月 18 日　箬横镇至上海的 JC8086 卧铺客车,载 18 人,驶至临海河头镇路段时,不慎坠入落差 22 米的溪中,造成 9 人死亡、3 人受伤的特大交通事故。

7 月 3 日　市创建文明卫生城市办公室和市城市管理委员会办公室正式挂牌成立。

7 月 15 日　淋川镇苍山门标准海塘建设工程竣工。该标准海塘长 1940 米,高 7 米,是省 1995 年重点水利工程。1995 年 3 月动工,耗资 400 多万元。

7 月 18 日　市青少年宫举行竣工典礼。该工程于 1994 年 8 月 31 日动工,总投资 500 万元,占地面积 12.7 亩,建筑面积 4500 平方米,东区为教学区,西区为娱乐区。

7 月 19 日　由东北设计院上海分院承担设计的温岭市体育馆初步

设计方案通过专家评审。馆址位于瓦屿山东侧,建筑面积 8225 平方米,其中体育馆 5980 平方米,训练馆 2245 平方米。

7月 在贯庄乡一朱姓农户家发现一块刻于明嘉靖丙午(1546)年的墓碑,碑高 74 厘米、宽 68 厘米,墓志铭记述逝者朱宾东生前捐资御寇等事迹,由探花张铁撰文,进士蔡潮篆额,进士王洙书丹。书法娟秀清劲,刻工精良。

8月5日 箬横镇 5122 亩抛秧栽培的早稻喜获丰收,比常规栽培的早稻平均亩产高 48 公斤,其中 1552 亩早稻抛秧高产示范方亩产达 574.59 公斤,并出现亩产 650 公斤以上的高产田。

8月8日 市限制使用木杆秤工作领导小组成立,副市长任曲勇任组长。9月5日,市政府发出关于在公众贸易中限制使用杆秤的通告。

8月20日 市委副书记陈夏德到路桥机场迎接从亚特兰大奥运会载誉归来的温岭籍乒乓球国手吕林。9月2日,市委、市政府在六楼会议室召开奥运亚军吕林的庆功会,吕林把市委、市政府奖励的 1.2 万元奖金捐赠给在建的市体育中心。

8月26日 市对口支援三峡库区移民工作领导小组建立,副市长蔡和平任组长。省政府确定温岭市对口支援四川省涪陵市新妙镇。

8月 教师节前夕,经台州市人事局批准,温岭 258 位民办教师全部被录用为公办教师,从而结束了长达数十年的民办教师在职的历史。

同月 全市 34 个乡镇全部建立土地管理所,属全民事业单位,实行市土地管理局和乡镇政府双重领导、以土地管理局管理为主的管理体制。

9月4日 市骨伤科医院为箬山镇一青年渔民成功完成用其脚趾再造右手拇指的手术。

9月10日 城区太平路菜市场、文化桥菜市场、西门菜市场开始实行净菜上市。

9月16日 全市卫生改厕现场会暨动员大会在潘郎镇召开。到会人员实地参观前瓦屿村全面清除露天粪坑、户户建起卫生美观的储粪池和三格式化粪池。会后,全市掀起卫生改厕高潮。

9 月 18 日　市政府决定从下半年开始,用半年至一年时间,对全市街牌、路牌、门牌等地名标志进行全面的设置和更新。

9 月 24 日　市委、市政府在温岭大会堂召开北门街改造动员大会。北门街改造工程是温岭有史以来规模最大的一项旧城改造工程,拆建范围北至北门头五角场,南至人民路,拆迁占地面积 4.8 万平方米,涉及建筑面积 6.2 万平方米。实行以路带房、房路结合、成片改造、综合开发的做法。

9 月 25 日　全市新农村建设工作会议在温岭大会堂召开。市委副书记汪日耀作题为《万众一心,负重拼搏,为我市提前两年实现省定社会主义新农村目标而努力奋斗》的讲话。会议表彰奖励一批新农村建设先进单位和个人。会后,各镇乡明确目标,落实措施,掀起新一轮社会主义新农村建设的高潮。

9 月 26 日　市政府采取坚决措施,取缔市制革厂、太平塑革制品厂、丹阳皮革厂等 3 家重污染企业。

9 月 27 日　由市委宣传部组织编写的《文明市民读本》出版发行,共发行 10 多万册。

9 月 30 日　锦屏镇投资 150 万元建成全市规模最大的休养院,占地面积 16 亩,可接纳 120 多位老人休养。

10 月 8 日　全市首期农村党支部书记和村民委员会主任轮训班在市委党校开班。市委计划分 4 期对全市 1760 名村党支部书记和村主任进行轮训。

10 月 31 日　机械工业部在大溪镇召开水泵行业生产许可证和机械产品出口质量许可证评审会。市新界泵业公司通过"双证"评审,成为全省首家荣获机械产品出口质量许可证的企业。

10 月　推行社会服务承诺制。市公安、邮电、工商、财税等 4 个部门和市第一人民医院作为试点单位首批推行,承诺内容在《温岭报》刊出,接受群众监督。年内推行社会服务承诺制的还有城建、电力等 8 个部门及其下属单位。

11 月 1 日　澳大利亚驻上海总领事馆总领事任格瑞及该馆高级执

行助理胡卫平访问温岭。此为外国驻上海领事馆中第一个正式访问温岭的国家总领事。温岭与澳大利亚昆士兰州洛根市的友好交流始于1993 年 5 月,双方经过多次接触,于 1995 年底正式建立友好关系。

11 月 6—8 日　全国计划生育社区发展网络县市终期评估会议在温岭召开。国家计生委副主任杨魁孚、省计生委主任徐八达和国内著名人口专家等到会。7 日下午,与会代表到淋川镇实地考察该镇控制人口与社区发展活动情况。

11 月 8 日　位于三星大道北侧的市医药大楼落成开张。

11 月 9—10 日　省计划生育委员会软科学课题"温岭计划生育管理研究"成果通过专家鉴定,被认为具有重大的理论价值和实践指导意义,填补了民营经济占很大比重条件下加强计划生育管理的一个空白,属国内领先水平。

11 月 11 日　经过全市 7000 多名工业普查人员的辛勤工作,市第三次全国工业普查工作圆满完成。是日发布《温岭市第三次工业普查公报》。

同日　省、台州、温岭三级"农村党的基本路线教育"工作队进驻温峤镇。省"农村党的基本路线教育"指导组由省妇联副主任瞿素芬带队。

11 月 14 日　市政府发布《温岭市最低生活保障制度暂行办法》,确定 1997 年城镇居民的最低生活保障线标准为年人均 1200 元,农村村民的最低生活保障线为一、二类乡镇年人均 900 元,三、四类乡镇年人均800 元。低于最低生活保障线标准的人群将得到救助。

同日　省禁毒工作领导小组、省公安厅、省卫生厅等部门到温岭检查禁毒工作。

同日　辽宁省政协主席孙奇率辽宁省经济考察团一行 10 余人到温岭考察。

11 月 19 日　市政府在温岭宾馆举行首批赴藏新兵座谈会,为 48 名应征入藏新兵送行。

11 月 20 日　成立市勘界工作领导小组,下设办公室。办公室由民政、土管、农林部门抽调人员组成,具体实施与周边县(市、区)陆域边界线的勘定工作。至 1999 年 10 月,全面完成勘界工作,分别与周边县(市、区)人民政府签订联合勘界协议书。

同日　市区公交车投入试运行,首批开通 2 路和 3 路公交车。

11 月 23 日　凌晨 1 时,驻温岭边防民警在 202 海区截获偷渡去日本的福建省长乐、连江两地居民 64 人。

同日　石塘渔港 1 号防波堤工程经专家组验收评审,被评为部级优良工程。该工程于 1994 年 1 月开工至 1996 年 4 月完成,历时 2 年多。全国人大常委会副委员长程思远为渔港题名“石塘渔港”。

11 月 24 日　经国家经贸部批准,浙江海泰进出口公司成立。这是台州市首家由乡镇企业成立的进出口公司。

11 月 25 日　市政府印发《温岭市科技兴海规划纲要及实施意见》。规划在“九五”期间至 2010 年,围绕海洋开发重点突破两项关键技术,建设六类基地,实施九大工程,构筑渔、工、港、贸、游综合发展的海洋开发新格局。

11 月　大溪镇照洋村葫芦岸出土北宋年间的墓葬明器,有较为完整的青瓷仿日用生活品 39 件,对研究中国民俗史、丧葬史及青瓷工艺有较高的文物价值。

12 月 2 日　市政府批准市房改领导小组关于南屏安居工程的实施意见,核定用地面积 14.86 公顷(即 220 亩),计划建设安居住房 20.54 万平方米,2136 套;幼儿园、小学、商店等公建面积 1.65 万平方米,分 3 期实施。12 月 6 日,市四套班子领导参加该工程奠基仪式。

12 月 11 日　四川省广元市朝天区区长韩跃明一行 6 人到温岭考察,联系工作。根据中央部署,省政府确定台州市对口支援帮扶四川省广元市的朝天区和旺苍县,其中温岭对口帮扶对象为朝天区的宣沙乡和中子镇。

12 月 14 日　省级 SDH 光缆埋设工程在大溪镇上洋岙村拉开序幕。该条光缆纵连杭、绍、甬、台、温等 5 个地市,与国家一级沪闽光缆接轨,由杭、甬、台三市武警部队承担施工。

12 月 15 日　全国第一次农业普查现场登记工作全面展开,全市近万名农业普查员进村入户进行调查登记。

12 月 24 日　成立市城市管理局,为市政府直属正科级事业单位。

12 月 31 日　省政府公布第四批省级风景名胜区,方山—南嵩岩景区名列其中。

12 月　石桥头镇、岙环镇和坞根乡的 11 个高山上的行政村全部架通电话线路并接通电话,全市实现村村通电话。

是年　市内各乡镇全面开通有线电视,终端用户 17 万户。

1997 年

1 月 1 日　市职教城(职业技术教育中心)首期工程破土动工。

1 月 8 日　中国农业发展银行温岭市支行成立。

1 月 13 日　凌晨 2 时,市客运公司开往广州的一辆卧铺大客车,途经福建省宁德市境内的盘山公路时,不慎坠入 80 米深的山坑,车上 30 名司乘人员 16 人死亡,14 人受伤。

1 月 15 日　中共温岭市委九届七次全会扩大会议在市政府第二会议室召开。全会贯彻落实党的十四届六中全会精神和中央经济工作会议精神,审议、通过市委工作报告和《温岭市 1997—2000 年社会主义精神文明建设实施意见》,并作出决议。

1 月 25 日　石塘镇海洋村 58 号渔船在济州岛附近海域进行拖虾作业时捕获一条大鱿鱼,鱼体长 88 厘米,宽 67 厘米,眼睛直径 5 厘米,体重 16 千克。

1 月 26 日　泽国镇陈家里村 518 亩粮田被列为省级现代农业示范园区建设试点,是全省首批 44 个试点单位之一。

1 月 30 日下午　市委在六楼会议室召开会议,台州市委常委、组织部部长龚昌成宣读省委关于温岭市委主要领导调整的决定,任命周五来为中共温岭市委委员、常委、书记,免去陈广祥的市委书记、常委、委员职务。

1 月 31 日　列入浙江省首批住宅小区建设试点的太平镇繁昌花苑

住宅小区举行奠基仪式。该住宅小区由市建设房地产开发公司开发,总占地面积 6.14 公顷,总建筑面积 10.3 万平方米,总投资额 1.6 亿元,其中绿化面积占 43%。

1 月　全市 18 个镇乡开展"两田制"(任务田与口粮田)试点。

2 月 7 日　农历丁丑年大年初一,太平镇岙底杨村投资 100 万元修建开发的十八道地风景区正式开放。

2 月 25 日　温岭市被林业部列为"全国百家经济林基地县"之一。

3 月 1 日　首次向社会公开招考国家机关事业单位工作人员 29 名,报考对象不受户籍、地域限制。共有 509 人报考,录用 21 人(其中农村青年 6 人)。

3 月 3 日　市第三中学新校舍落成。新校园占地面积 41.3 亩,建筑面积 13000 平方米,耗资 1500 万元。

3 月 9—12 日　政协温岭市第九届委员会第五次全体会议举行。会议听取政协主席吴志文所作的常务委员会工作报告,政协副主席马梅友所作的提案工作情况报告,通过会议决议和提案审查报告。

3 月 10 日　市区北门街改造复建工程全面开工,由 11 家施工单位分段承包。

3 月 10—13 日　市第十一届人民代表大会第五次会议召开。会议听取和审议市长陈宝福所作的政府工作报告以及市人大常委会、市人民法院、市人民检察院的工作报告,审议批准市计委 1996 年国民经济和社会发展计划执行情况及 1997 年国民经济和社会发展计划草案的报告、市财政局 1996 年财政预算执行情况和 1997 年财政预算草案的报告。

3 月 12 日　市足球协会成立,并于 15 日在温岭中学举办首届"球迷杯"足球赛。

3 月 17 日　省教委发文批准温岭中学为省一级重点中学。

3 月 18 日　市第一人民医院 19 层综合住院大楼奠基。大楼由省建筑设计院设计,省第四建筑公司承建,计划 3 年建成。

同日　市第一人民医院投资 600 万元从荷兰进口的核磁共振设备投入使用。

3 月 20 日　石塘镇以"浙岭渔 297 号"为首的 12 艘装备精良的渔轮,首次赴南海从事远海渔业捕捞作业。

3 月 25 日　市政府出台培育市重中之重工业企业的政策措施。6 月 24 日,市政府公布钱江摩托集团(省重中之重工业企业)、国泰轴承有限公司、海鸿集团为市重中之重工业企业。

3 月 31 日　甬台温高速公路大溪岭—湖雾岭左线隧道贯通,分头推进的铁道部第一工程局的两支施工队伍在洞中央竖井下胜利会师。该工程于 1995 年 1 月开工,全长 4110 米。

4 月 3 日　应台州市政府邀请到访的葡萄牙波尔蒂芒市市长梅高郝和市政厅议长格莱薛斯率代表团一行 10 人,到温岭参观浙江钱江摩托集团公司、法雷奥汽车零部件公司、长屿硐天等。

4 月 14 日　市委、市政府发布《温岭市"九五"科学技术普及工作规划和 2010 年远景目标》。

4 月 23 日　上午,市委在温岭大会堂召开市级机关思想作风建设活动动员大会。从 4 月下旬至 5 月底,在市管党员领导干部中全面开展党性分析活动,按照党章要求,逐项对照市委制定的《党性分析要点提示》,认真反思自己担任领导职务以来在坚持党性原则、加强党性修养方面存在的问题,然后进行民主评定。

4 月 23 日　下午,市委、市政府在温岭大会堂为温岭籍空军少校、一等功臣王春连举行庆功大会。王春连 1980 年从镇海乡四湾村入伍,时任连云港某空军场站油料股副营职助理员,先后荣立一等功一次、二等功一次、三等功四次,被总政评为"全军优秀共产党员"和空军"精神文明建设标兵"等,受到党和国家领导人的接见。

4 月底　由太平镇肖溪村与高龙乡浦岙村筹款兴建的肖浦隧洞贯通。肖浦隧洞是连接太平和箬横的重要通道,全长 380 米,净宽 8 米、高 5 米,总投资近 40 万元。

5 月 5 日　经考核验收,山市镇基本达到省定 90 年代社会主义新农村镇(乡)标准,市委、市政府决定命名山市镇为社会主义新农村镇(乡)。

5 月 19 日　省政府发文命名温岭为县(市)级"建筑之乡"。

5 月 30 日　市委〔1997〕7 号文件转发经省编委审核、台州市委批准的《温岭市党政机构改革方案》。与此配套的《温岭市市级机关"三定"工作实施意见》《温岭市关于机构改革中机关人员分流若干问题的意见》同时出台。

5 月　长屿观夕硐景点的"硐天宝碗"获得 1997 年上海大世界基尼斯之最证书。"硐天宝碗"雕凿质地为凝灰岩石,内口径 2.53 米,外口径 2.71 米,高 1.01 米,容积 2.39 立方米。

6 月 3 日　塘下镇 23 个村总长 245907 米的防渗渠道全部通过市级验收,成为全市第一个防渗渠道建设合格乡镇。

6 月 4 日　省委书记李泽民在台州市委书记孙忠焕、市长朱福初的陪同下到温岭视察,对温岭开展党性党风教育、加强市级机关思想作风建设活动给予充分肯定。

6 月 9—11 日　共青团温岭市第十三次代表大会在市青少年宫召开。

6 月 28 日　巴西共和国驻上海大使级总领事弗朗西斯科·德·利马、土耳其共和国驻上海总领事姆拉特·奥孜切力克、俄罗斯联邦驻上海领事土耳昆·艾丝·卡里莫夫一行到温岭参观考察钱江摩托集团公司。

同日　市体育中心工程举行奠基仪式。市体育中心位于体育场路西侧,规划占地面积 184.5 亩,内设四馆(体育馆、训练馆、游泳馆、综合馆)五场(体育场、篮球场、排球场、网球场、射击场)一池(游泳池)一校(业余少体校)。

7 月 4 日　上午,全市首次禁毒禁赌公开宣判处理大会在市三中操场召开,12 名贩卖、运输、种植毒品和赌博等严重刑事犯罪分子分别被判处死刑、无期徒刑和有期徒刑,29 名涉毒涉赌的犯罪嫌疑人被依法逮捕。

7 月 22 日　市"110"报警服务台正式开通。

7 月 29 日　坐落在横山乡南下陈村的市民兵训练基地落成。工程总投资 1200 万元,占地面积 22 亩,建筑面积 5389 平方米,设施齐全,时为全国第一座现代化的民兵综合训练基地。

7月31日　美国著名生猪育种专家大卫博士到温岭考察由其设计的位于经济开发区的万头养猪场。

8月上旬　市城市园林重点工程之一的瓦屿山公园正式破土兴建。公园规划总面积20.15公顷,包括东辉阁景区、锦屏塔景区、主入口综合展览区、名贵花卉区、日月亭景区和苗圃盆景区等六大景区。首期兴建的东辉阁位于瓦屿山西山头顶部,建筑风格为具有明清时期闽南、江浙地方特色的钢筋混凝土结构楼阁,设计高度32.3米,投资1000万元。

8月11日　长屿呑里村水口头旧岩仓发生大面积山体崩塌,塌下岩石60多万立方米、150多万吨。在此废矿场轧运矿渣的民工5人死亡,6人重伤,数人失踪。经省调查组现场调查认定,这是一起废矿塌方造成的非生产性事故。

8月15日　大溪镇户籍改革在镇中心周围3.5平方千米范围内的3个居、9个行政村施行。在此区域内取消现行的农业户口、自理口粮户口和蓝印户口等各种类型的户口,按照居住地登记原则,统一登记为城镇常住户,即城镇居民户口。

8月18日　21时30分,11号台风中心在石塘登陆。时值"七月半"天文大潮,狂风、暴雨、巨浪"三碰头",过程降雨量268毫米;堤塘垮坍、海水泛滥,山洪暴发,村庄淹没,全市一片汪洋。全市4人死亡,直接经济损失16亿元以上。

8月20日　党中央、国务院派出以水利部部长钮茂生为团长的国务院慰问团到台州慰问。慰问团成员在省民政厅领导陪同下,到温岭视察被转移到学校暂住的群众,转达党中央对灾民的亲切慰问。

同日　市民政局下拨台灾紧急救济款45万元。至10月12日共3次拨出政府救灾款275.15万元,以及价值5万元的救济物资。

8月24日　市级机关干部参加海塘修复义务劳动。在东部沿海淋松塘、盘马塘、东片农场塘、五一塘、团结塘、长兴塘至东风塘一线长达20千米的海塘上,10万干群突击抢修被台风毁损的海塘。经过一个多月的苦战,至9月底全市抢险工程基本完成,安全度过农历八月十六和九月初三大潮汛。

同日　世界无国界医生组织执行官员孟淑娜、医务代表夏佩吉在省红十字会领导陪同下到温岭了解灾情。

8月25日　中国特产之乡推荐宣传活动组委会命名温岭为"中国高橙之乡"。

8月29日　位于新河镇的五拱古石桥——金清大桥(俗称"寺前桥"),被省政府列为第四批省级文物保护单位。

同日　钱江摩托集团开发的 QJ125T－1、QJ50T－E、QJ50T－J、J125－M 两轮摩托车和 247FM 双缸汽油机在杭州通过省机械厅组织的专家鉴定。其中 247FM 双缸汽油机填补省内空白,各项技术指标处于国内先进水平。

8月　市政府授予 QJTE40FM 发动机等 41 项科技成果"1995—1996 年度温岭市科学技术进步奖"。

同月　位于太平镇体育场路东侧的市第四中学校舍竣工。新建的四中校园占地面积 45 亩,建筑面积 8000 多平方米,总投资 1300 余万元,规模为 24 个班,是年秋季开始招生。

9月12日　全市各级党政机关和广大党员、干部、群众,认真收听收看中国共产党第十五次全国代表大会开幕式实况转播。会后,掀起学习贯彻十五大精神的热潮。

9月13—15日　省首次秋兰展览会在温岭虎山乐园举行。

9月15日　市第十一届人大常委会第三十一次会议决定免去陈宝福的温岭市人民政府市长职务、任命周建国为温岭市人民政府代市长。

9月19日　南屏安居住宅小区首期工程竣工,建成住宅 15 幢,562 套,面积 60220 平方米。10月6—9日,购房户选择房号,落实新居。

9月25日　市委决定在大溪、塘下、箬横、山市、贯庄等 5 个镇乡开展第十次农村党的基本路线教育试点。10月10日在全市铺开,至11月20日结束。这次"路教"以宣传贯彻十五大精神为主线,解决当前农村实际问题,在促进农村股份合作制的完善与提高、创建现代文明示范镇、灾后自救、修筑高标准海塘、党建工作和农业社会化服务体系建设等方面,取得积极成效。

9月底　104 国道温岭段改建工程动工。104 国道温岭段总长度 7.115 千米,将原宽 7 米或 9 米的块石路面扩建成宽 15 米的水泥路面,再加两边各 1.5 米的绿化带和 3 米宽的非机动车通道,扩建后路基总宽度 24.5 米,总投资 2850 万元。

10月 22 日　市南海水产育苗有限公司的缢蛏工厂化全人工育苗获得成功,首批优质蛏苗被养殖大户高价收购。该公司向省科协申请"金桥工程"重点项目立项。

10月 22—23 日　全军民兵政工处长会议在市民兵训练基地召开。解放军总政治部民兵政工局局长、七大军区和海军、空军的民兵政工处处长等参加会议。

10月 23 日　市政府批准浙江钱江摩托集团股份有限公司并购温岭微型电机总厂、温岭通用机械厂、温岭铸造厂等 3 家国有企业。29 日,又核准 3 家企业职工的分流安置方案。

10月 28 日　下午,市委、市政府召开兴修水利动员大会。会议提出"建百里海塘、保百万生灵"的口号,决定用 3 年时间,投资 2 亿余元,按 20～50 年一遇的标准完成全市 62.44 千米海塘的标准化建设任务。

10月 30 日至 11 月 2 日　首届浙江温岭工量刃具交易会在温峤镇举行,全国各地 100 多家大中型工量刃具厂家参加交易会。共达成交易意向合同金额 5000 多万元,20 多家外地工量刃具企业在温岭找到合作伙伴。

10月　市委、市政府于 1994 年提出的"争取三年实现村村通公路"的目标如期完成。除 30 余个无法通公路的海岛村和个别高山村外,其余村全部通公路。

11月 7 日　老挝人民民主共和国驻中国大使高拉及商务参赞那派旺到温岭,参观考察中外合资温岭龙生水产制品有限公司。

11月 8 日　国际互联网演示会在市邮电局五楼多功能厅举行。全市登记入网的电脑用户 70 余个。

11月 20 日　8 时 10 分,横峰镇一家股份合作企业——劲伟鞋厂发生特大火灾,睡在厂房三楼的夜班工人 17 人死亡,1 人重伤。事故暴露出此类工厂、仓库、宿舍"三合一"小厂的严重事故隐患,深受各方关注。

同日　新西兰驻上海总领事麦卓博士到温岭参观考察。

11月30日　浙江钱江摩托集团有限公司举行国际质量认证受证仪式。国际权威认证机构——德国 TVU 公司向钱江摩托集团颁发 ISO9001 国际质量认证证书。这是国内摩托车行业首家获得国际质量认证的企业。

12月6日　新河中学欢庆建校六十周年。该校创建于 1937 年,共培养初、高中毕业生 18000 余人,桃李满天下。被省教委列为"中学德育大纲"中学生日常行为规范训练试点学校,并获"全国新长征突击队""省文明学校"等荣誉称号。

12月7日　中共中央调研组一行 17 人到泽国镇,对股份合作企业台州大元泵业公司产销运作情况和发展前景进行调研,充分肯定该公司依靠科技进步开拓市场的业绩。

12月8日　市政府公布第一批取消收费项目 22 项,其中省政府公布取消的 9 项,市政府决定取消的 13 项。

12月19日　市政府召开推行和参照试行国家公务员制度动员大会,对全市实施国家公务员制度作全面部署。

12月25日　市中医院门诊大楼通过竣工验收,建筑面积 7000 多平方米,地上 8 层,地下 1 层,造价 813 万元,为全省一流的中医院门诊大楼。

12月27日　市档案馆通过省一级综合档案馆考核验收。

12月28日　台州高速公路温岭大溪至黄岩院桥段通车典礼在大溪站收费广场举行。台州高速公路是交通部规划的黑龙江同江至海南三亚沿海大道的一段。大溪至院桥段长 10.1 千米,匝道 3.2 千米,工程总投资 3 亿元,于 1994 年 10 月开工。

1998 年

1月5日　太平镇 11 条有线电视主干线全面改用光缆架挂并开通

使用,在台州各镇乡中首次实现有线电视主干线的光缆传输化。

1月9—11日 中共温岭市第十次代表大会召开。大会正式代表408人,列席代表44人。市委书记周五来代表九届市委作《解放思想,实事求是,艰苦奋斗再次创业,为建设现代化中等城市而努力奋斗》的工作报告。大会听取和审议九届市委工作报告和市纪律检查委员会工作报告,选举产生中共温岭市第十届委员会和市纪律检查委员会。周五来当选为市委书记。

1月13日 省委、省政府授予温岭等11个县(市、区)为浙江省科技先进县(市、区)。

1月15日 省教委命名表彰92所中小学为浙江省首批文明学校,温岭中学、太平小学榜上有名。

1月16日 市邮电局在市区设立首批 IC 卡蓝帽子公用电话。

同日 温岭市轻纺商会在绍兴柯桥中国轻纺城成立,为市工商联(总商会)所属的第一家专业商会。

1月 由市地方志办公室组织整理的《太平县古志三种》由中华书局出版,全书115万字。此书汇集了温岭历史上明《嘉靖太平县志》、清《嘉庆太平县志》和《光绪太平续志》3部古志的内容。

同月 省爱国卫生委员会命名泽国镇为"浙江省卫生镇"。

2月13日 市五中综合楼工程通过竣工验收。学校占地53亩,建有300米环形跑道的运动场。

2月22—26日 政协温岭市第十届委员会第一次会议召开。会议听取并讨论市九届政协副主席林宝定代表市政协九届委员会所作的工作报告,并通过相应决议。会议选举产生政协温岭市第十届委员会,陈夏德当选为政协主席。

2月23—28日 温岭市第十二届人民代表大会第一次会议召开。会议听取和审议代市长周建国代表市政府所作的工作报告、市人大常委会主任孙理庆代表市十一届人大常委会所作的工作报告,以及法院、检察院的工作报告,并作出相应决议;大会选举产生市第十二届人民代表大会常务委员会和新一届市人民政府成员,林梅友当选为市人大常委会主任、周建国当选为市长。

2 月　省科委、体改委、计经委联合下文,将温岭列为浙江省社会发展综合实验区,系全省唯一的以整个县(市)域为单位的实验区。

3 月 5 日　市工商局举报投诉中心正式成立,举报投诉专线电话"96315"开通。

3 月 9 日　方城小学被省教委定为浙江省首批"全国中小学现代教育技术实验学校"。

3 月 10 日　市委在人民大会堂召开全市再次创业大讨论动员大会。大讨论活动从 3 月中旬至 5 月中旬,分三个阶段进行。通过讨论,使再次创业的精神深入人心,为推动全市跨世纪发展积聚强大的精神动力和创业合力,促进现代化中等城市建设。

3 月 14 日　市政府决定取消私营企业管理费等 15 项涉企收费项目,降低乡镇企业管理费等 10 项涉企收费项目。

3 月 26 日　横峰镇屯田村为彻底解决"有田无人种,有人无田种"问题,促进农业和工业经济共同发展,试行土地股份合作经营制度。村民以土地入股,村里建立农业发展公司,对土地实行统一经营,村民享受股份分红。

3 月　东辉小区建成,总建筑面积 20 万平方米,住户 1538 户。小区于 1992 年开始建设,分 3 期建成。1999 年,建设部授予该小区"全国城市物业管理优秀住宅小区"荣誉称号。

同月　中国音乐家协会会员、台州市音协主席、温岭文化馆馆员林梦应台湾省立交响乐团团长陈澄雄的邀请赴台湾参加 1998 年华裔青年作曲家研讨会。

4 月 13 日　横峰镇祝家洋村成立农业生产服务公司,以解决村内多数劳动力从事第二、三产业后农业生产缺少劳力的矛盾。该公司属村集体所有,由农科员、农机手、机灌手等组成,村委会选出一名负责人任经理;对全村农田实行"统一育秧、统一机耕、统一机灌、统一植保、统一机收"的"五统一"服务。

4 月 17 日　温岭市政府与浙江师范大学达成联合办学协议,确定在浙师大设立"浙江师范大学温岭学院",由浙师大与温岭市政府共同建设,根据温岭市中等教育师资需求,定向培养本科毕业生。从 1998 年开始到 2001 年,学院每年为温岭培养纳入当年国家普通高校本科招生计划的本科生 50 名。

4 月 24 日　市政府农业普查领导小组办公室发布全市第一次农业普查主要数据。1996 年末,全市从事生产经营活动的农村住户 26.78 万户,其中农业户 12.25 万户,占 45.7%;全市农业户中纯农业户 3.82 万户,占 31.2%;全市农村住户家庭收入主要来源于农业的 6.67 万户,占 24.9%;全市乡镇企业总数 5106 个,其中乡镇办 93 个,村办 27 个,联户办 3527 个,户办企业 1459 个。

4 月 25 日　成立市风景旅游管理局,负责全市风景名胜区的规划建设与管理。

4 月 26—28 日　全省县(区、市)人武部长、政委会议在温岭召开。省军区党委发出《关于向温岭市人武部学习的决定》。

4 月 28 日　市政府首次举行行政处罚前听证会,在对岩下金属表面处理厂非法电镀生产一案实施关闭处罚前依法进行听证。

5 月 6 日　17 时 20 分,箬山镇"浙岭渔 1003 号"渔船在上海以东洋面的江外渔场拖虾作业时,因大雾被一艘印度籍 *Vishvapa Rimal* 号万吨级货轮撞沉,11 名船员 2 人获救,9 人失踪。

同日　市教委与之江房地产开发有限公司达成联合举办之江高级中学协议,"民校国办"的办学体制在温岭首次尝试。按照协议,全部校舍建设和内部办学设施均由之江公司负责,市教委负责教育教学管理和师资配备,所有教职工均享受与公办学校教职工相同的待遇,校长由市教委直接任命。

5 月 11 日　市委、市政府在温岭大会堂召开创建全国卫生城市动员大会,与市城管局等 12 个单位签订创卫责任状。

5 月 14 日　市关工委、教委、公安局、司法局、文化局、广播电视局、团市委、市妇联、市少工委、温岭报社联合发起了在全市范围内开展以预防和减少未成年人犯罪为主要内容的"警钟行动"。市委、市政府转发十个单位联合提出的实施意见。

5月22日　市政府发布《兵役义务费社会统筹暂行办法》,规定全市兵役义务费统筹标准基数按各镇乡人口的95%核定征收;企事业单位均按增值税、营业税税额的2%缴纳,使兵役义务费随着经济和社会的发展同步提高。

5月26日　是日起,全市开展创建文明示范镇、文明示范社区、文明示范路、文明示范机关、文明示范单位、文明示范窗口、文明示范村居、文明示范户的群众性精神文明"八创建"活动。

同日　市政府建立市中心城区人口集聚领导小组,柯桂苑任组长。8月11日市政府出台《太平镇人口集聚和户籍制度改革实施意见》。

5月30日　市政府发布通告,禁止在公共场所吸烟。

5月　市建设局探索市区环卫体制改革,撤销太平镇卫生管理所,成立太平环境卫生服务公司,把市区29条街道的清扫保洁、垃圾和粪便清运、环卫有偿服务收费三个项目推向市场,实行"五定"责任制,向社会公开招标。原环卫所管理人员和一线环卫工人由承包者选聘上岗。

同月　大溪镇被国家体改委列为全国小城镇综合改革第二批试点单位。

6月11日　市委、市政府召开全市农村现代化建设动员大会。要求各级党组织围绕"农业现代化、农村工业化、服务社会化、农村城镇化、管理规范化、农民知识化"六大建设任务,精心组织实施。9月10日,下达《温岭市农村现代化建设实施方案》。

6月16日　伏季休渔第一天。是年起,伏季休渔期从2个月延长到3个月,每年6月16日0时至9月15日24时,北纬26~35度海域实行全面休渔,禁止拖网、帆张网作业。

6月22日　我市第一位援藏干部、工商局副局长潘卫斌启程赴藏工作。

6月27—28日　松门、龙门等乡镇连续发生3起出海渔民硫化氢气体(因船舱内鱼虾腐烂产生)中毒事故,5人死亡。

6月　由市农技推广中心和市种子公司联合主持的《温岭市早稻优

质高效高产技术推广》项目,获省政府 1997 年度"农业丰收计划"一等奖。

7月3日　市职业技术教育城一期工程竣工。一期工程占地 64 亩,建筑面积 2.3 万平方米,总投资 3000 万元;班级规模为 43 个班,可容纳近 2000 名学生。

7月5—9日　市招商团赴香港举办 1998 年中国温岭经贸投资说明会,共达成合资合同 13 个,总投资额 4139 万元。为温岭首次在香港举办的招商引资活动。

7月7日　市政府发布《温岭市民兵预备役工作暂行规定》。

7月8日　省重点排涝工程、温黄平原涝灾综合治理骨干工程之一的金清新闸一期排涝工程竣工,投入运行。工程于 1991 年开工,历时 7年完成,总投资 1.41 亿元。

7月13日　市委、市政府出台《温岭市全面推进素质教育初步实现教育现代化实施方案(1998—2002 年)》。

7月16日　市财产保险公司试办海塘保险,沿海 17 个乡镇 14 条海塘与保险公司签订为期一年的保险合同。

7月17日　由松门先锋船舶修造厂建造的一艘载重 6000 吨级的大型集装箱货船"永利 5 号"在礁山港顺利下水,标志着温岭具有建造 5000吨级以上大型集装箱货船的能力。

7月31日　开展整顿金融秩序工作,专项打击企业逃债、废债。至10月下旬取得阶段性成果,追回贷款 680 万元,签订还款计划 920 万元。

同日　石粘、横峰两镇率先实现"电话镇"。

7月　泽国镇陈家里村被省能源办批准为新能源生态村,为市内第一个省级新能源试点村。

8月1日　市关工委、市总工会、团市委、市妇联、市少工委联合发起"争创全国卫生城,争做文明新市民"的倡议。

同日　太平镇政府、市建设局、市城市管理局联合决定,在市区所有街、巷、村、居实行垃圾袋装化收集。

8月初　温岭水厂二期续建工程开工,计划续建一座 4500 立方米的清水池和一组日处理水 25000 吨的 V 型滤池。

8 月 10 日　市政府发布通告,禁止机动车辆在市区主要街道鸣笛。

同日　市政府召开全市推行政务公开动员大会。从是月中旬开始,将在市计委、教委、财政地税局、公安局、人事劳动局等 25 个部门中推行政务公开制度。

8 月 11 日　首条按 50 年一遇高潮位标准设计的东浦新塘一期加固工程竣工。东浦新塘位于市南部隘顽湾内,全长 8.5 千米,保护面积 5 万亩,人口 2 万人。一期工程历时 180 天,投资 2380 万元。

8 月 14 日　全市科技工作会议召开。市委、市政府表彰奖励市第三届专业技术人员拔尖人才丁理法等 40 人和市第二届优秀青年科技人才王文华等 79 人;表彰奖励太平镇等 5 个科技进步先进镇(乡),龙门乡等 6 个科技项目考核先进单位和 1997 年度市科技进步奖获得者。

8 月 15 日　市环卫基地竣工,正式交付使用。市环卫基地坐落于体育场路西侧,占地面积 1 万余平方米,建筑面积 3278 平方米,投资 400 余万元。

8 月 18 日　横峰劳动力市场开业,集劳动力管理、职业介绍、外来人口三证办理、外来人口之家、学习教育中心等功能于一体,是台州首家功能齐全的镇乡级劳动力市场。

8 月 21 日　下午,市建设局在温岭大会堂举行市区第 5 路公交车线路有期限经营拍卖大会。线路经营权 3 年,通过竞投,最后以 70.5 万元击槌成交。这是温岭为把公用事业推向市场而首次举办的无形资产市场拍卖。

8 月 31 日　市委、市政府建立农村第二轮土地承包工作领导小组。9 月中旬组织 3 个工作组,帮助指导联树、牧屿、潘郎等 3 镇的 40 个村开展第二轮土地承包,积累经验、培训骨干。从 11 月开始全面开展第二轮土地承包工作。

9 月 3 日　市电信局和邮政局成立大会暨挂牌仪式举行,市邮电分营工作顺利完成。

9 月 9 日　市水泵行业协会成立。

9 月 16 日　湖漫水库大坝加固工程通过竣工验收,摘掉“病库”帽子。湖漫水库建于 1958 年,多年来大坝沉陷严重,背水坡约有 200 平方米长期湿润,安全隐患突出。自 1995 年 9 月至 1997 年 10 月,水利部门投入 120 多万元资金,采用劈裂灌浆和坝坡整修措施对大坝进行加固。

9 月 17 日　市区通往大闾、岙环的姆岭隧道正式通车。隧道工程于 1997 年 8 月开工,全长 422 米,接线长 1466 米,工程总投资 700 万元,为市内第 26 座隧道。

9 月 24 日　市委、市政府出台《关于切实做好国有企业下岗职工基本生活保障和再就业工作的实施意见》。

9 月 28 日　连接甬台温高速公路的主要通道——大溪至石粘一级公路开工典礼在横峰镇石刺头村举行。

同日　地处西北部偏僻山区的太湖乡有线电视光缆正式开通。至此,始于 1993 年的市有线电视台与 34 个乡镇的光缆大联网工程全部完成。

9 月 29 日　温岭中学举行建校七十周年庆典。该校创建于 1928 年,其前身为县西北区立宗文初级中学,1960 年被列为浙大附中,1981 年被列为省重点中学,1997 年被省教委批准为省一级重点中学。70 年来为国家培养了 2 万多名学生,其中有中国科学院院士柯召,国际知名热交换专家林燧,全国政协常委、知名历史学家陈高华,著名美术史论家王伯敏等。

9 月 30 日　《温岭市城市总体规划(1995—2010 年)》经省政府批准实施。温岭中心城区规划人口规模为近期(2000 年)17 万人、远期(2010 年)25 万人,用地规模为近期(2000 年)14.45 平方千米、远期(2010 年)23.46 平方千米,确立建设中等城市的远景目标。

10 月 1 日　《献血法》开始施行。市政府成立市献血工作领导小组,并将本月定为《献血法》宣传月。

同日　市广播电视局与全市 34 个镇乡的双向电视会议系统正式开通运行,为台州首家,居全省前列。

10 月 6 日　江泽民总书记视察浙江期间在嘉兴召开座谈会,就农业和农村工作进行调查研究。市委书记周五来应邀参加会议,在会上作了用市场机制建设小城镇的汇报。

10 月 7 日　市政府召开 1999 年度海塘建设工作会议。列入 1999 年度标准海塘建设的有国庆塘、八一塘、观岙塘、上箬塘、殿嘴头塘、妇女塘、团结塘、淋松塘淋川塘二期等 8 条海塘,全长 15683 米;其中前 5 条按 50 年一遇的标准设计,后 3 条按 20 年一遇的标准设计。

10 月 12 日　市第一个村级经济合作社管理委员会在潘郎镇后瓦屿村成立。是农村实行家庭联产承包责任制后,以行政村为单位形成的社区性、综合性农民集体经济组织,是全村社员集体资产的所有者代表,行使集体资产的经营权。

10 月 13—15 日　由浙江省文化厅、温岭市人民政府、钱江晚报、浙江电视台联合主办的浙江省少数剧种交流演出暨温岭市民间剧团展演在温岭剧院举行。参加展演的有和剧、甬剧、瓯剧、睦剧、姚剧、湖剧、新昌调腔、松阳高腔、宁波平调等 9 个少数剧种,带来 10 多个折子戏精品。

10 月 19 日　市政府公布全市首批 15 家现代农业示范区建设试点单位,其中粮食型 11 个,综合开发型 2 个,设施栽培型 2 个。

10 月 20 日　在 1998 年华夏城乡游温岭石文化旅游节开幕式上,上海大世界基尼斯总部为长屿硐天颁发"目前世界上规模最大的人工石硐"证书。

10 月 31 日　最高人民法院副院长唐德华一行到温岭法院视察工作,并为获"全国优秀法庭"荣誉称号的石陈法庭授匾。

11 月 5—6 日　全国政协副主席、著名科学家钱伟长视察钱江摩托集团公司、温岭中学、长屿硐天、东浦新塘、江厦潮汐试验电站等单位,并在温岭中学与教师座谈。

11 月 6 日　全国政协副主席李贵鲜视察温岭东海涂围垦与滩涂开发利用工程。

11 月 14 日　市区污水处理一期工程在大闾镇吉捕岙岭头破土动工。一期工程的污水日处理能力为 3.5 万吨,其处理流程为污水经市污水管通过 7 个提升泵站汇流至山下金总泵站,经藤岭一号隧道、小坑洋二号隧道、小东岙至莞岙三号隧道到达位于莞岙三宅村的污水处理厂,污水经处理达到排放标准后再经莞岙至大沙岙的四号隧道用管道排放入海。

11 月 20 日　村级管理四项制度《温岭市农村党支部工作规则》《温岭市村级干部管理制度》《温岭市农村自治组织民主管理制度》《温岭市村务公开制度》发布施行。

11 月 27—28 日　市委、市政府首次举办 1998 年招才引技洽谈会。来自北大、清华、浙大、西安交大、上海交大、中国科学院、上海市技术市场等 30 多家全国和省内重点高等院校、科研机构、技术市场、专利部门的 100 多位嘉宾携带 1 万多个项目和成果应邀出席。全市各镇乡领导和数百家企业代表参加洽谈会。

11 月 28 日　温岭师范学校庆祝复校二十周年暨建校六十三周年。该校自建校以来共培养各类毕业生 6700 人,其中复校 20 年来培养各类毕业生 4678 人。

11 月　市科委高级兽医师冯洪钱编著的《民间兽医本草(续编)》,经浙江省科委提请全国著名专家、教授审查并通过鉴定。该书获台州市科技进步一等奖。

12 月 10—13 日　温岭通过农村电气化县(市)验收,22 项主要指标全部达标,跻身全国农村电气化县(市)行列。

12 月 24 日　温岭市服务业中心协会成立,下辖 10 个分会,16 个团体。为全省首家服务业中心协会。

12 月 26 日　市区人民东路一期工程完工。一期工程西起东辉路,东至体育场路,全长 802 米,宽 30 米,包括左右 2 条各 8 米宽的主车道、中间宽 10 米的绿化带和各 2 米宽的非机动车辆隔离带,总投资 670 万元。

12 月 28 日　在第十三届亚运会(曼谷)夺冠的中国男排温岭籍国手王贺兵回到故乡,市政府领导登门祝贺,并代表市政府给予奖励。

12 月 30 日　市第一人民医院首次为两名尿毒症患者施行肾脏移植手术,获得成功。这在台州市县级医院中尚属首例。

是年　温岭实施高标准海塘建设第一年。全年开工在建的 50 年一遇标准的海塘有东浦新塘、南片新塘 2 条计 11.4 千米,开工在建的 20 年一遇标准的海塘有龙门三八妇女塘、淋松塘等 8 条计 21.5 千米。至年底,分别完成土石方工程计划的 98％和 95％。

1999 年

1 月 10 日 箬横镇实施城镇户籍改革,对镇中心周围 3 平方千米内的 5 个居、9 个行政村按照居住地登记的原则,统一登记为城镇常住户口。

1 月 11 日 市委十届六次全会扩大会议召开。市委书记周五来作《把握新机遇,实施新发展,把充满生机和活力的新温岭推向二十一世纪》的工作报告。会议通过《市委关于加强乡镇领导班子建设的决定》。

1 月 12 日 全省冬季蔬菜现场会在箬横镇召开。该镇去年冬季种雪蕻菜 15368 亩,总产可达 6 万余吨,加工成咸菜、干菜销往全国各地。

1 月 14 日 《温岭市海洋功能区划》《温岭市海洋开发规划》通过由国家海洋局第二海洋研究所、省海洋局、浙江大学等单位专家组成的评审组评审。

1 月 15 日 俄罗斯驻华大使馆参赞、俄中友协副主席库莉科娃,文化新闻参赞扎哈罗夫,北京外国语大学俄语学院院长张建华等到温岭参观台州光大外国语学校。

1 月 16 日 市公安局在太平镇藤岭山头已废弃的公路上查获以温州苍南籍郑恩荣为首的制毒团伙,缴获制造冰毒化工物品三氯甲烷 39 箱、氯化亚矾 48 箱、乙醚 32 箱、丙酮 98 箱以及大量制毒工具,破获首例制造冰毒大案。

1 月 17 日 全国高速公路最长的隧道——大溪岭至乐清湖雾岭隧道的左线隧洞通过省交通厅组织的竣工验收,被评为优良工程,并于 2 月 12 日通车。原来翻山越岭约半小时的车程,被缩短为 6 分钟。

1 月 26 日 温岭市职业技术学校欢庆新校舍落成,该校被省教委认定为省示范性职业高中。新校舍坐落在风景秀丽的锦屏山下,占地 50

亩,建筑面积 1.87 万平方米,办学规模由原来的 26 个班增加到 33 个班。

同日　建设部顾问、著名风景名胜专家、北京大学教授谢凝高偕该校郑、刘两教授,应邀实地考察长屿硐天和南嵩岩风景区,并对长屿硐天的安全进行论证。市政府聘请谢凝高为温岭市风景名胜区顾问。

1 月　在成都举行的全国少年儿童游泳锦标赛中,温岭籍运动员陈珍获女子组 50 米、100 米自由泳和自由泳全能 3 枚金牌。

2 月 4 日　浙江省争创第七批全国体育先进县工作会议在温岭召开。

2 月 5 日　市垃圾填埋场工程竣工验收,交付使用。市垃圾填埋场位于岙环镇彭下村,占地面积 173 亩,总投资 1450 万元,设计库容 127 万立方米。于 1998 年 7 月 10 日开工建设,是省政府立项的重点工程。

2 月 9 日　省治安工作暨农村治安防控体系建设工作现场会在温岭召开。

2 月 12 日　在罗马尼亚经商办企业的温岭籍回乡代表欢聚温岭宾馆,建立罗马尼亚温岭商会和旅罗温岭同乡会。温岭市有赴罗企业 38 家,近 200 人,仅鞋类一项,年出口销售额逾 3000 万美元。

2 月 24 日　市"120"急救中心成立。急救中心设在市第一人民医院,配备全国一流的"120"急救通信网络及 6 辆救护车。

3 月 1 日　新河镇、贯庄乡被省教委评为"浙江省教育强镇"。

3 月 11 日　浙江钱江摩托股份有限公司股票"钱江摩托"在深圳证券交易所上网发行,5 月 14 日上市交易,为台州首家 A 股上市公司。

3 月 12 日　全市村级换届选举工作会议召开。市委、市政府决定村党支部和村民委员会改选统一提前到 3 月至 4 月上旬进行,候选人由选民直接提名推选,实行全差额投票选举(群众称为"海选")。

3 月 14—18 日　政协温岭市第十届委员会第二次全会召开。会议学习贯彻中共温岭市十届六次全会精神,听取和审议市政协十届一次会议以来提案工作情况的报告,并通过相应的决议。

3 月 15—18 日　市第十二届人民代表大会第二次会议召开。会议听取和审议市政府工作报告,市 1998 年国民经济和社会发展计划执行情况、1999 年国民经济和社会发展计划草案的报告,以及市人大常委会、市人民法院、市人民检察院的工作报告;并就会议审查的各项议程作出决议。会议还通过《关于实施殡葬改革的决定》。

3 月 22 日　全市农村土地整理工作现场会在松门镇召开。去年冬季开始,全市分两批在新河镇东合村、石桥头镇杨家浦村和松门镇松甘村、淋川镇竿北村、贯庄乡三甲村等 5 个村开展试点,试点土地面积共5188.43 亩,通过土地整理,可净增耕地 966 亩。

同日　台州市委、市政府授予温岭市太平、大溪、泽国、山市、淋川、箬横、牧屿等 7 个镇"台州市科技进步先进乡镇"称号,台州市共 17 个乡镇受到表彰。

3 月 27 日　省长柴松岳、副省长卢文舸一行到大溪镇考察小城镇建设。

4 月 1 日　市第一座机械化生猪屠宰场在松门建成投产,设计日屠宰量 300 头。

4 月 7 日　太平镇合岙蔬菜园区通过省级验收,成为全省首家企业型现代化蔬菜园区。

4 月 16 日　市政府发布《温岭市殡葬管理实施办法》。自 7 月起,境内实行遗体火化。

5 月 2 日　破获张畏、王秀方黑社会性质犯罪团伙案(通称"3·23案")。该犯罪团伙共有涉案人员 151 人,其中固定成员 59 人,横行温岭乡里达 5 年之久,涉及资金 5 亿余元人民币;致使 1 人死亡,4 人重伤,20人轻伤。

同日　台州光大外国语学校与俄罗斯 1948 国际文化学校结为友好学校。

同日　由中央电视台、上海东方电视台、上海大世界基尼斯总部联合举办的 1998 年度"世界吉尼斯之最"最佳项目颁奖授证晚会在北京举行,温岭长屿硐天获 1998 年"世界吉尼斯之最"最佳单位。

5 月 4 日下午　因张畏、王秀方案件影响,市城市信用社东海储蓄所出现挤兑现象。到 5 月 6 日上午,城市信用社下属 5 家储蓄机构也出现挤兑现象。在市委、市政府和人民银行台州分行的支持下，通过动用法定存款准备金、财政部门拆借等紧急措施，平息了风波。

5 月 5 日　经省教委和省计经委批准，温岭市农业技术学校改办为职业中等专业学校，其校名变更为"温岭市职业中等专业学校"。

5 月 9 日　上午，市委先后召开常委扩大会议和全市领导干部会议，传达贯彻中央和省委指示精神，强烈抗议以美国为首的北约悍然使用导弹袭击中国驻南使馆的暴行。

5 月 14 日　市委、市政府表彰首届"十佳"残疾人：企业厂长丁秀娟、推拿医生林涛、个体养猪户王福初、乡村医生林根根、个体中医师阮圣刚、个体养鸭户潘继川、个体经营户林正海、个体照相户郑卫星、个体经营户王玉方、乡村医生王爱民。

5 月 20 日　位于虎山公园南侧、建筑面积 1080 平方米、投资 280 万元的温岭市机关事业单位退休干部活动中心投入使用。

5 月 24 日　市首届村级干部大专班在市委党校举行开学典礼。大专班学员将用 2 年时间系统学习《邓小平理论》等 15 门课程。市委、市政府计划用 5 年时间对全市 800 名村级干部进行大专学历教育。

5 月 25 日　新河中学被命名为温岭市首所"AAA 级'三园式'学校"。市教委在新河中学召开现场会，拉开全市"三园式"（学园、花园、乐园）学校创建活动的序幕。

5 月 28 日　温岭解放五十周年纪念日。市委、市政府举行隆重的纪念活动，邀请原浙南游击纵队第三支队支队长周丕振和原中共温岭县领导小组组长、温岭县人民政府筹备委员会主任丁世祥作回忆报告，并举行文艺晚会。

同日　全国人大常委会副委员长彭珮云到温岭视察台州光大外国语学校。

5 月 29 日　中国工农红军第十三军第二师革命烈士纪念馆落成典礼在坞根隆重举行，省政协副主席陈法文到会讲话，省政协主席刘枫为纪念馆题写馆名。

5 月 30 日　箬山镇大黄泥村妇女主任叶七妹捐肾救女，在温州医学院第一医院为患肾炎、尿毒症的女儿做了一只肾的活体移植手术。其母爱壮举在温州和温岭家乡引起强烈反响,受到多方支援和关怀,温州市市长钱兴中到医院探望。

5月 市殡仪馆建成。市殡仪馆位于锦屏镇楼山村,占地面积60亩,1998年3月动工兴建。

6月2日 14家造船企业业主在横河镇集会,成立温岭首家船舶修造协会。当时温岭船舶修造的年生产能力在200艘以上,总吨位可达40万吨,成为全国重要的乡镇造船基地。

6月5日 市政府印发《温岭市域风景名胜资源保护管理暂行规定》。

6月9日 钓浜海滨浴场客运架空索道通过国家客运架空索道安全监督检测中心检测,投入试运行。索道全长400米,全封闭式吊箱往复对开,每小时运量200人次,为台州市首条客运架空索道。

6月10日 市政府发布施行《温岭市企业职工基本养老保险暂行办法》。

6月12日 由于本月上旬普降大雨,内河水位上升,市内较多地方被水淹没,市三防指挥部决定将江厦排涝隧洞工程投入试运行。上午10时10分首度开闸(未开足流量),排涝12小时,累积流量390.1万立方米,降低内河水位40厘米,试运行排涝初显成效。

6月15日 松门镇党委、政府召开主题为"推进村镇建设、改善镇容村貌"的第一期"农业农村现代化教育论坛",群众参与的积极性很高。后演变为一种新型的基层民主形式——"民主恳谈"。

6月18日 市政府在市人民大会堂召开创建国家级卫生城市和省级文明城市动员大会。总体目标是:到2001年达到国家级卫生城市标准,到2002年达到省级文明城市标准。

6月30日 全省第五次全国人口普查小型试点工作会议在温岭召开,并以7月1日0时为标准时间在太平镇南门村和雁鸣居进行试点普查。

6月 启动城市空气质量周报制度,市环保局每周通过新闻媒体公布空气质量状况。

同月　市区最大的绿化带公园——体育场路滨河绿化带公园基本建成,部分向市民开放。绿化带公园位于体育场路东侧,总投资 800 万元,占地 35000 平方米,是市民游客休闲的好去处。

7 月 2 日　市政府召开全面推行行政执法责任制和政务公开动员大会,要求在去年各行政执法部门和 27 个市级机关推行并取得初步成效的基础上,向全市各部门和镇乡全面推广,切实抓好政务公开、村务公开、厂务公开。

7 月 3 日　0 时起,全市除交通不便的高山和海岛外,全面实行遗体火化。首日接尸 14 具,火化 13 具,为破除千年旧俗开了头。次年 7 月起,全境施行遗体火化。

7 月 12 日　中国小城镇改革发展中心函告:大溪镇被联合国开发计划署列为“可持续发展的中国小城镇”项目试点镇。省内仅大溪镇获此殊荣。

7 月 16 日　市政府采购中心首次举行采购招标,招标的项目为温岭地税系统网络集成。有 5 家经销商参与竞投,中标价比底价下降 8.93 万元。

7 月 19 日　市政府下达《温岭市环境保护“一控双达标”工作实施方案》。8 月 3 日,在温岭饭店召开全市环境保护“一控双达标”工作会议,市政府和各镇、乡及有关部门签订目标责任状。

7 月 22 日　市委、市政府召开全市领导干部会议,传达贯彻中共中央关于处理和解决“法轮功”问题的指示精神。全市迅速开展依法清理、取缔“法轮功”非法组织的行动。

7 月 27—29 日　共青团全国农村基层工作现场会在温岭召开。团中央书记处常务书记巴音朝鲁、中共浙江省委副书记梁平波、团中央书记崔波等领导同志出席会议。共青团温岭市委实施的“强乡带村活跃基层”的工作路子受到团中央领导的肯定。

7 月 30 日　投资 500 多万元的温岭市境 1∶2000 航摄地形图,由省第一测绘院和省测绘大队历时 10 个月航摄制作完成,并经省测绘院产品质量监督检验站验收通过。

7 月　经中国互联网中心批准,温岭市政府信息网注册试运行,网址为 www.zjwenling.gov.cn。

8 月 6 日　浙江省预备役师步兵某团某营在温岭成立。

8 月 7 日　省长柴松岳和副省长吕祖善、章猛进到温岭视察东浦新塘。

8 月 15 日　市委召开全市领导干部会议,部署农村合作基金会清理整顿工作。市政府同时印发《温岭市清理整顿农村合作基金会实施意见》。

8 月 16 日　市委、市政府根据区域经济特色,决定建设大溪塑胶和泵业、横峰鞋业、山市水泵、牧屿机电、锦屏石雕、箬横汽配、新河帽业、潘郎童鞋和太平高校产学研等 10 大工业园区。

8 月 31 日　全市国税收入突破 5 亿元大关,提前 4 个月完成税收计划。

8 月　《温岭市土地志》出版,为温岭第一部土地专业志书。

9 月 2 日　市境首次实行东西双向排涝。金清新闸、江厦排涝隧洞先后开闸泄洪。历时 10 小时,总排涝量 1300 万立方米,内河水位从 4.2 米降至 3.9 米。

9 月 13 日　市委办公室、市政府办公室发出通知,全市党政机关、事业单位在市内公务活动中一律实行工作餐制度。

9 月 14 日　市委召开全市反腐败通报会暨市级机关思想作风建设动员会。会议提出坚持党要管党和从严治党原则,从讲政治的高度,以改革的精神,着力从六方面抓好思想作风建设。

9 月 21 日　凌晨 1 时 47 分,台湾花莲县与南投县发生里氏 7.6 级地震,温岭震感明显,市区高楼的一些居民一度受惊,逃至露天场地。

9 月 22 日　省重点工程温岭中学迁建工程举行奠基仪式。新校址在太平镇五龙山麓,规模为纯高中 60 个班,规划总投资 1.83 亿元。

9 月 28 日　位于市区瓦屿山的东辉阁建成。东辉阁为仿明清古建筑造型,建筑规模和独特的外形可与全国四大名楼相媲美。著名书法家启功题写阁名。

9 月 29 日　台州高速公路一期工程完工通车。工程于 1996 年 10 月 16 日动工兴建,从临海青岭至温岭大溪岭,全长 39.98 千米。新线路比原 104 国道缩短里程 23.9 千米。

9 月　市科委高级兽医师冯洪钱退休 10 年后新作《兽医本草补遗》出版发行。冯洪钱编著的《民间兽医本草》"正编""续编""补遗"三部巨著共 460 万字,印行 31000 册,在国内外有较大影响,被称作中草药应用在兽医上的一次空前大总结。是年 12 月,《民间兽医本草》获浙江省人民政府授予的科学技术进步三等奖。

10 月 10 日　0 时 30 分,淋川镇南洋、度兯、竿北、竿蓬四个村遭受龙卷风袭击,造成 101 间房屋损坏,7 人受伤。

同日　市政府公布首批 10 处市级风景名胜区,分别为五龙山、太平双溪、高龙红岩背、松门滨海、石箬渔村、山市紫莲山、潘郎流庆寺、温峤楼旗尖、太湖山、横山寒坑龙潭风景名胜区。

10 月 12 日　市政府发布《关于加强高新技术产业发展的若干规定》。年底,首次使用 500 万元科技风险金扶持 8 家具有高新技术和重大科技项目的企业。

10 月 14—15 日　市第二届招才引技洽谈会举行。来自北京大学、清华大学等著名院校和北京、上海、江苏等地科研机构的 100 多位专家带着近千项科研成果,与温岭 600 多名企业家进行面对面洽谈。共成交技术开发、技术转让项目 44 项,合同标的 1100 万元,引进外省各类人才 36 人。

10 月 15 日　国家经贸委发布国家 520 家重点企业名单,钱江摩托集团公司榜上有名。

10 月 21 日　1999 年度何梁何利基金颁奖大会在北京举行,温岭籍院士柯召等 60 名科学家获"科学与技术进步奖"。柯召于 1910 年出生于太平县(今温岭市),为中国著名的数学家。

10 月 26 日　温岭建成电话市。全市电话总数 17.05 万户,电话主线普及率 15.11%,成为全省继慈溪、义乌、玉环之后的又一个电话市县。

10 月 27 日　市第十四届运动会闭幕。运动会从 4 月开始,历时半年,共设 12 个赛项,有 115 个代表队、5441 人参加比赛,24 人次打破 11 项市级纪录,其中游泳项目打破两项省级纪录。

10 月　发生"日日会"倒会风波。涉及会员 1 万余人,会主 365 人,会款发生额 17.92 亿元,引发严重社会问题。至 2002 年 2 月,清会结束。

同月　浙江沿海水母(一种类似于海蜇的低价值海产品)泛滥,许多地方的渔船不得不抛锚港口,停止生产。温岭有 1700 多艘钢制渔船和 1300 多艘大马力、大吨位、经过技术改造的木质渔船均能到外海生产,海洋捕捞生产受水母泛滥影响甚微。

11 月 9—10 日　1999 浙江温岭(北京)经贸投资洽谈会在北京举行。俄罗斯等 9 个国家的使领馆商务代表以及境内外企业和新闻单位代表 200 多人到会。签订合同项目 14 项,意向项目 12 个,整个贸易成交额折合人民币达 1.28 亿元。

11 月 11 日　中国 80—90 年代优秀版画家作品展在青岛举行。市文联袁振璜作品参加展出,荣获"鲁迅版画奖"。

11 月 16 日　中国科学院院士、中国 2000 年委员会主席王绶琯在京宣布,温岭市石塘镇为祖国大陆 2000 年第一缕阳光地理经纬点,时间为 2000 年 1 月 1 日北京时间 6 时 46 分。

12 月 1 日　市委、市政府命名岙环镇温岭高橙示范园区等 12 个市级科技示范基地。

12 月 5 日　浙江钱江摩托集团迈向新世纪誓师大会在北京人民大会堂召开,全国各地经销商、配套单位和有关单位人员以及集团公司领导、职工代表近 3000 人参加大会。全国人大常委会副委员长王光英、国家机械局副局长张小虞、浙江省副省长叶荣宝等到会祝贺。总经理林华中在大会上宣布:用三年时间使钱江摩托车质量达到世界一流。会议期间在北京饭店举办 2000 年订货会,两天内订货超过 100 万辆。

12 月 15 日　高松输变电线路工程启动。该线路途经东部沿海 7 个乡镇,全长 21.9 千米,总投资 1200 万元。

12 月 23 日　全长 4116 米、长度居国内高等级公路隧道第一位的甬台温高速公路大溪岭隧道右线通过省级验收。其左线隧洞已在 2 月通车。至此,甬台温高速公路温岭段工程全面完工。

12 月 25 日　全市实现村村通有线电视目标。共投入资金 800 万元,架设村级光缆干线 170 千米,新发展有线电视用户 12000 余户。

12 月 30 日　是日晚,一台名为"大海·曙光·新千年"的中国新千年曙光节开幕式暨文艺晚会在新千年中国大陆第一缕阳光地理经纬点——石塘镇隆重举行。

12 月 31 日　下午,大型文艺表演《曙光颂》在市体育场举行,著名歌星张明敏、林萍、么红、韩磊等登场献艺,吸引了数万观众。同日晚,举办中国千年曙光节焰火晚会,燃放焰火 40 分钟,总量达 27270 发;天上流光溢彩,市区万人空巷,盛况空前。

12 月　《泽国镇志》由中华书局出版,主编阮法根,共计 60 万字,始编于 1997 年 5 月。

是年　全市移动电话用户发展迅速,总数比上年翻一番多,突破 10 万户。

是年　市侨情台情普查工作取得成果。据统计,全市有华侨、华人、港澳同胞 534 户,2960 人,分布在世界 42 个国家和地区;台胞 1821 户,12709 人。

2000 年

1 月 1 日　6 时 46 分,新千年中国大陆第一缕阳光照耀到石塘,约 6 万名观众聚集在石塘千丈崖及周边山顶观看日出。千年曙光碑揭幕仪式也在此时举行,市委书记周五来代表温岭市委、市政府发表激情洋溢的讲话,国家天文观测中心副主任、中国 2000 年委员会副主席王宜,中国科学院北京天文台常务副台长蒋协助等出席揭幕仪式。浙江卫视等主流媒体向全世界直播日出盛况。

同日　"中国百名青年记者西部行"火炬点火仪式在石塘千丈岩举行。

1 月 8 日　全国人大常委会副委员长王光英视察钱江摩托集团。

2 月 20 日　联树镇夹屿村村民王公吉将家中一本尘封 54 年的《第二次世界大战画史》公之于世,使当年侵华日军南京大屠杀的暴行再一次得到印证。

2 月 28 日　市体育馆举行开馆仪式。该馆于 1997 年 6 月开工,1999 年 7 月竣工,总投资 3000 余万元,拥有固定座位 2800 余个,时为台州规模最大的体育馆。

3 月 4—7 日　市第十二届人民代表大会第三次会议召开,会议选举王金生为市长。

3 月 15 日　实行海域使用证制度。温岭有海域面积 1.47 万平方千米,沿海 170 个大小岛屿,实行海域使用证制度有利于理顺所有权和使用权的关系,维护用海单位和个人的合法权益。

3 月 16 日　全省县(市)级规模最大、设备一流的温岭市劳动力中心市场投入运行。市场建筑面积 1700 平方米,实行电脑管理、信息联网,可为就业者提供信息、政策咨询、职业指导等多项服务。

4 月 8 日　全国体育大会"世纪之光"圣火采集仪式在祖国大陆新千年曙光首照地石塘镇千年曙光园举行。"圣火"采集者为温岭中学高二女生潘梦懿,她被大会组委会命名为"阳光少女";温岭籍乒乓球运动员吕林在火炬接力长跑活动中接第一棒。

4 月 25 日　市委召开市级领导班子和领导干部"三讲"(讲学习、讲政治、讲正气)教育动员大会。整个教育工作从 4 月底开始,至 6 月底结束。

4 月 29 日　获得全国劳动模范和先进工作者荣誉称号的浙江钱江摩托集团董事长、总经理林华中,参加中共中央、国务院在人民大会堂举行的表彰大会,受到党和国家领导人的接见。

4 月 30 日　全市固定电话用户突破 20 万户,成为全省继慈溪、萧山之后第三个迈进 20 万固定电话用户的县(市)。

5 月 5 日　民主评议党员结束。全市参加民主评议党员的群众代表共 31342 人,在全市党员中评出:好党员 3154 人,合格党员 26960 人,基本合格党员 3236 人,不合格党员 447 人。对不合格党员采取限期改正的 306 人,劝退的 30 人,除名的 47 人,延长预备期的 12 人,取消预备党员资格的 14 人,移交纪委处理的 38 人。

5 月 27 日　下午,印度籍 4.5 万吨油轮 *Pratibha Yamuna* 号途经大陈岛附近海域时爆炸起火。在附近作业的"浙岭渔 4638 号"、4088 号和 5529 号渔船上的渔民奋力将 34 名船员全部救起。6 月 3 日印度船员启程回国。

6 月 8 日　温岭市获省委、省政府、省军区联合颁发的"全国双拥模范城市"称号。

6 月 15 日　全市"十星"文明示范家庭表彰会召开。从 1999 年 7 月以来开展的"十星"级文明家庭评创活动,共评出乡镇级"十星"文明示范家庭 1247 户、市级"十星"文明示范家庭 298 户。

7 月 3 日　市政府颁发《温岭市预算外资金管理办法》,实行收支两条线管理,促进廉政建设。

7 月　东海塘围涂南片工程开工建设。

8 月 18 日　石桥头蔬菜合作社成立,拉开了台州农民专业合作社发展的序幕。

8 月 20 日　省委书记张德江到温岭视察,考察民营经济发展状况,探索民营企业今后发展之路以及各地"三个代表"的学习教育情况,并实地参观考察钱江摩托集团公司和浙江万邦实业有限公司等。

9 月 5 日　中共中央政治局委员、全国人大常委会副委员长田纪云视察钱江摩托集团公司。

9 月 14 日　省委决定:王金生任中共温岭市委书记。

9 月 15 日　浙江省高校—温岭产学研工业园区在太平镇百丈岩下奠基开工。园区占地 1000 亩,总投资 6 亿元,是浙江省唯一的产学研工业园区。

9 月 22 日　国家计委副主任汪洋视察钱江摩托集团公司。

9 月 28 日　市污水工程 4 座隧洞全部贯通,全长 7.5 千米,总投资 1.5 亿元。

9月29日 市委、市政府召开质量立市动员大会,提出"三、五、十质量系统工程"目标。即用三年时间使质量总体水平达到省内先进水平,用五年时间达到国内先进水平,用十年时间达到或接近国际水平。

10月5—13日 温岭市中小企业考察团应台北市工业总会邀请,以浙江省企业家协会名义赴台湾作为期9天的考察。此为温岭第一次单独组团赴台湾考察。

10月17日 温岭市举行大规模民兵快速集结动员演练。南京军区司令员梁光烈中将、军区政委方祖岐上将,华东五省一市的省军区(警备区)和所属军分区的主要领导参加观摩活动。

10月20日 市首届农民运动会开幕。34个乡镇的1000余名农民运动员参加象棋、篮球、台球、乒乓球、拔河等6项比赛。最后,松门、泽国、新河代表队获团体总分第一、二、三名,松门、太平、新河代表队获金牌总数前三名。

10月26日 著名天文学家、中国2000年委员会主席王绶绾在北京国际俱乐部召开的新闻发布会上宣布:根据国际天文学通用标准测算,中国大陆新世纪第一缕阳光首照经纬点位于浙江温岭石塘镇。日出时间为2001年1月1日北京时间6时46分。

10月 在温岭出土的青铜蟠龙夔纹盘参加在日本举办的"世界四大文明古国成就展"。

11月21日 是日开始,市政府先后批复同意五交化大楼有限公司、百货有限公司、五交化太平有限公司、百货大楼有限公司、糖酒烟菜公司等5个单位改制,由全民所有制改为股份制等所有制形式。

12月5日 是日开始,商业局先后批复同意朝阳综合商店、商业综合公司、利民食品厂、前进副食品商店、通达商场等5家企业改制,截止时间12月31日。

12月19日 江厦排涝隧洞工程通过省级验收。排涝河道总长12千米,其中隧洞长2269米。该工程是温黄平原金清水系三大治涝骨干工程之一,总投资1.4亿元。它的建成改变了温岭涝水单一东排入海的历史,形成了东西双向排涝的新格局。

12 月 30 日　市委、市政府举办"中国 21 世纪曙光节"。晚上,在太平镇举行新世纪曙光节开幕式暨"世纪之光"文艺晚会。31 日晚,举行大型焰火晚会。

是年　温岭跻身全省出口 10 强县(市、区)行列。2000 年自营出口 2.1 亿美元,同比增长 167.4%。

是年　温岭高峰牛被列入《国家级畜禽品种资源保护名录》,是国家重点保护的 78 个地方畜禽品种之一。

2001 年

1 月 1 日　市委、市政府举办中国新世纪曙光节。早晨 6 时 46 分,新世纪祖国大陆第一缕曙光照射到石塘。当阳光从云层里呼之欲出时,21 位石塘老渔民身披渔衣,在 21 米高的曙光碑下,面向大海吹响螺号;21 名少男少女和 21 名听障儿童分别用声音和手势"朗读"艾青的《光的赞歌》;2001 只和平鸽展翅飞向太阳。来自全国各地的数万名观众和游客共同分享这一灿烂时光。印度、阿根廷、埃及、南斯拉夫、奥地利 5 国驻沪领事应邀前来观光。

同日　中国 21 世纪曙光节·中国温岭投资贸易洽谈会在温岭饭店隆重开幕。匈牙利、叙利亚、喀麦隆等国驻华大使、公使和领事,香港、台湾等地区的友人和客商应邀出席洽谈会。

同日　《温岭报》更名为《温岭日报》,每周出版 5 期。

1 月 9—10 日　市委十届十一次全体(扩大)会议召开。市委书记王金生作工作报告,王建平代市长作《关于制定国民经济和社会发展第十个五年计划建议的说明》。会议提出,要通过 5—10 年的努力,实现温岭在实力上向经济强市跨越,在内涵上向文化大市跨越,在规模上向中等城市跨越的发展目标和奋斗纲领。

1 月 12 日　全国第三届乡村青年艺术节——"利群杯"全国青年大力士擂台赛在温岭举行。

同日　上午 8 时 20 分左右,淋川镇淋头村一农户非法使用土制锅炉加工年糕,发生锅炉爆炸的重大事故,当场炸死 3 人,炸伤 7 人。

2 月 4 日　市区行政区划调整,撤销太平镇和锦屏镇,成立太平、城东、城西 3 个街道;将温峤镇所辖的碗头山等 7 个村并入城西街道。

2 月 6 日　市委召开全市农村"三个代表"(即中国共产党始终代表中国先进生产力的发展要求,代表中国先进文化的前进方向,代表中国最广大人民的根本利益)重要思想学习教育动员大会。

2 月 12 日　温岭市南鉴帽业批发市场开业。该市场一期工程投资550 万元,占地 12 亩,建筑面积 3200 平方米,是全省规模最大、台州市唯一的帽业原料产品批发市场。

2 月 16 日　全国政协常委沈祖伦到温岭考察基层民主政治建设。

2 月 18—21 日　政协温岭市第十届委员会第四次会议召开。市政协主席陈夏德作政协工作报告,市领导王金生、王建平、张学明等到会祝贺。

2 月 19—23 日　市第十二届人民代表大会第四次会议召开。会议听取和审议市政府、市人大常委会、市人民法院和市人民检察院的工作报告,并通过相应决议。审查批准 2000 年国民经济和社会发展计划执行情况与 2001 年国民经济和社会发展计划、2000 年财政预算执行情况和2001 年财政预算及温岭市国民经济和社会发展第十个五年计划纲要。会议补选王建平为市长。

3 月 6 日　张畏、王秀方黑社会性质犯罪团伙案经宁波市高级人民法院审理,主犯张畏被判处死刑。4 月 13 日,经浙江省高级人民法院终审裁定,维持原判。4 月 26 日,张畏被依法执行死刑。

3 月 12 日　北京温岭商会成立。

3 月 17 日　九龙大道、中华北路、曙光西路、横湖北路、西环路等 5条主干道路设计方案通过专家评审。这 5 条道路建成后将大大拓宽市区的发展框架。

4 月 6 日　大溪至石粘一级公路正式通车。公路起于大溪镇,途经潘郎、横峰,止于石粘镇;1998 年 9 月开工,2000 年 12 月完工,是甬台温高速公路的一条重要连接线。

4月16日　市第五次全国人口普查主要数据发布。2000年11月1日0时,全市普查登记的常住人口为116.27万人,全市户籍管理人口为113.83万人。

4月17日　市内13家单位获"省级文明镇""省级文明村""省级文明单位"荣誉称号。

4月19日　泽国至太平一级公路动工建设,是日举行开工典礼。

4月28日　备受市民瞩目的国家2000年小康型城乡住宅综合示范小区——"温岭市锦园小区"开工建设。

4月29日　召开"严打"整治公判处理大会,49名罪犯被判刑,138名犯罪嫌疑人被逮捕或刑拘。自4月12日开始,全市破获刑事案件285起,抓获嫌疑人216人;摧毁盗、恶、黑犯罪团伙7个,抓获51人,缉拿逃犯66人;侦破黄、赌、毒案件13起,缴获淫秽出版物2074件,赌资60余万元,海洛因120余克。

5月1日　是日起不再办理市镇居民粮食供应证明。

5月8日　位于三星大道的市政府办证中心举行启用仪式。首批进入办证中心的有市计委等32个窗口单位,共有审批、核准等事项382项,其中直接办理的有182项。市政府办证中心作为市政府派出机构,主要行使市政府授权的行政审批和证照发放等工作职责。

5月18日　市级机关开始为期3个月的"三个代表"学习教育活动。贯彻"四严"的要求,努力提高机关干部素质,切实转变思想作风和工作作风,树立"干净干事"的新形象。

5月25日　"温岭曙光星"命名仪式在杭州举行。中国科学院国家天文台宣布:经国际小行星命名委员会正式批准,将北京天文台于1998年9月28日发现的一颗国际永久编号为"14147"号的小行星1998SG43命名为"温岭曙光星"。

5月28日　台州市委中心组学习会肯定并推广松门镇经验,把"民主恳谈会"作为全台州推进民主政治建设的载体名称。

6月4日　市委决定,在全市开展"十佳"基层党组织、"十佳"党支部书记和"十佳"共产党员评选活动。

6月12日　大型抗风浪深水网箱开始放养。以龙门海珍品养殖有限公司为主体的 3 家公司,引进 5 组 20 只大型抗风浪深水网箱,分布在竹屿、浪淌门及牛山海域,放养大黄鱼、美国红鱼、鲈鱼、黑鲷、石斑鱼等各种鱼苗共计 75 万尾。

6月15日　市民兵防空导弹分队成立。

6月18日　陈恩祥、林学青、童晓红、王贺兵、林涛、吴剑、林建伟、阮兢青、项亨林、林清福被评选为首届"温岭市十大杰出青年"。

6月27日　联树果蔗合作社被省农业厅确定为省级示范性农村专业合作社。

7月18日　台州温岭海事处成立并正式运行。

8月2日　温岭被授予"全国首批科普示范县(市)"称号。

8月24日　22 时至 25 日 5 时,一场特大暴雨袭击温岭,太平、大闾等地降水量高达 200 毫米,造成河网水位猛涨,部分民房、企业进水,农田严重受涝。

8月30日　市委理论中心组召开 WTO 法律知识学习会,听取华东政法学院教授丁伟作关于 WTO 基本法律知识以及如何与 WTO 接轨等问题的辅导报告。

8月30—31日　对城区从事营运的残疾人机动车进行处理置换。政府以每辆 1000 元、2000 元、3000 元不等的标准,收回营运的残疾人机动车;同时,用人力三轮车(黄包车)置换给残疾人,允许其亲属从事营运,以解决残疾人的生活出路问题,从而杜绝了残疾人机动车上路营运的现象。

8月　温岭中学迁入新址。新校址位于太平街道后应村五龙山麓,占地面积 232 亩。

9月1日　钱江集团有限公司生产的钱江 100 系列摩托车,获 2001年"中国名牌产品"称号。

9月20日　投资 1.9 亿元的全市农村电网建设与改造工程完成。

10月9日　位于中华路的市残疾人康复综合楼建成启用。

10月15日　市纪委查处一起温岭历史上涉案党员干部最多、赌注最大的赌博案。此案涉及市管干部 17 名,一般干部 16 名,农村党员及群众 10 名。根据情节,分别给予党纪、政纪等处分。

10 月 18 日　乡镇行政区划调整,原有的 35 个乡镇(街道)合并调整为 11 个镇和 5 个街道。

10 月 24 日　温岭被评为首届"全国质量兴市先进县(市)"。

10 月　市教委批准创办城东、城西两所民工子弟学校,以帮助解决外来民工子女就学问题。

11 月 7 日　在北京举行的 2001 年中国国际农业博览会上,"温联"牌果蔗获"中国名牌产品"称号。

11 月 14 日　投资 700 余万元,占地面积 4305 平方米,坐落在太平街道东湾里山麓的全市最大福利性老年公寓——康乐山庄竣工,并通过验收。

11 月 18 日　石塘镇前进村"浙岭运 293 号"船在返航途中沉没。船上 17 人,其中 1 人获救,4 人死亡,其余下落不明。

11 月 24 日　全国丝虫病专家一行 6 人到温岭对丝虫病进行检查、评定。经检查,专家确认温岭全市已全面消灭丝虫病,通过了卫生部评审。

12 月 3 日　市政府热线电话"12345"开通。

12 月 6 日　ADSL 宽带业务开始在城区向社会开放。ADSL 容量共 588 线。

12 月 9 日　中国科学院举行新闻发布会,温岭中学校友、中国科学院数学与系统科学研究院研究员、博士生导师李邦河当选为中国科学院院士。

12 月 12 日　中国工程院举行新闻发布会,温岭中学校友、国家环保总局南京环境科学研究所研究员蔡道基当选为中国工程院院士。

同日　由市水产海洋局、市水产技术推广站承担实施的农业丰收计划项目——"锯缘青蟹人工苗中间培育及养殖技术"获"全国农牧渔业丰收奖"一等奖。

12 月 13 日　根据温岭市机构改革方案组建市贸易与粮食局,不再保留粮食局建制。

12月17日　市党政机关机构改革动员大会在温岭大会堂举行。按照温岭市级党政机构改革方案,市委设8个工作机构,1个部门管理机构;市政府设24个工作部门,2个议事协调机构。市级机关行政编制由810名减至648名,精简幅度为20％。

12月21—22日　"大红鹰杯"全国乡村青年大力士擂台赛暨全国第四届乡村青年文化节在温岭举行。

年底　全市百岁老人有28位。百岁老人人数呈逐年增长态势,1987年有5位,1990年有8位,1999年有19位,可谓"盛世出人瑞,太平多寿星"。

2002 年

1月9日　全市社会主义思想道德教育动员会召开。这次教育活动以干部"从政道德"教育,工商企业"诚实立身、信誉兴业"教育和青少年"五爱"教育为主题。

1月17日　全市一线标准海塘工程通过竣工验收。此次竣工验收的标准海塘位于市东部大港湾、南部隘顽湾和西部乐清湾,总长度49.55千米,按20年一遇或50年一遇的标准设计,1997年12月正式开工,总造价1.57亿元。

1月25日　九龙汇商业街工程奠基仪式在万昌路与九龙大道交汇处举行。九龙汇商业街是集商贸、金融、旅游、文化、休闲、居住、办公于一体的多功能现代商业步行街,分为文化商业区、主体商业区、休闲旅游区等3个功能区。

同日　箬横西瓜合作社成立。

1月31日　全市制鞋业综合整治工作流动现场会在横峰街道举行。市政府要求以铁的决心、铁的手腕整治制鞋业,突出防火、防毒两大重点,大力整治"三合一"企业,全力预防苯中毒事件发生。6月5日,召开全市制鞋业综合整治千人大会。

1月　国家统计局农村社会经济调查总队对全国 2000 多个县(市) 2000 年的社会和经济综合发展水平、发展活力、发展潜力进行综合测评,结果显示,温岭综合发展指数为 54.3 分,在最发达的 100 个县(市)中,位居第 28 位。

2月 20 日　全国政协副主席张思卿到温岭考察旅游业发展情况。

2月 26 日　市钱江摩托集团的"钱江"商标,被国家工商行政管理总局认定为中国驰名商标。

3月 3—6 日　政协温岭市第十届委员会第五次会议召开。市政协副主席林宝定作政协工作报告。会议选举张学明为市政协第十届委员会主席。

3月 4—10 日　市第十二届人民代表大会第五次会议召开。会议听取和审查市人民政府、市人大常委会和市人民法院、市人民检察院的工作报告,审查和批准 2001 年国民经济和社会发展计划执行情况与 2002 年国民经济和社会发展计划、2001 年财政预算执行情况和 2002 年财政预算草案的报告。会议补选张强富为市第十二届人大常委会副主任。

3月 14 日　市委、市政府印发《温岭市建设文化大市纲要(2001—2005 年)》,提出到 2005 年实现创建全国先进文化县市、省级文明城市、全国优秀旅游城市三大目标。

3月 21 日　全市城镇职工基本医疗保险改革实施动员大会在温岭饭店召开。城镇职工基本医疗保险、重大疾病医疗保险、公务员医疗补助以及其他相关政策措施,从 4 月 1 日起正式实施。

同日 市政府与美国 AAW90 公司签订西兰花生产加工出口项目协议。以东片农场基地为龙头带动全市效益农业发展,促进农产品出口。该项目一期投资金额约为 1 亿元人民币。

3月 29 日　全市无偿献血工作会议在温岭宾馆召开。会上表彰无偿献血的先进单位和个人,并对 2002 年的无偿献血工作作出部署。

4月 16 日　国家旅游局批准长屿硐天为国家 4A 级旅游区(点)。

4月 27 日　首届温岭中国石文化旅游节开幕。下午,举行新闻发布会暨旅游推介会。晚上,举办中国石文化旅游节开幕式暨"钱江之夜"焰火晚会。

4月28日　长屿硐天国家4A级旅游区授牌暨中国第一届岩洞音乐厅剪彩仪式在长屿硐天双门硐景区广场举行。同日,在观夕洞举办"中国首届岩洞音乐会"。

4月29日　中国收藏家协会为温岭颁发"中国石文化之乡"铜匾。

5月12日　第二届温岭国际鞋类、鞋材及设备展览会在太平万泉路开幕。展览会由温岭市和中国国际贸易促进委员会浙江分会联合举办。温岭市共有制鞋生产企业3000余家,年生产各类鞋4亿多双,年产值近80亿元,产品远销100多个国家和地区。

5月21日　市公安局破获以余锦娥为首的特大贩毒团伙,缴获毒品海洛因3200克,为台州市第一贩毒大案。

5月29日　松门镇民政助理员林春玲进京受奖后载誉归来。林春玲于3月8日被国家人事部和民政部授予"全国民政系统先进工作者",4月25日被授予民政部最高荣誉奖"孺子牛奖",5月出席国务院召开的第十一次全国民政工作会议,受到江泽民和朱镕基等党和国家领导人的接见。

6月8日　全省基层武装工作现场观摩会在温岭召开。此次活动重点学习推广温岭加强民兵连建设和兴办"青年民兵之家"的经验,推动全省武装工作向纵深发展。

6月11日　根据市机构改革方案,不再保留市商业局、市物资局机构,相关职能移交市贸易与粮食局。新设立市物产企业管理服务中心,为贸易与粮食局下属全民事业单位。

6月13日　中国浙江网上技术市场温岭分市场投入试运行,市内有55家科技型企业上网。

7月1日　市新华书店万昌路购书中心正式开业。该中心于1998年8月开始兴建,总投资1800多万元。拥有营业场地1500多平方米,销售各类图书、音像、电子读物等4万余种,其规模之大和设备之先进,在整个台州市堪称一流。

7月18日　市污水处理工程试通水典礼在山下金总泵站举行。该工程于 1998 年 11 月开工,总投资 1.8 亿元,当时日处理污水能力为 3.5 万吨,二期为 7 万吨,远期为 14 万吨。

7 月 27—28 日 贝宁共和国驻华大使皮埃尔·多苏·阿戈和该国总统特别顾问廖建法到温岭考察,市长王建平会见阿戈一行,向他们介绍温岭的经济和社会发展情况。

8 月 14 日 市市场协会成立。全市有各类商品交易市场 124 个,年成交额 158 亿元。

8 月 16 日 破获以林曦烁、瞿国海、王军斌为首的"飞车抢夺"团伙。3 人均为新河人,2002 年 2—7 月在太平、新河、路桥一带夜间飞车抢夺,或尾随单身女性抢夺提包、挎包,作案 70 余起。

8 月 21 日 九龙汇商业街正式开工建设,总规划用地面积 495 亩,街道宽 24 米,总长度 1805 米,建筑面积 31.7 万平方米,计划于 2004 年元旦前开街。

8 月 26 日 市深化"民主恳谈"推进基层民主政治建设研讨会召开。北京大学政府管理学院副院长、政治系主任王浦劬,中国人民大学国际关系学院副院长、政治系主任余逊达,浙江大学政治系副教授徐家良以及《浙江社会科学》主编王立加、《浙江学刊》副主编任宜敏等知名学者参加研讨会。到会学者认为"民主恳谈"是具有原创性的中国基层民主政治建设的崭新载体。

同日 五龙小区工程举行开工暨奠基仪式。

8 月 28 日 温岭市首家省级水产养殖示范园区通过省海洋与渔业局专家组的审查验收。该示范园区位于城南镇横山殿嘴头塘内,规划总面积 2000 亩,一期开发面积 1350 亩,预计总投资额 1500 万元。

9 月 5 日 首部《温岭年鉴》编辑工作启动。

9 月 13 日 温岭工业城举行开工典礼。工业城东起城市西环路,西至温峤镇区,南至温(岭)江(厦)公路,北靠楼旗尖风景区,总规划用地面积 14 平方千米(2.1 万亩)。计划建设成为以工业为主体,集生产开发、商贸物流于一体的国际化、现代化、园林化的工业城。

9 月 13—15 日 受 18 号强台风"黑格比"影响,全市遭受特大暴雨袭击,48 小时内降雨量达 365.6 毫米,造成严重洪涝灾害。103 个村被困,40 万人受灾,其中 1 人死亡,直接经济损失 1.8 亿元。

9 月 21—23 日　由俄罗斯外交部新闻局副局长马尔科夫带队的"国际友城媒体访浙江"温岭采访组一行 3 人到石塘、新河、太平等地,采访风土人情及城市建设。

9 月 23—24 日　市人大常委会主任林梅友赴北京出席全国人大信访工作座谈会,并在会上介绍了温岭人大信访工作的相关经验。

10 月 12 日　坞根镇新方村一非法蒸馏土制油的简易棚发生重大火灾,造成 3 人死亡,2 人受伤的惨痛后果。业主李某、张某当天被公安机关依法拘留。

10 月 16 日　九龙大道、西环路通车仪式在九龙大道举行。九龙大道东起万昌北路,西至西环路,全长 3103 米,宽 45 米;西环路北起九龙大道,西至万昌中路,全长 1060 米,宽 50 米。两路的通车,标志着市区"东移、北扩、西进"战略取得实质性进展。

10 月 17 日　市委党校迁建工程开工。新校址位于五龙山石夫人峰下,规划占地面积 4 万平方米,建筑面积 3 万多平方米,总投资 6000 万元。

同日　中国温岭—澳大利亚洛根经贸洽谈会在杭州五洲大酒店举行。市委书记王金生、副市长龚源昌和洛根市市长费利曼出席洽谈会。洛根市位于澳大利亚昆士兰州东南部,陆域面积 250 平方千米,人口 17 万人,经济发达。温岭与洛根市于 1993 年开始交流,1995 年结为姐妹城市。

10 月 21 日　市行政中心工程开工。市行政中心位于太平街道体育场路以东的锦屏新区。行政中心大楼设计层高 21 层,整体建筑由办公楼、接待中心、会议中心、后勤服务楼等组成,是一幢多功能智能化的办公大楼。

同日　德国北莱茵州交响管乐团应邀在国家 4A 级旅游景区长屿硐天的观夕硐岩洞音乐厅举行"莱茵河之声"音乐会。

10 月 28 日　横峰街道在广交会主会场举办"横峰鞋类出口新闻发

布会暨合同签约仪式"。横峰 40 多家企业和 64 家外商参加新闻发布会，共签订出口合同和意向合同 2300 万美元。《人民日报》《深圳日报》《澳门日报》和香港《文汇报》等多家媒体参加。

10 月 29 日　由德国、法国、西班牙、荷兰华商组成的欧洲华商访问团一行 9 人,在德国—中国和平统一促进会会长夏康民先生和常务副会长郭志林先生的率领下考察温岭经济开发区,访问团对开发区的招商引资项目十分感兴趣,非常看好温岭的投资开发前景。

11 月 6 日　温岭市创建"中国优秀旅游城市"通过省级检查验收。

11 月 10 日　市首届老年人运动会在市体育馆开幕。参赛的老年运动员共 472 名,分 19 支代表队,女性年龄在 55 周岁以上,男性年龄在 60 周岁以上,其中年龄最大的为 81 周岁。

11 月 26 日　东海塘围涂工程的南片堵口成功合龙。该工程系省重点工程,总投资 3.58 亿元,围涂面积 5.46 万亩(36.42 平方千米);以上文堤为界将整个围涂区分为南片、北片,其中南片工程围涂面积 3.93 万亩,北片工程围涂面积 1.53 万亩。

同日　市海洋捕捞渔民转产转业暨查处非法海洋捕捞专项行动工作会议召开,市领导林永才、陈理富、马梅友等出席会议。

11 月 29 日　市气象研究会成立,为全省首家县(市)级气象研究会。

12 月 2 日　随俄罗斯总统普京访华的普京夫人、俄罗斯国家俄语普及委员会主席柳德米拉·普京娜在北京会见温岭市教育代表团,向温岭中学赠送俄文教学参考书和音像资料。

同日　大溪镇文化周开幕暨"中国水泵之乡"命名庆典仪式在大溪河滨公园举行。国内外知名专家学者陈高华、庞朴、胡明、沈善洪、孙达人等出席庆典仪式。

12 月 3 日　在省农业博览会上举行的优质产品评选中,温岭 16 种农产品榜上有名。其中"绿牧"牌草鸡、"OPC"牌 OPC 葡萄多安胶囊、"龙生"牌冷冻鱼糜、"明圣"牌高橙、"温联"牌果蔗、"花坞"牌草鸡、"玉麟"牌西瓜、"鲜美达"牌冻煮鳗片等 8 种产品获优质产品金奖。

12 月 10 日　第二届全国县域经济基本竞争力评价结果揭晓,温岭进入百强,列第 15 位。

12 月 12—13 日　国务院办公厅村镇建设调研组一行 4 人到泽国、大溪两镇就村镇建设进行调研,张国荣副市长陪同调研。

12 月 17 日　浙江省国土资源厅组织专家组到温岭"会诊"土地沉降问题。温岭有 10711 亩土地出现沉降,其中农田 9434 亩,主要分布在横峰、牧屿、潘郎、石粘和联树等地。

12 月 19 日　市检察院综合大楼举行奠基仪式。大楼位于横湖北路北侧,占地面积 14048 平方米,地上建筑面积 11965 平方米,主楼 12 层,高 58.38 米。

12 月 20 日　市体育中心体育场工程正式开工,系温岭历史上规模最大、标准最高、功能最全的一项大型体育设施。

12 月 23 日　市长王建平和香港九龙国际集团开发有限公司董事长刘明荣、台商张钦煌分别签订建设四星级宾馆和温岭农贸城项目协议书。两个项目占地总面积 223 亩,总投资 3800 万美元。

12 月 24 日　市行政学校成立。

12 月 26 日　《温岭市(2001—2020 年)城市总体规划》通过评审。根据规划,由温岭市区、泽国、大溪组成的"大三角"城市区域,至 2020 年达到 70 万—80 万人口,城市建设用地是 2002 年建成区的 4 倍,达到 80 平方千米。

12 月 28 日　以"宣传十六大,相聚新温岭"为主题的中央电视台《艺术彩虹》栏目"走进温岭"元旦大型文艺晚会在温岭体育馆举行。晚会由中央电视台著名主持人赵忠祥等 4 人担任主持,著名歌唱家韦唯、郭峰、许如芸、郁钧剑、周华健等应邀参加演出。

同日　台州宝利特鞋业有限公司贵州籍民工贺德忠当选为市第十三届人大代表。农民工当选为市人大代表,在温岭尚属首例。

12 月　温岭影视城工程竣工。影视城内设 1 个影剧大厅,4 个专业电影小厅,1 个数码镭射厅和 1 个儿童游乐场。工程于 2001 年 2 月开工,建筑面积 3000 余平方米,占地面积 16.3 亩,投资 6600 余万元,是市重点工程之一。

12 月　施行新《浙江省定价目录》,实行政府定价或指导价的商品和服务降到 17 种,除电信资费、重要专业服务和公益服务、部分房地产等继续实行国家定价或指导价外,放开其余商品和服务的价格。

2003 年

1 月 4 日　温岭籍在宁科技人员联谊会成立,推选中国工程院院士蔡道基为会长。市委副书记叶海燕专程到南京参加联谊会成立仪式。

1 月 6 日　市直机关在温岭饭店举行"爱心大行动"捐款仪式。王金生、王建平、叶海燕、林潘庆等市领导踊跃捐款,各有关部门负责人也代表本单位相继捐款。市直机关工委共收到 77.46 万元捐款。

1 月 10—12 日　中共温岭市第十一次代表大会第一次会议在温岭师范影剧院召开,大会正式代表 401 名,列会代表 35 名。王金生代表市第十届委员会向大会作《实践"三个代表",实现"三大跨越",全面推进我市社会主义现代化建设》的工作报告;林潘庆代表市纪律检查委员会作《贯彻落实党的十六大精神,深入推进党风廉政建设和反腐败斗争》的工作报告。大会选举产生中共温岭市第十一届委员会和市纪律检查委员会。王金生当选为市委书记。

1 月 13 日　在台州市首届文化曙光奖颁奖仪式上,温岭市文学艺术、体育两类共获得 10 个奖项的创作奖和成果奖,获奖项目居台州各县(市、区)之首。

1 月 18 日　市安全生产监督管理局成立。

同日　位于城东街道的市汽车城开业。

2 月 14 日　省委书记习近平在省委常委、秘书长张曦,副省长王永明,省政协副主席冯培恩陪同下到温岭视察先进制造业基地建设情况。

2 月 21—25 日　政协温岭市第十一届委员会第一次会议在温岭影视城召开。胡仕德代表市政协第十届委员会作工作报告,马梅友代表市政协第十届委员会作提案工作情况报告。会议选举张学明为市政协第十一届委员会主席。

2月22—27日　市第十三届人民代表大会第一次会议在温岭影视城召开。大会正式代表378名,列入会议人员172名。会议听取和审议市政府、市人大常委会、市人民法院、市人民检察院工作报告,并通过相应决议。会议选举王金生为市人大常委会主任,王建平为市长。

3月10日　市绿泰食品有限公司生产的"花坞"牌温岭草鸡鸡腿、鸡爪、鸡翅等3种加工产品,经国家绿色食品发展中心认证,被农业部评为A级绿色食品。

3月14日　温岭市与喀麦隆共和国杜阿拉市缔结友好交流关系协议书签订仪式在温岭饭店举行,市委常委、常务副市长王福生和喀麦隆共和国杜阿拉市副市长蒙特分别代表双方在协议书上签字。杜阿拉市是喀麦隆共和国第一大城市,有300多万人口。

3月24日　全市16个镇(街道)的人民调解委员会全部建立。

3月　《中国共产党浙江省温岭市组织史资料》第三卷(1994.4—1998.12)出版,全书共39.5万字。

4月8日　农业部"绿色食品"办公室宣布:"温联"牌果蔗为"绿色食品"。

4月16日　市政府召开预防控制"非典"(SARS)工作会议,对预防和控制"非典"作出部署。

4月18日　中共中央政治局原常委、中纪委原书记尉健行到温岭考察,视察长屿硐天等。

4月20日　省卫生厅发布公告,宣布浙江首次发现输入性"非典"(SARS)临床诊断病例。21日,温岭市委召开常委会会议,专题听取副市长丁琦娅关于全市非典型肺炎预防工作的汇报,并对进一步做好预防工作进行研究部署。

4月23日　由市档案局负责编辑的首部《温岭年鉴》(2002)由中华书局正式出版发行。该书由年鉴编委会主任、市长王建平作序,分24个部类、144个属类、888个条目,共约70万字。

4月24日　市内出现因"非典型性肺炎"(SARS)疫情引发的粮食抢购风潮。市粮食部门连夜加工大米,并紧急调入粮食485吨。至25日中午,粮食抢购风波平息。

4 月 27 日　成立市防治"非典"(SARS)指挥部,全民动员,抗御"非典"。

5 月 11 日　市第一人民医院呼吸内科主治医师、共产党员陈立军作为台州卫生系统唯一代表,启程前往山西省抗击非典型肺炎。台州市副市长朱贤良、卫生局局长吴小平和温岭市领导王建平、丁琦娅等为其送行。

5 月 26 日　经浙江省文物考古研究所鉴定,1 月 22 日和 24 日在大溪战国古城遗址不远处的塘山村相继出土的 20 件陶罐、陶碗等文物系战国时期文物。这些文物对进一步研究大溪战国古城历史具有重要意义。

6 月 21 日　由同济大学、浙江大学、台州市建设规划局和市建设规划局有关专家组成的评审组,对锦屏公园一期工程水景、游乐设施方案进行评审。锦屏公园建成后将是全市规模最大的生态型、综合型水景公园。

6 月 23 日　市委常委会决定在全市掀起学习贯彻"三个代表"重要思想新高潮。要求全市领导干部"学在前,用在前,做表率",结合温岭实际开展调查研究,带头实践"三个代表"重要思想,做先进生产力发展的推动者、先进文化的促进者、人民根本利益的代表者。

7 月 1 日　市政府与市城市房地产开发有限公司签订东浦农场综合开发项目资产转让协议书,将东浦农场账面区域面积为 8574.3 亩的农用地经营权、建设用地使用权、房屋所有权、柑橘树所有权、附属设备所有权及东浦酒厂经营权协议转让给市城市房地产开发有限公司,转让期限为 50 年。

7 月 3 日　太平街道社区管理体制进行调整,撤销原有的 20 个居委会,成立锦屏社区等 14 个社区居委会。

7 月 8 日　市第一人民医院成为温州医学院附属医院授牌仪式在市第一人民医院举行。省卫生厅副厅长杨泉森、温州医学院和台州市有关领导出席仪式。

7 月 10 日　中共大溪镇大洋城工业区委员会挂牌成立,此为全市在工业园区中组建的第一个党委。大洋城工业区规划占地 1100 亩,是省经贸委批准的全省十大专业园区之一。园区内有企业 70 家,职工 4296 人,有党支部 13 个,正式党员 101 人。

7 月 12 日　全省乡村康庄工程现场会在温岭召开。温岭从 1994 年 10 月起实施村村通公路,开展村道硬化工程,10 年间建成四级标准公路 720 千米,桥梁 509 座,公路隧道 9 条,其中 580 千米公路已硬化;全市通车里程翻两番,达 1278.40 千米,公路密度为 1.38 千米/平方千米。

7 月 17 日　1 时许,石塘镇捕屿村"浙岭渔 23230 号"拖虾船在 204 海区航行时,被一艘大轮船撞沉,船上 10 名船员全部落水,其中 9 人失踪,1 人被"浙象渔 13070 号"渔船救起。

7 月 19 日　抗旱工作全面启动。自 6 月 24 日后天气持续高温少雨,市内许多地方出现严重旱情。全市受旱农田 30 余万亩,重灾农田 3.5 万亩,10 余万人面临饮用水困难。

7 月 25 日　市治安巡查大队成立。各镇(街道)设立中队,专职巡逻队员 605 名,配备治安巡逻车 16 辆,三轮摩托车 32 辆。

8 月 15 日　长三角市长峰会一致通过,接纳台州市加入长三角城市经济协调会。地处长江三角洲边缘的台州市正式成为长三角第 16 位成员。

8 月 21 日　温岭市人民政府驻沪工作处在上海浦东新区成立。上海市人民政府合作交流办公室、浙江省政府驻沪办事处、台州市驻沪办事处等有关部门领导和上海市人大常委会委员、九三学社上海市委副主委张良仪等一批在沪温岭籍知名人士代表参加揭牌仪式。

8 月 22 日　由市残联与市中医院合作建立的市残疾人医疗康复中心在市残联正式对外营业。医疗用房面积 2000 多平方米,由市中医院出资 100 多万元购买设备,并选派医师定期坐诊。

8 月 22—24 日　温岭农产品上海展销会在上海农展馆举行。23 日上午举行温岭农业接轨上海暨温岭市农业招商引资项目签约仪式,市内有关镇及合作社等与国内外投资者签订 28 个合作项目,其中外商投资合同项目 4 个,意向项目 2 个,国内合作合同项目 4 个。

8 月 28 日　全市推行农村党支部"三日一证"制度现场会暨村级办公场所建设总结表彰会在城东街道召开。

9 月 3 日　上午 10 时 40 分,市区万寿路工商银行门口发生一起重大抢劫案,来自路桥的陈女士从银行领取的 10.5 万元现金被歹徒抢走。闻讯赶来的银海宾馆保安与见义勇为的群众在银海宾馆门口将一犯罪嫌疑人抓获,交随后赶来的交巡警大队特勤中队民警处理。

9 月 4 日　市委、市政府召开"十村示范、百村整治"动员会,计划用 5 年时间(2003—2007 年)在全市 848 个村中选择 250 个村实施全面整治,将其中的 25 个村建设成为全面小康示范村。

9 月 9 日　位于城东街道楼山村的 220KV 曙光变输电工程正式投入运行。该工程系省重点建设项目,概算总投资 1.28 亿元,于 2002 年 11 月 8 日动工建设,是台州市 220KV 网架的主要组成部分。

9 月 16 日　中国特产之乡推荐暨宣传活动组织委员会发文,授予温岭市"中国大棚西瓜之乡"称号。箬横等地种植的大棚西瓜品种是早佳(8424),面积达 7.1 万亩,产量达 2 万多吨,享誉省内外,销往全国 8 省 50 多个大中城市。

9 月 17 日　横峰街道前洋村召开村民大会,依法罢免该村主持工作的村民委员会副主任(代主任)蔡某的职务。全村有选举权的 754 名村民中有 521 人参加投票,其中同意罢免的有 453 人。这是自 1998 年 11 月 4 日《中华人民共和国村民委员会组织法》实施后,温岭市首例村民依法罢免村干部事件。

9 月 20 日　台北市温岭同乡会 2003 年金秋返乡参访团一行 20 人抵达温岭。

9 月 26—27 日　省土地整理暨标准农田建设现场会在温岭召开。省国土资源厅厅长王松林、副厅长徐再升、台州市副市长胡斯球等出席会议。与会人员实地考察石桥头镇土地整理现场和松门镇松建村宅基地整治现场,并听取情况介绍。

9 月 27 日　全国政协副主席、中国工程院院士徐匡迪到温岭视察先进制造业基地建设。省长吕祖善、省政协副主席王玉娣陪同。

9 月 29 日　温岭市政府办公业务综合网（www. wl. gov. con）正式启用。

9 月　全市首个行政村党委在箬横镇浦岙村成立。

10 月 8 日　市文化馆林梦创作的歌曲《走进雨里》获中国音乐文学学会主办的"2003 年歌坛在行动"全国词曲比赛金奖。

10 月 14 日　第三届（温岭）国际鞋类、鞋材及设备展览会在市区万泉路开幕。意大利、韩国等国家,北京、广东、福建、浙江、江苏等 10 余个省市的 150 家厂商参展。展览会由市政府和中国国际贸易促进会浙江省分会联合举办。

10 月 23 日　由中国人民对外友好协会牵线,俄罗斯联邦高校代表团与温岭中学进行教育合作洽谈,伊万诺夫国立纺织大学、莫斯科金融法律学院等 8 所俄罗斯高校与温岭中学签订合作协议。根据协议,温岭中学每年将选派学生赴俄留学。

10 月 29 日　中国工程院院士、新疆农科院研究员吴明珠到箬横镇参观指导大棚西瓜种植。

10 月　泽国镇洋肚村农户叶国灯种植的 1.06 亩"E26"杂交晚稻,经市种子公司高级农艺师王兴岳和有关农科人员测算,亩产达 825 公斤,创温岭水稻单产历史最高纪录。

11 月 6 日　市慈善总会筹建动员大会暨捐资仪式在温岭影视城举行。市四套班子领导和市级老领导带头捐资,钱江集团、爱仕达、宝利特、奥利莱等 12 家重点骨干企业和各镇、街道以及社会各界人士踊跃捐资,慷慨解囊,当天共筹集善款 1976 万元。

11 月 7 日　石粘至松门一级公路征地拆迁动员大会召开。该工程概算 7.81 亿元,是温岭有史以来投资最大的基础设施建设项目。

11 月 10 日　市首届美食节暨商品展销会在市区万泉路开幕。美食节由市政府主办,市贸易与粮食局、太平街道、市旅游局、市总工会等协办,市红火展销有限公司承办,会期 6 天。

11 月 12 日　新河镇通过省级卫生镇考核验收。至此,全市已拥有大溪、泽国、箬横、松门、新河等 5 个省级卫生镇。

11月22日　上海温岭商会正式成立,市领导王金生、张学明等出席成立大会。

11月25日　长新横塘、沙山塘、松发塘、鱼种场塘和国庆塘大闸段等5条海塘通过竣工验收。至此,全市26条总长54.97千米的高标准海塘已全部竣工。省水利厅和台州市水利局有关领导出席验收会议。

11月26日　第三届中国县域经济基本竞争力百强县(市)名单公布,温岭居第11位,比上届上升4位。

11月29日　坞根镇发生因小孩烤番薯引发的山林大火,火势蔓延至城南、太平交界的山林。经当地部队、武警、公安、专业扑火队及干部群众的奋力扑救,至12月1日大火终于被扑灭。过火面积9765亩,受害森林3906亩。

11月30日　在2003年浙江农业博览会上,温岭有21个优质产品参加评奖,经激烈角逐后,9个产品获金奖,4个产品获银奖,8个产品获优质奖,夺金佳绩居省内各县(市)前列。

12月2日　来自突尼斯、匈牙利、马来西亚、厄瓜多尔、保加利亚等9个国家的驻华大使、总领事、公使共12人到温岭参观长屿硐天和钱江集团。

12月8日　百年名校——温岭市横湖小学一百周年校庆典礼隆重举行。市领导张学明,台州师专原党委书记、校长杨森,市政协原主席吴志文等应邀参加庆典活动。

12月10日　国家旅游局授予温岭市"中国优秀旅游城市"称号。

12月25日　浙江日报报业集团和温岭市等9个县(市)在杭州签署县(市)报社的购并合作协议,从2004年1月1日起,《温岭日报》等9家县(市)报和《浙江法制报》正式加盟浙江日报报业集团。

同日　市重点工程市妇幼保健院新大楼奠基仪式在九龙汇商业街南段举行。总投资1.06亿元,占地35.81亩,建筑面积4680平方米。

12月26日　市慈善总会正式成立。成立大会通过《温岭市慈善总会章程》《温岭市慈善总会创始基金章程》《温岭市慈善总会资金管理办法》等规章制度,并为58个捐款10万元以上的单位和捐款5万元以上的个人授予荣誉牌匾。

12 月 30 日　路泽太(路桥—泽国—太平)一级公路举行通车典礼。路泽太一级公路全长 29 千米,其中温岭段主线长 19.08 千米,连接线长 3.6 千米,整体路基宽 33.5 米,工程造价 6 亿多元。

是年　民营船舶修造业崛起。30 家船厂集中在松门、滨海、石塘三镇,建有各类大小船坞(台)70 座,其中万吨级以上船台 14 座,最大造船吨位 18000 吨。全年造船 27 万吨,产值 12 亿元,建造数量、建造吨位、建造能力、建造船舶种类均为浙江省第一,在全国乡镇造船业中排名第二。船舶制造成为温岭新的支柱产业。

2004 年

1 月 6—7 日　中共温岭市第十一次代表大会第二次会议在温岭影视城召开。市委书记王金生和市委副书记、纪委书记林潘庆分别代表市委、市纪委在会上作工作报告。会议通过《中共温岭市委关于开展党的代表大会常任制试点工作的实施意见》的决议。

1 月 7 日　温岭获"浙江省文明城市"称号,在全省宣传思想工作会议上受到省委、省政府表彰。

1 月 10 日　温岭籍在沪科技人员联谊会在上海成立。温岭籍人士、中国科学院上海生命科学研究院博士生导师李伯良被推选为联谊会会长,市委副书记叶海燕出席成立大会。

1 月 13 日　市政府印发《温岭市被征地农民基本养老保险试行办法》。

1 月 17 日　凌晨 2 时 30 分,石塘镇流水坑村庄某家发生大火,庄某的父亲、妻子和两个双胞胎儿子一家三代共 4 人被大火吞噬,酿成惨剧。

1 月 18 日　温岭市石雕商会成立。温岭是著名的"石雕之乡",石雕业已有 1500 多年历史,时有石雕企业 185 家,从业人员 1.1 万人,年产值超过 6 亿元。

1 月 23 日　成立以王建平市长为组长、14 个部门负责人组成的"温岭市防治禽流感工作领导小组",并制订落实预防措施。

2 月 4 日 温峤镇上墩村村民杨宗寿在自己屋后空地上挖井时,挖出明器一套,计有灶、碟、执壶、烛台、桌、椅等 20 件,经文物部门鉴定为宋代文物。

2 月 29 日至 3 月 4 日 政协温岭市第十一届二次会议召开。市政协主席张学明作市政协工作报告,会议增选曹湘平为市政协副主席。

3 月 1—5 日 市第十三届人民代表大会第二次会议召开。会议听取和审议市政府、市人大常委会和市人民法院、市人民检察院工作报告,并通过相应决议。

3 月 2 日 针对伤寒、副伤寒疫情呈局部流行态势,市政府发布《关于加强餐饮业食品卫生管理的通告》,制订严格措施,遏制疾病流行。

3 月 12 日 全市党风廉政建设和反腐败工作会议召开,市委书记、市人大常委会主任王金生和市委副书记、市纪委书记林潘庆分别在会上讲话。

3 月 15 日 市政府常务会议通过市政府"三项禁令":严禁行政事业单位工作人员在工作日午餐饮酒;严禁在工作时间内进行网上打牌、下棋等娱乐活动;严禁在下基层开展公务活动时,接受基层单位在经营性酒(饭)店的招待。

3 月 17 日 "ASD 爱仕达"商标荣获中国驰名商标,这是温岭继"钱江"商标之后第 2 个获此殊荣的商标。

3 月 24 日 温岭原创性的基层民主形式"民主恳谈"项目获"2003—2004 年中国地方政府创新奖"。

3 月 28 日 《温岭市生态市建设规划》通过专家组评审。按照规划,近期至 2007 年将投资 185 亿元建设九大生态重点工程,基本达到生态市建设标准。

3 月 29 日 全市 843 名农村工作指导员进村入户,围绕全面建设小康社会的目标要求,当好农村政策的宣传员、村情民意的调研员、富民强村的服务员、农村矛盾纠纷的调解员和农村基层组织建设的督导员,驻村时间 1 年。

4月4日　市政府下达温政发〔2004〕2号文件,决定撤销东浦农场、东片农场建制。

4月9日　省首届象棋棋王赛暨温峤镇首届全民运动会在温西中学举行。浙江省委原副书记陈法文、省体育局副局长应祖明、宁波市政协副主席陈云金与台州市副市长樊友来、金长征等出席开幕式。

4月19日　中共青海省委书记、省人大常委会主任赵乐际带领青海省党政考察团在浙江省副省长盛昌黎等陪同下,到温岭参观考察钱江集团。

同日　中国银行业监督管理委员会台州监管分局温岭办事处成立。

4月28—29日　中国(浙江·温岭)石文化旅游节开幕式暨"活力温岭"焰火晚会在市区锦园小区会馆前隆重举行。旅游节期间,举行中国优秀旅游城市雕塑揭幕仪式、市三个文明建设成就展和书画展、市金融杯"石之韵"歌咏大赛等。

4月29日　在温岭天文馆奠基仪式上,国家天文台副台长王宜代表国家天文台向温岭市赠送一台天文望远镜。

5月10日　由美国、加拿大、德国、瑞典、荷兰和日本等国8位农业专家组成的考察组,在参加台州农民专业合作组织的"制度建设和立法安排"国际研讨会前,到温岭考察温峤绿牧草鸡合作社和箬横西瓜合作社,并对其成功运作给予较高评价。

5月13日　全市实现城乡宽带网络全覆盖,410个接入网点开通宽带设备,宽带总容量达4.3万个端口。在实现村村通公路、村村通电话、村村通有线电视之后,又实现信息高速路通到农民家门口。

5月15日　第四届国际(温岭)鞋类、鞋材及设备展览会在台州市国际会展中心开幕,来自广东、上海、北京、江苏、福建等10多个省市及意大利、韩国等国家的100多家企业参加展会。展览会由中国国际贸促会浙江分会主办,温岭市工商联、温岭市鞋革商会承办,会期3天。

5月27日　中国通用机械工业协会授予泽国镇"中国通用机械——小型空压机之乡"荣誉称号。

5月28日　市旅游业协会第一次会员大会召开,市旅游业协会正式成立,吴志文当选为协会首届理事会理事长。

6 月 9 日　温岭"民主恳谈"受到海外关注,澳大利亚塔斯玛尼亚大学政治学教授何包钢博士和美国全国国际事务民主学会中国项目主任郑珂宁两位学者到新河镇实地观摩民主恳谈活动。

6 月 10 日　中共台州市委书记蔡奇首次到温岭调研社会经济发展情况,温岭市领导王金生、叶海燕等陪同调研。

6 月 13 日　全国人大常委会副委员长何鲁丽和全国政协副主席周铁农到温岭调研农民专业合作组织建设工作,视察玉麟西瓜合作社、东海塘工程等。

6 月 15 日　市政府出台《温岭市被征地人员就业保障暂行办法》《温岭市被征地人员基本养老保险暂行办法》。

6 月 26 日　市合兴船舶修造公司与希腊费第尔集团公司签订 8900 吨成品油轮销售合同。合兴船舶修造公司是经农业部和省船舶检验局批准的甲类船舶修造企业,此次向希腊公司出售的成品油轮,是该公司的首批出口业务。

6 月 29 日　因湖漫水库储水量急剧下降,城区实行每天供水 6 小时的节水措施。

7 月 2 日　在湖漫水库上空施行人工降雨,以缓解城区久晴无雨、水库少水的状况。23 日又进行一次人工降雨。

7 月 8 日　大溪镇战国古城遗址挖掘到一穴唐代古墓,墓中有双系罐、多角瓶、青瓷碗、青瓷盆等 10 多件文物。

7 月 10 日　温岭市在上海举办 2004 浙江温岭大棚葡萄推介新闻发布会。

7 月 12 日　全市 16 个镇(街道)建立法律援助工作站。

7 月 13 日　台州市第一民兵船运团在温岭成立。

7 月 20 日　在诸暨举行的省第六届田径运动会上,温岭运动员勇创佳绩,以 145 分取得团体总分第一名,获 7 枚金牌,金牌总数与苍南县并列第一。

7 月 22 日　东海塘围涂北片工程正式开工。北片工程围区面积

1.53 万亩,概算投资 1.95 亿元,施工期 3 年,建成后将与南片工程连在一起,为温岭经济发展提供宝贵空间。

7 月 28 日　由市发展计划局、海洋与渔业局和省经济建设规划院联合编制的《温岭市海洋经济发展规划》通过专家评审。

8 月 12 日　14 号台风"云娜"在石塘镇登陆。"云娜"台风中心气压 980 百帕,最大风力 14 级,为 1956 年后登陆中国大陆强度最大的台风。造成全市群众 93 万人受灾,房屋倒塌 9100 余间,27 人死亡,直接经济损失约 16 亿元。

8 月 13 日　省委书记、省人大常委会主任习近平到温岭,看望和慰问受灾群众,检查指导救灾工作。在大溪,习近平登上冲锋舟,看望被河水围困的八份村村民。

8 月 24 日　省慈善总会会长孙家贤、顾问贺家弼在台州市慈善总会会长林希才等陪同下,到石塘、箬横等地慰问灾民。省慈善总会向温岭灾区捐赠善款 30 万元。

8 月　由戴复古研究会编著的《戴复古研究文集》由中国文史出版社出版,市长王建平作序。戴复古是新河镇屏上村人,宋代江湖派诗人的代表人物。该书收集研究戴复古的生平、诗词、遗迹考证及创作思想等学术论文 56 篇,约 35 万字,被列为浙江省 2004 年社科界重点研究课题研究成果。

9 月 3 日　温岭市举行救灾捐款献爱心活动仪式,市四套班子领导出席并带头捐款。至当日,收到省、台州市下拨救灾款 1010 万元,中国红十字会总会、台州市慈善总会捐款 53 万元,兄弟县(市、区)捐款 105 万元。

同日　世界商业杂志《福布斯》中文版公布中国大陆县级市"未来之星 50 强",温岭居第 6 位。该杂志还同时推出《中国最佳商业城市排行榜》,温岭排名第 77 位。

9 月 11 日　温岭与河北省正定县结成友好县市,并向对方捐赠救灾款。市领导王金生、王建平、林先华出席两县市友好签约仪式。

9 月 25 日　国家统计局公布最新全国百强县(市)社会经济综合发

展指数测评结果,温岭排名第33位。排名主要参考2003年各县(市)的经济指标。

9月　全市处于义务教育阶段的学校推行"一费制",即在严格核定杂费、课本费和作业本费标准的基础上,一次性统一向学生收取费用。

10月10日　东海区海事中心温岭办事处正式挂牌运行。该机构旨在为温岭3300多艘渔船提供就近服务。

同日　松门镇一小学生因狂犬病发作死亡。至此,年内全市已报告临床诊断狂犬病死亡人数6人。市政府部署在全市开展声势浩大的预防控制狂犬病工作。

10月15日　举行中共浙江省委党校温岭综合教研基地揭牌仪式暨温岭市委党校新校园落成典礼。

10月15—17日　2004年浙江省青少年田径锦标赛在温岭中学举行。温岭选手陈安鹏夺得13岁组铅球金牌,柯方剑夺得13岁组三项全能金牌。

10月17日　中国·温岭机电产品新闻发布会暨贸易合同签约仪式在广州海珠区琶洲广交会会展中心举行。市委书记、市人大常委会主任王金生出席发布会。

10月21日　坞根红十三军第二师烈士陵园被列为省级爱国主义教育基地。

10月22日　科技部在北京召开国家可持续发展实验区新区评审会,经由国务院16个部委组成的评委会评审,温岭与山东青岛市城阳区、四川乐山市五通桥区同时成为国家可持续发展实验区。

11月6日　全国人大常委会副委员长蒋正华率领全国人大常委会《统计法》执法检查组到温岭开展执法检查工作。

11月9日　第四届全国县域经济基本竞争力评价揭晓,在全国2012个县(市)中,温岭排名第11位。

11月9—10日　特大暴雨降临,其中城区降雨达233.5毫米,城北等地超过400毫米,创1959年后的历史新高。市境西北大部分地区一片汪洋。

11 月 17—20 日　为期 4 天的"协商民主理论与中国地方民主的实践国际学术研讨会"在杭州召开。受主办方浙江大学和澳大利亚塔斯玛尼亚大学的邀请,市委常委、宣传部部长戴康年等参加研讨会,并向中外学者介绍温岭"民主恳谈"的起源、发展、程序和绩效,引起与会者的浓厚兴趣。

11 月 26 日　省委书记习近平、省长吕祖善专程到 2004 年浙江农博会台州展区参观。习近平在温岭箬横西瓜合作社展位前翻看"玉麟"西瓜的宣传资料,了解"玉麟"西瓜的产销情况。

11 月 30 日　在 2004 年浙江农博会优质农产品评奖中,市内"玉麟"牌西瓜、"温联"牌果蔗、"鲜美达"牌冻煮烧熟星鳗片、"鑫雨"牌香米、"龙生"牌冷冻鱼糜、"阿强"牌大黄鱼、"绿牧"牌草鸡、"花坞"牌草鸡加工系列、"乌根"牌白毛乌骨鸡和"圆溜溜"牌白毛乌骨鸡蛋、"棱花"牌无铅无泥皮蛋、"OPC"牌 OPC 葡萄多安胶囊等 12 种农产品获得金奖。

12 月 2—3 日　联合国教科文组织专家马克弗尔博士和依锡尔博士在中国地质专家赵逊及国土资源部相关人员的陪同下到达温岭,对申报世界地质公园的长屿硐天、方山进行考察。

12 月 6 日　市委、市政府发文,设立市招投标管理委员会和市招投标交易中心。12 月 27 日,举行市招投标管理委员会和市招投标交易中心成立仪式。

12 月 8 日　《温岭历代书画集》由中国美术学院出版社出版。毛孝弢、童利鹏任主编,王伯敏作序。

12 月 8—19 日　来自北京、上海、杭州的专家对《温岭市域总体规划》《温岭市大三角及扩展城市空间发展战略研究》进行评审。《温岭市域总体规划即城乡统筹规划(2003—2030)》由中国城市规划设计研究院设计,规划确定的城市性质为:台州市的副中心、温台沿海产业带重要工业生产基地和商贸中心、市域内的政治文化中心。

12 月 14 日　共青团中央授予温岭"全国团建先进县(市)"称号。

12 月 15 日　农村二轮土地承包完善工作基本完成,通过省验收组验收。全市农村实行二轮土地承包的有 797 个村,10894 个村民小组,

259492 户农户,415277 亩耕地;开展农村二轮土地承包完善工作的有203 个村,2242 个村民小组,33007 户农户,30964 亩耕地。

12 月 18 日　大溪森林公园被国家林业局命名为"全国首个乡镇级国家森林公园"。联合国教科文组织"国际民俗摄影基地"同日授牌,落户大溪。

12 月 25 日　位于城东街道洋河村的市肉联厂建成投产,占地面积63.58 亩,建筑面积 12740 平方米,投资 4300 万元,日均可屠宰生猪 1500头。

12 月 26 日　全市电压最高、容量最大的变电所——500 千伏塘岭变电所竣工投产。塘岭变电所位于大溪镇照洋,为省级重点工程。

12 月 27 日　由浙江日报报业集团和温岭市委、市政府共同组建的温岭日报有限公司正式成立。浙江日报报业集团党委书记、社长姚民声,浙报集团有限公司总经理王一义和市领导王金生、王福生等出席挂牌仪式。

是年起　全市免征农业税和农业水费。

是年　人民西路旧城改造工程全面竣工并将该区域原居民安置完毕。该工程于 2000 年开始建设,为温岭历史上规模最大的旧城改造项目,涉及拆迁用地面积 11.61 万平方米,拆迁房屋 8.48 万平方米,拆迁户数 1035 户;复建房屋 30 幢,建筑面积 18.27 万平方米。

2005 年

1 月 24 日　市委保持共产党员先进性教育活动领导小组召开第一次会议,决定即日起,用一年半时间在全市分三批开展以"三个代表"重要思想为主要内容的保持共产党员先进性教育活动,市级党政机关和部分事业单位为第一批开展教育活动的单位。

1 月 26—27 日　台州市委书记蔡奇到温岭调研保持共产党员先进性教育活动开展情况,到浙江中马汽车变速器有限公司和浙江鑫磊工贸有限公司考察非公企业工业经济、党建和人才发展等工作。

1 月 27 日　全国县（市）级首家数字电影厅——温岭影视城红宝石数字影厅举行首映式，为市内首次放映数字电影。

2 月 1 日　城南镇两条通村公路通过验收。至此，历时 10 年的全市村村通公路工程画上圆满的句号。10 年间，共投入资金 7.1 亿元，建成四级标准村村通硬化道路 862 千米，实现通村率和硬化率均达到 100％的目标。

2 月 12 日　联合国教科文组织世界地质公园专家评委会在法国巴黎宣布，中国浙江雁荡山等 4 家国家地质公园被评为第二批世界地质公园。长屿—方山景区属雁荡山申报世界地质公园的三大板块之一，因而获得世界地质公园称号。

3 月 7 日　国家统计局农村社会经济调查总队正式公布全国小城镇综合发展指标测评结果，"全国千强镇"中温岭有 7 个镇入围，分别是泽国镇（第 145 位）、大溪镇（第 228 位）、新河镇（第 443 位）、松门镇（第 507 位）、石塘镇（第 585 位）、箬横镇（第 692 位）、温峤镇（第 832 位）。

3 月 9—11 日　中共温岭市第十一次代表大会第三次会议召开，市委书记王金生在会上作《牢固确立科学发展观，在更高平台上实现经济、社会的可持续发展》的工作报告，市委副书记、纪委书记林潘庆作市纪委工作报告。会议就两个报告通过了相应决议。

3 月 20 日　温岭职业教育集团成立。该集团由市职业技术学校、市职业中专、浙江钱江摩托股份有限公司、台州爱仕达电器有限公司等学校和企业共 15 个单位共同组成。省教育厅、台州市教育局和温岭市有关领导出席揭牌仪式。

3 月 22 日　南京军区向南京航空飞行员早期培训基地——箬横中学捐赠 1 架退役飞机。

4 月 6 日　全市环境污染整治暨创建国家级生态示范区动员大会召开。会议提出，计划用 3 年时间打造蓝天碧水新温岭。

4 月 24 日　由中共台州市委宣传部、共青团台州市委、台州市青年联合会等 6 个单位联合开展的第五届"台州市十大杰出青年"和"台州市优秀青年"评选活动揭晓结果，温岭阮建荣、童建红两人被评为"台州市十大杰出青年",王相荣、林学青等获得"台州市优秀青年称号"。

4月27日 市领导叶海燕等为赴京受奖的全国劳模彭友达举行欢送会。彭友达是箬横镇长山村党支部书记、农民技师,他试种、推广的"玉麟"牌西瓜成为浙江品牌农业的一个典型,人称"西瓜大王"。

5月1日 占地面积152亩的锦屏公园一期景区正式对外开放。锦屏公园为大型综合性现代城市公园,规划总占地面积452亩,分11个景区,总投资1.85亿元。一期工程于2003年9月动工,由5个分区组成,工程投资8500万元。

5月20日 全国现代医院经营与发展现场经验交流会在市第一人民医院召开,来自全国100多家医院的代表参加会议。全国医师协会常务副会长、秘书长杨镜,省卫生厅副厅长杨泉森、省卫生经济学会会长戴迪等出席开幕式。

6月14日 省委书记、省人大常委会主任习近平到温岭考察调研,实地察看石塘、松门两镇渔民转产转业、村庄整治和旅游业发展等情况,强调要牢固树立和认真落实科学发展观,深入实施"八八战略"和"走在前列"的战略部署,真抓实干,为浙江在全面建设小康社会、加快推进社会主义现代化进程中继续走在前列作出贡献。

6月23日 由市农村信用合作社联合社及其所属17家农村信用合作社合并组建而成的浙江温岭农村合作银行正式挂牌营业。

7月1日 即日起实施社会医疗救助制度,凡温岭市户籍的最低生活保障对象、农村"五保"对象和城镇"三无"人员等均可享受医疗救助。

7月4日 地税、银行、国库横向联网成功运行,实现税款资金快速划缴、高效对账,为纳税人提供高效、便利的纳税服务。

7月12—13日 浙江省全民健身海洋体育展示活动开幕式在松门镇举行,来自临海、玉环、路桥、温州和温岭的11支团队,表演了精彩的节目。

8月6日 凌晨,台风"麦莎"在玉环干江镇登陆。"麦莎"风力超过12级,温岭全市平均降雨量达252毫米,局部(江厦隧洞)最大降雨量达378毫米,湖漫水库和太湖水库水位分别达到17.33米、19.18米;全市有

53 万人(包括外来务工人员)受灾,51 个村(居)受淹,房屋倒塌 361 间,直接经济损失 5.4 亿元。

8 月 7 日　省委书记、省人大常委会主任习近平在副省长茅临生和省委常委、秘书长李强的陪同下,到横峰街道察看灾情,慰问灾民,检查指导抗台救灾。

8 月 12 日　全长 25 千米的石粘至松门一级公路建设在新河蔡洋路段举行开工仪式,工程概算 7.81 亿元,建设工期三年。

8 月 17 日　市上马工业区块开发办公室成立。11 月 14 日,上马工业区块"两纵两横"主干道路开工建设。

9 月 13 日　商务部核准温岭为全国"万村千乡"市场工程试点市。

9 月 26 日　市文化广电体制改革正式实施,撤销市文化体育局、广播电视局,设立市文化广电新闻出版局、市体育局和温岭广播电视台,建立归市文化广电新闻出版局管理的市文化市场行政执法大队。

9 月　太湖水库发现地球上最原始、最低等的无脊椎动物——桃花水母。桃花水母又称桃花鱼,呈白色透明状,生于温带淡水中,是一种濒临绝迹、古老而又珍稀的腔肠动物,已有几亿年以上的生存历史,是地球上最低等级的生物。

10 月 9 日　在东海洋面接运渔货的"浙岭渔运 279 号"船,于 163 海区发现一艘渔船即将沉没,在船长黄定兵的指挥下,全体船员冒着八级风浪,齐心协力,将宁波籍渔船"浙象渔 40163 号"船上 8 名落水船员全部救上船。

10 月 22 日　国家统计局发布"2005 年全国百强县(市)"名单,温岭列第 32 位,比上年前移一位。

10 月 28 日　市第十五届全民运动会开幕,共有 3422 名运动员参加田径、游泳、篮球、乒乓球等 12 个大项 275 个小项的比赛,规模和参赛人数均超过往届,并首次设立残疾人部比赛。本届运动会有 18 人次打破21 项市纪录。

10 月　钱江摩托集团成功收购意大利 Benelli(贝纳利)公司,以充分利用其品牌、技术、生产、销售渠道和较为完善的配套管理体系,进行资源优化整合。

11 月 23 日　为应对国内外高致病性禽流感疫情,市政府召开禽流感防控工作会议,再次对防控工作作出部署,在 11 月底前对所有应免疫家禽实施 100% 免疫,并拨款补助养禽企业。

同日　石塘镇小沙头村村民郭文标,20 余年乐当港口义务救护员,被评为省"见义勇为先进个人"。

11 月 24—26 日　举行温岭"知名人士故乡行"活动,并举行"温岭投资说明会暨项目签约仪式"和"温岭人创业和温岭发展论坛"等活动。共达成 31 个项目投资意向,"回归工程"投资总额达 20 多亿元。

12 月 2 日　甬台温铁路温岭段开工仪式在大溪镇前溪村举行。甬台温铁路起自宁波,经台州至温州,全长 282.39 千米,总投资约 163 亿元,由铁道部和浙江省合资建设,其中温岭段长 15.91 千米。

12 月 6 日　第五届全国县域经济基本竞争力评价结果揭晓,温岭列第 15 位。

12 月 12 日　省农调队公布 2004 年全省 1280 个乡(镇)中最发达的 100 个强乡(镇)名单,泽国镇和大溪镇分列第 38 位和第 47 位。

12 月 28 日　市海水淡化项目签约仪式在杭州举行。

12 月 29 日　全国政协副主席张梅颖到石塘镇沙头村考察海水淡化示范项目选址工作。

12 月　国务院批准方山—长屿硐天风景区为国家级风景名胜区。

是年　市财政投资 450 多万元完成城东街道、城西街道、横峰街道、箬横东浦、滨海镇、大溪镇、新河镇和温峤镇等地 8 个敬老院的新建、扩建和改建,敬老院建筑面积扩大了 15000 平方米,新增床位 800 余张。

2006 年

1 月 8—10 日　中共温岭市第十一次代表大会第四次会议召开。市委书记陈伟义和市委副书记、纪委书记林成辉分别代表市委、市纪委作工作报告,市委副书记、代市长叶海燕作关于制定"十一五"规划建议的说明。会议审议并通过《中共温岭市委关于制定温岭市国民经济和社会发展第十一个五年规划的建议》的决议。

1月11日　市第一人民医院为城南镇一村民成功施行心脏移植手术。这在台州县(市)级医院中尚属首例。

1月16日　全国最大的工量刃具交易市场——浙江工量刃具交易中心在温峤镇三号路(暂用名)西侧举行奠基仪式。

1月18日　市首家四星级旅游饭店——大溪新世界国际大酒店挂牌。

1月26日　石塘建成全国首家县级天文馆。该天文馆集参观游览、科普教育于一体,是一家向游客开放的综合性天文馆。

1月27日　市文化市场行政执法大队查获全市最大的出售淫秽碟片案,共查扣2015张碟片,其中1982张淫秽碟片。当事人被刑拘。

2月9日　市委、市政府出台1号文件《关于全面实施"村村新"工程加快推进社会主义新农村建设的实施意见(试行)》。从3月开始,全面开展以"新的生产方式、新的生活方式、新的村容村貌、新的管理方式"为主要内容的"村村新"工程建设。

2月13日　全市三级干部大会暨"村村新"工程建设动员大会在市体育馆召开。会议提出,全市上下齐心合力谋发展,努力实现温岭经济和社会发展走在全省前列。

2月19—24日　市政协十一届四次会议召开。会议审议并通过市政协主席张学明所作的常务委员会工作报告和市政协副主席陈文斌所作的提案工作情况报告。会议举行了发展"总部经济"和"村村新"工程建设专题座谈会。

2月21—26日　市十三届人大四次会议召开。会议听取和审议市政府、市人大常委会、市人民法院和市人民检察院的工作报告,审议通过《温岭市国民经济和社会发展第十一个五年规划纲要》。选举张明超为市人大常委会主任,叶海燕为市长。

2月　全市集中河道疏浚工作结束。2001—2006年,共投资1.77亿元,累计疏浚河道1405.5千米、土方量972.7万立方米;同时还完成了市级河道沿线 9 座严重阻水桥梁的拆除和 15 座阻水桥梁的拆(新)建工作;打捞清除主要河道内的废弃沉船 73 艘,清理倒塌桥墩和阻水障碍物 54 处。

同月　科技部授予温岭市"全国科技进步先进市(县)"称号。自1992 年开始,温岭已两次获得"全国科技进步先进市(县)"称号。

3 月 27 日　首期"温岭讲坛"在温岭影视城举行,市委书记陈伟义作题为《解放思想,振奋精神,合力推进温岭经济社会发展》的演讲。

3 月　温岭被国家环保总局命名为全国第四批国家级生态示范区。

4 月 4 日　全市社会主义劳动竞赛活动工作会议召开,部署在全市范围内开展 10 万职工岗位练兵,10 项工种技能竞赛活动。

4 月 5 日　全国政协副主席阿不来提·阿不都热西提视察大溪镇小溪岭头村新农村建设。

4 月 7 日　作为全省 12 个共保经营试点县市之一,市政府出台《关于开展政策性农业保险试点工作的实施意见》,政策性农业保险试点工作正式启动。

4 月 24 日　浙江畅达运输股份有限公司驾驶员舒幼民被全国总工会授予"五一劳动奖章"。

4 月 28 日　市人民教育基金会成立。

4 月 29 日　台州市首个"渔家乐"旅游项目在石塘镇流水坑村启动。

5 月 5 日　市登山协会康居登山队 9 名队员成功登上海拔 5430 米的四川理县半脊峰雪山顶峰。

5 月 25 日　新河古闸桥群作为古建筑类被国务院列为第六批全国重点文物保护单位。

5 月 28 日　由缅甸驻华公使衔参赞吴丁瑞、秘鲁中国文化协会秘书长阿尔萨、中国前驻巴基斯坦大使以及中国前外交官联谊会第一副会长张成礼等人组成的北京外交使团到横峰街道考察制鞋企业,并参观温岭的城市建设。

5 月 29 日　人民银行小额支付系统(HEPS)上线运行,从而实现银行间异地跨行电子联行。传统的手工联行清算方式成为历史。

6月6日　温岭"大奏鼓""王氏大花灯""温岭石雕""海洋剪纸""陈世君微雕""石塘小人节"被列入台州市第一批非物质文化遗产代表作名录。

6月8日　温岭被国务院残疾人工作委员会授予"全国残疾人工作先进市"称号。

6月26日　总投资638万元的温岭市新型农村合作医疗信息平台投入运行,全市参保农民均能享受到刷卡消费的便捷。

6月27日　市社会主义学校挂牌仪式在温岭市委党校举行,市委副书记林成辉兼任校长。省政协副主席、省委统战部部长王培民,省纪委常委杨夏柏,省社会主义学院院长张惠康等领导出席此次活动。

6月底7月初　应意大利佩萨罗市、法国瓦雷奥公司、英国欧洲金属材料利用公司的邀请,叶海燕市长率领温岭市经贸考察团赴上述三国进行友好访问。

7月7日　滨海镇联海村日处理河水500吨的河水净化系统正式启用。

7月21日　市山林延包工作视频会议召开,部署山林延包工作。全市山林承包制将在原生产责任制基础上统一延至2055年12月31日。

同日　市绿牧畜禽有限公司草鸡生态养殖示范区和合兴禽业发展有限公司乌骨鸡生态养殖示范区被省农业厅列为浙江省首批省级现代畜牧生态养殖示范区。

7月27日　新河镇山园村附近山麓发现一座古墓。经市文化广电新闻出版局组织人员清理后,确认该古墓为晋代墓葬。

8月2日　市少数民族联谊会成立,来自湖北恩施的土家族教师龚平被选为会长。温岭共有44个少数民族,常住少数民族居民有1300多人,暂住和流动人口达1.2万人。

8月18日　浙江民泰商业银行挂牌成立。该银行由温岭县城市信用社发展而来。2005年,温岭市城市信用社进行股份制改革,更名为浙江银泰城市信用社股份有限公司。2006年8月,浙江银泰城市信用社转制为城市商业银行,更名浙江民泰商业银行。

同日　获悉欧盟日前正式裁定中国劳保鞋反倾销案绝对胜诉。位于温岭的浙江喜来登鞋业有限公司作为应诉方之一取得满意结果。此为温岭制鞋企业首次反倾销应诉获胜。

8月24—26日　全省计生协会工作会议暨基层基础建设现场会在大溪镇召开。省人口和计生委主任、省计生协会副会长章文彪,省计生协会副会长、马寅初人口基金会执行会长徐爱光等领导出席会议。

8月27日　第四届中国市场品牌用户满意度调查公益活动和第四届中国市场用户满意品牌高峰论坛年会在北京人民大会堂举行,"钱江摩托"荣膺摩托车市场第一品牌。

9月　经国家文物局批准,浙江省文物考古研究所对位于大溪的塘山古墓进行抢救性发掘。11月上旬,出土多件珍贵文物。考古证实,该墓为西汉时期东瓯国上层贵族之墓。

同月　秋季学期开始,全市处于义务教育阶段的中小学全部免除学杂费。

10月1日　太平街道下河村村民林某徒手攀爬石夫人峰峰顶后,无法下崖。公安出警施救未果。次日,东海航空兵某部使用直升机营救成功。

10月12日　台州市首届"魅力村庄"评选结果揭晓,石塘镇流水坑村、大溪镇小溪岭头村入选。

10月16日　中国机电产品进出口商会授予温岭"水泵、空压机、小型电机出口基地"称号。

10月19日　市十三届人大常委会第三十二次会议决定:樟树为温岭市市树,桂花为温岭市市花。

10月26日　国际计生联资格认证小组通过对城东街道下罗村的村级计生工作示范点认证。此为全国唯一的村级示范点。

10月26—28日　中共温岭市第十二届代表大会第一次会议在温岭影视城召开,大会正式代表392名,列入代表75名。大会听取、审议并通过市委书记陈伟义代表市第十一届委员会所作的《坚持科学发展,构建和谐社会,为实现走在全省前列目标而努力奋斗》的工作报告和市委副书记、纪委书记林成辉代表市纪委所作的《全面履行党章赋予的职责,拓宽从源头上防治腐败工作领域,为我市构建和谐社会提供坚强的政治保证》的工作报告。大会选举产生市第十二届委员会和市纪律检查委员会,陈伟义当选为市委书记。

10 月　全市推进村级医疗机构规范化建设取得成效,已新建 349 家村卫生室,71 家社区卫生服务站,共有乡村医生 517 人。

11 月 1 日　东海塘围涂工程北片堵口顺利合龙,与南片连成一体。全市陆域面积增加了 36 平方千米。

11 月 7 日　市内 49 家农民专业合作社共同发起成立温岭市农民专业合作社联合社,为省内首个农民专业合作社联合社。

11 月 19 日　经省级园林城市考核验收组考核,温岭被评为"省级园林城市"。

12 月 3 日　凌晨,泽国镇商城路 12 号、14 号民房发生火灾,造成 9 人死亡、5 人受伤的严重事故。

12 月 9 日　市行政中心落成启用。市行政中心位于太平街道体育场路以东的锦屏新区,主楼高 21 层,建筑面积 8.7 万平方米,可容纳市级机关 50 余个部门办公。

12 月 12 日　台州海关驻温岭办事处正式开关,管辖范围为温岭及玉环两地。市内企业可在"家门口"报关。

同日　按照全国统一部署,全市第二次全国农业普查工作全面铺开。普查的标准时点为 2006 年 12 月 31 日。

12 月 17 日　温岭市医疗中心正式奠基。该中心位于市区西北部,占地面积 260 多亩,预算总投资 6 亿元。中共中央委员、全国人大农业与农村工作委员会副主任、中央新农村建设领导小组副组长唐天标,全国政协委员、中国医师协会会长殷大奎,中国红十字会副会长、党组书记谭云鹤,中国爱心工作委员会主席龙宇祥,全国政协常委、浙江省人大常委会副主任、中国工程院院士孙优贤出席奠基仪式。

12 月 22 日　温岭与韩国大田市西区结成友好城市,双方决定互派公务员开展交流学习。市长叶海燕与韩国大田市西区区长贾基山分别在合约上签字。

12 月 23—24 日　市石文化旅游节开办。活动期间举行"携手 500 强,发展新温岭"论坛暨投资项目洽谈会、CCTV"欢乐中国行"大型文艺晚会、总部经济基地暨青商大厦奠基仪式、商业街开街仪式、石塘天文馆开馆仪式等。

12 月 29 日　金清新闸排涝二期工程开工,预计总投资 5.2 亿元。该工程是温黄平原三大治涝骨干工程之一,列入省"十一五"重大工程建设项目,是全市有史以来最大的水利工程。

同日　担屿围涂工程举行开工仪式。此为继东海塘围涂工程之后又一重大围海造地工程。围区总面积 1.52 万亩,概算总投资 3.9 亿元。

12 月　市体育中心体育场工程竣工。该体育场总占地面积 50 亩,建筑面积 22441 平方米,看台座位 2 万个,总投资 9400 万元。

同月　"王氏大花灯"重新亮相。为迎元宵佳节,石桥头镇上王村村民用 2 个多月时间,手工制成龙凤宝塔花灯,塔灯高 16.38 米、重 1000 余公斤,令人叹为观止。

同月　全市已有 861074 名农民参加农村合作医疗保险,参保率 88.87%,442815 名农民参加免费健康体检。市农民健康网正式启用,农民有了健康电子档案。

是年　全市有 9561 对新人结婚,其中初婚 17176 人,再婚 1946 人;平均每天结婚 26 对,成为"结婚大年"。

2007 年

1 月 1 日　浙江中医药大学教学医院、台州市中西医结合医院(筹)在市中医院挂牌成立。

1 月 4 日　全市建立廉租房制度,首批 13 户困难家庭欢喜入住廉租房。

1 月 11 日　市委、市政府召开镇、街道机构改革工作动员会,部署镇、街道机构改革工作。

1月17日　市委召开十二届六次全体(扩大)会议,提出要紧紧围绕"三大主体任务",开拓创新,实现全市经济社会又好又快发展。

1月21日　位于城东街道下保路的市妇幼保健院新大楼落成,浙大附属妇产科医院温岭协作医院同时揭牌。

1月22—26日　政协温岭市第十二届委员会第一次会议在太平举行。会议审议并同意胡仕德代表政协温岭市第十一届委员会所作的工作报告和陈文斌代表政协温岭市第十一届委员会所作的提案工作情况报告。会议选举产生新一届市政协领导班子,王福生当选为市政协主席。

1月24—28日　市第十四届人民代表大会第一次会议在市行政中心大会堂召开。大会正式代表378名,列入会议人员204名。大会审议通过市政府、市人大常委会、市人民法院、市人民检察院工作报告,并通过相应决议。会议选举张学明为新一届市人大常委会主任,叶海燕为市长。

1月26日　坐落于市区环城西路西侧的市老干部活动中心综合楼正式启用。

1月30日　市政府印发《关于中心城区"退二进三"工作的实施意见》。确定实施时间为2007年1月至2008年12月,实施范围为原东湖工业区;将工业区的工业企业迁出,逐步建成第三产业区。

1月　全国"五一劳动奖章"获得者、市科技局退休高级畜牧兽医师冯洪钱,被中国畜牧兽医学会授予全国"中兽医功勋奖"。

2月3日　方城小学21名小演员联袂演出的舞蹈《剪纸妞妞》在第七届全国校园春节晚会上播出,该节目获编导、表演双金奖。

2月6日　位于城西街道九龙大道的市人武部新办公大楼——国防大厦正式启用。

2月24日　位于温岭市内的浙江下张钢铁市场、台州市泽国第二机床交易市场、台州机电五金城被省工商局认定为省区域重点市场。

3月1—3日　首届中国(温岭)水泵、空压机展览会在市体育馆举行。

3月5—20日　全市开展河道水葫芦等漂浮物清除专项行动。共出动人员 51674 人次,投入资金 575 万元,清理河道 1200 余千米,清除水葫芦 52047 吨。

3月25日　"浙江百年名校"评选结果揭晓,温岭中学、横湖小学和新河镇中心小学入选。

4月13日　人民银行新版账户管理系统上线运行。

4月27日　浙江利欧股份有限公司股票(利欧股份)在深交所上市,这是市内第二家上市公司,也是首家民营企业上市公司。公司创办于 2001 年,主要从事微型小型水泵和园林机械的研发、设计、制造、销售。本次发行股票 1900 万 A 股,募集资金 2.4 亿元。

5月9日　推进"品牌大市"建设工作会议召开。全市共有注册商标 70773 件,其中中国驰名商标 3 件,中国名牌产品 2 个,国家免检产品 20 个,省著名商标 23 件,省名牌产品 22 个。

5月17日　温岭的"村民民主恳谈制度"入围首届全国村务公开民主管理制度创新奖提名。

6月9日　市首届艺术节开幕。晚上,在温岭影视城举行中国音乐学院附中专场音乐会。次日上午,中国音乐学院院长金铁霖在市行政中心大会堂做音乐专题讲座。

6月14日　全国老龄工作委员会命名横峰街道前洋村为全国敬老模范村。

6月19日　雁荡山世界地质公园方山—长屿硐天景区揭牌开园仪式在双门硐景区广场举行。国土资源部地质环境司司长姜建军、国家旅游局监察局局长胥立平以及省旅游局和台州市有关领导出席开园仪式。

6月25日　支票影像交换系统正式运行。

7月6日　温岭被评为"中国帽业名城"。国内 60% 的草帽原料及帽坯出自温岭。全市制帽企业近 800 家,其中产值超千万元的企业 20 家;产品有针织帽、贝雷帽、棒球帽、休闲帽、太阳帽等 800 多种;年生产总值 30 多亿元,年创汇 5000 多万美元,产品远销欧美、东南亚等 70 多个国家和地区。

7月10日 城南、坞根5位村民因在坞根镇坑潘水库涵洞内安装水管时吸入过量一氧化碳而中毒死亡。

7月18日 市区万寿路西口发生一起抢夺巨款案,市民应某从银行取出的80万元现金被尾随而来的陌生人抢走。7月29日,犯罪嫌疑人之一林某在福建被温岭市警方抓获。

7月 石塘渔村传统鼓舞"大奏鼓"入选浙江省第二批非物质文化遗产名录。

8月1日 第七届全国县域经济基本竞争力评价报告揭晓,温岭位居百强第14位。

8月10日 生活垃圾焚烧发电项目在位于城南镇的市垃圾填埋场正式动工建设。该项目总投资约2.9亿元,设计日处理垃圾能力700吨,全部建成后年余热发电约6900万度。

8月24日 中国轻工工艺品进出口商会授予温岭"中国鞋类出口基地"称号。

9月5日 市殡葬管理集中整治动员大会召开。从即日起至12月底,全市开展殡葬管理集中整治行动。

9月7日 温岭被评为全省首批绿化模范城市。全市城区绿化面积140.8万平方米,绿地率36.8%,城市绿化覆盖率41.6%,人均9.95平方米。

9月15日 市青年棋手赵鑫鑫在2007年全国象棋个人锦标赛中夺得冠军,并晋升为全国象棋特级大师。

9月21日 省政府批复《温岭市域总体规划(2006—2020)》,为全省首个批准实施的县(市)级市域总体规划。

9月25日 2007年全国中小城市综合实力百强名次排定,温岭名列第30位。

9月 东海塘风电场动工建设。首期建设规模20台2000千瓦机组,总投资4.4亿元。2009年9月,20台机组全部并网发电。

同月 本月开始,全市范围内开展"解放思想、创业创新、再创辉煌"大讨论大实践活动。

10 月 19 日　与江西省泰和县缔结友好市(县)。至此,温岭已先后与河南省孟津县、陕西省神木县、新疆维吾尔自治区伊宁市、杭州市下城区、景宁畲族自治县和贵州省赫章县等 7 个县(市、区)缔结为友好县(市、区)。

10 月 26 日　中国温岭新闻网(www. wlnews. gov. cn)正式开通。该网站由市委宣传部主管,市政府新闻办公室、温岭日报社、温岭广播电视台主办,温岭日报社承办。

同日　市海外联谊会成立。市委常委、市委统战部部长陈辉当选为联谊会首届理事会会长,市领导陈伟义、叶海燕、张学明、王福生受聘为名誉会长。

11 月 4 日　全国人大常委会原副委员长、中国科协名誉主席、著名科学家周光召视察长屿硐天。市领导周国辉、张学明、林成辉等陪同。

11 月 18 日　新河中学举行七十周年校庆,市委书记陈伟义在庆典仪式上致贺词,全国政协副主席、中国工程院院长徐匡迪等寄来贺词或发来贺信,教育部基础教育司和省教育厅发来贺电。

11 月 26 日　国务院总理温家宝对《浙江温岭市新河镇羊毛衫行业工资集体协商机制的主要做法》一文作出批示:"温岭的做法可以总结推广。"29 日,全国总工会就此派调研组到温岭调研,总结推广。

12 月 1 日　建设部公布"中国最具特色的风景名胜区""最受群众喜爱的中国十大风景名胜区"等项目评选活动结果,方山—长屿硐天获"中国最具特色的风景名胜区"称号。

12 月 2 日　在杭州举行的省农博会"浙江农业吉尼斯成果展"中,箬横西瓜合作社种植的一个大南瓜,高 0.6 米、周长 2.15 米、重 89.5 公斤,创浙江"最大的南瓜"吉尼斯纪录。

12 月 6 日　石塘镇"浙岭渔 281 号"船在长江口以东东海洋面沉没,船上 21 人,4 人获救,17 人失踪。为全省近 10 年来失踪人数最多的渔业事故之一。

12 月 12 日　王伯敏艺术史学馆在市区锦屏公园奠基,市领导陈伟义、叶海燕、张学明、王福生及王伯敏本人出席奠基仪式。

12 月 13 日　省长吕祖善、省人大常委会副主任章猛进到上马工业区块调研。吕祖善对台州沿海产业带建设寄予厚望,指出未来五年浙江省将重点加快推进温台沿海产业带建设,使之成为一个适应国际市场竞争的产业基地。

12 月 14 日　全市启动以视频监控重点区域、构建城乡一体的防盗治安为主要内容的"天网工程"。城区和滨海、城北、泽国等地先行启动。

12 月 17 日　中国载人航天工程应用系统原总指挥、中国科学院高技术局原局长张厚英教授应邀在"温岭讲坛"作《嫦娥绕月与载人航天应用》主题讲座。

12 月 18 日　温岭第一高楼——市总商会大厦落成启用。大厦位于市区横湖中路,占地面积 6667 平方米,建筑面积 49783 平方米,高 29 层,总投资 2 亿元。

12 月 23 日　温岭市第一人民医院召开新闻发布会,向新华社、浙江日报等近 20 家媒体记者宣布:继 2006 年 7 月该院研究小组发现人博卡病毒(HBoV)后,该院研究小组又在国内率先发现一种小儿下呼吸道新病毒——WU 多瘤病毒(WU Polyomavirvs)。

12 月 25 日　长潭引水二期——新河、滨海引水工程在滨海镇二塘庙村举行开工典礼。

12 月 29 日　省政府向温岭籍澳门同胞廖春荣颁发"爱乡模范"荣誉证书。廖春荣祖籍滨海镇,近年来为全国及海外地区捐款总计 3000 多万元,其中向台州市、宁波市和温岭市三地慈善总会捐款达 1115 万元。

12 月　《大溪镇志》由中国文史出版社出版,主编陈士良,总计 100 万字,历时四年半成书。

2008 年

1 月 6 日　温峤镇老街发生火灾,34 间民房过火、26 户受灾,一名 6 岁男童丧生。

1 月 16 日　经 4 年半重修、扩建,方岩书院暨大溪历史文化名人纪念馆开馆。方岩书院旧址为桃夏会缌庵(建于 1473 年),温岭历史名人谢省、谢铎曾在此讲学。

同日 甬台温铁路前溪隧道全线贯通。隧道位于温岭大溪和乐清交界,全长 6208 米,其中温岭段长 3100 米。

1 月 21 日 浙江省、台州市和温岭市三级红十字会"博爱送万家"活动正式启动。

1 月 由决策杂志社、国家行政学院政治学部、北京大学政治发展与政府管理研究所、清华大学公共管理学院政府创新研究中心、新浪网等联合主办的"2007 年地方公共决策系列评选"活动结果揭晓,温岭参与式预算试点高票入选"十大地方公共决策实验",排名第二。

同月 市农林局农技推广站副站长林燚当选为第十一届全国人大代表。

2 月 22 日 全市三级干部大会在市体育馆召开。市委书记陈伟义在会上提出,2008 年工作的指导思想是深入实施"东西并进、整体跃升"发展战略,以构建"三个温岭"为目标,全面开展"企业服务年"和"创新推进年"活动,着力转变经济发展方式,努力改善民生,切实加强党的建设,全力推进温岭经济又好又快发展。

同日 全市城乡污水处理工程建设动员大会提出,从 2008 年起,将用 3 年时间完成全市 60％行政村的污水处理设施建设。

2 月 24 日 松门龙门港工程正式开工。该工程属省重点工程,是台州港总体规划的重要组成部分,设计年吞吐能力 96 万吨,总投资 2 亿元。

2 月 25 日 全市村级组织换届选举工作动员大会召开。滨海镇作为全省村级组织换届选举的四个试点单位之一,其"一评两推一选"的方式被推广。2008 年,市内 798 个村党组织和 799 个村委会进行换届选举。

2 月 27 日 温岭事业单位人员聘用制度开始实施。2007 年底,全市共有事业单位 415 家,职工 17014 人,其中专业技术人员 14111 人,占 82.94％。全额拨款事业单位人员占 61.28％。

2 月 28 日 市纪委、市委宣传部、市监察局、市建设规划局联合召开新闻发布会,通报部分机关工作人员在开元山庄商品房预售中牟取不正当利益,有 15 人靠"倒房票"牟利 137.4 万元,全部上缴。

2 月　2008 年度全市十强(1—10 位)企业和明星(11—20 位)企业重新排定名次,"十强企业"是钱江摩托、爱仕达、中马、利欧、隆标、鑫磊、跃岭、新界、明华、宝利特。"明星企业"是大元集团、钱江集团、九鑫铜业、森林包装、瑞丰五福、浙诺尔、东音、法雷奥、申林和恒发。

3 月 3 日　城南镇竹坑发生山林火灾,大火持续 40 多个小时,过火面积 1800 多亩。火灾由环卫工人钟某焚烧垃圾引起。3 月 9 日,钟某被抓获。

3 月 5—6 日　省委常委、宁波市委书记巴音朝鲁率宁波市党政考察团一行 40 多人到温岭考察龙门新港区建设和东部产业集聚区开发建设情况。台州市和温岭市领导周国辉、陈伟义、叶海燕等陪同,并出席温岭市与宁波港集团有限公司共同开发龙门新港合作意向书签约仪式。

3 月 6—9 日　安踏全国男子排球大奖赛温岭黑蜂赛区总决赛在温岭体育馆举行,上海队夺得本届大奖赛总冠军。

3 月 10 日　省委、省政府在温岭召开现场会,推广温岭工资集体协商经验。

3 月 11 日　市、镇(街道)机关上千名机关干部、职工参与"百村植树绿化"活动,共种下各类树苗 1 万多株。

3 月 14 日　温岭中学学生陈壮敏和市体育局干部蔡小鲁入选北京 2008 年奥运会火炬手。

3 月 20 日　欧盟委员会发布最终裁定公告,对原产于中国的空压机开始征收反倾销税。市内鑫磊机电、浙江鸿友压缩机制造和虎头压缩机制造有限公司分别按照 77.6%、76.6%、76.6%征收,税率比设在中国的意大利企业高出 60 多个百分点,温岭输欧空压机产品陷入被迫退出欧洲市场的困境。

3 月 21 日　温岭长潭引水工程与城区管网成功对接并供水。该工程于 2003 年开工建设,投资 1.7 亿元(不包括新河、滨海两镇),共铺设管线 39 千米,管桥 31 座,涉及横峰、城东、城西、石桥头、松门、石塘等镇(街道)及农场,共 40 个行政村。工程每日可供应市区及工业城用水 6 万吨,松门、石塘和东海塘指挥部 4 万吨,新河、滨海 1 万吨。

同日　中国皮革协会授予温岭市"节能减排、产业升级鞋业基地——中国鞋业名城·温岭"称号。

3 月　市政府出台 2008 年粮食种植补贴标准,种粮大户每亩直补提至 40 元,补贴力度比上年翻一番。

4 月 6 日　市区"2·10""2·19"抢劫杀害出租车司机案告破,两案均系乐清市雁荡镇白沙岛村村民张式荣所为,张犯被市公安局刑侦大队抓获。

4 月 9 日　中国红十字会副会长苏菊香到温岭调研红十字会工作,市长叶海燕等陪同。

4 月 20 日　在北京举行的第四届金融(专家)年会上,温岭市被评为中国金融生态市,名列第一,市长叶海燕被评为中国金融创新市长。

4 月 29 日　温岭车友潘勇刚和国家男排原主教练邸安和等 12 人,驾驶奥迪 Q7 越野车成功将奥林匹克圣火护送至珠峰大本营。潘勇刚是全国 12 名护航手之一,并且是浙江省唯一的一名。

同日　中华全国总工会授予爱仕达电器有限公司硅胶班"全国工人先锋号"荣誉称号。

4 月　中华全国总工会组织的全国职工节能减排活动月优秀合理化建议(1000 项)评选揭晓,爱仕达集团(温岭)陈奕松的"国产涂料替代进口涂料",台州宝利特鞋业有限公司(温岭)刘国均的垃圾锅炉焚烧废料两项合理化建议获奖。

5 月 6—8 日　省文物局和台州市政府联合在大溪镇举办东瓯古城学术研讨会。与会专家和领导实地查看已发掘的里宅村古城遗址和塘山汉墓,经过研讨,专家初步排除大溪古城遗址为西周徐偃王城的可能,将其认定为西汉东瓯国古城。但研讨会未对大溪古城是否属于东瓯国都王城这个历史悬案作出结论。

5 月 9 日　中国汽车工程学会七届三次常务理事会在温岭举行。会议期间,温岭市与中国汽车工程学会签署战略合作协议。

同日　市公安局禁毒大队破获一起特大贩卖毒品案,共缴获毒品"麻古"6800 克。此为新中国成立后温岭破获的最大贩毒案,缴获毒品量为台州市个案之最。首犯被判处无期徒刑。

5 月 12 日　四川汶川大地震。随后,温岭各界举行了一系列哀悼活动,并纷纷为灾区捐款捐物,累计捐赠款物 5700 多万元,抗震救灾"特殊党费"700 多万元,并组织医务人员赴灾区参与救援和卫生防疫工作。

同日　中国工程院王景全、孙伟、杨裕生、薛禹胜等 4 位院士及 30 多名风电研究专家、教授组成的风电考察组到温岭考察东海塘风电场建设和江厦潮汐试验电站。

5 月 21 日　中日渔业协定暂定水域许可作业渔船专项标识启动仪式在温岭举行,国家渔政监督管理局、中国渔政指挥中心、东海区渔政渔港监督管理局等行政主管部门分管领导及渔政执法管理机构人员、日本驻华使馆官员和温岭市领导等出席启动仪式。

6 月 3 日　市政协推行以"助建新农村、帮扶贫困户"为主题的政协委员联村结对帮扶活动。270 名委员计划用 2 年时间分别结对 20 个村、271 户困难户开展帮扶活动。

6 月 4—6 日　政协全国委员会办公厅研究室调研组到温岭调研民主恳谈在政协工作中的探索与实践,市政协主席王福生等陪同。

6 月 7 日　国务院公布第二批国家级非物质文化遗产名录,石塘镇"大奏鼓"名列其中。

6 月 12—13 日　2008 温岭招商项目(上海)推介会在上海新锦江大酒店举行。推介会由上海市政府合作交流办与上海市政协华夏文化经济促进会协办。会上共有 6 个项目签约,投资总额 1.44 亿美元,协议外资 5500 万美元。

6 月 13 日　上海高校科技成果推介会在温岭市委党校举行,复旦大学、上海交通大学、同济大学等 17 所高校的 60 多位专家到温岭推介洽谈,展示科技成果 180 多项。全市 600 多家企业负责人和技术人员到会参观洽谈。

6 月 15—26 日　叶海燕市长率团赴美国参加中国机电商会组织的

配合第四次中美战略经济对话进行的商务考察。

6 月 17 日　市委专题召开东部产业集聚区开发建设协调会,对东部产业集聚区开发建设作出部署,并决定成立黄金海岸公司,由市政协副主席胡馥湘兼任董事、总经理。

6 月 18 日　由市文联戴复古研究会主编的《戴复古全集》在文汇出版社出版,并举行首发式。该书共收集南宋江湖派爱国诗人戴复古诗 978 首、词 46 首,中国社科院刘扬忠教授作序。

6 月 20 日　市首届乡村旅游节在东浦农业观光园开幕。此次活动为期一个月,主题是"走进新农村、体验乡村游、祈福奥运年",以自助型乡村休闲旅游,提供丰富多彩的休闲体验项目。

6 月 21—22 日　市人大常委会主任张学明应邀出席在上海举行的"公共预算改革、预算编制和绩效评估"国际研讨会,并介绍温岭市运用民主恳谈推进公共预算改革的经验。

6 月 27 日　市党外知识分子联谊会成立,副市长曹羽被选为联谊会会长。

6 月 29 日　位于温峤镇上珙村的 220 千伏温峤输变电工程正式投入运行。

7 月 10 日　市委、市政府召开全市招商引资形势分析会。市委书记陈伟义在会上强调,招商引资必须改变思维和方式,要由过去的"撒米钓鱼、来者不拒"转变为"有的放矢、择优而选"。

同日　市内最大养老与护理基地三星美德颐乐园落成开业。该园总规划占地面积 243 亩,建筑面积 16 万平方米,总投资 4.8 亿元,可接纳 5000 名老人入住。

7 月 11 日　曾任温岭市东海花岗岩开发有限公司、温岭宾馆实业有限公司等数家企业法定代表人和总经理的王秀方,在宁波被执行死刑。王秀方因犯金融诈骗、贷款诈骗、合同诈骗、虚开增值税发票、故意伤害等八罪,造成国家集体和个人财产损失共计人民币 3.533 亿元,2007 年 8 月 27 日被宁波市中级人民法院判处死刑。

7 月 12 日　全长近 6200 米的甬台温铁路温岭段潘郎特大桥顺利合

龙,该桥为台州市内最长的双线曲线铁路桥。2006 年 5 月动工。

7 月 第八届全国县域经济百强县(市)名单公布,温岭市以全国第 14 位、浙江省第 6 位名列其中。温岭市前七次排名分别为全国第 15、15、11、11、15、16、14 位。

同月 中国特色专业名镇评选活动揭晓,新河镇被国务院发展研究中心、科学技术部、新华通讯社、人民日报社授予"全国百佳历史文化名镇"称号,排名第一位。

8 月 7 日,由国内著名"船模大王"、石塘镇箬山(苍岙)人陈祥荣领衔现场督造的仿乾隆下江南所乘皇船"安福舻",全长 28.9 米、宽 6 米,运载着奥运圣火在京杭大运河北京通州段传递,陈祥荣参与船上火炬传递。

8 月 12 日 台州市"百村示范、千村整治"工作现场会在温岭召开,台州市领导张鸿铭和温岭市领导陈伟义、叶海燕等出席会议。

8 月 14 日 省委副书记、省长吕祖善和副省长金德水到温岭滨海五百屿调研台州大石化项目。

8 月 18—19 日 全省"十小"行业质量安全整治和规范工作现场会在温岭召开。此次整治和规范的"十小"行业包括食品加工小作坊、小食杂店、小餐饮店、小药店、小农资店、小菜场、小音像店(含网吧)、小美容美发店、小客运站、小液化气供应点。温岭试点成为成功的样板。副省长王建满等出席会议。

8 月 29 日 韩国大田广域市西区议长南在灿率团到访温岭。

同日 中央信访督导组到温岭检查信访工作,充分肯定温岭市通过基层民主恳谈形式化解信访问题的做法。

同日 台州市安全生产工作现场会在温岭召开,城北、横峰街道在会上做安全经验介绍。

9 月 1 日 温岭市政府与宁波港股份有限公司、澳门银润控股集团公司签订龙门港项目合资开发协议,三方出资组建一家合资公司,以建设、经营龙门港区龙门作业区两个 3000 吨级多用途泊位,1 个 500 吨级多用途泊位及后方堆场、附属设施和设备。

9 月 2 日 2008 福布斯"中国大陆最佳商业城市榜"公布,温岭市位列第 85 位,在入榜的 28 个县级市中排名第 21 位。

9 月 3 日　温岭市支援四川青川县木鱼镇灾后重建指挥部揭牌,市发改局局长颜士平任台州市援建指挥部副指挥兼温岭市援建指挥部指挥。

9 月 5 日　温岭市庆祝教育改革开放三十周年暨 2008 年教师节庆祝大会在市行政中心大会堂召开。改革开放 30 年教育事业五项重大事件、五个重要成果、五位代表人物同时揭晓。五项重大事件是:集资办学、教师聘用制、阳光招生、"新农村教育"和建设职教城等。五个重要成果是:温岭进入教育强市行列、三度被评为全国特殊教育先进市、被确定为全国社会教育实验区、两度被评为省素质教育实验县(市)和新河中学成为全国乡村名校。五位代表人物是:尊师重教的好领导陈夏德、创业创新的名校长陈才锜、春风化雨的德育工作者黄道元、少先队的知心爷爷俞明德、扎根渔区的女教师张彩香。

9 月 6 日　美国清洁能源研访团到温岭考察新能源投资与合作等事项,市领导陈伟义、叶海燕等陪同。

9 月 10 日　全国人大常委会副委员长乌云其木格到温岭进行《农民专业合作社法》执法检查,并考察箬横西瓜合作社。随同考察的有全国人大常委会委员、农业与农村委员会副主任孙文盛,全国人大常委会委员、农业与农村委员会委员庄先等。省人大常委会副主任程渭山、台州市人大常委会主任薛少仙和温岭市领导陈伟义、叶海燕、张学明等陪同考察。

9 月 11 日　《温岭市志》编纂动员大会召开,市委常委、常务副市长林先华作动员报告,市长叶海燕到会作《提高认识,狠抓落实、为编修我市新志书而共同努力》的重要讲话。新一轮地方志编纂工作启动,此轮市志编纂年限为 1988—2007 年。

9 月 19 日　国内"三鹿"问题奶粉事件发生后,市政府召开紧急会议,部署应急处置食用含三聚氰胺奶粉的善后工作。至 18 日,全市各医院 B 超诊断婴幼儿 1222 人,29 人确诊患结石,2 人住院治疗。

9 月 26 日　温岭市纪念孔子联谊会主办的纪念孔子诞辰 2559 周年

大会在敬业中学举行。来自温岭各地及乐清、玉环、天台、宁波等地的孔子后裔、儒学爱好者共 100 多人出席纪念会。温岭孔姓市民约 3500 人左右,主要分布在城南镇江绾的上塘、何家、南岙等三个村。

10 月 8 日　利欧小额贷款公司开业,成为全省首批获准试点、台州市第一家开业的小额贷款公司。公司设址横湖中路总商会大厦。

10 月 10 日　温岭市防台风考察团一行 9 人赴台湾访问考察,就防汛防涝、抗台减灾和环境资源发展进行交流。

10 月 20 日　乌干达部长瓦布迪亚女士与乌干达驻中国大使瓦基杜索先生一行到访温岭。

10 月 26—28 日　第八届中国(温岭)鞋类、鞋材及设备展览会在同时开业的温岭国际鞋料城举行。

10 月 29 日　泽国万昌酒业和方同仁药店被省经贸委认定为全省首批"浙江省老字号"企业。

10 月 31 日　中共中央政治局常委、书记处书记、国家副主席习近平在浙江考察期间,听取省委、省农业厅、义乌市委和温岭泽国镇党委的工作汇报。泽国镇委书记赵敏代表基层党委就该镇创新党建工作、推进科学发展情况作汇报,得到习近平的充分肯定。

11 月 8 日　2008 中国(温岭)石文化旅游节暨第二届"温岭知名人士故乡行"活动在长屿硐天双门硐景区广场开幕。全国人大常委会原委员、城乡建设环境保护部原部长叶如棠,全国政协原常委、中国社科院首批学部委员陈高华,中国科学院院士、东北大学机械工程学院教授闻邦椿等嘉宾及市四套班子领导出席开幕式。旅游节期间,还举行农渔产品展示交易会、市第三届海鲜美食汇展和海洋文化展等活动。

11 月 9 日　2007—2008 年度"风云台州商人"评选揭晓,浙江南洋科技股份有限公司董事长邵羽田,爱仕达集团有限公司董事长、总裁陈合林,浙江利欧股份有限公司董事长王相荣,古今集团执行董事长、杭州台州商会会长李美赞,康泰集团总裁林云青,浙江曙光控股集团副董事长林德叶等 6 名温岭籍企业家入选。

11 月 10—11 日　市第十二次妇女代表大会召开,翁青当选为新一届市妇联主席。

11 月 16 日　浙江瑞丰五福气动工具有限公司职工成忠伟被评为"全国优秀农民工"。

11 月 21 日　在浙江考察工作的中共中央政治局常委、国务院总理温家宝,在绍兴主持召开座谈会,听取部分民营企业和大型企业负责人的意见建议,来自浙江各地不同行业的 7 位企业家作发言,温岭利欧股份有限公司董事长王相荣为发言者之一。

11 月 29 日　温岭市政府、浙江民泰商业银行、中融国际信托有限公司三方在杭州之江饭店举行政、银、信合作新闻发布会暨签约仪式,推出计划规模为 5 亿元人民币的中融—温岭工业园建设项目单一资金信托产品及浙江民泰商业银行"价值连城"0805 期人民币理财产品,此为温岭市首创的台州政、银、信三方合作融资模式。

12 月 1 日　十四届市政府第十五次常务会议研究决定采取减免 1.1 亿元规费、企业基本养老保险费缴费比例从 16%调整为 12%等一系列措施帮助企业减负脱困。

12 月 5 日　箬横镇长山村党支部书记、箬横西瓜生产合作社理事长彭友达被评为第三届"全国农村优秀人才",这是他继获得全国劳模后又获得的一个国家级荣誉。

12 月 10 日　温岭市庆祝改革开放三十周年《阳光故乡》大型文艺晚会在市行政中心大会堂举行,同时还举行温岭市改革开放三十周年图片展等庆祝活动。

同日　市流动人口服务管理局成立。市内流动人口登记数突破 57 万人。

12 月 18 日　台州市中西医结合医院在泽国镇举行奠基仪式。新院一期项目总建筑面积 78267 平方米,总投资 3 亿元,规划设置床位 1000 个。

12 月 24 日　由市党史研究室编写的《中国共产党温岭历史》第二卷出版并举行首发式,全书共 30 万字。

12 月 25 日　市档案局编纂的《温岭乡贤传略》由社会科学文献出版

社出版。

12月30日　石粘至松门一级公路建成通车，全长25千米，总投资7.8亿元。

同日　76省道复线温岭太平至玉环漩门公路温岭段通车，该段长10.14千米，总投资2.7亿元。

12月，中共温岭市委党史研究室编著的《中国共产党温岭历史（第二卷）（1949－1978）》由中共党史出版社正式出版。全书客观真实地记述了自1949年至1978年温岭人民在中国共产党领导下进行社会主义革命和建设所取得的巨大成就。

同月　中国商标协会中企商标发展中心与《中国商报》联合发布"2008年中国县域商标发展情况统计数据"排行榜，温岭市列第14位。

是年　全市已建各类农民专业合作社156家，入社农户4925户，股金9989.16万元，种植面积10.2万亩，占全市耕地面积的25.4%，全年销售收入超11亿元，带领5万户农户走上致富路。

是年　温岭市位列"2008年度全国中小城市综合实力百强"榜第29名。此为温岭市自2005年后连续第四次入围，前三次排名依次为第32位、第29位、第30位。

2009 年

1月1日　老城区人民路、东门北路、太平南路、太平北路开始实施"电子计时停车收费系统"，此后城区其他道路逐步实施。

1月9日　由江苏省委原副书记、纪委书记王寿亭率领的中央扩大内需工作组到温岭检查中央投资项目资金落实情况。

同日　太平街道沙塘头一幢4间五层民房发生火灾，造成6人死亡、2人受伤。

1月11日　坞根镇大岩头生态林（农）业休闲观光园获省林业厅颁发的省林业观光园区铜牌。

2月2日　第三届中国（温岭）泵与电机展览会在市体育中心举办，

国内 10 多个省、市的 238 家泵与电机企业参展。会展期间,还举办"2009中国(温岭)泵与电机企业应对金融危机论坛"。

2 月 3 日　市改革开放三十周年十大风云人物、十大风云事件评选揭晓。王相荣、冯洪钱、陈才锜、陈华根、李春友、林华中、俞明德、郭文标、郭修琳、彭友达等 10 人入选。全国首家股份合作制企业——牧屿工艺美术厂诞生等 10 件大事被评为十大风云事件。该评选活动由市委宣传部组织。

2 月 12 日　中华全国总工会授予泽国镇工会"全国百家示范乡镇(街道)工会"称号。

2 月 18 日　省委书记、省人大常委会主任赵洪祝到温岭调研民营企业,省委常委、省委秘书长李强等陪同调研。

2 月 19 日　政协温岭市第十二届第十五次常委会议审议通过将政协镇、街道工作委员会改为政协镇、街道工作联络处的决定,并通过召开政协十二届三次会议等有关事项。

2 月 20 日　温岭东部产业集聚区党工委、管委会正式成立并举行授牌仪式。

同日　韩国忠清南道保宁文化研究会会员一行 34 人到松门镇中国明朝抗倭名将季金将军故里考察。季金将军是朝鲜名将李舜臣《难中日记》中所记载的人物。

2 月,市委党史研究室被评为全国党史部门先进集体。

3 月 2 日　全市村卫生室新型农村合作医疗门诊刷卡看病系统启用。

3 月 7 日　由浙江援建的四川省青川县木鱼镇中、小学校舍灾后重建工作正式启动(温岭市全额投资),浙江省委常委、宣传部部长黄坤明和温岭市领导等出席工程开工仪式。

3 月 27 日　中共中央政治局委员、国务院副总理张德江到温岭调研,省委常委、常务副省长陈敏尔,副省长金德水,台州市领导张鸿铭、陈铁雄及温岭市领导陈伟义、叶海燕等陪同调研。

同日　市政府召开全市农民建房暨国土资源工作会议,部署农民建房工作专项行动。后出台《温岭市个人建房用地管理规定》。

3月31日　省高级人民法院院长齐奇到温岭调研,并出席在温岭召开的全省法院司法警察工作会议。

3月　温岭东海塘风力发电场一期工程建成投产。该工程安装了20台风力发电机,单机功率2兆瓦,为当时国内单机容量最大的风力发电机。

4月1日　韩国大田广域市西区政府访问团到访温岭。

4月3—6日　2009年"安踏杯"全国女子排球大奖赛在市体育馆举行,八一队和天津队分获冠、亚军。

4月9日　2009生态旅游年暨第二届乡村旅游节在坞根镇大岩头生态农业观光园开幕,华东各地30多家旅行社派出的代表及近500名社会各界人士出席开游仪式。

4月10日　温岭"家电下乡"活动在坞根镇街头村启动。根据有关规定,每户家庭购买每类家电的补贴数量为2件,补贴额为售价的13%。

4月14日　方山、花坞省级廉政文化教育基地启动仪式在坞根镇中国工农红军第十三军第二师革命烈士陵园举行,台州市委常委、纪委书记王文娟和温岭市委书记陈伟义等出席启动仪式。

4月22日　台州市城镇污水处理工程建设现场会在温岭召开。

4月　市农技推广站副站长林燊获"全国五一劳动奖章"。

5月5日　市政府宣布对甲型H1N1流感启动蓝色预警,此后,开展一系列防控治疗工作。

同日　市农村合作银行土地流转质押贷款仪式启动。农户签订一份农村土地承包经营权质押贷款合同,即可到该行办理贷款。

5月11日　由市委宣传部、市民政局、市慈善总会共同举办的首届"5·15台州慈善公益日"活动启动,温岭市四套班子领导带头为慈善事业捐款,部分企业和社会各界人士代表也纷纷慷慨解囊,现场共募集捐款498.82万元。

5月20日　市工商业联合会(总商会)第八次会员代表大会在市行政中心大会堂召开,大会选举产生新一届温岭市工商联理事会,颜雄刚当选为主席(会长)。

5 月 24 日　温岭市总部经济战略研讨会在北京全国政协礼堂举行,在京著名经济学家和学者易宪容、钟朋荣、杨洁、潘建成等应邀出席研讨会,市领导陈伟义、张学明、王福生等出席研讨会。

同日　团中央书记处书记贺军科一行到温岭调研区域共青团整体化建设工作。

5 月 25 日　国务院安全生产"三项行动"调研督导组到温岭检查安全生产工作。

5 月 27 日　市第二届艺术节暨温岭解放六十周年文艺晚会在东辉公园举行。该活动由市委、市政府主办,市委宣传部、市文广新局、市委党史研究室联合承办。

同日　交通银行台州温岭支行挂牌成立,并正式对外营业。

5 月　由市旅游行业协会组织编写的《温岭旅游指南》一书,由浙江人民出版社出版,全书分为温岭概况、温岭风景名胜和温岭部分景区导游词三大部分,并配有近百幅图片。

同月,市委党史研究室叶海林主编的大型画册《峥嵘岁月——温岭革命史》由中央文献出版社正式出版。全书图文并茂地展示了中共温岭党组织领导温岭人民开展波澜壮阔的革命斗争史。

6 月 5—12 日　市委副书记、市长叶海燕率十强"明星"企业赴台湾进行经贸考察。

6 月 12 日　"东瓯源流——大溪东瓯古城、古墓文物展"在市文化馆举行,共展出大溪镇里宅、大岙两村出土的东瓯古城、塘山村东瓯古墓出土文物上百件。该展览由市文化广电新闻出版局主办。

6 月 22 日　省政府公布第三批浙江省非物质文化遗产名录,温岭石塘小人节、温岭石雕、石桥头王氏大花灯制作技艺、松门鱼鲞传统加工技艺等四项名列其中。

6 月 30 日　市内确诊首例输入性甲型 H1N1 流感病例,患者为 20 岁的郑某,系自澳大利亚返温岭留学生。

7 月 3 日　第二届中国(温岭)农渔产品展销会在市体育馆开幕,展出面积 5000 平方米,展位 200 余个、参展企业 86 家,台州各县市区农渔产品企业组团参加。

同日 迪拜温岭商会成立,苏根定当选会长。此为温岭在国外成立的第一家商会,也是中国在阿联酋迪拜建立的首家县(市)级商会。

同日 市残联理事长卓法明被评为全国残联系统先进工作者,出席在北京举行的第四次全国自强模范暨扶残助残先进集体和个人表彰大会,受到党和国家领导人的亲切接见。卓法明是浙江省唯一的全国残联系统先进工作者。

7 月 10—11 日 中央电视台《新闻调查》栏目组一行 5 人到温岭采访新河镇参与式预算民主恳谈的做法和经验。

7 月 15 日 第二十五期"温岭讲坛"在市影视城开课,中国著名文化学者余雨秋应邀作《城市与文化》讲座,市四套班子领导出席。

7 月 22 日 广大市民目睹进入 21 世纪后持续时间最长的一次日食。此次日食从上午 8 时 30 分左右开始初亏,到食甚持续一个多小时。

同日 省委统战部组织全省各地统战部部长到温岭实地考察总部经济基地建设情况,市领导陈伟义等陪同。

7 月 22—26 日 省第九届田径运动会在温岭体育中心举行。温岭市代表队获得综合团体总分第一名的好成绩,四届蝉联甲级队总分第一名。

7 月 中华慈善总会授予温岭市豪成慈善儿童之家"中华慈善突出贡献项目奖"。

8 月 9 日 8 号台风"莫拉克"给温岭带来大暴雨,截至 20 时,累计平均降雨量 195 毫米,最大站点吉屯坑水库达 394 毫米。全市房屋倒塌 36 间,农作物受损、粮食减产约 5100 吨,直接经济损失 1.95 亿元。由于预防措施得力,未发生人员伤亡事故。

8 月 27 日 市内首家财政参股的担保公司——市信合担保有限公司开业,一期注册资金 5000 万元,由市投资发展有限公司和钱江摩托、利欧股份两家上市公司共同注册经营。

9 月 2 日 浙江省 2009 年度"新农村冲击播"电视助推 10 大特色镇

正式产生,温岭市滨海镇以最高的网络得票率位居全省十大特色镇之首。该镇是中国大棚葡萄之乡、中国三大乡镇造船基地之一、中国建筑之乡重镇、省教育强镇、省体育强镇、省农业特色优势产业强镇、省级生态镇、省级科普示范镇,还被命名为"省东海文化明珠"。

同日 "恒丰杯"第十一届世界象棋锦标赛在山东新泰落幕。温岭温峤青年象棋特级大师赵鑫鑫夺得冠军。

9 月 17 日 浙江陆军预备役步兵师第二团第三营快速动员演练暨服现役动员誓师大会在市体育场举行。浙江陆军预备役步兵师师长兼省军区副参谋长吴辉华大校、台州军分区副司令员蒋亮东大校、浙江陆军预备役步兵师参谋长万庆贵大校及市领导陈伟义等出席誓师大会。

9 月 18 日 由市泉溪诗社组织编写,张岳主编的《温岭历代诗词精华》一书首发式在市行政中心举行。该书收录自宋迄今 400 多位诗人的 1800 多首代表作,由中国文史出版社出版。

9 月 20 日 石塘镇小沙头村渔民郭文标获全国道德模范称号。10 月 1 日,郭文标应邀赴京上天安门观礼台参加中华人民共和国成立六十周年庆典活动。

9 月 21 日 温岭市在体育馆隆重举行庆祝新中国成立六十周年"阳光大道"大型文艺晚会。

9 月 23 日 温岭市民主恳谈创建十周年纪念大会在市行政中心大会堂召开,市委书记陈伟义到会讲话。会上还举行了"温岭市民主恳谈研究中心"授牌仪式。

9 月 28 日 甬台温铁路温岭站开通典礼在温岭站广场举行。8 时 28 分,从温州南开往上海南的 D5558 次和谐号动车组列车驶入温岭站。从此,温岭进入铁路新时代。

9 月 29 日 位于城南镇彭下村、投资 2.93 亿元的垃圾焚烧发电厂正式投运。该电厂设计日处理垃圾能力 700 吨,年发电 9000 万千瓦时。

同日 坐落在城市新区的温岭时代广场购物中心开业。该中心由台州时代置业有限公司投资 2950 万美元,从 2003 年 5 月开始建设。

9 月 29 日 傍晚至次日,全市遭遇历史罕见的特大暴雨,过程雨量

386 毫米,大范围的降雨导致河网水位暴涨,造成市内多数地区严重内涝,受灾人口 26 万人,直接经济损失 2.4 亿元。

9 月　横峰街道邱家岸村"一元房"养老模式,作为市内首创的养老新模式,被推荐参加第五届中国地方政府创新奖评比。该村 2003 年投资 400 万元建造起一期 46 套老年公寓,2006 年再次投资 460 万元新建一幢 54 个套间的老年公寓。公寓房实行租赁制,入住对象为 60 周岁以上村民,入住前只需向村委会缴纳 1 万元押金,住一天扣除 1 元。老人如果搬出,剩余的押金全部退还。此后,"一元房"养老新模式在市内许多集体经济较为丰厚的行政村相继推出。

10 月 19 日　城南营田路段发生交通事故,4 人死亡,5 人受伤。其中玉环县楚门镇黄连娟在救人时被另一辆货车碾压遇难。事件发生后,温岭、玉环两地民众纷纷向黄连娟家捐款,并自发参加黄连娟的追悼会。

10 月 19—22 日　省文明城市复评核查组在温岭对省级文明城市工作进行考核。温岭市通过省级文明城市复评考核。

10 月 23 日　位于箬横镇红升村的 220 千伏红升变电所建成投运,该工程投资 1.8 亿元,占地面积 14.8 亩,是温岭第四个 220 千伏变电所,也是台州首个采用户外 GRS 设备布置的变电所。

10 月 27—30 日　温岭市第十六届运动会暨市中小学生田径运动会在市体育中心举行,共有 25 个代表团 3700 人次参赛,为历届之最。

10 月 28 日　位于温峤镇的浙江工量刃具交易中心开业庆典暨第四届中国(温岭)工量刃具展览会开幕仪式在新落成的交易中心隆重举行。该交易中心占地面积 32000 多平方米,建筑面积 74000 平方米,投资 2.1 亿元。

同日　位于城东街道的温岭天岭装饰城正式开业。该装饰城占地面积 49715 平方米,总建筑面积 91054 平方米,设有 400 余间商铺,总投资 4.2 亿元。

10 月　时年 79 岁的终身少先队辅导员俞明德老师,受到团中央、全国少工委表彰,获"全国少先队工作突出贡献奖"。

11 月 3 日　台州市高新技术企业认定工作交流会在温岭召开。

2008 年初,温岭被认定的国家级高新技术企业有 7 家,省级高新技术企业有 39 家。

11 月 8 日 全球温岭商会峰会在成都举行。此次峰会由四川温岭商会主办,主题是"追寻太阳 创造财富"。

11 月 11 日 75 省道南延工程温岭段征迁工作启动。该工程起点为椒江腾云山附近,终点为温岭松门。主线全长约 35.13 千米,其中温岭段 13.22 千米。温岭段规划同步建设长约 4.97 千米的温岭松门支线,共计 18.19 千米,工程总投资 13.2 亿元。项目总用地 1530 亩,拆迁安置房屋共计 331 间 6 万多平方米。2010 年 2 月 3 日,75 省道南延工程开工。

11 月 12—13 日 省卫生强县(市)考核组到温岭考核卫生强县(市)创建工作。温岭市通过省级卫生强市考核。

11 月 13 日 台州市首届省级体育强镇运动会暨大溪镇第三届全民运动会开幕。

11 月 16 日 台州市首届市长质量奖获奖企业名单揭晓,浙江钱江摩托股份有限公司名列获奖的 3 家企业之一,获奖金 100 万元。

11 月 18 日 温岭市十佳景点评选揭晓,观夕硐、洞下沙滩、千年曙光碑、石夫人、龙猛门、明因讲寺、方岩书院、双门石窟、上下天湖、后山石屋等 10 个景点被评为市十佳景点。

11 月 26 日 大溪镇党委、政府获"第二届全省人民满意的公务员集体"称号。

11 月 27 日 全市组织 14 家农业龙头企业和农民专业合作社参加 2009 年浙江省农业博览会展示和展销,8 个农产品获省农博会金奖。

12 月 9 日 省委批准温岭市委书记陈伟义调任台州市委常委、黄岩区委书记。12 月 28 日,省委批准叶海燕任温岭市委书记。

12 月 16 日 台州市中心镇建设工作现场会在大溪镇召开。

同日 温岭通过省级生态市考核验收。

12 月 18 日 温岭被确定为省内唯一的县级市新能源综合应用示范基地。

12 月 25 日 台州市检验检疫局温岭办事处综合实验楼开工典礼在

城西街道举行。

12 月 29 日　著名美术史论家、画家王伯敏,获得由文化部、中国文联、中国美协主办的国家级美术最高奖——"中国美术奖·终身成就奖"。

12 月 31 日　晚上,全国人大代表林燚,省人大代表叶海燕、张学明、陈才锜、陈福春、林丛花、郭文标、彭友达等 8 名全国、省、市三级人大代表在线与网友恳谈,征集需要向上反映的舆情及人民代表大会议案、建议的线索。两个半小时中,人大网站曙光论坛网浏览量 12826 次,发帖近500 个。此为市人大常委会首次尝试全国、省、市多级人大代表相聚一起,通过网络互动的形式,与网友真情互动,对话交流。

是年　全市投资 5560 万元,建成供水管线 85 千米,完成滨海镇供水工程、新河—箬横供水工程、松门饮用水工程和湖漫水库保护区村庄给水工程,解决 132 个村 14 万人口的饮水安全问题。2008 —2009 年,全市共完成村级安全饮用水工程 313 个,解决 36.4 万人口安全饮用水问题,除偏远山区和沿海岛屿外,全市绝大部分群众安全饮用水问题基本得到解决。

是年　义务教育"一免两提高"政策落实到位,市内义务教育中学生均公用经费标准提高到 550 元,小学生均公用经费标准提高到 380 元,市财政分别向中小学拨付经费 1978 万元和 3024 万元。免除就读市职业学校"人均年收入 4000 元以下家庭"学生共 1718 人的学杂费 375 万元。另外,就读服务、农林、制造等三大类专业学生 2699 人,免除学杂费 594万元。

2010 年

1 月 7 日　市政府召开全市城乡居民基础养老金发放工作会议。根据 2009 年 12 月 21 日市政府第二十五次常务会议通过的《温岭市城乡居民社会养老保险制度的实施意见》,从 2010 年 1 月 1 日起,对市内 17 万余名年满 60 周岁的城乡居民发放基础养老金,月人均不低于 60 元。

1月15日　出现千年一遇的日环食天象奇观,市内群众从当日15时40分开始观看到日偏食出现。

1月17日　新河镇参与式预算改革获得第五届"中国地方政府创新提名奖"。

1月19日　市城市管理行政执法局正式挂牌成立。

同日　市文化遗产保护中心举行揭牌仪式。

1月22日　位于万昌中路的浙江钱江摩托股份有限公司改造地块(国有建设用地)约合142亩公开拍卖,共有9家企业参与竞拍,鑫磊机电股份公司以25.99亿元拍得使用权。

1月24日　中国机电进出口商会授予温岭市"中国汽摩配出口基地"和"中国摩托车出口基地"称号。

1月28日　由浙江瑞人堂医药连锁有限公司等全省各地15家成长型连锁药店共同发起的浙江药店联盟在杭州正式成立,瑞人堂医药连锁有限公司董事长张冬明当选为浙江药店联盟理事长。

2月1日　由温岭全额投资9245万元援建的四川地震灾区青川县木鱼镇木鱼中、小学新校舍建成交付使用。校舍按8度抗震设防,可容纳2000余名中、小学生就读和住宿。

2月5日　长屿硐天景区内熊猫馆开馆,三只奥运大熊猫福娃、欢欢、淘淘与游客见面。

2月20—22日　为期三天的2010第四届中国(温岭)泵与电机展览会在市体育中心举行。来自上海、河北、福建、江苏、山东、安徽和浙江等10多个省市的370家泵与电机企业参展,现场交易额1.11亿元,达成意向合同价值2.82亿元。

2月24日　市十四届人大常委会第二十四次会议决定任命周先苗为温岭市人民政府副市长、代市长。

3月8—12日　市第十四届人民代表大会第四次会议在市行政中心大会堂召开。会议按议程通过相应决议,选举周先苗为温岭市人民政府市长。

3月10日　住房和城乡建设部、国家旅游局在北京公布首批"全国特色景观旅游名镇",石塘镇名列其中。

　　3月30日　全国工农具产业发展论坛暨中国机电商会工农具行业工作会议在温岭召开。

　　4月6日　全市学习实践科学发展观活动总结大会召开。自 2009 年 3 月开始,市内 1826 个单位、56744 名党员分两批参加学习实践活动。市委书记叶海燕在会上作总结讲话。

　　4月21日　广大市民以各种形式为青海玉树地震遇难同胞举行哀悼活动,并纷纷自发捐款支援灾区。

　　4月26日　浙江爱仕达电器股份有限公司董事长兼总经理陈合林当选为全国劳动模范,赴京出席 2010 年全国劳动模范和先进工作者表彰大会,受到胡锦涛总书记等党和国家领导人的接见。新中国成立后,温岭共有 5 人被国务院授予全国劳动模范称号,分别是赵振巨、仇永春、林华中、彭友达、陈合林。

　　4月28日　省国土资源厅在温岭召开台州涉土信访积案化解和以卫星图片变化图斑为依据执法工作座谈会。省国土资源厅及市领导等出席。

　　4月29日　"安踏杯"2010 全国女排大奖赛第一站在市体育馆举行。经过三天的激烈博杀,浙江女排以 3:1 战胜八一女排,获小组冠军,八一女排获亚军。

　　4月　上海世博会多处闪耀着温岭元素,名为"活力矩阵"的上海世博会浦西园区的民营企业联合馆有 16 家成员单位,其中包括总部在温岭的浙江爱仕达电器股份有限公司。上海世博会国家馆——中国馆的大台阶由温岭籍企业家袁国良任董事长的博大企业(集团)捐赠并承建。

　　5月11日　浙江爱仕达电器股份有限公司 A 股在深圳证券交易所正式上市,共募集资金 11.3 亿元,成为温岭第 3 家上市公司。

　　5月12日　全国道德模范郭文标下海寻找 5 月 7 日失踪的"浙岭渔23594 号"船的 7 名船员遗体,因水下作业难度大,其中 1 名船员的遗体未找到,郭上岸后被人打伤。事件发生后,市委、市政府办公室专门下发文件,确定 5—7 月在全市开展《做一个有道德的温岭人》的主题宣传教育活动。

5月17日　温岭、玉环、乐清、洞头四县市在玉环县举行首次环乐清湾区域合作联席会议,商讨构建乐清湾产业集聚区问题,市领导叶海燕、周先苗等出席会议。

5月21日　中国民主建国会温岭市支部成立,颜正荣当选民建温岭市支部主委。

5月29日　市委书记叶海燕赴中国浦东干部学院,为来自越南的培训班学员做民主恳谈专题讲座。

6月1日　台州市中心镇"清洁家园、和谐乡村(社区)"现场会在泽国镇召开。

6月11—12日　国家可持续发展实验区验收组到温岭考核实验区建设工作,并赴温岭中学、先导电机研究所、东海塘风力发电场及玉麟西瓜种植基地进行实地考察。

6月12日　美国纽约州商务考察团到温岭考察,市长周先苗等会见考察团一行。

6月14日　省委书记、省人大常委会主任赵洪祝对温岭市参与式预算作出重要批示:"温岭市实施参与式预算的做法,是扩大公众有序政治参与、推进公共财政规范化建设的有益探索,对于加强基层民主政治建设、促进政府职能转变、构建和谐社会具有积极意义,希望温岭市认真总结完善。各地乡镇基层可结合实际加以借鉴。省人大要多加关注,加强指导,使之不断取得新成效。"

6月23日　党内关爱暨农村高龄党员定额生活补贴发放工作在城东街道启动。从2010年开始,对全市1030名80周岁以上农村高龄党员发放定额生活补贴,其中对新中国成立前入党的农村老党员,除享受民政部门生活补助外,每年在"七一"、重阳节、春节前各发放补贴1000元;对年龄在80周岁以上(含)的农村党员,每年在"七一"前发放补贴500元,此举在浙江省尚属首次。

6月28日　温岭市组团参加天津第十七届投资贸易洽谈会,并举办2010浙江温岭重点投资区域招商推介会。市委副书记、市长周先苗在会上介绍温岭招商项目有关情况。

6月29—30日　全国政协副主席、全国工商联主席黄孟复率调研组到温岭调研中小企业发展环境与工资集体协商工作,省政协副主席徐冠巨随同调研。

6月30日　温岭市获省"2008—2009 双年度社会治安综合治理先进集体"称号,郭文标被评为省首届十大杰出"平安志愿者"。

7月2日　中国水产流通与加工协会授予温岭市"中国海虾之乡"、松门镇"中国鱼鲞之乡"称号。

7月6日　市首家太阳能电站——江厦太阳能电站正式并网发电,该电站总装机容量40千瓦。同月,第二座100千瓦的宝利特太阳能电站建成,并网发电。

7月6—7日　"协商参与机制与中国基层治理——浙江温岭市民主恳谈会经验的深化"国际学术研讨会在温岭举行。研讨会由浙江大学公共管理学院与温岭市人大常委会联合举办,市人大常委会办公室、浙江大学公共管理学院政治系承办,来自国内外 20 多位专家学者出席研讨会。

7月7日　台州市创新农作制度现场会在箬横镇召开。

7月8日　中组部调研组到温岭调研党内基层民主建设情况,并观摩城东街道 2010 年第四期党内民主恳谈会。

7月9日　乐清湾(乐清市、温岭市)区域环境共保第一次联席会议在温岭召开。

7月13日　温岭对口支援四川灾区青川县木鱼镇曙光安居小区建成,至此,温岭援建项目全部完成。

7月14日　由全国道德模范郭文标等 8 位成员组成的台州市学习践行社会主义核心价值观先进事迹巡回报告团,到温岭作报告。

7月15日　省委副书记、省长吕祖善率省有关部门负责人到温岭下访接待群众。

7月16日　中国绿化交流基金首次"落地"浙江,日本友人将与温岭市共建沿海防护林。

7月17日　莫斯科(中国)温岭商会成立,莫斯科巨丰商贸有限公司董事长江学兵当选为首届会长。这是继迪拜温岭商会后,温岭在海外成立的第二家商会。

7月26日　50年来同期最强烈暴雨袭击温岭,自24日8时至26日22时,全市平均降雨量302.5毫米,其中最大点位于太平石景水库,达494.5毫米。市内369个村30万人受灾,倒塌房屋24间,紧急转移人口2.1万人,直接经济损失2亿元以上,无人员死亡。

7月28日　台州市参与式预算暨台州市人大财经工作会议在温岭召开。

7月29日　首届感动温岭十大人物(群体)颁奖典礼举行,郭文标、俞明德、朱仁爱、王玉庭、黄连娟、曹桂梅、郭修琳、莫敏芽、钱梅洁、温岭援川建设者被评为首届感动温岭十大人物(群体)。

7月31日　温岭市被省委、省政府命名为"双拥"模范城。此为温岭市五年蝉联全省"双拥"模范城称号。

7月　全国道德模范、石塘镇渔民郭文标自费建立全国首家海上民间救助站。

8月9日　温岭市铁路新区管委会挂牌成立。

8月18日　位于九龙大道与阳光大道之间的温岭市总部经济基地入选浙江省首批现代服务业集聚示范区。该经济基地是市"十一五"期间十大重点建设项目之一,总用地面积143.5亩,2006年6月选址,12月奠基,至2010年7月底,完成投资6.67亿元。

8月20日　台州市3个省级区域科技创新平台启动,温岭市泵业及电机技术创新服务平台,列入其中。

8月28日　全国海洋能学术研讨会在温岭举行。

同日　温岭海洋潮位观察站建成,并通过验收,观察站为各级政府应对台风引起的风暴潮灾害、防灾减灾决策提供实时风暴潮预警依据。

8月30日　纪念中国工农红军第十三军第二师成立八十周年座谈会在坞根镇召开。镇政府邀请到部分红二师的老同志、烈士后人、当地群众进行座谈,浙江省高级人民法院原副院长孙沧,向大家讲述亲身经历的"三句话宣传革命""假扮教书先生智斗敌军"等精彩革命故事。当晚,一台"红歌"晚会在坞根镇文体广场举行,5000 多名老区群众到场观看。

9 月 1 日　温岭市中医院被国家中医药管理局列为国家级农村中医药知识与技能培训示范基地。

9 月 2 日　省委书记、省人大常委会主任赵洪祝到温岭调研产业集聚区建设和海洋经济发展工作,省领导陈敏尔、李强,台州市、温岭市领导等陪同调研。

9 月 9 日　全市"主攻沿海、服务东部"动员会召开。会议提出把东部产业集聚区当作温岭的一个特区来对待,举全市之力开发建设好,用 10 年时间再造一个温岭。

9 月 17 日　全市工资集体协商经验交流会召开。自 2003 年后,全市在 15 个行业、19 个区域开展工资集体协商工作,不仅较好地保障了职工的合法权益,也维护了职工与企业双方的利益,建立起和谐的劳动关系。

同日　全球知名商业媒体《福布斯》中文版发布 2010 年中国大陆最佳县级城市 25 强榜单,温岭列第 21 位。

9 月 20—21 日　阿联酋华侨华人联合会主席万长青率经贸考察团到温岭考察经贸投资事项。

9 月 26 日　中国(温岭)石文化研讨会在温岭举办。北京大学城市与环境学院副院长、北京大学世界遗产研究中心副主任陈耀华在会上作《温岭石文化探究》的主题报告。中国社科院外国文学研究所研究员叶廷芳、著名作家从维熙和温岭市内研究者就如何弘扬温岭石文化和发展旅游业进行研讨。

9 月 29 日　市会展中心建成。该中心位于城区中心大道南侧,北兴路东侧,总用地面积 120 亩,其中一期 51 亩,建筑面积 11779 平方米,室内标准展位 500 余个,总投资约 7000 万元。由中国机电产品进出口商会、温岭市政府共同举办的 2010 中国工量刃具展览会在新建成的会展中心开幕。

10 月 1—3 日　台州(温岭)首届国际动漫节在市体育馆举行。展会设动漫创意集市、动漫视觉摄影展、动漫模仿秀争霸赛、国际漫画展等四大主题。

10 月 12 日　大溪镇农民张全清投资 13 余万元自行研制出第二架飞机，经调试，飞行 10 多米后降落地面。

10 月 13 日　温岭市塑料制品产业发展论坛在市行政中心大会堂举行。据统计，全市拥有塑料企业 1000 余家，总产值 120 亿元，日用塑料制品国内市场占有率 40％以上，成为日用塑料制品重要产地。

同日　中国塑料加工工业协会授予温岭市"中国日用塑料名城"称号。

10 月 14 日　全国中小学"同伴辅导"学术研讨会在温岭举行，全国各地 500 多名专家、学者和教育界人士出席会议。

10 月 18 日　第十届中国（温岭）鞋帽、鞋材及设备展览会在市会展中心举行。参展企业 217 家，设展位 480 个，展出面积达 15000 平方米。

10 月 20 日　市残疾人托养中心投入使用。该托养中心位于滨海镇与箬横镇交界处的沿海公路东侧（原东片农场第 10 大队用地），占地面积 170 亩，首期用地 22 亩，建筑面积 13960 平方米，总投资 2890 万元，可为 200 多名重度残疾人提供托养服务。

10 月 23 日　市老干部艺术团参加第十三届中国上海"世博·金玉兰奖"艺术大赛，演出京剧伴舞《迎来春色换人间》、舞蹈《欢乐中国年》两个节目，囊括大赛"特等奖""编导奖"和"组织奖"。

10 月 27 日　全市市场产业发展座谈会召开。截至 2010 年 10 月，市内市场 158 个，其中农副产品市场 107 个，工业消费品市场 20 个，生产资料市场 26 个，生产要素市场 5 个。2009 年，市场成交额 375.8 亿元，其中超亿元市场 42 个，超 10 亿元市场 4 个；拥有省重点市场 2 个，区域性重点市场 2 个，三星级以上（含）市场 10 个。重点市场数和星级市场数都居台州市首位，全省前列。

10 月　箬横镇和新河镇被列为浙江省第二批省级中心镇。11 月 23 日，市委在箬横、新河两镇召开常委现场办公会，专题研究两镇发展及中心镇培育工作，加上先前的泽国、大溪、松门 3 个镇，全市共有 5 个省级中心镇。

同月 《中国共产党浙江省温岭市组织史资料 第四卷(1988.12—2006.10)》出版,全书 57.8 万字。

11 月 1 日 全国第六次人口普查工作正式开始,温岭近 7000 名普查员和指导员入户对居民进行户口登记。

同日 中国轻工艺品进出口商会授予城北街道"中国鞋类(运动鞋)出口基地"称号。

11 月 4—5 日 市人大常委会办公室、市妇联有关负责人组成的代表团赴上海,参加由上海市妇联、上海市妇女学会、德国艾伯特基金会联合主办的"社会性别预算:理论、方法与实践"国际研讨会,温岭市和河南焦作市分别作为国内性别预算先行地区,在会上作实践经验介绍,并与到会专家、学者进行深入探讨。

11 月 5 日 中国国民党革命委员会温岭市支部成立,骆和庭当选主委。

11 月 9 日 温岭市被省工商局授予"浙江省十大市场强市"称号。

11 月 12 日 "森林温岭三年绿化大行动"动员会召开。按规划,三年内全市计划投资 3.8 亿元,新建、扩建、改建绿化面积 27700 亩,城市绿化覆盖率达 42%,人均绿化面积达 12 平方米。

11 月 15 日 全市深化民主恳谈工作座谈会召开,会议总结前几年该项工作取得的成果和经验,剖析存在的问题,提出深化和创新民主恳谈的目标。会议强调,民主恳谈要坚持"三个不动摇",即始终坚持党的领导不动摇,坚持群众的参与不动摇,坚持讲求实效不动摇,确保民主恳谈在正确的方向上健康发展,在有效的机制下高效运作,在不断创新中发展。市委书记叶海燕在会上讲话。

11 月 15—16 日 国家中医药管理局考评组对温岭创建全国农村中医药先进工作进行考核。温岭安排中医创建专项经费,实施"名医、名科、名院""三名"战略,突出中医特色,重视中医人才引进和乡村医生全科医学知识培训等工作,获考评组充分肯定。

11 月 24—25 日 共青团温岭市第十七次代表大会在市行政中心大

会堂召开。大会选举新一届团市委领导班子,张正卫当选为团市委书记。

11 月 30 日 全市人才工作会议召开。据统计,全市有各类人才 125050 人,其中省"151"人才 14 人,台州市"211"人才 14 人,台州市级技术拔尖人才 10 人。"十一五"期间共引进各类人才 2378 名。会议部署近期及今后一个时期的人才工作。同日,市委、市政府下发《关于引进和培养高层次创业创新人才的若干意见》。

12 月 10 日 九三学社温岭市支社成立,陈茂荣当选支社主委。

12 月 16 日 市教育文化产业发展培训班人员乘坐杭州大巴在临近萧山机场时发生车祸,造成 7 名干部死亡的重大交通事故。

12 月 16—18 日 第三届亚太批发市场大会暨第四届中国(温岭)国际农产品贸易对接会在市会展中心举行。此次展会共有 24 个省(市)、3 个国家与地区的农贸企业参展,设展位 450 个。全国政协经委会副主任张志刚、国家认证认可监督管委会副主任王太宁、世界批发市场联合会亚太地区工作组主席马增俊和台州市、温岭市领导出席开幕式。

12 月 19 日 中国国际城市化发展战略研究委员会在北京发布"2010 年中国城市化十大活力城市"排行榜,温岭入选"中国十大活力县级市"。

12 月 21 日 泽国镇被浙江省政府列为首批 27 个小城市培育试点镇之一。

同日 温峤镇岭下周村大学生周君志当选为村委会主任,为温岭首位大学生村干部。

12 月 31 日 浙江新界泵业股份有限公司 A 股在深交所上市,募集资金约 6.576 亿元。此为温岭第 4 家上市公司。

是年 大溪、坞根、上马污水处理厂投入试运行,泽国、松门污水处理厂完成主体工程建设,新铺设城镇污水管网 25 千米,建成村级污水处理设施 60 个。

是年 全市生产总值 581.46 亿元,按可比价格计算,比上年增长 11.1%。其中第一产业增加值 42.05 亿元,增长 2.8%;第二产业增加值

310.4 亿元,增长 11.5%;第三产业增加值 229.01 亿元,增长 11.8%。人均生产总值 48916 元,增长 10.3%。全市财政总收入 57.01 亿元,增长 19.9%,其中地方财政收入 30.59 亿元,增长 22.3%。全社会固定资产投资 207.23 亿元,增长 14.1%。社会消费品零售总额达 235.53 亿元,增长 16.3%。外贸自营出口总额 26.65 亿美元,增长 46.9%。年末全市户籍总人口 1192880 人,其中男性人口 606682 人,女性人口 586198 人。城镇居民人均可支配收入 28307 元,增长 9.0%;农村居民人均纯收入 12947 元,增长 14.4%。

2011 年

1月6日　晚上,俄罗斯皇家芭蕾舞团在市行政中心大会堂献演经典芭蕾舞剧《天鹅湖》。

1月11日　四川省青川县党政考察团到温岭考察,并签订双方合作框架协议。

1月21日　省政府发布第六批省级文物保护单位名录,温岭大溪东瓯古城遗址(含东瓯贵族墓)、长屿石宕遗址、石塘陈宅、温岭碉楼、江厦潮汐试验电站、大溪三池窟大寨屋等被列入。

2月9日　2011中国泵与电机展览会在温岭会展中心隆重开幕。展期3天,参展企业358家,有18个国家和地区的外商到会参观、参展。

2月20日　温岭银泰购物中心项目举行奠基仪式。项目占地面积3.2万多平方米,总建筑面积约16万平方米,总投资超亿元,是温岭市"十二五"期间首个超亿元重点建设项目。

2月22日　晚上,第四届"感动台州十大人物"颁奖典礼在台州广电总台演播大厅举行。温岭钱梅洁榜上有名。

3月4日　新河镇一企业主在新河中学操场为其母举行追悼会,由于参与人员众多、场面豪华,引起轰动,市委、市政府及时制止。事件引发国内外媒体和网络广泛关注。事后,相关部门就此作出深刻反省,相关责任人受到严肃处理。

3月5日　温岭市党员志愿者突击队成立暨党员志愿者服务月活动启动仪式在东辉公园举行,全市九大系统和各镇(街道)的25个支部党员志愿者突击队代表参加启动仪式。市领导为党员志愿者突击队授旗。

3月6日　凌晨2时许,石塘镇"浙岭渔运135号"渔船在大陈东南海域26海里处被英国籍大轮船碰撞,造成船只沉没、11人失踪的重大海上交通事故。事故发生后,市领导立即在渔船安全信息平台指挥开展事件应急处理工作,海事等部门组织力量搜救,未有结果,最后由对方作赔偿处理。

3月9日　81省道温岭段改建工程正式启动。工程线路全长42.59千米,项目概算投资26.65亿元。此次征地拆迁工作的主线工程,长26.27公里,拆迁安置房屋455.5间、84281平方米,涉及2个镇、1个街道、31个行政村。

3月21日　国药控股台州有限公司举行揭牌仪式。其前身是温岭医药药材有限公司,由国药控股浙江有限公司通过股权购并方式与温岭医药药材有限公司进行重组,组建成国药控股台州有限公司。

4月8日　"森林温岭"建设暨创建国家园林城市推进会召开。会议提出,2011年力争新增万亩绿地,并启动建设市植物园、九龙湖生态湿地公园、五龙山公园、下保山公园、北山公园、大型苗圃基地等一批重点生态休闲项目。

5月5日　在浙江省首届公共管理创新颁奖仪式上,温岭市人大常委会"参与式公共预算改革"、市总工会"建立行业工资集体协商机制"均荣获"浙江省公共管理创新案例优秀奖"。

5月15日　第九届全国异地温岭商会联谊会在广东举行。来自北京、四川、昆明、上海、兰州、天津等地19家温岭商会数百名会员聚首羊城广州,共谋家乡发展,并为"森林温岭"建设募资450万元。

5月16日　城东、城南、坞根等3个地方预算在温岭人大网上公开,至此,全市16个镇(街道)2011年预算全部在网上公开,"三公"经费在网上接受群众监督。

5月20日　王伯敏艺术史学馆开馆仪式在锦屏公园举行。省委书记、省人大常委会主任赵洪祝专门发来贺信。中国文联、中国美协、浙江省文化厅、浙江美术馆、中国美术学院、桐庐县委县政府和中国文联书记处书记冯远、中国美协主席刘大为等发来贺电。文化部外联局参赞朱琦,省文化厅副厅长、省文物局局长鲍贤伦,中国美院党委书记钱晓芳及台州市和温岭市领导出席开馆仪式。

5 月 23 日　温岭"石塘七夕习俗"(即石塘小人节),被国务院列入第三批国家级非物质文化遗产扩展项目名录。

5 月 30 日　台湾桃园县大溪镇考察团到温岭大溪镇考察(中国有四个大溪镇,分别是台湾桃园县大溪镇、广东揭阳揭西县大溪镇、浙江省温岭市大溪镇、福建省平和县大溪镇)。

6 月 7 日　市统计局发布《温岭市 2010 年第六次全国人口普查主要数据公报》,2010 年 11 月 1 日 0 时为标准普查时间,全市常住人口136.68 万人,其中市外流入人口 42.54 万人,占 31.12%。在常住人口中男性人口 71.01 万人,占 52.00%;女性人口 65.61 万人,占 48.00%。具有大学(指大专以上)文化程度人口为 5.56 万人。居住城镇人口 74.90万人,占 54.80%;居住乡村人口 61.78 万人,占 45.20%。

6 月 9 日　2011 年 361°全国男子排球大奖赛总决赛温岭赛区比赛在市体育馆举行,经过三天激烈拼杀,江苏队获得冠军,浙江队名列第四。

6 月 16—20 日　市第五届职工运动会暨首届新温岭人运动会在市体育馆举行,共有 1000 多名温岭籍运动员和 900 多名新温岭人参赛。

6 月 17 日　市人大常委会主任张学明在全省人大工作会议上作"深化参与式预算的实践与启示"的经验介绍。省委书记、省人大常委会主任赵洪祝在会上指出,温岭的经验是扩大公众有序政治参与、推进公共财政规范化建设的有益探索,是被实践证明的行之有效的好做法、好经验,要适时推广到其他县市乡镇进行学习借鉴。

6 月 28 日　温岭市庆祝中国共产党成立九十周年暨"七一"表彰大会隆重举行。一批先进党组织、优秀共产党员、优秀党务工作者、优秀驻村干部和"十大曙光先锋"受到表彰。

6 月 30 日　由市委、市政府主办,市委宣传部等单位承办的温岭市庆祝建党九十周年大型红歌文艺晚会在市体育馆举行,市四套班子领导出席晚会。

7 月 9—10 日　国家能源局、财政部、农业部联合在北京举行全国农村能源工作会议暨"国家绿色能源示范县(市)"授牌仪式,温岭市被授予"国家绿色能源示范县(市)"称号。

7 月 13 日　全市领导干部会议传达省委、台州市委决定:周先苗任中共温岭市委书记,叶海燕不再担任温岭市委书记、常委、委员职务;省委提议李斌为温岭市市长候选人,周先苗不再担任温岭市市长职务。

7 月 15 日　市十四届人大常委会第三十六次会议决定任命李斌为温岭市人民政府副市长,决定接受周先苗辞去温岭市人民政府市长职务,并报市十四届人民代表大会备案。决定任命李斌为温岭市人民政府代市长。

7 月 25—28 日　由省体育局、省教育厅联合举办,温岭市政府承办的"中马杯"浙江省第十届少年儿童田径运动会在市体育中心举行。来自全省 85 个县(市、区)组队分甲级队、乙级队四个年龄组开展比赛。温岭队获甲组第一名和综合团体第一名。

8 月 9—10 日　全省农房改造建设和中心镇发展改革工作现场会在温岭设分会场,将大溪镇污水处理厂和百里河农村新社区列为参观点,副省长陈加元出席温岭分会场。

8 月 11 日　全市村级组织换届选举总结暨镇级换届工作动员会召开。全市村级组织换届选举完成,共选出村两委成员 7412 名,其中 35 岁以下占 13.8%,大专以上文化程度占 14.7%。有 60 名大学生村干部当选为村两委成员,其中 3 名当选为村党支部书记,1 名当选为村民委员会主任。会议对镇级换届工作进行部署。

8 月 18 日　中共温岭市委作出《关于在全市开展向舒幼民同志学习的决定》。舒幼民是一位在驾驶岗位上坚持了 31 年的普通司机,他立足岗位,任劳任怨,无私奉献,始终保持共产党员的优秀品质,用实际行动诠释了全心全意为人民服务的宗旨。9 月 5 日,市委在行政中心大会堂举行舒幼民先进事迹报告会。

8月19日　温岭市全民共建共创"国家园林城市"活动启动仪式在市区东辉公园举行。

8月20日　2011中国百强县排名出炉,温岭市位居百强县市第27位。

8月22日　农业部公布全国首批一村一品示范村名单,共322个村,滨海镇民益村以种植葡萄闻名而入榜。该村种植葡萄850亩,占全村土地面积的80%以上。

8月25日　全国工商联在北京召开"2011中国民营企业500强"发布会,温岭市曙光控股、中博建设、华太建设等3家企业蝉联入围全国民营企业500强。

9月6日　公租房一期工程在城西街道合岙区块举行开工仪式。该工程用地面积2.64万平方米,建筑面积6.42万平方米,规划建设798套房屋,其中廉租房110套,公租房688套,项目总投资2.9亿多元。

同日　中国工程物理研究院科技项目推介会在温岭举行,市内80余家企业代表与中物院专家进行交流洽谈,15个项目初步达成意向。

9月9日　凌晨,横峰街道石刺头村一临时厂房发生火灾,烧及前面民房,事故造成7人死亡、5人受伤。当日,市政府召开消防安全紧急会议,部署开展消防安全大检查,切实消除火灾隐患。

9月14日　全市消防安全隐患百日整治誓师大会在横峰街道举行。市委书记周先苗在会上强调,要深刻吸取"9·9"火灾事故教训,痛定思痛,痛下决心,以铁的决心、铁的手段、铁的纪律,整治消防安全隐患,为推进温岭跨越发展创造良好的社会环境。市委副书记、代市长李斌在会上提出,要以"九个一律"扑杀隐患苗头,确保人民群众生命财产安全。市四套班子领导出席会议。

9月29日　中国机械工业联合会授予温岭市"中国工具名城"称号。

9月29—30日　市内遭受突发特大暴雨侵袭,从29日下午4时至30日2时,全市平均降雨量228.5毫米,最大降雨站点为麻车桥站,实测406毫米。

10月1日　泽太一级公路藤岭隧道右线开通。至此,车辆经过藤岭有三条隧道可通行。

10 月 9 日　2011"温岭·长屿硐天杯"全国象棋国手赛在长屿硐天岩洞音乐厅举行。该赛事由中国象棋协会、浙江省体育局主办,温岭市政府、省体育中心承办。

10 月 11 日　中央创先争优活动第 1600 期简报以《31 年安全行驶的"共产党员示范车"》为题,详细介绍了温岭市客运司机"长人师傅"舒幼民的先进事迹。

10 月 12 日　台州检验检疫局温岭办事处正式对外运行。办公地址设在城西街道曙光西路。

同日　台州首个植物园——温岭植物园奠基仪式在石桥头镇下洞桥村举行。植物园规划占地面积 174 公顷,投资 5 亿元。

10 月 16 日　台州海关缉私分局在石塘附近海域破获一起成品油走私案,抓获涉案人员 9 名,案值约 300 万元,此为 7 月开始的全国打击成品油走私的"国门利剑专项行动"在浙江破获的最大的成品油走私案。

10 月 25 日　省农作制度创新重点乡镇现场会代表到箬横镇参观省级粮食生产功能区建设情况。省农业技术推广基金会会长章猛进、台州市委副书记肖培生和温岭市委副书记、代市长李斌等参加会议。

同日　市委书记周先苗和市政协主席王福生为"温岭市政协委员林"揭幕,并与 300 多名政协委员一起参加东部产业集聚区的植树活动。市政协委员为"三年绿化大行动"带头捐款助绿,并设立政协委员慈善基金 700 多万元。

10 月 29 日　温岭市第一人民医院举行建院七十周年庆典活动,省政协副主席盛昌黎,中国医院协会会长、卫生部原副部长曹荣贵,以及省卫生厅、省科技厅和台州市有关领导、温岭市四套班子领导出席庆典活动。

11 月 5—7 日　第 11 届中国(温岭)鞋帽、鞋材及设备展览会在市会展中心举办。此次展会共设展位 398 个,166 家企业参展,展出面积 1.5 万平方米,来自德国、加拿大、埃及等 17 个国家和地区的近 60 名国外采购商参加展会。

11 月 11 日　在宁波国际会展中心举行的首届中国海洋经济投资洽谈会上,温岭市与台湾义联集团签订温岭义联大世界(旅游综合体)项目投资合作意向书。该项目坐落于城市新区,占地面积 652 亩,计划投资人民币 108 亿元。

11 月 11—14 日　市首届青少年学生阳光体育运动会在市体育场举行,全市 81 所学校、87 个代表队,共 2000 多名中、小学生参加田径项目比赛。

11 月 14 日　浙江省、台州市和温岭市三级防治动物疫病指挥部在温峤镇联合举办防控重大动物疫情应急演习,省政府副秘书长、省防治动物疫病指挥部副指挥陈龙,省农业厅厅长史济锡,副厅长赵兴泉,台州市副市长蔡永波及温岭市领导李斌等现场观摩。

11 月 15 日　市首座 110 千伏/20 千伏变电所投产运行。该变电所坐落在松门镇乌岩村,一期投资 8324 万元。

11 月 25—30 日　2011 浙江农业博览会、全国名优果品交易博览会在杭州举办。温岭 9 家农业企业参展,共有 7 个农产品获金奖,分别是"玉麟"牌西瓜、"经纬"牌鱼糜制品、"君波"牌紫菜、"花坞"牌绿色乌骨鸡蛋、"明圣"牌温岭高橙、"月桂"牌黄酒。

11 月　在温岭日报社、市农林局联合推出的"种粮我最行"暨种粮状元评选活动中,城南镇罗未聪以水稻亩产 878.9 公斤的产量,获得全市种粮高产冠军。

12 月 2 日　经过 3 个月的试运行,市公安局反盗抢合成特战队正式成立,这样的特战队在全国尚属首创。

12 月 6 日　位于城东街道九龙大道的温岭联合村镇银行正式开业,以服务"三农"、服务小微企业为经营宗旨。

12 月 13 日　市首个海洋经济专项规划——《浙江海洋经济发展示范区温岭市实施方案》获评审通过。省发改委、省发展规划研究院、台州市发改委、台州学院及市级有关部门的领导和专家出席评审会。

12 月 20 日　大溪镇被全国精神文明建设指导委员会授予"全国文明镇"称号。

12月28日 市首家物流园区——温岭国际物流中心工程开工建设。该项目坐落于甬台温高速公路大溪出口附近,占地面积约107亩,总投资6亿元。

12月31日 温岭市社会保障市民卡"一卡多用"和市区公共自行车启用仪式在市行政中心广场举行。公共自行车首期投放3000辆,设借用网点70个。

2012 年

1月5—8日 中共温岭市第十三届代表大会第一次会议在市行政中心大会堂召开。周先苗代表中共温岭市委向大会作《加快沿海开发 推动跨越发展 为建设现代化中等城市而努力奋斗》的工作报告。陈建斌代表中共温岭市纪委会作《努力开创反腐倡廉工作新局面 为建设现代化中等城市提供坚强保证》的工作报告。会议选举产生中共温岭市第十三届委员会委员、候补委员和中共温岭市第十三届纪律检查委员会委员及温岭市出席台州市第四次党代会的代表。周先苗当选市委书记;陈建斌当选市纪委书记。大会通过市委、市纪委工作报告的决议和《关于中国共产党温岭市代表大会常任制(试行)的决议》。

1月8日 在中央编译局等单位发起的第六届"中国地方政府创新奖"全国选拔暨颁奖大会上,温岭市"工资集体协商制度"获"中国地方政府创新提名奖"。

1月9日 市十四届人大常委会第四十二次会议审议通过《关于温岭市国有资产投资集团有限公司发行公司债券的决议》,同意市政府以温岭市国有资产投资集团有限公司为主体,发行人民币16亿元的公司债券。会议确认当选的381名市第十五届人民代表大会代表的代表资格有效,并予以公告。

1月19日 温岭市首家院士专家工作站——中国科学院理化所富岭院士工作站在富岭塑胶工业城厂区举行揭牌仪式,中国工程院院士吴以成、中国科学院理化所党委书记黄勇等8位院士专家进站工作,主攻纤维素和 PBS 生物降解餐饮具研发生产。市领导张学明、王福生、王加潮等出席揭牌仪式。

同日　由中国机电产品进出口商会、省商务厅和温岭市政府共同举办的第六届中国泵与电机展览会在市会展中心开幕。本次展览会共设展位 780 个,参展企业 378 家,有 18 个国家和地区的 58 位采购商与会。

2 月 6 日　九龙湖生态湿地公园一期规划及环九龙湖一期城市设计方案评审会在市行政中心召开。

2 月 17 日　交通运输部部长李盛霖受国际海事组织委托,将国际海事组织颁发的"海上特别勇敢奖"授予石塘镇小沙头村郭文标,以表彰他对海上救助作出的突出贡献。郭文标是唯一获此殊荣的中国渔民。

2 月 27 日　104 国道大溪段(长 12.03 千米)改建工程正式动工,总投资 9.55 亿元。

2 月 28 日至 3 月 4 日　政协温岭市第十三届委员会第一次全体会议在市行政中心大会堂召开,市委书记周先苗在开幕式上讲话,第十二届市政协主席王福生作常委会工作报告、市政协副主席林邦勤作提案工作报告。会议选举产生政协温岭市第十三届委员会主席、副主席、秘书长、常务委员,王福生为主席。

3 月 2—6 日　市第十五届人民代表大会第一次会议在市行政中心大会堂召开。会议听取和审议代市长李斌作的市政府工作报告,市人大常委会主任张学明作的市人大常委会工作报告以及市人民法院、市人民检察院的工作报告,并通过相应决议。选举张学明为市十五届人大常委会主任,李斌为市人民政府市长,会议还选举产生 28 名市十五届人大常委会委员。市委书记周先苗在闭幕式上作重要讲话。

3 月 8—17 日　市委书记周先苗率泽国、大溪、横峰等镇(街道)和外经贸局、外侨办负责人赴欧洲瑞士、德国、意大利等国家考察鞋业产业情况。

3 月 13 日　全省青少年科普工作交流会在温岭召开。

3 月 29 日　温岭市首届政府质量奖颁奖大会召开。浙江利欧、台州富岭、大元泵业等 3 家企业获 2011 年度政府质量奖,各获 50 万元奖金。

4月1日　在全省建设"平安浙江"电视电话会议上,温岭市被省委、省政府授予"2011年平安县(市、区)"称号。

4月11日　农业部东海区渔政局石塘服务点启用仪式在石塘镇车关村举行,市长李斌等出席仪式。

4月12日　"温岭骄傲·身边奉献者"事迹报告会在市行政中心大会堂举行。有"海上飞虎队"之称的市第四人民医院党支部等2个先进组织和优秀驻村干部林立勇等4个先进个人的事迹感人至深、催人奋进。市委书记周先苗在会上讲话,市四套班子领导出席报告会。

4月13日　市腾翔房地产开发公司总经理叶海波在云南省陇川县陇巴镇签订承包枇杷园1200亩、期限10年的合同,同时,他与相邻的瑞丽市勐秀乡成功洽谈了2700亩山地承包意向。至此,温岭市"走出去"农业总面积达38.68万亩,超过温岭本地38.56万亩耕地面积。

4月14—15日　第二届国际绿色餐饮创新技艺大奖赛(温岭站)在温岭国际大酒店举行。十多家参展参赛单位,百余名国内外个人选手,引来观摩人数近千人次。大赛评出特金奖、金奖、银奖、全能冠军,个人单项赛总冠军、亚军、季军等奖项。此活动由市饭店业协会、市旅游协会、亚洲·中国餐饮行业协会共同主办。

4月18日　中央党校中青班一班台州调研组到温岭调研加强基层民主政治建设课题,并到新河镇城西村现场观摩"城中村"改造民主恳谈活动。

4月20日　全市农房"立改套"、土地综合整治和环境连片整治工作会议召开。针对农村环境连片整治前2年实施67个村的计划,至2012年4月,仅有49个村完成,而当年整治任务又增加25个村。全市农房"立改套"共计4633套,总建筑面积67万平方米。会议要求加快速度、以更大的决心推进三项工作。

同日　市政府出台《关于浙江爱仕达电器股份有限公司"退二进三"和投资东部新区有关问题会议纪要》,明确对该公司在横湖东路北侧温岭厂区共计约246.25亩工业用地实行整体一次性收储。

同日　"浙岭渔20198号"渔船在离石塘港290海里外1733海区3

小区航行时,发现海面上倒扣着一艘渔船,船老大陈新辉立即投入搜寻落水船员的行动,在风浪中救起 10 名韩国船员。17 时许,韩国海警带着获救的船员回国。5 天后,韩国方面发来感谢信。

4 月 23 日　省教育工委书记、省教育厅厅长刘希平到温岭调研深化课程改革等工作,实地考察横湖小学"学生解放行动",观摩该校选修课程。

4 月 25—27 日　省委常委、组织部部长蔡奇到大溪镇蹲点调研党内基层民主建设和基层党组织建设年活动开展情况。

4 月 26 日　台州学院医学院附属温岭医院在市第一人民医院揭牌。

4 月 26—27 日　贵州省安顺市委书记陈坚率领考察团到温岭考察工业化城市建设工作。

4 月 28 日　市城市建设综合开发有限公司推出 20 套商品现房(位于人民路东延、佳园西区、世纪广场等处),均价每平方米 6000 元至 12000 元不等,在体育馆进行摇号销售。参加摇号的有 4755 人,平均 200 多人竞争一套房子,其中有一套房子有 818 人报名。

4 月　截至是月,全市累计建成 782 个村邮站,其中三类站 685 个,占比达 88%,为全省最高。三类站便民服务业务包括代发养老金、代收电费、代缴话费、代售汽车票和飞机票以及助农小额贷款等。3 月,全市村邮员共投递邮件 101.5 万份。

5 月 1 日　0 时起,浙江省再撤销 29 个收费公路项目,30 个收费站点,其中包括 104 国道路桥至泽国太平的(温岭段)收费站。

5 月 3 日　位于万昌路北路与九龙大道交汇处的温岭国际数码城正式开业。该数码城(海港城)2008 年 12 月 22 日奠基,由香港天宏国际投资集团全额投资 4 亿多元,建筑面积 7 万平方米,时为华东地区规模最大、商品种类最齐全的专业电子数码商场。

5 月 3—4 日　全省服务业现场交流暨项目推进会在温岭召开,副省长陈加元出席会议。

5 月 7 日起　全市近 5 万名学龄前儿童参加"六一"健康体检,其中温岭城区 8000 名。体检项目有内科检查、五官口腔、视力、血色素检测、营养评价等。

5月11日　温岭市与中国机电产品进出口商会深化出口基地战略合作座谈会暨签字仪式在北京举行,市长李斌等出席签字仪式。

5月11—13日　由市鞋革业商会主办的第十二届中国(温岭)鞋机、鞋材及皮革展览会在市会展中心举行。展会共设摊位330多个,为历届最多。

5月15日　温岭警方成功破获一起公安部督办的跨省贩毒案件,共抓获涉案人员13名,其中2名为主要犯罪嫌疑人。缴获冰毒1500余克、麻古800余克、毒资20余万元。

5月16日　由省文化厅主办的以"梦想激发阅读,阅读点燃梦想"为主题的第八届浙江省未成年人读书节在温岭开幕。倡导未成年人勇于追逐美好梦想、积极阅读求知的良好风尚,活动为期一个月。

同日　市图书馆泽国分馆——月湖书院正式开馆,该馆占地面积3亩多,建筑面积1100平方米。藏书5万余册,电子图书8万余种、12万余册。馆内设有网上阅览区、中心阅览区和少儿阅览区,阅览座位150余个。

5月17日　市政府机构改革动员会召开。此次机构改革涉及部门8个,其中撤并部门2个,职能调整部门4个,管理体制调整部门2个。与改革前相比,政府工作部门限额保持不变,减少议事协调机构1个。市委书记周先苗和市委副书记、市长李斌分别在动员会上讲话。

5月18—20日　中共中央政治局委员、中央书记处书记、中组部部长李源潮到浙江调研期间,于5月19日出席在大溪镇召开的基层党组织负责人座谈会,观摩大溪镇小城市建设专题民主恳谈会。中组部常务副部长沈跃跃参加调研。省委书记赵洪祝,省委常委、组织部部长蔡奇陪同调研;台州市领导陈铁雄等及温岭市领导周先苗、李斌出席座谈会。

5月21日　全省普通高校招生考试工作电视电话会议召开。是年温岭高考报名总人数6818人,其中普通高校招生报名5629人,单考单招高职报名1189人,报名人数都比上一年略有增加。

5月24日　全市农村集体土地确权登记发证工作正式启动。

同日　由人民网、新华网、中新网、凤凰网等全国26家知名网络媒体共40多名记者、编辑组成的"民营经济在浙江"采访团,到大溪镇采访水泵行业。大溪镇拥有泵业与电机企业 1592 家,其中整机生产企业 877 家,配件企业 715 家;年产值 2000 万元以上的规模企业 86 家,有 21 家企业年产值超过 1 亿元,全镇泵业总产值 180 多亿元。大溪镇农用水泵销量占全国市场销量的 60%。

5 月 30 日　全省农村公路工作现场会在温岭召开。温岭从 1994 年到 2011 年底,共建成农村公路 1743 千米,实现通村率和硬化率"双百"目标,基本实现通村公路网格化。与此同时,公路管理推行专业养护全覆盖,形成"建、管、养、运"一体化格局,受到与会代表称赞。

6 月 1 日　中国塑料加工工业协会授予温岭市"中国注塑鞋之都"称号。

同日　温岭植物园设计方案评标会在市招投标交易中心举行。省住房和城乡建设厅、北京林业大学、浙江农林大学、杭州植物园、省规划院等单位组成专家组,对 3 家设计单位提供的方案进行评标。当天,2 家单位的设计方案通过第一轮竞标。之后,这 2 个设计方案再通过网上公示,市民投票。植物园位于石桥头镇下洞桥区块,总规划面积约 174 公顷,其中,一期建设占地 40 公顷。

6 月 2 日　温岭经济社会发展战略座谈会召开。祖籍箬横的中国美旗控股集团有限公司战略决策委员会主席、中国台商研究所所长张秉臻应邀到会,为温岭发展支招。市领导周先苗等出席会议。

6 月 5—8 日　中国科学院科普报告团一行 6 人到全市各中学为学生开展科普知识讲座。内容包括灾害应急准备、卫星遥感与现代战争、航天航空知识等。

6 月 13 日　全市"阳光工程"建设动员大会召开,确定将保障性住房监督、教育招生、医疗服务公开、"三公经费"公开、公路收费、"四项资金"、"人民教育基金监管"、征地拆迁补偿等八项工作列为 2012 年"阳光工程"建设,加大公开力度,促进权力规范、透明运行。市委常委、纪委书记陈建斌讲话。

6 月 15 日　全省水稻机械化育插秧技术推广形势分析会暨单季稻机插现场会在温岭召开,省农业厅副厅长赵兴泉出席会议。截至 2011 年底,温岭水稻种植面积 24 万亩,其中,机插面积仅 0.7 万亩,占水稻种植面积的 2.9%,远低于全省 17%,全国 23% 的平均水平。

同日　天津市红桥区考察团到温岭考察经济社会发展情况,并出席两地工商联(总商会)友好合作协议书签字仪式。

6 月 18—29 日　李斌市长率团赴卡塔尔等国访问。

6 月 19 日起　市民凭社保中心发放的医保卡(石夫人卡)到指定药店购买医保目录药品可刷卡报销。

6 月 20 日　入梅后第一场大雨,致上虞种西瓜的温岭瓜农损失惨重。上千亩瓜田被淹,十多户温岭瓜农损失上百万元。

同日　省政府为泽国镇丹山居居民林梅领记一等功,授予"浙江省见义勇为勇士"称号。62 岁的林梅领于 2011 年 8 月 13 日面对持刀歹徒,不顾身受十几处刀伤,勇敢将歹徒制服,谱写了一曲正义之歌。

6 月 21 日　由大溪镇政府、市文联诗词家协会联合主办的"风从东瓯来——大溪龙年端阳诗会"在大溪开幕。市委常委、宣传部部长林慷和省文化厅原厅长、浙江省诗词与楹联学会名誉会长钱法成、浙江省诗词与楹联学会会长祁茗田等出席开幕式。

6 月 22 日　由外交部组织的 33 位来自欧洲各国的外交官(第七期欧洲外交官研讨班学员)到温岭新河镇,观摩长屿硐天景区古村落保护和开发的民主恳谈活动。

6 月 25 日　省政府公布第四批浙江省非物质文化遗产名录,温岭草编、温岭剪纸、温岭洞房经、泽国三月三、木杆秤制作技艺(戥秤制作技艺)等 5 个项目列入名录。至此,温岭共有 16 个项目被列入省非物质文化遗产名录。

6 月 27—28 日,市第三届农村文体俱乐部运动会在市青少年素质教育基地隆重举行,设拔河、健身排舞、抢运大丰收、障碍大冲关、跳绳、合力背摔、微波凌步、协力竞走等 8 个比赛项目,全市 16 个镇(街道)各个农村体育俱乐部成员热情参与。经激烈角逐,石塘镇、太平街道、温峤镇、横峰街道、松门镇和泽国镇分别获得团体总分前六名。

6 月 29 日　西环路南延隧道及接线工程完工验收。此为西环路南延一期工程的最后一个部分,主要包括一条 740 米长的隧道和隧道两端总长 1.5 千米的连接线道路,分别连接万昌北路和人民路,工程于 2009 年 11 月开工,总投资 7890 万元。

6 月 浙江多乐佳实业有限公司被农业部、发改委、财政部、商务部、中国人民银行、国家税务总局、中国银监会、中华全国供销总社等 8 部门共同认定为农业产业化国家重点龙头企业。这是温岭首家获此殊荣的企业,也是台州市第二家上榜企业。

7 月 1 日起 全市 2012 结算年度社会保险缴费基数作相应调整。用人单位申报缴费工资,最低不低于 2011 年省月平均工资的 60%,最高不高于 2011 年省月平均工资的 300%。此外,全市养老、医疗、工伤、生育、失业五大保险当年统一按 2011 年度浙江省在岗职工平均工资作为缴费基数。

7 月 6 日 江西九江学院附属温岭医院成立暨安徽六安二院缔结友好医院庆典仪式在市第二人民医院举行。市委副书记、市长李斌和江西九江学院副院长杨耀防为九江学院附属温岭医院揭牌。

7 月 8 日 市首届渔人节开幕式在石塘镇举行。

7 月 11 日 2012 年"伊泰杯"全国象棋甲级联赛第 11 场在温岭开赛。温岭籍象棋特级大师赵鑫鑫和 3 名队友一起迎战河北队。最终,浙江队以 5 胜 3 负取胜。"象甲"是全国象棋团体赛的最高赛事,已连续举办 10 届,本届首次"落子"温岭。

7 月 19 日 原藏于市人民法院的 13 卷土改时期档案移交市档案馆收藏,至此,全市土改时期的档案全部移交市档案馆收藏,市民均可查阅。

7 月 23 日 全市人才工作推进会隆重表彰市第六届专业技术拔尖人才和终身拔尖人才。对 2011 年新成立的 5 家名家工作室进行授牌,并对浙江新界泵业博士后工作站进行奖励。

同日 东海塘围涂工程通过省发改委、水利厅和省围垦局等组织的竣工验收,工程评定为优良。该工程位于温岭东部沿海大港湾内,是全省三大重点围涂工程之一。工程从 1975 年动工新建,历时 30 多年,中途经历停工、复工,于 2009 年建成投入运行,总投资 4.4979 亿元,围涂面积 5.46 万亩。

7 月 24 日　温岭第二批经济适用房在市影视城正式摇号选房。报名并通过审核的准购家庭 195 户,到达现场选房 184 户。经济适用房均价约为每平方米 3000 元,且实行 1 比 1 选房。其中有 10 多个参与摇号的是在温岭落户的新温岭人。

同日　市委副书记、市长李斌代表市政府与天津职业技术师范大学签订教育合作协议,合作包括免费中职师范生培养、职校教师硕士培养、中职师资培训、技能大赛培训、毕业生招聘、教育教学实习、双方学者专家互访及交流等七大项目。

7 月 25 日　横峰街道"少数民族之家"在方家洋村挂牌成立,成为市内首个"少数民族之家",34 名入户在横峰的少数民族群众因此有了自己的"娘家"。

7 月 27 日　2012 全国青少年板球锦标赛在大溪三中开赛,来自全国各地 21 支代表队进行激烈的角逐,最终,大溪三中斩获男子 15 岁以下组、女子 15 岁以下组双料冠军,男女混合 12 岁以下组冠军则被深圳育才小学获得。

7 月 29 日　新疆生产建设兵团农一师阿拉尔市 85 名连队主要负责人培训班在温岭市委党校开学。此为当年阿拉尔市基层干部赴对口支援地浙江台州的第二批轮训,也是温岭市组织部门和党校首次承办的"智力援疆"项目。

7 月 30 日起　全市对 16 周岁至 45 周岁的三级和四级残疾人实施城乡居民养老保险补助。全市近 2 万名持证残疾人中,三级和四级残疾人总计 1.2 万多人,政府以买单和补助等形式解决残疾人家庭的后顾之忧,实现残疾人老有所养的社会保障目标。

8 月 1 日起　免除殡葬基本项目服务费,免费金额约 800 元。

同日　81 省道松门过境段正式通车,全长 3.85 千米(包括隧道一座)。比原先道路缩短 1.8 千米。

8 月 13 日　横峰街道蔡刚军在市办证中心工商窗口成功注册浙江

蓉盛飞机销售服务公司,注册资本 1000 万元,为全省首家"飞机 4S 店"。

8 月 17 日　全市维护社会稳定工作会议召开。会议确定从 8 月 15 日起至 11 月 30 日,在全市推进"固本保稳定、喜迎十八大"暨"矛盾大化解、安全大防范和隐患大整治"百日攻坚活动。市四套班子领导出席会议。

8 月 31 日　市公安局侦破一起台州最大贩毒案,抓获 9 名贩毒人员,缴获约 13 千克毒品麻古。

同日　江厦潮汐试验电站工业旅游示范点经省旅游局验收组验收合格,成为全省首批工业旅游示范点和国内首个潮汐能旅游示范点。

9 月 7 日　2012 中西足球对抗赛在市体育中心举行,由杭州绿城对阵西班牙 AFE 足球队。此为温岭市首次举办国际性足球比赛。

9 月 12 日　位于城东街道阳光大道北侧、西临万昌北路的新城东小学举行落成典礼。该校 2009 年开工建设,总投资 5000 多万元,建筑面积 22733 平方米,当年有 28 个班 1235 名学生。落成典礼上,新城东小学与方城小学签订合作办学协议,正式成为方城小学分校,双方在学校管理、师资交流等方面共享教育资源。

同日　《温岭日报》刊登《箬横农民　开着汽车去种田》的报道,箬横种粮大户朱齐军拥有 4 台插秧机、20 多台植保机、6 台收割机和 2 台烘干机。当年种植 3800 亩水稻和蔬菜,育秧、种植、植保、收割、加工……从播种到生产,实现全程机械化。

9 月 15 日　第二届中国海洋经济投资洽谈会在宁波市国际会展中心开幕。温岭市委书记周先苗,市委常委、常务副市长张永兵带领全市 22 个推介项目和两个参展产品组团参加"海洽会"。会上,石塘镇政府与北方建设签订曙光新城项目协议,该项目占地 532 亩,建筑面积 48 万平方米,计划总投资 20 亿元人民币。

9 月 16 日　香港温岭同乡会换届大会暨第二届理事会就职典礼在香港举行。100 多位在港乡贤欢聚一堂,畅叙乡情,共谋发展,詹炜先生再次当选会长。香港温岭同乡会自 2007 年 11 月成立后,积极回乡投资兴业,热心社会公益事业,由香港同胞投资的温岭国际数码城、珠宝城等回归项目相继引进或建成。

9 月 17 日　全省首批农民专业合作社联合社营业执照颁发仪式在温岭举行,市内 6 家农民专业合作社联合社领到法人营业执照。

9 月 18 日　台湾居民罗先生从市工商行政管理局领到一本松门某水产品经营部的个体营业执照。此为台州范围内无须外资审批核发的首本台湾居民个体工商户执照。

同日　市国有资产投资集团有限公司经国家发改委批复同意,发行2012 年公司债券 14 亿元人民币,所筹资金全部用于建设合峦地块康和家园、楼山地块康惠佳园保障性住房一期工程等 8 个项目。

9 月 19 日　110 千伏文峰变二期扩建工程新增一台 5 万千伏安主变压器,经调试,成功投运,有效解决了当时松门镇用电紧张状况。

9 月 25 日　国家质检总局公布首批 13 家"全国知名品牌创建示范区"名单,温岭市"全国水泵产业知名品牌创建示范区"名列其中,成为全省唯一一个"全国知名品牌创建示范区"。

同日　泽国镇行政服务中心(市办证中心泽国分中心)、泽国镇招投标管理委员会正式揭牌启用。该中心建筑面积 5000 多平方米,首批进驻25 个市级部门和单位,设 22 个服务窗口。有被授权或委托审批事项 339项,包括公安户政、交警、公证、工商、房管、城建和城管执法等。

同日　市国民体质监测与体育科研中心挂牌成立,向公众免费提供身体体质检测和评估服务。该中心由市体育局组建成立,位于市体育中心靠万泉路一侧。

9 月 26 日　市人才公寓(汇贤居)在城西街道开工建设,该项目投资1.36 亿元,新建房屋 278 套,是温岭市实施人才强市战略的重要措施之一。

9 月 28 日　第十届全国温岭异地商会联谊会在天津举行,全国各地400 多名温岭籍企业家汇聚天津。会议期间举行温岭 6 个项目签约仪式,总投资 23 亿元。市领导周先苗、张学明等出席联谊会。

9 月 30 日　温岭市城市公交改革方案实施。根据 8 月 3 日市长办公会议专题研究通过的《公交车民营化经营、政府财政购买服务》方案,改革主要包括提高服务质量、提高到站准点率、增加班次密度、改善车容车貌、公交车实行民营化经营、由政府财政对整个公交公司进行成本审核并补贴。改革之前,全市有 3 家公交公司,公交车 127 辆,从事 12 条公交线路营运,覆盖 5 个街道,设置站点 249 个。

10 月 8 日 国庆黄金周期间,全市旅游总收入 3.04 亿元,比上年同期增长 44.76%;景区游客 87.82 万人次,同比增长 48.45%;门票收入 545 万元,比上年同期增长 59.04%。其中长屿硐天风景旅游区,共接待游客 12.8 万人次,门票收入 280 万元,比上年增加七成。

10 月 9 日 中信银行台州温岭支行开业。

同日 国家发改委等相关部委印发《国家"十二五"文化和自然遗产保护设施建设规划》,将温岭方山—长屿硐天国家级风景名胜区被列入文化和自然遗产保护设施建设项目储备库。

同日 温岭市被省政府授予"全省十大市场强市"。

10 月 11 日 万泉东路东延工程正式通车,该路段西起太平街道下河村,东与城东街道湖南村老肖浦路相接,全长 930 米、宽 28 米,其中五龙山山体隧道长 510 米。工程于 2010 年 2 月开工。

10 月 12 日 省政府办公厅公布全省 20 个工业强县(市、区)建设试点名单,温岭市名列其中。

10 月 15 日 第 112 届中国进出口商品交易会(广交会)在广州开幕,温岭共有 145 家企业参展,设展位 376 个。

同日 黑龙江省哈尔滨市人大常委会预算工委考察组到温岭考察参与式预算监督工作。

10 月 16 日 德国哈瑙市市长克劳斯·卡明斯基一行到温岭考察。

同日 全市流动人口服务管理工作现场会召开,确定各镇(街道)在 10 月底前,撤销原先的流动人口服务管理中心,设立流动人口服务管理所。截至 9 月底,全市登记在册的流动人口共 86.9 万人,占全市户籍人口比例的 73%。

10 月 17—18 日 市总工会第十次代表大会召开,选举产生新一届市总工会领导班子,叶其泉连任市总工会主席。

10 月 20 日　滨海镇镇中村慈善工作联络站成立,募集善款 257.3 万元,创台州市村级慈善工作联络站募集善款最高纪录。

10 月 22 日　新河中学与美国印第安纳州韦恩堡北方高中签订合作协议,正式建立姐妹学校关系。

10 月 23 日　全市老龄工作会议暨浙江省第 25 个老人节庆祝会召开。温岭市有 861 个村(居、社区)建立老年人协会,入会老人 18.7 万人,占全市老年人口总数的 92.76%。

10 月 25 日　晚上,联合国儿童基金会颁发大奖。温岭籍青年导演金华青执导的纪录片《花朵》,在英国 BBC、日本 NHK、韩国 KBS 等全球各大电视台选送的 324 部作品中脱颖而出,获得唯一的奖项——联合国儿童基金会大奖。

10 月 26 日　位于坞根镇的浙江合兴禽业发展有限公司顺利通过"国家级农业标准化示范项目"验收。该公司养殖的白毛丝羽乌骨鸡总存栏量达 12 万套,全年出栏 700 万羽,生产的"圆溜溜"牌乌骨鸡蛋出口欧盟,养殖规模居全国首位。白毛丝羽乌骨鸡种鸡场成为"国家级乌骨鸡标准化示范区"、浙江省唯一的"乌骨鸡祖代种禽场"、农业部"全国标准化养殖示范基地"。

10 月 27 日　在入选 2013 年清华大学"新百年领军计划"推荐学校校长会议上,温岭中学入选清华大学"新百年领军计划",成为清华大学优质生源基地,是台州市唯一一所为清华推荐优秀学生作为领军计划候选人的学校。

10 月 29 日　市第二届青少年学生阳光体育运动会开幕式暨学生长跑启动仪式在市体育场举行。全市 86 所学校 1200 多名学生,参加为期四天的田径项目比赛。

11 月 1 日　全市 860 个村(居、社区)实现村务电视公开。在数字电视主菜单"阳光村务"频道内,分设村情概况、财务公开、资产资源、党务公开、日常村务等栏目,村民通过电视便能看到本村财务收支、资产资源明细和村级工程建设等情况。

11 月 2 日　位于太平街道东环路的市妇女儿童活动中心开工建设,

建筑面积 7500 平方米,投资 2000 万元。

11 月 3 日　中午 12 时许,"浙岭渔 9802 号"渔船在石塘三蒜岛石牛礁一带触礁沉没,7 名渔民跳上救生筏逃生,因救生筏漏水,情况十分危急,石塘海上平安民间救助站站长郭文标接到求救电话后,立即带人前往施救,7 名渔民平安得救。

11 月 8 日　中国共产党第十八次全国代表大会在北京隆重召开,全市各级党组织组织广大党员干部群众收听和收看大会现场直播。

11 月 9 日　推进"森林温岭"三年绿化大行动暨义务植树活动在市植物园举行,市四套班子领导和部分机关干部职工参加义务植树活动。

11 月 12 日　泽国镇在月湖书院举行《泽国镇志》首发仪式。该志在 1999 年版镇志基础上,补充牧屿、联树两个管理区的资料,经过 4 年编修和完善,较全面、客观地反映泽国经济、社会发展的历史和现状,由中华书局出版,共 29 章 145 节,138 万余字。

11 月 16 日　市委副书记王加潮率市援建办、市慈善总会、原温岭援川建设指挥部相关人员,赴温岭对口援建的"5·12"地震重灾区四川青川县木鱼镇,回访援建项目并向木鱼镇中小学捐赠助学资金 20 万元。

同日　温岭市新的社会阶层人士联谊会成立。新的社会阶层人士分别为民营科技企业的创业人员和技术人员、受聘于外资企业的管理技术人员、个体户、私营企业主、中介组织从业人员、自由职业人员等 6 类代表人士,其中,主要由非公有制经济人士和自由择业知识分子组成。

11 月 20 日　横峰街道文化站被中宣部、文化部、国家广播电视总局、新闻出版署授予"全国文化体制改革工作先进单位"称号,是省内唯一获此殊荣的乡镇(街道)文化站。

11 月 24 日　石塘镇里箬村被省文化厅、省旅游局评为浙江省第二批非物质文化遗产旅游景区民俗文化旅游村。

11 月 29 日　76 省道温岭城东段改建工程正式通车。该路段全长 3655 米,其中高架桥 3030 米,是温岭市第一条,也是台州最长的城市高架快速通道。

同日　市公立医院综合改革动员会召开。从 12 月 1 日 0 时起,全市

8 家公立医院全面实行医药卫生体制改革,所有药品(除中药饮片外)实行零差价销售。同时适当调高手术费、治疗费、诊查费、护理费等收费标准。

12 月 2—4 日　由中国皮革协会、温岭市政府主办的第二届中国(温岭)童鞋产业高峰论坛在温岭举行。城北街道成功注册"中国童鞋之乡"商标,被中国皮鞋协会授予"中国运动鞋出口基地"称号。

12 月 9 日　2012 中国(温岭)石文化旅游节开幕式文艺晚会在市行政中心大会堂隆重举行。市委书记周先苗致欢迎词。台州市领导陈铁雄等和温岭市四套班子领导出席开幕式。晚会还邀请香港魔术大师郭安迪、二炮文工团青年歌手王国群、上海星璀疯狂小提琴手张少博和CCTV"星光大道"2011 年度全国总冠军刘赛参加演出助兴。2012 中国(温岭)石文化旅游节由浙江省旅游局、台州市政府主办,温岭市政府承办,活动时间为 2012 年 11 月 1 日至 2013 年 1 月 1 日。

12 月 10 日　石塘半岛旅游区和温岭民人谷生态农业园举行开工仪式。民人谷生态农业园项目一期规划用地面积 2580 亩,建设 544 栋高标准新型玻璃温室,投资 7.3 亿元,可开展作物种植、水产养殖、农业科研、农业培训、休闲农业及旅游观光农业等。

同日　城南镇下街村村民朱妙春收获单株重 165 斤,单块重 30 斤的番薯王。村民围着一株大番薯啧啧称奇。

同日　方岩书院文化周开幕式暨省方山杂文创作基地、方山印社授牌揭牌仪式举行,市领导林慷、许黎野出席仪式。

12 月 11 日　市科学技术协会第九次代表大会召开,选举产生新一届市科协领导班子。卓法明当选市科协主席。聘请闻邦椿、蔡道基两院士为市科协名誉主席。中国科学院院士、东北大学教授闻邦椿,中国科协学会部长林振中和市四套班子领导出席大会。

12 月 14 日　全省体育参与社会管理创新工作现场会在温岭召开,省体育局局长李云林及台州市和温岭市领导叶海燕、徐林德、周先苗、李斌等出席会议。

12 月 17 日　市残疾人联合会第六次代表大会召开。选举产生新一届市残联领导班子,推选王加潮、胡晨钟、林文鹤、陈夏德为第六届主席团名誉主席,选举张文洋为第六届主席团主席,推选程根法为市第六届残联理事会理事长。

12 月 19 日 温岭东部省级现代农业综合区顺利通过省考核验收。该农业综合区于 2010 年 5 月被列为全省首批现代农业综合区创建点,截至 2012 年 11 月底,累计投入资金 25478.79 万元,建成规模 5.52 万亩,其中包括 3 个主导产业示范区、1 个省级粮食生产功能区、5 个特色农业精品园、4 个农业生态循环点、1 个农业公共服务中心、1 个休闲农业观光园,总体完成综合区创建工作。

12 月 28 日 投资 2.3 亿多元的省级重点工程——浙江下张钢铁市场扩建项目一期工程开工建设。项目位于新河镇老钢铁市场东侧、石松一级公路西侧,总用地面积约 151 亩,总建筑面积 7 万多平方米,建设期限计划为 29 个月。

同日 李斌市长主持召开市政府第三次常务会议,审议通过《温岭市城乡居民临时救助实施办法》《温岭市医疗救助办法》《温岭市国有土地出让金收支管理办法》《温岭市人民政府关于进一步加快旅游业发展的意见》《关于加快建筑业发展的若干意见》等事项。会议决定,城镇居民低保标准,从当月起由原来每人每月 465 元提高至 525 元;农村居民低保标准从原来每人每月 300 元提高至 370 元。

12 月 《温岭工商业联合会(商会)志》由中国文史出版社出版发行。志书上溯事物发端,下至 2010 年,35 万字,共收录珍贵历史图片 160 幅,是温岭自晚清组建商会 100 多年来的首部志书。

2013 年

1 月 1 日 月河桥改造工程(一期)全面通车。机动车道从 9 米增至 18.2 米。该桥于 1955 年建成。1971 年,曾进行技术改造,建成钢筋混凝土桥。

同日 由温岭日报社和泽国镇党委、政府联合主办的《泽国双周刊》

随《温岭日报》主报正式发行。该刊每两周出版一期,每期 4 版。

1 月 4 日　市民政局办理结婚登记十分忙碌,因为"201314",谐音"爱你一生一世",全市 595 对情侣同一天办理结婚登记。1988—2007 年,20 年间温岭平均每月结婚登记 708 对。

1 月 5 日　2013 天翼之夜新年音乐会在市行政中心大会堂举行。丹麦国家青年交响乐团首席指挥莫尔顿、首席钢琴家克里斯蒂娜·比约克等应邀到场,为温岭观众带来一场精彩的演出。

1 月 6 日　第五届"感动台州"十大人物评选结果揭晓,晚上,在台州市广电总台演播大厅举行颁奖典礼。浙江畅达运输股份有限公司"敬业爱岗"的客车驾驶员"长人师傅"舒幼民和在安徽蚌埠经商并热心慈善的箬横镇繁荣村村民徐国军三兄妹入选。

1 月 18 日　省重点工程担屿围涂主海堤成功合龙,海堤长 3215 米、北面的大斗山双屿与南面犁头嘴相连接,堤内面积 1.52 万亩。该工程 2007 年 12 月启动,2009 年 8 月主体工程开工,总投资 3.93 亿元。

1 月 22 日　省农业厅政策法规处党支部"进村入户"大服务活动到温岭滨海镇民益村,与该村党支部开展结对活动。该村是全国"一村一品"示范村,种植大棚葡萄远近闻名。

1 月 22—24 日　市人大常委会举行包括市交通运输局、水利局、住房和城乡建设规划局、教育局、城市管理行政执法局、铁路新区管委会等 6 个部门的预算民主恳谈会,实现政府花钱百姓把关。这些部门 2012 年的预算执行情况及 2013 年的预算计划,一并由市人大代表和公众代表等"过目""挑刺"。3 天时间里,市人大收到数以百计的各类意见和建议。

1 月 25 日　方山—长屿硐天风景名胜区管理委员会举行揭牌仪式。

1 月 30 日　市农林局农技干部林燚当选为第十二届全国人大代表。

1 月 31 日　温岭市与浙江旭辰信息科技有限公司签署微软(温岭)IT 学院落户温岭合作协议,市长李斌等出席签字仪式。

同日　礁山港疏浚工程开工。工程概算 2906 万元,主要对礁山港主航道及次航道(弹涂岙港)进行疏浚。工期预计 300 天。

1 月　国家中医药管理局正式授牌温岭市中医院为三级甲等中医医

院,为台州首家三级甲等中医医院。

2 月 1 日 "浙江省农信慈善基金"造血型扶贫基地项目签约授牌仪式在温岭举行,城南镇兰公岙村大棚樱桃园基地成为首批 17 个基地之一。

2 月 6 日 市区环城山地绿道全线贯通。绿道北起中华北路北山公园北端,沿虎山公园至梅花山麓,再至藤岭、五龙山石夫人景区,全长约 40 千米。部分路段为石栈道,采用本地条石,其他路段为块石铺就,集生态、环保、健康、休闲于一体。

2 月 16 日 为期 3 天的第七届中国泵与电机展览会在市会展中心开幕。本届展会经国家工商行政管理总局批准,是由中国机电产品进出口商会、浙江省商务厅、温岭市政府联合主办的国字号泵与电机商品专业展览会。中国机电产品进出口商会会长张钰晶、浙江省商务厅厅长金永辉和温岭市委书记周先苗等出席。

2 月 23 日凌晨 泽国镇牧西村牧屿里小区 3 间民房发生火灾,消防大队共出动消防车 8 辆,队员 29 人,经全力扑救,火灾在 4 时被扑灭。事故造成 8 人死亡,为 5 男 3 女,经连夜侦查,系人为纵火,犯罪嫌疑人林某(男,1987 年出生,泽国镇人)被市公安局成功抓获。

2 月 25 日 浙商银行台州温岭支行举行开业仪式,此为该行进驻台州后开设的第一家支行。

2 月 27 日 福建省宁德市党政考察团到温岭考察交流工作情况。

3 月 4 日 温岭市博物馆开工建设。该工程位于城西街道渭川村,由中国工程院院士程泰宁设计,建筑面积 9500 平方米,预算投资 8500 万元。

3 月 9 日 市一院首例人工椎间盘置换术获得成功,患者林某康复出院时,颈部、四肢活动如常。

3 月 13 日 特大制售"病死猪"犯罪团伙案在市人民法院一审宣判,46 名被告人分别获刑。其中主犯 1 人获刑 6 年 6 个月,并处罚金 80 万元,4 名主犯及 41 名从犯分别被判处 5 年至 6 个月不等的有期徒刑或拘役,并处 50 万至 1.5 万元不等的罚金,其中适用缓刑的共 14 人。

3 月 14—16 日 首部以人大监督为题材的纪录片《监督的力量》在

中央电视台社会与法频道《见证》栏目连续播出,片中用 11 分钟篇幅讲述温岭市人大如何履行财政预算监督职权、参与式预算如何展开破冰之旅、预算民主恳谈到底有何效果等典型事例。

3 月 27 日　全市"三改一拆"(改造旧住宅区、旧厂区、城中村和拆除违法建筑)千人工作动员大会召开。市委副书记、市长李斌布置任务,要求当年完成 23 万平方米旧住宅区(约 2200 户)、10.8 万平方米城中村(约 900 户)、26 万平方米旧厂区(约 20 家企业)和北入城口(泽国)、东辉路—万昌路改造(整治)工作,同时拆除违法建筑 235 万平方米,杜绝产生新的违法建筑。市四套班子领导出席会议。

同日　团省委书记周艳一行到温岭调研共青团工作。

3 月 29 日　市农产品营销协会成立。协会旨在为农民提供组织指导、协调服务、信息咨询、科技培训等综合中介服务,为农民卖产品、闯市场、增收入提供实打实的帮助。

4 月 2 日　温峤镇村民林正义从市工商局办证窗口领到"温岭市大浪山家庭农场"个体工商户营业执照。他创办的农场成为全市首家经工商部门注册登记的家庭农场。至 2014 年 3 月 31 日,全市注册登记的家庭农场达 110 个,平均每家农场的面积为 200 亩左右,主要以种植粮食、蔬菜、水果等经济作物为主。

4 月 13 日　中午 12 时左右,城东街道肖溪、箬横镇浦岙和石桥头镇阮岙交界处发生山火。市农林局 200 多名森林消防队员,扑火近 10 个小时才将山火控制,至次日上午山火被完全扑灭,过火面积达 20 公顷。

4 月 18 日　市政府与中信证券(浙江)有限责任公司签署战略合作协议,温岭重大产业和基础设施项目建设又多一条融资渠道。

4 月 23 日　2013 温岭市民文化节开幕式暨"美丽温岭·百名作家艺术家文化大采风活动"启动仪式在市文化馆举行。活动历时 3 个多月,为市民送上丰盛的"文化大餐"。

5 月 7 日　浙江纳联机电大学生创业孵化基地在大溪镇创立,这类将大学生创业和企业转型升级相结合的平台,在全省尚属首家。

同日　江苏省无锡市人大常委会主任姚建华一行到温岭考察交流

参与式预算等工作。

5 月 10 日　市妇幼保健院与上海市第一妇婴保健院正式签订协议,缔结为协作医院。

5 月 13 日　"5·15 温岭慈善公益日"举行启动仪式,市四套班子领导带头为慈善事业捐款,各企事业单位和村民也纷纷捐款奉献爱心。当日现场捐款额 1184 万元。

同日　市办证中心工商窗口为温岭市东盛燃料油有限公司办理"一照多址"工商登记,住所地址和船舶经营场所被同时登记于企业营业执照上。此为温岭市首家经工商注册登记的"一照多址"企业。

5 月 15—19 日　2013 海峡杯国际帆船邀请赛开赛,来自香港、厦门等地的 8 艘帆船从厦门五缘湾出发,扬帆台湾海峡。由温岭帆协队员组成的瀚盛队 9 名队员经过 31 个小时的拼搏,以公开组第一名的成绩抵达终点——台湾屏东大鹏湾。

5 月 18 日　住房与城乡建设部在北京举行授牌仪式,正式授予温岭市"国家园林城市"荣誉称号。

5 月 22 日　早上 9 时左右,因浓雾,江苏渔船"苏启渔 01419 号"与大货轮在东海 155 海区发生碰撞,被"切"掉船头,危急之中,温岭渔民驾驶"浙岭渔运 20088 号"船援助救人,江苏渔船上 9 人全部获救。

5 月 25 日　由浙一、浙二、邵逸夫医院等在杭医院 42 名温岭籍医学专家组成的咨询团首次回乡义诊,为 600 多名群众开展内科、外科、肿瘤科、儿科、妇产科、五官科等专业医疗服务。市领导周先苗、李斌、张学明、王福生等会见咨询团成员,并出席温岭卫生事业发展恳谈会。市长李斌代表市政府向省政协副主席、邵逸夫医院常务副院长蔡秀军教授颁发温岭市医疗技术总顾问聘书。

5 月 27 日　在省政府召开的全省工业强县(市、区)建设工作电视电话会议上,温岭市被授予全省"2012 年工业强市(县、区)综合评价先进单位"称号。

5 月　大溪东瓯古城遗址,被国务院列为第七批全国重点文物保护单位。

6月3日　市教育局预算账目在《温岭日报》刊出3个版面。至此，全市16个镇（街道）、71个一级部门预算单位及下属单位2013年预算和"三公"经费，全部在网上或报纸上向社会公开。

同日　市政府办证中心开设"房产多证联办"窗口，将原来办理四证的四次进件、三次缴费、四次领证程序，简化为"一次进件、一次缴费、一次领证"服务，即门牌证、契证、土地证、房产证，一站办妥，快速方便。

6月8日　市第八届中国文化遗产日主题活动暨岑钟书先秦钱币收藏展开幕式在王伯敏艺术史学馆举行。岑钟书经过半个多世纪努力，收藏2万多枚历代古钱币。钱币涵盖先秦到民国各个时期的铜钱、铁钱、铜元、纸币和铸币模具等。此次展出的1000多枚钱币，其中很多是精品甚至是孤品。

6月13日　由上海银润控股集团董事长廖春荣先生捐资550万元建设的慈善实体滨海老年活动中心及捐资150万元的滨海二小食宿综合楼奠基开工。

6月17日　市教育局决定，全市14所民办民工子弟学校开始公开招生。根据学校分布，按行政区域划分和就近入学原则，计划招收324个班级，总计1.5万名学生，报名截至8月底。

6月18日　来自全省各地的50多位诗词名家齐聚长屿硐天景区，参加2013省诗联名家下基层暨长屿硐天诗会。该项活动是温岭市全民读书月系列活动之一。长屿硐天成为全省首家"省诗词楹联创作基地"。

6月19日　省重点工程——中心渔港一期工程（石塘港区）长820米的防波堤顺利合龙，项目包括港区道路1570米，综合执法管理用房，概算总投资1.06亿元。

6月23日　台州首届山地自行车爬坡邀请赛在大溪举行。全国各地200多名山地自行车爱好者参赛。湖南长沙顺时针车队陈凯夺得男子山地精英组冠军，温岭爱尚单车队金招伟夺得男子山地大师组冠军。

6月25日　中国科学院院士、东北大学教授闻邦椿到家乡温岭作《创新技法和高效做事方法学》专题报告，市四套班子领导出席。

6月27—28日　联合国教科文组织专家组一行，对世界地质公园雁荡山—方山—长屿硐天景区进行再评估。实地考察长屿硐天的水云洞、观夕洞、岩洞音乐厅等景点,并听取有关园区地质遗迹的保护、科普宣传、设施建设以及旅游发展等相关工作汇报。

6 月 据市流动人口服务管理局统计,全市登记在册的流动人口 852142 人,流动人口超过常住人口的 2/3,达 72.22%。

7 月 1 日 2013 温岭市全民读书月阅读推广活动暨"东海诗歌节"音乐朗诵会在市行政中心大会堂举行。市委书记周先苗致辞,台州市委常委、宣传部部长张燕讲话。

7 月 3 日 甬台温天然气成品油管道工程温岭段开工仪式在大溪镇大溪岙村举行。

7 月 12 日 台湾青年学生参访团到温岭参加两岸青年学生联谊活动。

7 月 17 日 全市"三改一拆"拆后利用工作会议召开。截至 7 月 12 日,全市共拆除各类违法建筑 270.23 万平方米,完成台州市下达任务数的 150.13%;完成旧住宅区改造 4183 户,建筑面积 58.71 万平方米;完成城中村改造 4796 户;完成厂区改造 21 个,建筑面积 27.88 万平方米。会议提出,拆后利用要遵循因地制宜、区块规划、注重民生、边拆边改原则,结合地块规划、区位和面积等,分别选择复耕、办理用地审批或绿化场地改造利用。

7 月 20—23 日 省第十一届少年儿童田径运动会在温岭市体育中心举行,全省 77 个县(市、区)721 名运动员参赛。温岭代表队以 173 分的成绩获甲组总分第一名,以 160 分综合团体总分第一名的成绩获流动杯奖,并获"体育道德风尚运动队"称号。

7 月 24 日 由市总工会主办、市餐饮行业协会协办的市首届餐饮行业职工烹饪技能大赛在城东街道九龙汇商业街举行,全市 17 支代表队 54 名厨师参赛。城东街道天然居大酒店和太平街道锦绣天地大酒店代表队夺得金奖,大赛还评选出 4 个银奖、6 个铜奖及最佳创意、造型、口味等 5 个单项奖。

同日 市粮食收储公司开仓收购早稻,早稻最低收购价为 1.32 元/

市斤。

7月26日上午 市海洋与渔业局在东海近海投放 200 多万粒曼氏无针乌贼卵,用以改善近海日趋枯竭的海洋渔业资源现状。

同日 市政府与浙江股权交易中心举行战略合作协议签署仪式。

7月26—30日 由国家体育总局主办,浙江省体育局、温岭市政府承办的 2013 年"民泰银行杯"全国跆拳道青少年锦标赛在市体育中心举行。全国各地 800 多名运动员和教练员参赛,其中温岭市有 23 名选手参赛,温岭获 1 金 4 银 5 铜和少年组男子团体总分第一名的好成绩。

8月9日 市全民读书月活动之一"漫城书语"图书漂流活动启动,全市 119 个漂流驿站、4 万册图书在各驿站之间作"环城之旅"。市委书记周先苗出席启动仪式。

8月12日 由于高温干旱,城南等地部分村庄缺水,给群众生产和生活用水造成困难,经向宁波东航申请实施人工增雨,15 时 40 分在城南镇中柱村山顶发射火箭弹 3 发,立即迎来降雨,石桥头、箬横等地降雨量较大。

8月15日 全市"创新驱动发展战略"人才座谈会暨表彰会召开。入选浙江省"海外高层次人才引进计划"的朱永东、江辉平各获 100 万元奖励,对引进两位人才的浙江瑞讯微电子有限公司和曙光控股集团有限公司各给予 30 万元引进资助。会议还对省级企业创新团队、省级博士后工作试点单位、省级院士工作站、台州市"500 精英计划"人才及第二届优秀青年科技人才进行表彰。

8月17日 国家级权威葡萄专家、中国葡萄学会会长晁无疾教授到滨海镇果园实地为果农指导葡萄防范高温干旱和提升葡萄产业技术措施。

8月20日 《新河历代文学作品选编》首发式暨研讨会在新河镇政府召开。该书由王扬主编,中国文联出版社出版。

同日 浙江大元泵业有限公司、浙江利欧股份有限公司和浙江舜浦工艺美术品有限公司的 3 位负责人,从市领导手中接过"中国驰名商标"铜牌。此前,"大元""LEO""高龙"这 3 件商标被国家工商总局、商标评审委员会批复和裁定为"驰名商标"。至此,全市共拥有行政认定的"中国驰名商标"7 件,"制造温岭"向"品牌温岭"又迈出一大步。

8 月 22 日　市人民法院对浙江特大跨省赌博机案进行一审宣判,53 名案犯获刑。该案为涉及 53 名被告、非法获利 5000 余万元的特大赌博机案。其中,主犯陈某获有期徒刑 8 年,并处罚金人民币 300 万元。其余被告分别被判处 1 年 2 个月至 7 年 6 个月不等的有期徒刑,并处 5000 元至 200 万元不等的罚金。53 人中,有广东金壹动漫科技有限公司的股东、区域负责人和普通职员,有温岭游戏厅的老板、管理人员和工作人员,还有负责赌博机解码、维修和统计获利额的技术人员。

8 月 26 日　泽国镇首批 1500 辆公共自行车正式投入使用,遍布泽国城区 41 个点。同日起可办理市民卡(自行车卡)与市区通用。

8 月 29 日　全国工商联合会在北京发布 2013 年中国民营企业 500 强榜单,台州 9 家民营企业榜上有名,其中温岭占 4 家,分别是曙光控股集团有限公司、华太建设集团有限公司、中博建设集团有限公司、天颂建设集团有限公司。

8 月 30 日　美国 ICN 国际卫视《游在中国》栏目摄制组在长屿硐天水云硐进行为期一周的拍摄。《游在中国》是美国 ICN 国际卫视旗下一档为美国观众介绍中国风光、风土人情的电视旅游节目。

9 月 4 日　阿里巴巴·温岭电子商务合作项目举行签约仪式。根据签约内容,双方将成立专项工作小组,温岭市指派不低于 5 人的固定组员进行平台维护、商家培训、政策传达、资源协调等工作。阿里巴巴也将定期为入驻平台的企业举办线上线下的市场活动或发布会等,推介温岭的产业集群,进一步扩大温岭市在国内外的知名度和美誉度。市委书记周先苗出席签约仪式。

9 月 7 日　市武术协会成立,首批会员 3200 多人。蔡小鲁当选为协会第一届会长。

9 月 8 日　位于城市新区的市区第二气站配置安装 4 只容量 100 立方米的立式液化天然气储罐,可储存 28 万立方米天然气,计划年内完成并投入试运行。该气站设计年供气 2300 万立方米,供应城区 5 个街道和大溪镇、泽国镇等地居民和企事业单位。

9 月 11 日　温岭市企业上市研究会成立。

9 月 13—17 日　第三届"温岭·长屿硐天杯"全国象棋国手赛在长屿硐天举行,1989 年出生的最年轻特级大师谢靖(江苏泰州人)夺冠。

9 月 15 日　2013 中国腕力王电视挑战赛在杭州广电中心巅峰对决,全国各地腕力高手汇集钱塘江畔,温岭选手在中国腕力王电视挑战赛中获得 1 个冠军、2 个亚军。

9 月 16—17 日　全省山洪灾害防治县级非工程措施建设现场会在温岭召开,省水利厅副厅长虞吉夫和温岭市领导周先苗、李斌等出席会议。

9 月 17 日　全市编织帽技能大赛暨大世界基尼斯纪录挑战赛在箬横镇举行。318 人一起编织草帽和 12 名妇女共织一项巨型草帽的场面让人大开眼界。此次大赛由市文广新局和箬横镇政府共同主办,获"参与人数最多的温岭草编活动"大世界基尼斯之最证书。

同日晚上　"金兄弟之夜"温岭台北同乡中秋联欢会在石塘千年曙光园举行。市委书记周先苗与台北同乡会 49 名台湾同胞共度中秋佳节,并代表温岭市向台北同乡会赠送一对石狮子。

9 月 23 日　台州学院道德教育基地、民革台州学院支部道德教育基地在石塘海上平安民间救助站建立。市人大常委会主任张学明出席启动仪式并揭牌。

9 月 24 日　第十一届全国异地温岭商会联谊会在武汉召开。会议期间共签约项目 6 个,总投资 27.7 亿元。市领导李斌、王加潮等出席会议。

9 月 30 日　上午 8 时,由市人大常委会主办的参与式预算网(www.yusuan.gov.cn)正式开通。

同日　万开·温岭国际物流中心正式启用。该物流中心位于甬台温高速大溪出口附近,占地约 107 亩,建设面积 10.5 万平方米,总投资 6 亿元。

10 月 2 日　下午,泽国镇双峰村村民潘某某在"新屋陈"一甘蔗田挖水沟时挖到一堆古钱币,共计 6.5 千克,古币上有"开元通宝"字样,属唐代古币。该批古币由市文化遗产保护中心接收。

10 月 7 日　受第 23 号台风"菲特"影响,全市平均降雨量 216 毫米,最大降雨量在大溪镇,达 464 毫米,受灾面积 8.5 平方公里,农作物受损严重,全市直接经济损失 1.2 亿元。同日副省长熊建平一行到温岭检查受灾情况,台州市委副书记、代市长张兵和温岭市委书记周先苗、市长李斌等陪同。

10 月 10 日　总投资 800 万元,占地 7780 平方米,共有 136 个房间的松门镇石板殿村老年公寓,已入住老人 230 名。该村 60 周岁以上村民,只需一次性付 1 万元,可一直住到去世,房租按每天 1 元钱结算,多还少补。生活在"一元房"的老人,还可到综合大楼里健身和进行娱乐活动。

同日　城南镇彭下村陈新杰承包 100 多亩土地,用 11 万元购买 930 斤泰国稻(香米)种子播种,此种水稻比本地常规水稻提早 1 个月左右收割,此前在温岭尚无人大面积种植。

同日　温岭市召开庆祝首个老年节大会,并表彰"敬老文明号"等老龄工作先进集体。截至 2012 年底,全市人均寿命为 76.3 岁,户籍人口 60 岁以上老年人近 21 万人,占总人口的 17.41％,并以年均 4％的速度递增,每年新增老年人 1 万人左右,成为台州第一老年人口大市。

10 月 12 日　太平街道山下金村金氏家族将清明节前出土的《明故处士一直金公墓志铭》等四方墓志捐赠给市文广新局文保中心,文广新局向金氏家族代表颁发捐赠证和奖金。墓志上记载着太平历史上许多重要事件,包括王叔英与靖难之役、太平抗倭和乡约酒饮等内容,可与县志记载相印证,是研究温岭明代历史、人文的实物依据。

10 月 17—18 日　全国中小学综合实践基地建设现场会在温岭举行。教育部基础教育二司技术装备处处长乔玉全等出席会议,市长李斌致欢迎辞。

10 月 25 日　箬横镇浦岙村村民连恩青持刀接连捅伤市第一人民医院 3 名医生,耳鼻咽喉科主任医师王云杰经抢救无效,不幸去世,连恩青被刑拘。连曾于 2012 年 3 月 20 日到市第一人民医院进行鼻内镜下微创手术,但对术后效果不满,并与医师意见分歧,此后又陆续投诉多次。2014 年 1 月 27 日,台州市中级人民法院作出一审判决,以故意杀人罪判处被告人连恩青死刑,剥夺政治权利终身。

10 月 26 日　104 国道路桥桐屿至温岭泽国改建工程全线通车,为一级干线公路。该路线全长约 11.6 千米,其中温岭段长 3.6 千米,起点为泽国镇湖头村(与路桥区交界),终点在泽国镇东村(与 104 国道泽国复线相交)。

10 月 27 日　上午,市第十七届运动会正式开幕。省体育局副局长吕林,市领导周先苗、李斌、张学明、王福生、王加潮等出席开幕式。参赛的有市直九大系统、16 个镇(街道)共 25 个代表团,教练员、运动员等 6000 多人。运动会根据重在参与、团结协作、统筹协调、节俭高效的原则,开幕式、闭幕式从简,10 月 30 日闭幕,部分项目在开幕前进行。

10 月 29 日　省重点工程、温岭中心渔港二期工程(箬山港区)防波堤大坝合龙。

11 月 1 日　市"个转企"工作推进会召开。全市登记在册的个体工商户 6.48 万人,占市场主体总数近八成。至 10 月 25 日,实现"个转企" 1168 家,完成台州市政府下达任务的 137%,居台州市前列。

同日　第三期经济适用房配售摇号选房和 2013 年第二期廉租住房实物配租摇号选房在体育馆举行。本期经济适用房房源共 73 套,其中康庭佳园北区 45 套、五龙小区东区 28 套,142 户申请者通过审核参加摇号,73 户购得经济适用房,房价每平方米 3000 元左右。廉租住房房源共 60 套,其中五龙小区东区 41 套、山下金村 19 套,89 户申请者通过审核参加摇号。

11 月 12 日　民革、民盟、民建温岭市支部和农工党温岭市总支、九三学社温岭市支社等 5 个民主党派组织,以"统筹城乡发展,加快新型城镇化进程"为主题,联合召开专题协商议政会,向市委、市政府建言献策。此方式在台州市范围内尚属首创。市委书记周先苗、市政协主席王福生等出席协商议政会。

11 月 14 日　由中国美院、中国国家画院、中国国际茶文化研究会、温岭市政府共同主办的"半唐斋里人长乐——王伯敏、王大川、王赓书画展"在王伯敏艺术史学馆开幕。

11 月 18 日　浙江爱仕达电器股份有限公司温岭总部基地在东部新区破土动工,占地 645 亩,总投资 10 亿元。

11 月 19 日　太平小学和马来西亚宽柔二小正式签订友好学校协议书。双方各 20 名小学生互相结对。

11 月 23 日　市经济社会发展征询座谈会在杭州召开。温岭经济社会发展杭州顾问团部分成员与受邀嘉宾中国工程院院士、省农业科学院院长陈剑平等参加座谈。市领导周先苗、李斌、王福生、王加潮等出席会议。

11 月 24 日　上午 8 点半左右,一艘从温州开往椒江的运输船"浙临机 611 号"在松门礁山港附近沉没,经温岭海事处、松门边防、松门农渔办、郭文标及附近渔民的联合救援,船上 4 名船员全部获救。

11 月 25 日　市曙光控股集团有限公司承建的宁波北仑出入境检验检疫局综合实验楼工程,获住房和城乡建设部 2012—2013 年度中国建设工程鲁班奖(国家优质工程)。

11 月 25—26 日　市第十三次妇女代表大会召开,厉决奋当选新一届市妇联主席。

11 月 26 日　为期 5 天的 2013 省农博会在杭州落下帷幕。温岭参展企业实现销售额 42.93 万元;达成订单 19 笔,共计金额 2295.8 万元。浙江合兴禽业发展有限公司的"圆溜溜"牌丝毛乌骨鸡蛋、浙江长江水产开发有限公司的"君波"牌紫菜、温岭玉麟果蔬专业合作社的"玉麟"牌西瓜、浙江舜浦工艺美术品有限公司的"高龙"牌草帽等产品获农博会金奖,其中"高龙"牌草帽获最具创意产品金奖。

同日　"一个人,感动两座城——龚桂方感人事迹座谈会"在松门镇召开。每月往返于秦皇岛与南方城市之间的松门水手龚桂方,在自身非常困难的情况下,多次匿名资助秦皇岛贫困大学生小郭,龚患重病后,仍不停资助,后被媒体披露,感动台州、秦皇岛两座城市。秦皇岛市授予其

"秦皇岛市爱心使者"荣誉称号。

11 月 27 日　由市财政出资,为全市符合条件的 10570 名残疾人购买包括意外伤害身故保险、附加意外伤害医疗费用保险和住院补充医疗保险在内的意外健康组合保险,并实现残疾人 100% 参保,保费为每人每年 80 元。该行动在台州尚属首例,也走在全省前列。

11 月 29 日　浙台海洋产业投创中心在温峤举行奠基仪式。台湾海基会前董事长江丙坤、海峡两岸合作发展基金会董事长张世良和温岭市委副书记、市长李斌分别在会上致辞。台州市领导葛益平、尹学群及温岭市领导周先苗、李斌、张学明、王福生等出席相关活动。

12 月 3 日　市委办印发《温岭市实行部门纪检监察组织"统派直管"改革实施方案》的通知。决定撤销市府办等 28 个部门的纪检机构,设置 3 个纪检监察派出机构,实行合署办公。2014 年 3 月 7 日,市纪委(监察局)第一、二、三工作委员会(监察分局)正式挂牌运行,市委书记周先苗出席揭牌仪式。

12 月 7 日　温岭市南海涂填海围垦项目咨询会在北京召开。国土资源部规划司、国家海洋局海域司、国家海洋局海洋咨询中心、浙江省海洋与渔业局、台州市海洋与渔业局等相关领导和专家及温岭市领导周先苗、李斌等出席会议。

同日　1100 多名身穿橙红色马甲的志愿者,参加团市委、温岭日报社组织举办的环城健身绿道公益募捐助学"一队童鞋暴走"活动,共募集善款 72628 元。

12 月 9—10 日　共青团温岭市第十八次代表大会召开,张颖当选为团市委书记。

12 月 11 日　太平街道北山隧道及接线工程动工。工程北起北兴路与上林路交叉口,向东南方向穿越北山,终点为东辉北路与北塔路交叉路口,全长 986 米,项目总投资 1.93 亿元,按双洞双向四车道设计施工,设分离式隧道一座,右洞长 622 米、左洞长 615 米。

12 月 13 日　温岭银泰城与美国喜达屋集团举行喜来登酒店落户温岭签约仪式。

12 月 15 日　由市教育局、市科协、市科技局和团市委主办,市青少年宫承办的温岭市第二十七届青少年科技创新大赛决赛在锦园小学举行。全市近百所中小学的青少年直接参与此次活动。共有 440 件参赛作品,其中入围作品 259 件。

12 月 18 日　市 96345 社会公共服务中心热线正式开通,该中心由市政府主办、市民政局负责建设和管理,旨在为市民提供免费服务的信息交流平台。首批加盟服务的企业有 28 家。

12 月 19 日　大溪镇十一届第三次党代会召开,台州市乡镇党代会年会工作现场观摩会同时在大溪举行,中组部和省委组织部派人到现场全程观摩。中组部印发《关于试行乡镇党代会年会制的意见》,温岭市被列为全国六家基层联系点之一。

同日　中国铁路通信信号股份有限公司子公司通号万全信号有限公司落户温岭,举行揭牌仪式,中国铁通股份有限公司董事长周志亮,台州市、温岭市有关领导出席。

12 月 21 日　"中国梦·温岭情"投资项目推介会暨"慈善功勋奖"授奖仪式在上海举行。市领导周先苗、李斌、王加潮等出席相关活动。市委书记周先苗为上海温岭商会高级顾问、上海银润控股集团有限公司董事长廖春荣颁发"慈善功勋奖",市领导还为陈君明、陈柏盛、江文聪等 24 位在沪温岭精英颁发"慈善贡献奖"等奖项。

12 月 24 日　海军东海舰队航空兵副政委张军挺带领驻浙部队省人大代表到温岭视察退役士官安置和军属合法权益保护工作,台州军分区司令员金来州、台州市人大常委会副主任胡斯球和温岭市人大常委会主任张学明等陪同视察。

12 月 29 日　中国美术学院教授、著名美术史论家、画家王伯敏先生在杭州辞世,享年 89 岁。

12 月 31 日　沿海高速公路温岭段工程建设领导小组扩大会议召开,部署工程建设,兴建主线 32 千米,滨海连接线 4 千米,建设滨海、箬横、城南等 3 个互通及 1 个服务区(东浦农场)。沿线涉及 4 个镇 114 个村,征用土地 2824 亩,拆迁房屋 887 间 14.7 万平方米。

是年"三改一拆""四边三化"(公路边、铁路边、河边、山边等区域,开展洁化、绿化、美化行动)取得重大进展,全年拆除各种违法违章建筑378.6 万平方米,改造旧住宅区 278.7 万平方米、旧厂区 130.1 万平方米、城中村 370.3 万平方米。

是年 全市生产总值 748.28 亿元,按可比价格计算,比上年增长8.4%。其中第一产业增加值 58.19 亿元,增长 1.5%;第二产业增加值346.60 亿元,增长 8.2%;第三产业增加值 343.48 亿元,增长 9.7%。人均生产总值 61930 元,增长 5.5%。全市财政总收入 78.60 亿元,增长8.9%,其中地方财政收入 43.85 亿元,增长 12.8%。社会消费品零售总额 377.90 亿元,增长 16.8%。外贸自营出口总额 38.36 亿美元,增长12.4%。年末全市户籍总人口 1210548 人,增长 0.4%,其中男性 614126人,增长 0.3%。非农业人口 206475 人,增长 0.1%。人口自然增长率3.86‰,增长 1.42%。城镇居民人均可支配收入 37647 元,增长 9.3%;农村居民人均纯收入 18403 元,增长 10.6%。

2014 年

1月1日 全市第三次经济普查登记工作全面开展。普查不采用纸质登记,只需使用移动手持终端设备(PDA),实现"无纸化"登记。

1月2日 横峰街道选民议政会成立。此为温岭首个街道选民议政会,是对基层民主政治机制的又一创新和探索。

1月5日 市客运中心正式投运,该中心位于城东街道万昌路北延与中心大道交汇处,占地面积 94829 平方米(约 142 亩),总投资 3.5 亿元,日旅客发送量可达 1.5 万人次,为全国县级市最大客运中心之一。

同日 中国旅游产业发展年会在北京召开,发布"2013 中国旅游风云榜",温岭市成功入选"2013 美丽中国——十佳海洋旅游目的地"。

1月8日 位于三星大道与锦屏路交江处的温岭锦江购物中心正式对外试营业,该购物中心是台州锦江商业发展有限公司全资分店,营业面积近 4 万平方米。

1月9日　"竞帆杯"全国男子桥牌精英赛在温岭市开赛。

1月10日　新温岭人社区委员会在城南镇中心工业区成立。社区直属城南镇党委、政府管理,为台州市首个外来人口社区委员会。

1月14日　全市开始开展宗教和民间信仰活动场所违法建筑拆除行动,计划一周之内在大溪、松门、新河、石塘、石桥头、坞根等地拆除违建庙宇57座,计7178.5平方米。

1月14日　下午,城北街道杨家渭村台州大东鞋业有限公司7间三层厂房发生火灾,过火面积约800平方米,造成16人死亡、5人受伤。火灾发生后,省委书记夏宝龙、省长李强、省委副书记王辉忠分别作出批示,副省长毛光烈、台州市领导和温岭市领导到现场全力指挥抢救和处理善后工作。

1月17日　中国移动台州4G正式商用。同月,市内太平、横峰、泽国、大溪4个镇(街道)实现移动4G网络覆盖。

1月19日　由温岭日报社和中国移动温岭分公司合作开发的《温岭手机报》正式开通,台州移动用户发送"7561"到10086即可订阅。

1月22日　省卫生和计生委通报:温岭市确诊首例人感染H7N9禽流感病例,患者为63岁林姓女性,横峰街道人,病情危重在杭州某医院治疗。市委、市政府要求有关部门立即启动有关防控预案,做好防控工作。

同日　全市启动"五水共治"项目建设"集中开工日"活动,市区山下金河综合整治正式开始。市四套班子领导出席启动仪式,集中开展以治污水、防洪水、排涝水、保供水、抓节水为内容的"五水共治"。

1月23日　泽国至玉环大麦屿疏港公路工程(温岭段)、温岭曙光生态农业园一期项目、台州第一技师学院建设工程、温岭市污水处理二期工程等4个项目新增为省重点建设项目。至此,全市共有包括担屿围涂工程、台州金清新闸二期工程等项目在内的14个省重点建设项目在建。

1月24日　75省道南延椒江二桥至温岭松门段工程正式通车,全程40.1千米,总投资27.2亿元,其中温岭段18.19千米,起点为金清港北端,终点为松门镇,投资13.2亿元。该工程于2010年2月开工,按一级公路标准设计,设计时速为80公里,双向六车道,路基宽度为33.5米。

1月29日　浙江跃岭股份有限公司在深圳证券交易所正式挂牌上市,成为市内第5家上市公司。

1月　温岭市被列为第二批195个国家智慧城市试点之一,是台州唯一入选国家智慧城市试点的县级市。

同月　市食品药品监督局在城南镇岙环垃圾填埋场集中销毁一批约2.8吨,总案值达100多万元的假冒伪劣药品、医疗器械,此次销毁的药械是从2012—2013年查办的200多起案件中所缴获的。

2月6日　石塘镇车关村一艘船号为"浙岭渔23910"的渔船,因在日本专属经济水域违规作业被日方查扣,在中国驻日本福冈总领馆的协调下,船老大履行完相关手续后,渔船及船上9名船员获释。

2月13日　市教育局下发《温岭市中小学现代学校制度建设试点工作方案》,确定横湖小学、泽国二小、市第三中学、箬横中学、泽国中学等5所学校为全市中小学现代学校制度建设试点单位。

2月20—21日　江苏省人大常委会领导率省人大调研组到温岭考察交流人大工作。

2月28日　凌晨,城东派出所联合市巡特警大队,在城东街道一酒店套房内破获一起特大赌博案,抓获涉案人员45名,缴获赌资30余万元。

同日　温岭市获浙江省第二批"建筑强县(市、区)"称号,1997年曾被命名为浙江省"建筑之乡"。

3月3日　省"三改一拆"督查组到温岭督查"三改一拆"工作并作充分肯定。截至是日,全市共拆除各类违法建筑470.2万平方米(其中2014年后拆除89.92万平方米),拆除非法寺堂庙宇140家;完成旧住宅区改造17080户、278.69万平方米;完成城中村改造15385户、370.33万平方米;完成旧厂区改造64个、130.09万平方米。

3月5日　全市"五水共治"动员大会召开,动员全市上下进一步统一思想、振奋精神、明确目标、落实责任,以更加积极的姿态和良好的精神风貌投身"五水共治",力争实现"三年解决突出问题、五年基本解决问题、七年基本不出问题"的工作目标。市委副书记、市长李斌作动员报告,市委书记周先苗在会上讲话,市四套班子领导出席会议。

3 月 6 日　上午 11 时,中心渔港(箬山港区)南防波堤完成首次海底挤淤爆破。该项目主要建筑为 3 条总长 2249 米的防波堤,总投资 3.9 亿元,预计工期 4 年。2013 年 2 月开建,港区已完成扭王字块模具制作和堵口段防波堤大坝合龙,矿山基建全面通过验收。海底挤淤爆破成功,标志着工程进入全面水底爆破阶段。

3 月 6—8 日　省火灾等安全事故防控治理体系建设试点工作指导组组长、省消防总队总队长冷俐一行到温岭检查指导火灾安全事故防控治理体系建设试点工作。

3 月 13—14 日　中共中央办公厅调研室副主任鲍遂献一行到温岭调研协商民主"温岭经验"。调研组先后到新河镇等地召开座谈会,走访各界人士,听取温岭关于构建党内民主、政党协商、人大协商、政府协商、政协协商、基层协商、社会协商等为主要内容的民主协商体系的做法和经验介绍。调研组指出,温岭协商民主的做法和经验在国内外都有影响,是一项符合中国国情的举措。市领导周先苗、张学明、王福生、王加潮等陪同调研。

3 月 21 日　浙江建设职业技术学院与温岭城市管理行政执法局共建"智慧城管"教学实践基地战略合作签约仪式在浙建院举行,全省唯一一个县级"智慧城管"教学实践基地落户温岭。

3 月 26 日　中央纪委副书记张军在省纪委领导和台州市委领导等陪同下,到温岭调研党风廉政建设和反腐败工作。市委书记周先苗和市纪委书记陈建斌等陪同调研。

3 月 30 日　在杭温岭籍科技人才联谊会在浙江工业大学朝晖校区成立,浙工大国际学院党总支书记、教授潘柏松当选为联谊会会长。市领导周先苗、王加潮等出席成立大会。据统计,在杭温岭籍科技人员共483 人,分别来自 19 所高等院校、14 家医院、10 家科研院所以及 12 家企业,其中高级职称 200 余人,占会员总数一半以上,具有博士学位 120 人,占会员 1/4。

4 月 6 日　省政协副主席、浙大医学院附属邵逸夫医院院长蔡秀军等 25 位在杭温岭籍医学专家与市第一人民医院有关专家一起,在市区街心公园举办主题为"绿叶对根的情怀"大型义诊活动,为预约的 760 多位老乡进行义诊。

4 月 11 日　温岭市民间融资管理服务中心开业。

同日　市环保部门依据有关法律规定,对位于松门镇迎宾工业区的温岭金世纪水产有限公司污染防治设施未经验收,将废水直排河道的行为,处以 48 万元罚款。此为全市实施"五水共治"行动后的最大罚单。

4 月 18 日　东月河综合整治工程 12 个河段同时开工建设。工程全长 12 千米,总投资 1.3 亿元,涉及太平、城东沿河 13 个村,总面积 80.67公顷,其中水体面积 46.59 公顷,河岸绿地面积 34.08 公顷。市委书记周先苗出席开工日活动并宣布工程开工,市长李斌致辞。

4 月 18—20 日　在全国气排球比赛(杭州站)暨浙江省第二届体育节万人气排球比赛中,温岭 3 支代表队分别获男子、女子中青年组冠军及男子中老年组亚军的好成绩。

4 月 22 日　温岭市"最美党员"先进事迹报告会在市行政中心大会堂举行。基层党员干部杨正方、普通水手龚桂方、钱江摩托科研苦行者邓定红、大溪镇沈岙村党支部书记潘明奎、市公安局法医金吉等 6 位党员的先进事迹感动每个到会聆听者。市领导周先苗、张学明、王福生等出席报告会。

4 月 23 日　全省深化企业股改暨对接多层次资本市场推进会在温岭召开。省领导及台州市领导张兵,温岭市领导周先苗、李斌等出席会议。

同日　省第二届全民体育节暨温岭市第九套广播体操比赛在市体育馆举行,全市共有 20 支队伍、500 多人参赛。活动由市总工会和市体育局主办。

4 月 24 日　《王伯敏美术史研究文汇》温岭首发式在王伯敏艺术史学馆举行。该书由中国美术学院编辑整理,于 2013 年 9 月正式出版,全书共 3 编 14 辑,近 200 万字。市委书记周先苗出席首发式。

5 月 6 日　全市污水处理工程建设督查推进会召开。截至 4 月底,市区建成污水收集管网 163 千米,规范化提升泵站 10 座,末端截污临时泵站 3 处。城区主管网覆盖太平全境以及城东、城西绝大部分,总管线为城南、横峰预留接入口,工业城管网延伸到温峤镇境内。同时,累计建成镇级污水主干管网约 140 千米,132 个城镇覆盖村建有污水管网。

5 月 8 日 "温岭发布"网络平台正式上线,是全市各级党委、政府及其工作部门以微博、微信为主架构,面向社会和公众及时发布权威信息、提供便民服务、传递社会正能量的网络聚合平台。

5 月 9 日 市食品药品检验检测中心完成 30 间专业实验室的基础建设,20 台大型分析仪器、115 台实验仪器安装调试完毕正常运行,并获得食品检验机构资质认定证书,具备 217 项法定检测能力。

5 月 10 日 由中国石材协会石雕石刻专业委员会主办的石雕产业发展座谈会在温岭召开,来自全国各地石雕产地的政府官员、企业家、专家代表等 60 余人出席座谈会。

5 月 13 日 中国工业和信息化部第 32 号公告,批准由温岭帽业商会组织、温岭市舜浦帽业有限公司牵头,会同宁波、山东等地及市内多家编织帽生产企业共同编制的《编织帽国家行业标准》,该标准将于 10 月 1 日起实施。

5 月 13 日 位于东海塘围区北端的东部新区北片造地改田项目全面通过验收。项目于 2011 年 10 月 31 日立项,至 2014 年 5 月,净增耕地面积 2050.92 亩,有效缓解了全市重点工程建设项目用地指标,实现耕地占补平衡。

5 月 13—14 日 广州市人大常委会领导率调研组到温岭调研参与式预算和代表工作站建设工作。

5 月 15 日 市中小企业债券融资推进会暨云鹏控股私募债券发行仪式举行,发行规模为 3000 万元债券。此为市内企业发行的首单,也是台州发行的第二单民营企业私募债,中小企业融资又有新渠道。

同日 台州北平机床有限公司与德国施耐亚机床有限公司在新河镇签订收购协议。至此,该公司出资 300 万欧元收购德国一家老牌机床企业的所有手续正式完成,成为市内机床装备行业海外并购"第一个吃螃蟹的人"。

5 月 21 日　全国人大常委会委员、全国人大常委会法工委副主任郎胜率调研组到温岭征询预算法案修正意见并调研人大预算审查监督工作。台州市人大常委会主任薛少仙、副主任王建平和温岭市人大常委会主任张学明等陪同调研。

5 月 30 日　市政府与浙江睿洋农牧科技有限公司签订温岭高峰牛保种开发项目协议,该公司将投入 6000 多万元,实施温岭高峰牛产业化开发,实现该产业做大做强的目标。

5 月　新河镇被农业部列入水稻高产创建"整乡制"推进试点示范乡镇,为年内台州市首个乡镇。该镇共有农田种植面积 5 万亩,其中建立水稻万亩示范方 4 个,面积 40080 亩。

同月　富岭塑胶在美国首家生产基地——宾夕法尼亚州 Allentown 市美国富岭公司开业。此为温岭实施"走出去"战略后,首家经审批在美国设立生产分厂的企业。美国富岭公司租用 Upper Macungie 镇一家面积 8175 平方米的厂房,总投资 3000 万美元。

6 月 1 日　市内正式推行住房公积金"按月提取还贷"业务。改提取公积金限于"一年只能取一次"的做法。此后,职工每月缴纳的公积金均可直接冲抵贷款"月供"。

6 月 6 日　全市村邮站运营工作会议召开。村邮站业务数和金额连续两年居全省首位。2013 年平函日均投递量 7534 件,报纸日均投递量 5.1 万份;共办理便民业务 137.48 万笔,金额 1.24 亿元。

6 月 18 日　温岭市与浙江工业大学签署全面战略合作框架协议,内容涵盖人才培养交流合作、科技合作、农业和新农村建设合作等诸多方面。浙工大温岭研究院同时揭牌成立,11 名教授受聘为浙工大服务温岭市经济社会发展专家顾问团成员。

6 月 26 日　省委书记、省人大常委会主任夏宝龙到温岭王龙口高新农业技术示范园区、城南镇寨门村、万邦药业、利欧股份、浙江必克体育用品有限公司、钱江工业机器人研究院、九龙湖生态湿地等进行调研。夏宝龙充分肯定温岭安全隐患大整治、"三改一拆""五水共治"产业转型、美丽乡村建设等方面工作,并对温岭工作提出希望和要求。

6 月　因世界杯足球赛举办,全市体育彩票销量猛增,总销量 2189 万元,其中竞彩 944.58 万元,占体育彩票销量近一半。

7 月 1 日　全市推进农村确权赋权改革动员会召开。会议要求,在 2015 年底前完成全市村级经济合作社股份合作制改革和农村土地承包经营权确权登记颁证工作。

7 月 2 日　微软(温岭)IT 学院在市区人民东路挂牌成立,该学院是温岭与微软(中国)有限公司进行战略性合作而成立的一所信息技术高新材料科技服务机构,系台州首家。

7 月 3 日　温岭旅游推介会在杭州举行。规格高、规模大,推介会以"最想硐天传奇,醉享温岭海鲜"为主题,50 家旅行社、38 家媒体和浙江省及杭州市旅游界众多人士、社区代表参加推介活动。

7 月 7 日　2014 年全国体育传统项目学校田径联赛开幕式在温岭举行,温岭中学组队代表浙江省代表队参赛。国家田径管理中心副主任王楠、省体育局副局长翟晓翔及温岭市有关领导出席。

7 月 10 日　温岭在北京举办精品水果北京推介会暨农业重点项目招商说明会,扩大温岭大棚西瓜、大棚葡萄、大棚梨等精品水果在北京市场的品牌知名度和影响力,推动温岭精品水果走向全国;同时,充分利用北京温岭商人云集的优势,加大农业招商引资力度,吸引更多温岭商人回归投资,发展现代农业。

7 月 13 日　在绍兴平水水上运动中心举行的浙江省第十五届运动会皮划艇赛艇比赛男子甲组 200 米双人皮划艇项目决赛中,代表台州市参赛的大溪中学皮划艇队运动员在临近终点 60 米处突然发力,最后以 0.22 秒的优势反超杭州队勇夺桂冠,成为耀眼的"黑马",实现该项目金牌零的突破。

7 月 28 日　首届在外温岭籍科技人才故乡行活动举行。来自北京、上海、杭州三地高校的 33 名温岭籍专家,帮助家乡 32 家企业解决技术需求。活动采取项目合作或成立研究中心的方式,对企业技术进行改进提高。

7月29日　中国名家名曲民族音乐会暨"松庭杯"第二届中国竹笛邀请赛颁奖晚会在温岭举行。蒋国基、詹永明、戴亚等国家一级演奏家齐聚温岭,为市民献上一场笛子演奏盛宴。

7月30日　台州市推进统一战线特色村创建工作现场会在温岭召开,城南镇兰公岙村成为台州首批"统一战线特色村"。

8月1日　全市发展村级集体经济联席会议召开。农林、水利、财政、金融、建设规划等部门负责人,共商村级集体经济发展大计。市政府决定在2014—2017年专门安排1200万元扶持资金,采取项目补助形式,扶持经济薄弱村发展集体经济。市委副书记王加潮等出席会议。

8月6日　担屿围涂造田造地工程正式开工。该工程位于温岭南海岸的城南镇隘顽湾西侧,项目规划建设总面积1.362万亩,实际新增耕地面积10123亩,总工期4年。市委书记周先苗等出席开工仪式。

8月9日　团中央书记处书记徐晓一行到温岭考察温岭青年服务中心工作,市领导周先苗等陪同。

8月14日　由市教育局与上海久江集团共同设立的"久江集团温岭教育奖励基金"在温岭中学举行颁奖仪式,向被清华大学录取的3位优秀毕业生和14名优秀贫困生分别资助1万元和5000元奖励基金,向扎根农村教育10年以上、教学业绩突出的5位老师分别奖励1万元农村教育突出贡献奖励基金。"久江集团温岭教育奖励基金"出资人蒋卫兵为城东街道人,系上海久江投资集团有限公司董事长、上海温岭商会常务副会长。

8月20日　新河镇渡南头村拨出专款重奖村里被本科院校录取的优秀学生。根据村规民约,从2011年起,凡被北大、清华、复旦、浙大等名校录取的应届学生,每人奖励现金8万元;被211等重点院校录取的,奖励现金2万元;被其他本科学校录取的,奖励现金5000元。今年,共发放奖学金19万元。

8月21日　在(杭州)召开的"2014华东政务微博微信峰会"上,"温岭发布"获得"亲民服务奖",成为华东六省中唯一获得该奖的县级政府官方网络平台。平台由市新闻办于年初推出,包含1个市级发布、23个部门发布和 16 个镇(街道)发布的官方微博、微信,日均阅读量 5 万人次。

8 月 22 日　市人大常委会主任张学明应邀出席在北京举行的第五届"中国公共预算研究"全国学术研讨会。研讨会由北京大学政治发展与政府管理研究所、中山大学公共管理研究中心等共同主办,就公共预算有关的 7 个专题开展探讨。张学明作题为《全口径预算与公众参与》的专题发言。

8 月 27 日　104 国道温岭段 11.28 千米、省道林石线 6 千米路面"白改黑"(水泥路面改为沥青路面)改造正式动工。市公路局分别投资 5470 万元、2095 万元,工程采用美国引进的共振碎石化技术,保持原有路基的平整度和密实度。

8 月 30 日　首届计算机网络管理员职业技能大赛在微软(温岭)IT学院举行。全市 50 多名企业选手参赛,市人力社保局核发相应的职业资格证书和奖励。

8 月　金清大港沿河景观绿化建设工程完成招投标。工程总投资 1.2 亿元,其中一期投资 4800 万元,起点为泽国镇沈桥村,途经城北、新河,终点为滨海镇新金清闸;二期计划建造 31 座景观桥梁、9 个驿站及亮化设施等。

9 月 3 日　省政协主席乔传秀到温岭调研养老服务体系建设工作,市领导周先苗、李斌、王福生等陪同调研。

同日　新河镇举行行业协会承接政府职能签字仪式,该镇主要负责人分别与当地羊毛衫等 5 个行业协会负责人签订行业资质评估、职称评定初审、行业业务知识培训、消防安全知识培训、行业名牌产品申报初审、行业企业税收协商,行业统计分析、信息预警,行业工资集体协商、行业企业安全协管,行业规划、行规行约制订,行业纠纷调解等行业管理和协调,行业技术成果评审推广、举办展览展销,行业标准制订等 11 项政府职能转移协议。标志着台州市首个政府职能转移样本在新河落地。

9 月 4 日　市全民读书月活动工作部署会召开,活动主题为"百年温岭,阅读同行"。

9 月 5 日　台州海关在泽国行政服务中心设立服务窗口,正式对外开办业务。海关服务点延伸至乡镇一级为全省首例。

9月9日　位于九龙大道的市行政服务中心新大楼正式启用。大楼工程于2012年2月动工,建筑面积3.35万平方米,总投资2亿多元。同时,市政府办证中心更名为市政府行政服务中心,办证服务大厅设窗口239个。市招投标管理委员会更名为市公共资源交易管理委员会。

9月17日　全省火灾等安全事故防控综合治理体系建设现场会在温岭召开,副省长毛光烈到会讲话,公安部消防局、省公安厅、省消防总队领导出席会议。

9月22日　受16号台风"凤凰"影响,19日8时至22日16时全市过程平均降雨量203.5毫米,最大降雨量为石塘里西水库265.5毫米。全市受灾人口21万余人,转移人口3.98万人,倒塌房屋6间,直接经济损失6000余万元,其中农作物受灾6.8万多亩,水产养殖受损700亩,工矿企业停产382家,水利基础设施受损17处,堤防损坏640米。

9月24日　对引进人才的浙江通源材料科技有限公司、浙江钱江集团集成电路有限公司奖励引进资金。

9月30日　烈士公祭活动在温岭烈士陵园举行。市四套班子领导出席,并向烈士敬献花篮。

9月　市慈善总会获第二届"中华慈善突出贡献(组织)奖",义工"阿华"获"中华慈善突出贡献(个人)奖"。"阿华"原名张金华,市公安局协警,2008年开始参加义工活动,并一直坚持无偿献血,是一名干细胞骨髓捐献志愿者。

10月1日起　《企业信息公示暂行条例》正式实施,告别施行30余年的企业年检制,取而代之的是更为便捷的"企业年度报告制度",市内企业只要登录企业信用信息公示系统报送即可。

10月3日　2014"锦鸿杯"腕力王大赛在市体育馆举行,来自全国各地的200多名扳手劲高手争夺5个级别的"中国腕力王"称号。

10月4日　"武林风"环球拳王争霸赛在市体育馆举行。汤加王国、俄罗斯、美国、巴西等国家的自由搏击高手参赛,与中方选手角逐世界自由搏击理事会洲际金腰带。争霸赛由河南卫视、温岭市体育局、温岭市总商会主办。

10 月 9—13 日　台北市温岭同乡会 111 人金秋返乡参访,先后参观长屿硐天、江厦潮汐试验电站等地。

10 月 10 日　由省体育局主办、市篮球协会承办、温岭报社协办的 2014 年中美国际篮球对抗赛——浙江广厦队对战美国明星职业男篮队在市体育馆举行。

10 月 11 日　空军招飞优质生源基地授牌仪式在温岭中学举行。温中成为全国百个空军招飞优质生源基地之一,被南京军区空军政治部评为空军招飞工作先进单位。

10 月 13 日　由中国象棋协会、浙江省体育局共同主办,省体育竞赛中心、温岭市政府承办的第四届"温岭石夫人杯"全国象棋国手赛在温岭举行。温岭市被中国象棋协会授予"中国象棋之乡"荣誉称号。

10 月 14 日　我市 110 千伏东林变扩建工程安装和调试工作圆满完成,顺利投入运行,为新河、滨海等镇产业崛起提供充足的电力保障。

10 月 15 日　澳大利亚纳迪克森高中与新河中学签约,结为姊妹学校。两校定期开展交流和互访,共享教育资源,拓宽师生视野。

10 月 22 日　台州市首个地面沉降观测站在城北街道芳田村开建。为省内第三个地面沉降观测站,该站计划钻探基岩标 1 个、分层标 9 个、水位孔 5 个,深度从 2～140 米不等,用于查明地面沉降区域的地质条件,建立地面沉降预测预报模型,实现地面沉降自动化实时连续监测和及时预警,为地面沉降研究与防治提供必要的资料依据。

同日　建设部委派北京清华同衡规划院相关负责人,到石塘镇里箬村实地踏勘核查第二批中国传统村落项目申报中央资金补助事项。建设部计划投资 515 万元,分 3 年时间,对里箬村的传统建筑修缮、基础设施和公共环境改善、历史环境要素修复、防灾安全保障、文物和非物质文化遗产保护利用等 5 个方面 14 个项目进行建设和实施。

10 月 28 日　市巾帼文明岗创建工作现场推进会提出,创建活动要结合自身行业特点,打造新亮点。全市时有国家级文明岗 5 个、省级 24 个、台州市级 27 个,巾帼志愿者队伍 96 支,各类志愿者 3000 多名。

11 月 3 日　全市村(社区)"三多"(机构牌子多、考核评比多、创建达标多)事项清理整改工作会议召开。根据省下达的实施方案,保留包括村(社区)党组织、村(居)民委员会在内的 4 个组织机构对外挂牌,村(居、社区)民兵连、人民调解委员会、便民服务中心、文化礼堂等 4 个服务活动场所可对外悬挂服务标识牌,其他在村级(居、社区)设立的组织机构一律不再挂牌。

11 月 4 日　位于松门镇横门村的龙门港多用途码头经 6 年时间建成。码头区域面积 185 亩,岸线长 268 米,设计年吞吐量 150 万吨,设 2 个 3000 吨级多用途泊位,并配 1 个面积 3.34 万平方米的堆场。

11 月 7 日　奥运冠军吕林、孟关良、周苏红和世锦赛游泳冠军吴鹏走访城南镇西沙小学,受到师生热烈欢迎。

同日　"魅力台州"——上海美术家台州采风团 30 多位美术家走进石塘采风,石屋、大海、大奏鼓等渔村风情让画家们流连忘返。

11 月 10 日　温岭市市场监督管理局挂牌成立。承担原工商行政管理部门和食品药品监督管理部门的双重职责。

11 月 11 日　大溪镇沈岙村被省书协授予"浙江书法村"荣誉称号。

11 月 13 日　位于市区藤岭新隧道附近的市污水处理二期工程开工。总投资 3.18 亿元,为省重点工程,新建、改建污水输送总管管径 DN1000,总长约 4.43 千米和山下金污水提升总泵站。改扩建工程建成后,主城区污水日处理能力达到 14 万吨。

11 月 18 日　市中医院与中国工程院院士郝希山签订共建院士专家工作站协议,专家团队每年不少于两次到温岭进行实地课题调研,帮扶市中医院科研攻关,提供医疗技术扶持。郝希山院士为中国抗癌协会理事长、国家肿瘤临床医学研究中心(天津)主任、世界知名肿瘤学研究专家。

11 月 21 日　全国异地温岭商会第十二届联谊会暨回归项目推进会在温岭召开。来自全国各地的温岭商会相关负责人及企业家出席并参观温岭城市新区、东部新区,签订落户温岭项目 13 个。市委书记周先苗、市长李斌为商会和企业家颁发优秀异地温岭商会、慈善功勋奖、慈善贡献奖等奖项。

同日　中国工程院院士吴明珠与箬横玉麟果蔬专业合作社签订共建院士工作站协议,共同攻克西瓜种植难题,为台州首个农民专业合作社院士工作站。

11 月 25 日　科技部指导的 2014 创新方法研究会科学工具专业委员会、国产科学仪器设备应用示范产业技术创新战略联盟年会在温岭召开。来自全国各地科学仪器行业的顶尖技术专家和企业家齐聚一堂,以"大数据时代的科学仪器"为主题,围绕如何推动大数据落地激发企业的竞争力和创造力进行探讨,为温岭仪器仪表企业发展带来新理念、新技术。会议期间,与会人员参观了浙江福立分析仪器有限公司。

11 月 27 日　年内"1·14"火灾事故后续处理结果明确,共同经营大东鞋业的林剑锋与林真剑兄弟俩赔偿 16 名死者家属的经济损失、支付所有受伤人员在医院抢救医疗费用及部分受伤人员的赔偿款等,共计 1658 万元。同时,法院以两人在生产作业中违反有关安全管理规定,构成重大责任事故罪,分别判处有期徒刑 5 年 6 个月、5 年。

同日　位于新河镇城北村的新河电子商务园区开园。

同日　市文化馆研究馆员林梦创作的民乐合奏《彩蝶纷飞》获中国第四届民族管弦乐(青少年题材)作品银奖。

11 月 28 日　全市正风肃纪暨警示教育大会召开。会议通报,1—10 月全市共查处各类违反作风建设规定问题 211 起,责任追究 130 人;纪检监察机关立案 216 件,处分党员干部 146 人,移送司法机关处理 15 人;涉及公职人员 33 人,其中科级干部 14 人。

11 月 29 日　台州市授智文化助学基金会在新河镇登明寺设立,注册资金 200 万元,用于资助贫困学生。

12 月 1 日　市长江黄颡鱼特色养殖精品园和成泰南美白对虾养殖精品园入选省海洋与渔业局 2014 年第二批现代渔业园区名单。至此,温岭建设的 15 个渔业精品园全部通过验收,并投入使用。

12 月 2 日　位于松门镇东南工业区的松门新水产品批发市场开业。市场于 2009 年启动建设,总投资 3.68 亿元,用地 138 亩,总建筑面积

87251.8 平方米,设置鲜品交易区、活品交易区、干品交易区、物流储藏区及商务配套区,是集水产品交易、物流储藏、信息发布、检测检验、住宿餐饮、观光休闲于一体的现代化水产品批发市场。

12 月 4 日　市农村产权交易所正式挂牌成立。可实施包括农村土地承包经营权、农村集体资产所有权、农村集体经济组织股权等 11 个交易品种。

12 月 5 日　韩国庆尚南道统营市政府行政科科长朴性赞一行在当地国际协作官及温岭市统战部门陪同下到松门镇,寻访朝鲜民族英雄李舜臣好友季金的故里。据资料记载,季金,字长庚,明隆庆二年戊辰武科进士,当过广东潮州参将和镇江副总兵,后官至都督佥事。明万历二十五年,他以"钦差统领浙直水兵游击将军"的头衔,率三千水兵,被派遣至朝鲜战场,与朝鲜民族英雄李舜臣共同指挥"露梁海战"抵抗倭寇,并最终取得战争胜利。朝鲜王曾亲自到季金的官邸道谢。

12 月 11 日　市商务局统计,在刚刚过去的"双十一"网络购物狂潮中,温岭人共消费 5131 万元,位列全国消费百强县(市)第 18 位。

12 月 12 日　温岭手机图书馆正式开通,只要下载"超星移动图书馆"的手机客户端,就能享受 5 亿多条中外文资讯、1100 多万种电子图书免费下载服务、260 多万种电子图书、2 万多集名校名师公开课视频、1000 多种杂志的免费阅读服务。

12 月 17 日　国家卫生计生委发布 2013 年中国居民健康素养监测报告:温岭居民健康素养水平为 10.41%,比全国平均水平 9.48% 高出 0.93 个百分点,比浙江省县(市)级平均水平 9.65% 高出 0.76 个百分点。

12 月 18 日　中央电视台《道德观察》栏目组到温岭,报道"最美水手"龚桂方在身患重病、生活拮据情况下,坚持用捡废品所得资助秦皇岛市一名贫困大学生的事迹。

12 月 23—24 日　在丽水举办的"第二届中国淘宝村高峰论坛"上,阿里巴巴集团发布了最新的全国"淘宝村"名单和首批"淘宝镇"名单,泽国镇凭借夹屿村、牧屿村、长大村及双峰村 4 个"淘宝村"名额,成为全国 19 个"淘宝镇"之一。

12 月 24 日　台州沿海大通道全线通车。该线路北起三门毛张,与74 省道健跳至黄金坦段改建工程相接,途经临海、椒江、台州经济开发区、路桥,止于温岭市松门镇,主线全长 92.2 公里,总投资 73.8 亿元,为台州市普通公路建设中里程最长、投资最多的干线项目。温岭松门到三门车程由原来的 2 小时左右缩短至 1 小时左右;到椒江仅需半小时。

12 月 25 日　市中心渔港一期工程通过交工验收。一期工程位于石塘镇市中心渔港南面,防波堤工程长 791.5 米(原设计长 820 米),形成水域面积约 136.57 万平方米,渔港内可停泊和锚泊水域面积约 73.51 万平方米,可同时容纳约 700 艘渔船进港避风。

12 月 30 日　全市 284 家行政事业单位资产清查工作完成。清查自6 月 25 日开始,查清土地、房屋建筑物、未转固定资产的房屋建筑物及股权投资等,为国有资产动态监管奠定基础。

同日　省委第四巡视组进驻温岭动员会召开。巡视组组长钟桂松作动员讲话;省委巡视工作领导小组办公室副主任邱志明受省委巡视工作领导小组委托,就配合做好巡视工作提出要求;市委书记周先苗作表态发言并汇报近 5 年来的工作情况。市委副书记、市长李斌主持会议,市四套班子领导出席。

同日　由市文广新局主办的"百年温岭、文化同行"2014 原创文艺颁奖晚会在市行政中心大会堂举行,市四套班子领导出席并为获奖者颁奖。

2015 年

1 月 1 日　横峰街道公共自行车正式启用。本着"对接市区,通借通还;村村设点,集资兴办;委托建管,联合监督"的思路,一期工程设站点30 个,投放自行车 1000 辆。二期计划增设到 50 个站点,再投放车辆 500辆。

1 月 7 日　温岭渔船在舟山渔场捕捞到一条长约 2.3 米,重 32 斤的大带鱼。宁波大学海洋学院教授竺俊全判定该大带鱼不是皇带鱼,而是带鱼或者沙带鱼,若胸鳍短于吻长为沙带鱼,若胸鳍等于或长于吻长为带鱼。

1月8日　浙江海特森水产股份有限公司、台州华茂工艺品股份有限公司正式挂牌浙江股权交易中心"成长板",成为温岭市挂牌股交中心"成长板"的首批企业。

1月12日　全市领导干部会议召开。台州市委常委、组织部部长在会上宣读省委决定:徐淼任中共温岭市委委员、常委、书记,免去周先苗的中共温岭市委书记、常委、委员职务。

1月16日　浙江师范大学与温岭市战略合作签约暨浙师大附中(泽国中学)授牌仪式举行,浙师大党委书记陈德喜、校长蒋国进及温岭市领导出席仪式。

1月17日　根据《浙江省人民代表大会常务委员会关于修改〈浙江省人口与计划生育条例〉第十九条的决定》,于2014年1月16日起正式施行"单独两孩"政策(夫妻一方为独生子女的家庭可以生育第二个孩子)。一年间,温岭市人口计生局共受理"单独"夫妇再生育申请1769对,批准1722对。

1月20日　浙江中马园林机器股份有限公司在全国中小企业股份转让系统即"新三板"正式挂牌,成为全市首家在"新三板"挂牌的企业。

同日　市内21个特色文化礼堂全部通过台州文化礼堂建设考核小组验收。自去年4月起,21个村为建设文化礼堂,分别邀请美术学院专家进行设计,充分挖掘本村的文化和特色,努力打造具有当地文化元素、满足群众文化需求的重要阵地。

1月22日　第二十七届中国国际五金博览会暨泵与电机博览会推介联谊会在大溪召开,市内100多家生产水泵与电机的企业负责人与博览会承办单位、中国五金交电化工商业协会负责人等进行面对面交流沟通。第二十七届中国国际五金博览会暨2015春季(127届)全国五金商品交易会于3月31日至4月2日在国家会展中心(上海)举行。

1月24日　市技工学校被评为国家级高技能人才培训基地,获得国家2年内到位的500万元补助资金。全省仅有3所学校获得此资格。

1 月 26 日　中组部、省委组织部调研组到温岭调研党内基层民主建设和党代会常任制工作,并到大溪镇沈岙村实地考察基层工作情况。

2 月 2 日　一名来自城南镇坑洋村的产妇在市妇保院诞下一名女婴,体重 6100 克,比"九斤姑娘"还要重 3 斤多,打破了在该院诞生的女婴体重纪录。此前,2009 年 9 月 15 日,一名产妇在该院诞下的一名男婴,体重达 6350 克。

2 月 18 日　太平街道前溪桥改建工程完成并正式通车。该桥长约 32.4 米,宽 16 米～19 米,梁底标高 4.3 米。

3 月 3 日　市社保基金增值管理通过商业银行定期存款项目招投标的做法,获省长李强的批示肯定:"可印送各县市参阅。"

3 月 6 日　全市三级干部大会提出 2015 年全市开展七大破难攻坚行动,即土地开发提速、投资促转型、"三治三创攻坚"、城乡公交治堵、树正风扬正气、安全整治、扫除一切阻碍发展的重大障碍,推动温岭迈出转型新步伐。市委书记作动员报告,市委副书记、市长李斌主持会议,市四套班子领导及各级领导干部出席会议。

同日　市东部新区基础设施建设等全市 10 个项目,被省列入《2015 年度浙江海洋经济发展重大建设项目实施计划》,总投资达 152.07 亿元,年度计划投资 11.45 亿元。

3 月 19—22 日　2015 年全国中小学生国际跳棋锦标赛在市青少年宫举行,来自北京、上海、浙江等 13 个省市的 370 多名选手参赛。

3 月 24 日　全市停止收费许可证核发及收费许可证年度审验工作,建立事中事后监管制度,此前涉及收费许可证及年审的政策文件同时废止。自 2016 年 1 月 1 日起,全国统一取消收费许可证制度,实行近 30 年的收费许可证制度将画上句号。

3 月 28 日　市首届体育旅游休闲节开幕式暨第 20 个全民健身日启动仪式在温岭东部产业集聚区举行。活动由市人民政府主办,市体育局、市风景旅游局、市经济开发区管委会(东部产业集聚区)承办。

3 月 30 日　市民王秀青从市行政服务中心工作人员手里接过全市首张"三证合一"营业执照。即工商的营业执照,质监的组织机构代码证以及国税、地税的税务登记证等三本证书合为一本,只需到一个窗口即可办理。

3月31日　在全省建设平安浙江工作会议(视频)上,温岭市2014年平安创建工作以全省第一的成绩被省政府授予"2014年度平安市"奖牌。

4月2日　温岭市服务企业直通车平台启动运行。平台由市委书记、市长任领导小组组长,分管工业的副市长任副组长,27个相关部门主要负责人组成,下设办公室负责日常工作。

4月7日　国家住房城乡建设部和科学技术部联合发布《关于公布国家智慧城市2014年度试点名单的通知》,确定全国84个城市(区、县、镇)为第三批国家智慧城市试点名单,温岭市名列其中。

4月8—9日　省委副书记、省长李强一行到温岭调研,台州市市长张兵和温岭市委书记、市长等陪同调研。

4月9日　位于松门镇洞下沙滩外的温岭海洋潮位观测站完成基准潮位核定,从此处监测到的海水潮位、水温、盐度等海洋水文数据及海上气温、气压、风向、风速、雨量、湿度等气象数据,通过无线传输直接送往国家海洋观测系统专网。

4月10日　方山国家4A级旅游景区授牌仪式暨第三届方山旅游文化节活动仪式在方山景区游客中心举行。

4月10—12日　由省体育总会主办,省体育竞赛中心、省气排球协会和温岭市总工会、温岭市体育总会承办的"飞龙杯"2015年全国气排球比赛(浙江站)在温岭举办。经三天激烈角逐,温岭队取得女子青年组、女子中年组和男子青年组3个第一名。

4月13日　全市整治"村梗地霸、涉黑涉恶、欺行霸市"专项行动部署会召开,市领导王加潮、沈云才等出席。

4月16日　金清大港排涝工程的瓶颈工程——渡南头分流河道项目全面完工。河道全长596米、宽41米、深4.5米,河上建造了3座桥梁,工程总投资1200万元。项目于2012年9月启动。

4月20日　凌晨3时30分许,一艘福建渔船在海上侧翻下沉,船上

18 名船员突遇生命危险。位于 141 海区、和出事海域相距 5 海里的温岭"浙台渔运 32068 号"船长黄三建接到求救信息后,冒着巨大危险,克服海上风浪大、两船落差较大的困难,靠上福建渔船,将 18 名渔民一一救上船,并于 22 日上午安全抵达箬山。

4 月 21 日　位于新河的台州长城机械制造有限公司与意大利 CMR 有限公司在新河镇联合成立台州希迈机械有限公司。台州长城机械制造有限公司是一家生产工业和农机减速箱的企业,其中农机减速箱共有 30 多个品种,而意大利 CMR 有限公司是国际知名零部件生产和经销商。

5 月 6 日　全市食品安全整治专项行动会议提出,要以"最严谨的标准、最严格的监管、最严厉的处罚、最严肃的问责",全面打响食品安全整治"六大战役"(农产品质量安全整治提升、水产品质量安全整治提升、食品小作坊整治提升、农贸市场整治提升、餐饮行业整治提升、校园周边食品整治提升等),确保人民群众饮食安全。市领导王加潮等出席。

5 月 15 日　温岭市农村专业技术联合会第一次会员大会暨成立大会召开,市领导庞鑫培、江金永出席。

5 月 26 日　厄瓜多尔共和国教育部部长奥古斯多·埃斯皮诺萨一行到访温岭中学,常务副市长李昌明陪同。

5 月 28 日　市人民政府发布通告,在全市范围内开展婚丧礼俗规范整治活动。

5 月 29 日　残疾人免费乘坐城市公交车启动仪式举行,市交通运输局等相关部门领导和 20 位残疾人代表出席现场活动。市残联为全市 1.7 万名 70 周岁以下的残疾人办理公交爱心卡,可免费乘坐城市公交车。

5 月 30 日　2015 中国乒乓球俱乐部超级联赛(温岭赛区)在市体育馆举行。

6 月 1 日　全市"河长制"工作暨消劣大行动动员会召开。通报全市河道整治工作情况,并对消除劣 V 类水质断面大行动作出部署。市领导李斌、王加潮等出席会议。

6 月 3 日　2015 年全省精品西瓜、甜瓜评选活动在杭州举办。省内36 家西瓜、甜瓜产业协会、合作社和农业企业选送 21 个品牌的西瓜和 25

个品牌的甜瓜参赛。温岭选送的"玉麟"西瓜获得金奖。

6月5—6日　全国农村基层党建工作座谈会在杭州召开,大溪镇沈岙村被列为全国农村基层党建工作现场会考察点。

6月10日　温岭市顺利通过义务教育发展基本均衡(县)市国家级评估验收。

6月19日　松门风电场和温峤风电场取得省发改委项目服务联系单,被列入浙江省"十二五"第四批核准风电项目。

6月25日　全市农村确权赋权改革工作会议召开。截至6月15日,市内632个村基本完成股份合作制改革,占总村数的73.49%。

6月27日　温岭慈善义工协会成立大会召开,137名义工代表参加成立会。全市有慈善义工3800多名。

6月30日　81省道温岭段改建工程百日会战动员会召开。该工程是关系东部乃至全市发展的全局性工程。自2013年开工后,工程主线的5个路基标段和1个工程矿标均开工建设,累计完成投资额8.81亿元,占主线投资的44.4%。

7月1日　阿里巴巴·温岭产业带自2015年3月6日正式上线后,运营成效十分突出。截至6月底,109家企业店铺上线运营,3月26日和5月20日先后举行两场大型线上促销活动,为温岭产业带增加28万多人次的网络曝光量,带来8万多名线上采购商。阿里巴巴·温岭产业带是由政府主办、委托第三方代运营的电子商务交易平台。

同日　因久旱未雨,市内部分地区出现用水困难,农作物生长受到影响。市内两支人工影响天气作业队,分别到坞根大岩头和大溪太湖水库两个作业地点实施人工增雨,先后发射18枚火箭弹。之后,多地出现明显降雨,旱情有所缓解。

7月3—6日　第二届(2015)温岭农(渔)业博览会在市会展中心举行,全市160多种精品农渔产品亮相展会。农博会以"绿色、品质、安全、可持续"为主题,采取展示与销售、推介与洽谈相结合,生产与市场相衔接的方式,促进优质农(渔)业产品购销。

7月4日　16时许,位于大溪镇佛陇村的市捷宇鞋材有限公司发生房屋倒塌致人伤亡特大事故。经奋力救援,至 6 日 15 时 30 分,事故共造成 14 人死亡、33 人受伤。发生事故的厂房系捷宇公司所有,腾辉公司租用。事故发生后,省委书记夏宝龙、省长李强、省委副书记王辉忠和台州市主要领导分别作出重要批示。当日,温岭市委、市政府在大溪镇佛陇村召开全市安全生产工作会议,通报"7·4"房屋倒塌事故情况,部署在全市开展安全大检查大整治工作,市委书记、市长分别在会上讲话。

7 月 5 日　省委常委、常务副省长袁家军一行到温岭检查指导"7·4"事故处理工作,省消防总队政委王建新,台州市及温岭市领导陪同。

7 月 6 日　温岭首批 4 个地下水监测站点建设项目正式投入运行,填补了全市水文地下水监测的空白。4 个地下水监测站分别为滨海站(雨伞)、温峤站(芷胜庄)、温岭站(老市政府)、新河站(肖家桥),2012 年底开始建设,历时 3 年实现全省地下水监测数据统一、省市县三级共享要求。

7 月 7 日　城西街道张友田,用 5 年时间研制出"珍珠鞋"。120 颗圆润饱满的珍珠,用手工方法按中医穴位,排列在每一双鞋的鞋底。每天可生产 200 双"珍珠鞋",销往国内外。中老年群体是"珍珠鞋"的主要客户群。

7 月 9 日　温岭建筑业 1 号大厦、九龙商务中心、九龙学校新建工程等三项重点工程获 2015 年度浙江省建设工程"钱江杯"奖(优质工程)。其中,建筑业 1 号大厦被推荐参选 2015 年度中国建筑工程"鲁班"奖。

7 月 9—11 日　9 号台风"灿鸿"影响温岭,截至 11 日 12 时,台风过境降雨达 146 毫米,河网水位普遍超警戒线,全市 2.77 万人受灾,倒塌房屋 2 间,32.6 万余亩农作物受灾,直接经济损失 1.64 亿元,所幸无人员伤亡。

7 月 13 日　在香港举行的第三届亚洲国际合唱节上,市(三星)少儿合唱团以一曲《调笑令·胡马》和无伴奏合唱《笑之歌》征服现场评委,夺得少儿组金奖。同时,市教师合唱团以高分夺得重唱组唯一金奖。

7 月 18 日　"市场杯"2015 年浙江省青少年举重锦标赛在浙师大附中泽国中学开幕。全省共有 14 支代表队、291 名运动员参加此次比赛,赛期 3 天。

7 月 19—20 日　中央编译局副局长俞可平一行到温岭调研协商民主工作，先后走访新河镇和泽国镇，观摩新河镇老城区改造民主恳谈会，并出席镇（街道）民主恳谈工作座谈会，市领导陪同调研。

7 月 20 日　晚上，由椒江、临海、黄岩、路桥、玉环、温岭 6 县（市、区）文广新局共同主办的 2015 年台州市"馆际联动·文化走亲"巡演——走进温岭"风从东海来"文艺晚会在温岭东辉公园举行。

7 月 21 日　台湾苏澳区渔会与温岭市海上民间救助站在石塘镇签订首份台湾地区与大陆海上民间救助合作协议书。

同日　温岭市泵业智造小镇、石塘文化旅游小镇被列入台州市第一批 9 个特色小镇创建名单。

7 月 21—23 日　省"三改一拆""五水共治"督查组到温岭督查"三改一拆""五水共治"工作。

7 月 23 日　全市领导干部会议通报省委、台州市委关于温岭市政府主要领导调整的决定。根据省委有关文件通知，台州市委提议徐仁标为温岭市人民政府市长候选人，李斌不再担任温岭市人民政府市长职务。

7 月 24 日　全市扶贫开发领导小组（扩大）会议召开，研究部署全市农村家庭人均收入 4600 元以下的 3742 户 5481 人的扶贫工作。

同日　市政府在市区人民西路和北门街交叉路口东边竖立"勿忘国耻"纪念碑，记录 1941 年 7 月 24 日日军对县城实施的两次飞机轰炸，警示后人不忘国耻，发奋图强。

7 月 30 日　第二届温岭籍在外科技人才故乡行座谈会召开。来自清华大学、南京航空航天大学、浙江工业大学等高校的专家、学者会聚一堂，就助推温岭工业发展献计献策。当天，市华康汽车零部件有限公司和浙江广涛卫厨有限公司分别与清华大学、浙江工业大学签订校企合作协议。

8 月 1 日　浙江大学医学院附属邵逸夫医院合作医院在市一院正式成立。当天举行温岭市卫生计生局和邵逸夫医院医疗卫生战略合作启动暨邵逸夫医院合作医院揭牌仪式。

8月7日　由温岭日报社开发运营的"智慧温岭"APP 开始试运行，APP 融合资讯、政务、商务和民生服务四大功能，即日起在各大手机端平台和 APP STORE 正式上架。

8月　《温岭河溪周氏志》由中国言实出版社正式出版，此为温岭历史上第一部公开出版的姓氏志。该志由市委报道组退休干部金宗炳主编。河溪周氏是北宋理学家周敦颐的后裔，志书全面、翔实地记录了周氏后裔从福建莆田迁居温岭后的繁衍历史。该书被中国国家图书馆、首都图书馆、上海图书馆和多家档案馆收藏。

8月　截至8月，全市共有国家级高新技术企业83家，省级科技型中小企业265家，台州市高新技术企业164家，正在申报国家级高新技术企业19家。

9月1日　晚上，由市文广新局主办的纪念抗战胜利七十周年合唱专场演出在东辉公园举行。

9月7日　阿里研究院在2015新网商峰会上发布上半年网商发展研究报告，首度公布2015年网商创业最活跃城市排行榜，温岭市位列县（市）第10位。截至2014年底，温岭开设淘宝店及阿里巴巴诚信通用户1万余家，其中实体企业开设的天猫店216家。

9月14日　温岭市人大工作研究会成立并举行第一次会员大会，市人大常委会主任张学明出席并讲话。

9月17日　台州市温岭中医医疗中心（集团）温岭市中医院、台州市中西医结合医院加入当日成立的浙江省中医医疗联合体，成为该医联体首批成员单位。各加盟医疗机构实现信息互通、资源共享。

9月21日　市政府出台《温岭市居住证制度改革试点实施意见》，实施流动人口居住证制度积分制管理。对在市内有合法稳定住所和合法稳定就业6个月以上的已办理《浙江省居住证》的流动人口，按照居住年限、学历水平、职业技能、社会保险参与情况以及社会贡献度等方面进行考评积分，新温岭人可凭个人积分在温岭市享受相应的子女就学、社保、住房、医疗等社会基本公共服务。

9月22日　市区1路公交线路有4辆纯电动公交车运营。纯电动公交车空间更大,有 39 个座位,限载 84 人。车价每辆 135 万元。为台州第一批纯电动公交车。

同日　温岭市不可移动文物保护三年行动计划举行启动仪式。全市时有国家级重点文物保护单位 2 处、中国传统村落 1 处、省级文物保护单位 6 处、省级历史文化名镇 3 处、市级文化保护单位 42 处、文物保护点 30 处,另有 231 处被列入第三次全国文物普查重点登记名录。

9 月 23 日　市民政局婚姻登记处即日起不再为任何部门和个人出具"无婚姻登记记录证明"或"婚姻登记记录证明"。

9 月 25 日　温岭最高地标性建筑温岭喜来登酒店举行开工仪式。酒店规划高度 300 米、设计建设地下 3 层,地上 51 层,占地面积 3.8443 万平方米,总建筑面积 18.6359 万平方米,投资 20 亿元。

9 月 29 日　省发改委和省交通运输厅正式发布《浙江省通用机场发展规划》。根据规划,温岭市将兴建一个二类通用机场,可供私人飞机起降。机场候选位置在箬横东侧一地块或原东浦农场东侧地块。

9 月 30 日　烈士公祭活动在瓦屿山烈士陵园举行,市四套班子领导出席并向烈士敬献花篮,市级机关各单位及社会各界代表参加公祭活动。

10 月 8 日　浙江新闻温岭频道正式开通,频道由温岭日报社全权负责更新,并在第一时间推送本地新闻。

10 月 9 日　市东部鞋业转型升级示范园区举行开工典礼。园区基地规划面积约 300 亩,首次采用"工业地产"开发模式,受让对象为具备相应资质的房地产企业,销售对象为经东部新区评估合格并取得入园资格证的企业。

10 月 15 日　晚上,温岭电视台举办首期电视问政节目——"问水"。15 位市党代表、人大代表、政协委员就如何破解治水诸多方面问题,向到场的部门单位和市农办、住建局、环保局、水利局、农林局、行政执法局以及各镇(街道)主要领导提问,各单位主要负责人分别作表态发言。市领导到场观看,市委书记在问政节目最后就各单位的表态、承诺如何抓落实提出明确要求。

10 月 20 日　北京市人大财经委领导到温岭考察预算审查监督工作。

同日　由市委宣传部投资拍摄的温岭首部城市形象微电影《风从海上来》,在腾讯、搜狐、优酷土豆网、风行网、迅雷看看、酷 6 网、56 网、第一视频等国内知名网站同时发布。影片由本土导演林旭坚编导、监制,林坚慧执导,通过诗意唯美的画面来展现温岭的文化底蕴及民俗特色。

10 月 21 日　市第六届企业职工运动会暨第二届新温岭人运动会开幕式在温岭体育馆举行。全市各镇(街道)16 支代表队、221 名选手分别参加乒乓球、篮球、拔河、趣味项目、第九套大众广播体操、体能测试等项目比赛。

10 月 26 日　八一塘省级生态循环农业示范区通过省验收。示范区面积 5589 亩,分设水果、水稻、生猪三大产业。2013 年列入省级示范区创建名单,2014 年实现产值 1.1 亿元。

10 月 26—28 日　韩国大田广域市西区代表团到温岭交流访问。市委、市政府主要领导会见大田广域市西区区长张钟泰一行,两地签署深化交流合作协议书。

10 月 28 日　位于城东街道洋河村的大学生创业园开园。首批 12 家创业实体团队正式入驻,创业项目包括电商运营及销售、设计、电商平台、电商摄影等。园区由市人力社保局和浙江华舜投资共同建设,建筑面积约 5000 平方米,可容纳 100 多个创业团队。

10 月 29 日　全国异地温岭商会会长座谈会在河北省石家庄召开,温岭市委书记出席并讲话。

11 月 2 日　中国侨商会副会长、浙商总会副会长、省侨商会会长廖春荣率领省侨商会代表团参观考察市东部新区、银泰城和城市新区,市领导徐仁标、张学明、王福生等陪同。

11 月 3 日　韩国中小型企业协会会长、演艺经纪公司社长辛永学,韩国 TBO 会社社长金光镐等率领企业家考察团到温岭考察投资环境,并对项目投资等事项开展交流对接。市领导徐仁标、王加潮等陪同。

11 月 5 日　美国当地时间 11 月 4 日,台州富岭塑胶有限公司在美国纳斯达克证券交易所正式挂牌上市,为台州市第一家在纳斯达克上市的企业。

11 月 6 日　温岭市机床工具标准联盟成立,为台州市首个行业标准联盟。

11 月 17 日　位于太平街道人民中路与东辉中路交会处的跃进桥改建完工并通车。改建后桥梁全长 39.4 米、宽由原来的 17 米拓宽为 33 米,结构为主跨 32 米的下承式钢管混凝土拱桥。

同日　2014—2015 年度中国建设工程"鲁班奖"(国家优质工程)表彰大会在北京召开。温岭曙光建设有限公司承建的温岭建筑业 1 号大厦工程被授予"鲁班奖"。

11 月 18 日　81 省道温岭段改建工程支线(松门至石塘)开工。支线起于主线与 75 省道南延交叉点,终点至石塘镇东角头隧道,全长 16.32 千米,概算投资 6.71 亿元。

11 月 20 日　温岭公安、武警、边防、消防等单位反恐精英在横山民兵训练基地举行"平安一号"反恐防暴、处突维稳汇报演练,市领导出席观摩。

同日　全国童鞋质量提升示范区建设工作会议在温岭召开。

同日　温岭澄川白鳖、老丞相甲鱼、经纬牌鱼糜制品等 6 种产品获得 2015 浙江农业博览会金奖,绿野牌鸡蛋获优质奖,玉麟西瓜获得"2015 年最具影响力的农博产品"称号。

11 月 27 日　浙江师范大学附属泽国高级中学迁建工程开工。项目用地面积 78624 平方米,建筑面积 46828 平方米,总投资 1.8 亿元。为浙江省重点建设工程。

12 月 1 日　温岭市多城同创工作委员会办公室举行成立揭牌仪式。

12 月 3 日　市级河长述职汇报会召开。代市长、南官河河长徐仁标和市人大常委会主任、金清大港河长张学明等四套班子领导分别汇报自己担任河长的河道整治情况和整治过程中遇到的问题。市委书记要求落实好河道整治工作,确保"五水共治"取得成效。

12 月 7 日　中国科学院和中国工程院院士增选名单正式公布,53 岁的温岭籍浙江大学建筑工程学院常务副院长陈云敏教授(横峰街道七份岸村人)当选中国科学院院士。

同日　市机构编制委员会发文通知,即日起有关部门分散承担的土地、房屋、农村土地承包经营权、林地(林权)、海域、水域及滩涂渔业养殖等不动产登记职责划入市国土资源局,在该局设立不动产登记局,挂地籍管理科牌子;设立不动产登记服务中心,为市国土资源局下属事业单位,承担市内不动产登记工作。

12月12日　位于太平街道山下金黄茅山叶霞寺的第二次国内革命战争时期中共温岭县委旧址纪念馆经整修后正式对外开放。

12月15日　全市1868户具有首批公租房资格的住户,在市体育馆通过电脑摇号选择1452套住房。分别是城西街道九龙大道合呑地块南侧的康和佳园一期798套、康庭佳园北区36套和城东街道楼山地块振兴路北侧的康惠佳园一期618套。

同日　新界泵业集团股份有限公司被列入2015年度浙江省技术标准研究创新基地名单,该名单由省质量技术监督局和省科学技术厅联合公布。2014年,利欧集团股份有限公司也曾入选。

12月16日　第二届世界互联网大会在桐乡乌镇召开,温岭市10个单位派人赴会参观学习,其中浙江爱仕达电器股份有限公司、利欧集团股份有限公司、浙江格凌实业有限公司作为温岭市企业代表参加这次盛会。

同日　全省鞋业"机器换人"专题现场会在温岭召开。市委副书记、代市长徐仁标在会上介绍温岭鞋业"机器换人"工作情况。

12月17日　东海舰队航四师一架歼-10双座教练机在泽国镇联树村坠毁,市委、市政府主要领导第一时间赶赴现场参与指挥救援。

12月21—22日　全省"转变育人模式"现场推广会在温岭横湖小学召开。

12月22日　温岭农村商业银行股份有限公司(简称温岭农商银行)正式揭牌,该行前身为温岭农村合作银行。2014年初,被省政府确立为第四批农村商业银行改革试点单位,历时1年多,圆满完成改制工作。

同日　温岭市新居民(新温岭人)联谊会召开成立大会,首批会员 98 人,浙江利欧集团有限公司副总裁曾钦民当选会长。全市时有 55 万新温岭人。

12 月 26 日　市供水有限公司山下金水厂改扩建工程举行开工典礼。该水厂是市内唯一的市级水厂,前身为温岭自来水厂,始建于 1975 年,当时制供水能力每日不足 1000 吨。几经扩建、改建,制水能力曾达到每日 6 万吨。此次改扩建后制水能力为每日 8 万吨。

12 月 30 日　市医疗急救指挥中心举行揭牌启动仪式。指挥中心是全市院前急救服务的医疗应急调度指挥协调机构,按照"就近、就急、满足专业需要、兼顾患者意愿"的原则,受理"120"急救电话。

12 月 31 日　纪念中国工农红军长征胜利八十周年、中国工农红军第十三军二师温岭坞根红军小学授旗授牌、感恩捐赠仪式在坞根镇举行。全国人大常委会原副委员长、中国关心下一代工作委员会主任顾秀莲,省关工委、台州市、温岭市领导出席。

12 月　市社保信息系统经过一年改造,全面升级成社保一体化信息管理系统,并完成数据迁移。城镇职工养老保险、城镇职工医疗保险、工伤生育保险、失业保险、机关事业养老保险、被征地农民养老保险、城乡居民医疗保险等社会保险业务均纳入管理系统。此外,新系统将信息平台延伸到企业、镇(街道)、社区和村(居),并实现网上征缴、阳光政务衔接,提高行政效率。

2016 年

1 月 7 日　一艘来自青岛港的大船驶进龙门港码头,温岭集装箱货物水上运输实现零的突破。

1 月 8 日　全市"多城同创"(多个城市同时创建国家树立的卫生城、文明城、低碳环保城等)工作动员大会在市行政中心大会堂召开。市委副书记、代市长徐仁标指出,各级各部门要本着对城市和事业发展、对人民群众高度负责的态度,敢于迎难而上,敢啃硬骨头,齐心协力、合力攻坚,确保打赢"多城同创"这场硬仗。

1月12—13日　中共温岭市第十三届代表大会第五次会议召开。大会的主题是:认真贯彻落实党的十八大和十八届三中、四中、五中全会精神,按照中央经济工作会议、省委十三届八次全会和台州市委的决策部署,回顾 2015 年工作,审议通过《中共温岭市委关于制定温岭市国民经济和社会发展第十三个五年规划的建议》,部署 2016 年重点工作,动员全市上下坚定信心,实干破难,打好"十三五"开局之战,实现争先进位,加快发展。市委书记作《创新转型快发展,大干实干争进位,为打好"十三五"开局之战而努力奋斗》的报告。市委副书记王加潮作《切实担负全面从严治党责任,坚定不移推进党风廉政建设和反腐败斗争》的工作报告。会议审议通过上述两项报告的决议。

1月18日　市公安局刑侦大队"80 后"女法医金吉获"最美浙江人——2015 年度青春领袖"称号。该评选由浙江日报报业集团主办,浙江在线新闻网站和钱江晚报共同承办。

1月20日　晚上,温岭电视台举办第二场电视问政——"问堵"直播节目。12 位党代表、人大代表、政协委员和市民代表就治堵的诸多问题,向到场的市治堵办、市建设规划局、市交通局、市行政执法局、市公安局交警大队以及各镇(街道)提出一个个犀利的问题,各单位"一把手"均进行表态承诺。

1月21日　由市财政拨款 7000 万余元建立的温岭科技创业服务中心在市总部经济大厦正式启动。市政府分别与上海大学机电工程与自动化学院、天津大学科学技术研究院等签订入驻协议,同时,中国计量大学艺术与传播学院、四川大学制造学院等单位与温岭相关企业签订合作协议。

1月28日　温岭泵业智造小镇入围省第二批特色小镇。该小镇位于市铁路新区,面积约 3.6 平方千米,建设面积 3720 亩。

1月30日　浙江省中医院泽国分院举行揭牌仪式,台州市中西医结合医院正式加入省中医院医联体。

2月1日　温岭环卫工人韦桂花(户籍广西)获 2015 年"全国优秀农

民工"称号。她负责太平街道西门村县前街的各条胡同清扫工作,16 年间扫坏 700 多把扫帚,敬业精神赢得领导、同事、群众的一致赞许。

2 月 2 日　台州军分区和台州市政府及温岭市政府、市人武部等领导到松门镇慰问出色完成军事任务的海上民兵徐文波,为他颁发二等功和"十佳海上民兵"证书、奖章。

2 月 4 日　市政府与上海湘江实业有限公司签订石塘半岛综合文化旅游及商业项目开发框架协议,计划投资 120 亿元。

2 月 5 日　太平街道万昌北路北延工程全线通车。该工程于 2012 年 10 月动工,双向六车道,南起城市新区中心大道,向北延伸到金清港与泽国镇接壤处,全长近 5000 米,总投资约 3.2 亿元。沿途涉及城东、横峰、城北 3 个街道。

2 月 7—13 日　春节长假期间,大溪收费站出口(下高速)车辆为 94732 车次,入口(上高速)车辆为 88958 车次。其中,出口高峰为 2 月 10 日,达 17928 车次;入口高峰为 2 月 8 日,17031 车次。

2 月 14—16 日(正月初七至初九)　第十届中国泵与电机展览会在市会展中心举办,中国机电产品进出口商会副会长出席开幕式。共有展位 1100 多个、参展企业 550 家,德国、日本、韩国等国的企业参展,再次刷新纪录。

2 月 19 日　位于滨海镇长新塘的东部垃圾处理中心焚烧发电项目投入试运行。项目投资概算 3.8 亿元,用地面积 110 亩,建筑面积 26330 平方米,总规模为日处理垃圾 1600 吨,一期工程设计日处理能力 800 吨,年发电量 9920 万度,预期年上网电量 8130 万度。

同日　杭绍台铁路项目前期工作和台州轨道交通建设领导小组会议召开,会议对杭绍台铁路项目前期有关工作和台州轻轨 S1 线、S2 线年内全线开工问题作研究。

2 月　东月河横湖桥段堵头拓宽、河道清淤疏通工程全面完工,完成河道开挖总方量约 1.4 万立方米,砌筑河岸挡墙近 300 米,绿化面积 2764 平方米。

3 月 7—11 日　市第十五届人民代表大会第五次会议召开。会议听取和审议代市长徐仁标所作的《政府工作报告》、市人大常委会主任张学明所作的市人大常委会工作报告和市人民法院院长陈文通所作的市人民法院工作报告、代检察长俞信波所作的市人民检察院工作报告。选举徐仁标为温岭市人民政府市长,会议通过关于设立法制(内务司法)委员会和财政经济委员会的决定。会议审议通过《温岭市国民经济和社会发展第十三个五年规划纲要》,市委书记在闭幕会上作重要讲话。

3 月 21 日　温岭第一所全日制高等职业院校——台州第一技师学院在城北街道横塘村开工建设。学院总用地面积为 10.5 万平方米,建筑面积 7.5 万平方米,项目投资约 4.5 亿元。

3 月 24 日　由浙江天时造船有限公司(温岭)承建的"张謇"号,在松门镇顺利下水。该船是国内首艘 11000 米级深渊科考母船,由泰和海洋科技集团与上海彩虹鱼科考船科技服务有限公司共同投资建造。"张謇"号船长 97 米,宽 17.8 米,设计排水量 4800 吨,设计吃水 5.65 米,巡航速度 12 节,续航力 1.5 万海里,载员 60 人,自持能力 60 天。

3 月 27 日　3 辆来自台湾的游客自驾车到达长屿硐天景区,此为实现浙台海上直航两岸车辆互通迈出的第一步。

3 月 28 日　台州市"万河千塘"清淤大会战集中开工活动暨温岭市河道清淤项目活动启动仪式在大溪相公渭村大溪河清淤现场举行。清淤项目全长 10 千米、河道起自大溪安平西桥,流经麻车屿、许家渭、前桥等村,最后汇入江夏大港,是温岭西部地区主要排涝河道之一。工程总投资 780 万元,设计土方量 35.2 万立方米。

3 月 31 日　阿里巴巴实力产业群项目签约仪式在北京举行,温岭成为"互联网＋实力产业群"首批合作项目单位。

同日　东部气化站举行开工奠基仪式。该工程坐落于东部新区南片金塘南路和第六街交叉口东南侧,占地 16 亩,总投资 5370 万元。7 月 12 日液化天然气贮罐(气化器)安置完成,年供气能力 4300 万立方米(相当于 35 万户普通居民用户用气量),可满足东部产业聚集区、箬横镇、新河镇、石桥头镇、城南镇及松门部分区块的居民和工商业用气需求。

3 月　《花山全志》(上、下册)由中国广播影视出版社出版。

4月1日 市内首次对管道天然气实行试销价格,其中居民生活用气价格为 3.5 元/m³。全市时有管道天然气用户近 6 万户,气源为液化天然气。

同日 省重点工程台州骨伤医院门诊综合大楼项目开工。工程位于城东洋河村,占地面积 8748.5 平方米,建筑面积 3.66 万平方米,最高 17 层,投资 2 亿多元。

4月13日 在上海举行的第九届中国数控机床展览会上,工业和信息化部公布 2015 年度工业品牌培育示范企业名单,温岭大众精密机械、浙江西菱集团榜上有名,全国 76 家企业获此荣誉,此为温岭企业首次入选工业品牌培育示范企业。中国机床工具工业协会公布 2015—2016 年度"春燕"奖,台州北平机床(温岭)获行业"春燕"奖,此为温岭市机床装备行业首获这一殊荣。

4月13—14日 市长徐仁标等领导赴上海对接沃尔玛项目、大溪滥田湖旅游度假项目和石塘半岛旅游区项目。

4月15日 浙江东音泵业股份有限公司在深交所挂牌上市,成为温岭第 6 家上市公司。

4月24日 由市交警大队城区中队交警创新发明的全国首套交通安全提示系统"十字路交通智能管理(非机动车、行人)工作系统"在市区正式投用。这套由语音、文字、光束等组成的交通安全提示系统获国家发明专利授权。

4月27日 《温岭日报》报道:美国布克海文国家实验室(BNL),由温岭籍科学家吴颉负责的一个课题组,研究绝缘体——超导转变机制,在常温超导研究上取得新突破。吴颉作为第一作者,其论文发表在美国著名的《美国国家科学院院刊》上。

4月29日 台州市扩大有效投资重大项目集中开工暨富岭塑胶有限公司技改项目开工仪式在富岭塑胶有限公司项目现场举行。此次集中开工的 14 个项目涵盖交通能源、工业技改、城市建设、民生改善和社会管理等各个领域,总投资 77 亿元。台州市委书记王昌荣及温岭市四套班子领导出席开工仪式。

5月2日　温岭举办的首个全国性越野跑步赛在斗米尖开赛。170多名选手参赛，其中2名跑友来自香港，1名来自希腊。

5月6—8日　市第三届校企人才洽谈会暨"人才＋项目＋民企民资"对接会在市会展中心举行。全国34所大专院校、14家科研机构和100多名高层次人才共聚温岭，为企业和高校院所人才合作和项目对接提供良好平台。科技部有关方面负责人出席开幕式。

5月10日　晚上，温岭市第三期电视问政大型直播节目《问安——守护安全生命线》聚焦全市安全问题，市安监局、经信局、市场监管局、流动人口管理局、消防大队等5家单位主要负责人现场接受问政。

5月17日　全市集中拆违日行动全面铺开，当日拆违总量达21万平方米。要求建筑垃圾即拆即清，部分区块尽快复耕复绿。

5月18日　应英国伯明翰市政府、阿联酋迪拜经济委员会邀请，市委书记率温岭市经贸代表团赴上述两国进行经贸考察。

5月26日　市物业管理行业协会正式成立。物业管理在20年间从无到有，管理对象从单一的新建住宅小区发展到各类物业及相关设施设备维修养护和小区环境保洁、绿化管养、家政服务等。

5月31日　由中国摄影家协会、浙江省摄影家协会、温岭市政府主办的"2016创业在故乡"全国摄影大展在东辉阁举行启动仪式。中国摄影家协会和省摄影家协会有关领导出席。

同日　位于城西街道合岙村的人才公寓工程通过竣工验收。该工程2012年9月动工，总投资13488万元，建筑面积27581平方米，由4幢13层小高层住宅组成，大小户型共258套精装修公租房。

6月1日　钱江摩托股份有限公司举行国有股份转让签字仪式，转股后，钱江的实际控股股东变更为吉利控股。

6月6日　城东街道拆除下保路占地约800平方米的4间4层楼民房，打通了延续14年的下保路至三星大道连接线"堵头"。

6月8日　《温岭丛书》编委会在王伯敏艺术史学馆举行《温岭丛书》甲集11册首发座谈会。丛书由浙江大学出版社出版。

6月15日　在温岭与韩国大田广域市西区结为友好交流城市十周

年之际,副区长姜哲植率团到温岭进行工作交流,市委书记会见代表团一行。

6 月 20 日　市工商联(总商会)第九次会员代表大会召开。选举产生市工商联(总商会)第九届执委会(理事会),李丹佳当选主席(会长)。市委书记在会上表示,希望广大非公经济人士为推动民营经济创新发展、转型升级再立新功。

6 月 22 日　停产多年的温岭啤酒厂房屋开始拆除。该厂为破难攻坚挂牌督办项目,前身是创建于 20 世纪 50 年代的温岭酿造厂,属国有企业,主要生产酱油、醋和豆腐乳,1972 年更现名。厂区分为两大区块,其中,北边区块在万寿路与月河路之间,面积 35 亩左右,内有 8 幢楼房;南边区块在月河路与人民路之间,面积 25 亩左右,有 10 幢楼房。由于企业改制职工分流安置完毕后重组未实质启动,造成该厂的遗留问题延续了16 年。

6 月 23 日　省"三改一拆"督查组一行到温岭督查。截至 2016 年 6月,全市累计拆除各类违法建筑 2270 多万平方米,旧住宅区改造完成546.2 万平方米,旧厂区改造完成 313.4 万平方米,城中村改造完成590.2 万平方米;覆绿 3920 亩,复耕 2860 亩。

同日　中国科学院地理科学与资源研究所专家到温岭调研东部新区海绵城市建设工作。

6 月 28 日　晚上,由市委、市政府主办的庆祝中国共产党成立九十五周年暨表彰大会在市行政中心会堂隆重举行。市四套班子领导出席会议并分别为 10 位"优秀共产党员代表"、10 位"优秀党务工作者代表"、10 位"优秀基层党组织书记"和破难攻坚先进个人与集体颁奖。

6 月 30 日　为补充和恢复海洋渔业资源,市海洋与渔业局在积谷山附近海域放流 625 万只三疣梭子蟹苗。10 月 10 日上午,该局又在市区河道及金清大港等淡水流域投放 3 万多只中华鳖幼苗,用以丰富河道生物品种,助推水质和生态的改善。

7 月 1 日　坐落于太平街道尚书坊的中共温岭组织创始人金辅华故居旧址纪念碑揭幕。

同日　市妇幼保健计划生育服务中心揭牌仪式暨浙江大学医学院附属儿童医院温岭分院成立仪式在市妇保院举行。

7月1—4日　第三届温岭农（渔）业博览会在市会展中心举行。展会设绿色生态农业、休闲观光农业、花卉盆景等6个展区,参展企业188家,有西瓜、葡萄、海淡水养殖等农（渔）产品及畜禽产品、花卉苗木等农副产品,新增的农产品电子商务专场和农业智能化技术展示为本届农（渔）业博览会最大亮点。

7月2日　市网络界人士联谊会（简称网联会）成立,首批会员63人。全市共有各类网络组织约300家,从业者15000余人。

7月5日　市政府第十九次常务会议讨论并通过《关于加快发展养老服务业的实施意见》《温岭市道路交通事故社会救助基金管理试行办法》以及《温岭市户口迁移实施细则（试行）》。截至2015年12月底,全市60岁及以上老年人口达23.7万人,占总人口的19.6%。全市共建设城乡社区居家养老服务照料中心604家。

7月12日　台州市乡镇党委换届工作座谈会在温岭召开。新河镇党委换届试点工作中创新推选党代表环节、创新党代表资格审核、创新党代表任期机制、创新换届纪律环节的"四个创新"获台州市领导肯定。

7月14日　新河镇上桥村瓜农王新路收获一只重达25.56千克的"西瓜王",创全省新纪录。

7月18日　"礼让斑马线,做文明有礼温岭人"主题宣传日活动启动。该活动由市同创办发起,市交警大队、行政执法局、教育局、交通局、市直机关党工委、团市委、城西街道等单位组织工作人员和志愿者参与。

7月19日　温岭市登山协会连醒峰、李静两名登山队员战胜暴风雪、低能见度等恶劣天气,成功登上欧洲第一高峰——海拔5642米的厄尔布鲁士山顶峰。

7月25日　台州市第二轮重大项目暨东海国际渔需装饰材料交易市场建设项目在松门镇东南工业园区举行开工仪式。温岭本次共有20个重大项目集中开工。东海国际渔需装饰材料交易市场项目由天津温岭商会发起,20家企业抱团投资建设,总建筑面积约8万平方米,投资额超过 3.22 亿元。

7 月 29 日　松门新车站正式启用。车站位于振兴路以西、林石线以北。

8 月 1 日　全市平安护航 G20 誓师大会举行。市委书记、市长出席。

同日　2016 年全国跳跃项目高水平后备人才训练营开营仪式暨基地对抗赛在温岭举行。

8 月 2 日　全国第三次农业普查市级综合试点动员会在箬横镇召开。

8 月 12 日　台州市"三改一拆"工作现场推进会在温岭召开,台州市市长张兵出席。温岭市累计拆违 2652 万平方米,三改 2192 万平方米,居台州首位。

8 月 17 日　温岭开始发放 IC 卡式居住证。持证流动人口在居住地享有依法享受劳动就业,参加社会保险,缴存、提取和使用住房公积金,参与社会事务的权利。

8 月 18 日　省委办公厅根据省委主要领导意见,全文转发《温岭市建立破难攻坚挂牌督办制度的有关情况》,要求各市县区党委结合实际,借鉴学习温岭"破难攻坚"工作经验。

同日　城市新区百丈路 10 间 6 层民房被拆除,打通了遗留 15 年的"堵头",使道路南与彩屏大道贯通,北与横淋线连接。

8 月 23 日　温岭市政府、台州市海事局首次在松门镇龙门港区联合举行船舶溢油应急演习,共同应对海洋污染突发事件。

8 月底　中央电视台《指尖上的中国》栏目组到温岭拍摄手工帽编织工艺纪录片。

9 月 1 日　台州市土地管理重点工作推进会在温岭召开。

9 月 2 日　五龙山主题公园通过竣工验收。公园占地面积 3.11 万平方米,紧邻城市核心区,以山水为主体、奇峰异石为主要特色,以五龙山之巅的"石夫人"为标志性景观。

9 月 4 日　市政府颁布《关于实施不动产统一登记的通告》,确定从 9 月 19 日起受理全市范围内的土地、房屋等不动产登记,自 9 月 20 日起颁发全国统一制式的《不动产权证书》和《不动产登记证明》。

9月7日　著名金融数据、信息服务企业万得资讯（Wind 资讯）公布最新统计的"中国上市企业市值 500 强"榜单，市内利欧集团股份有限公司以 288 亿元市值进入 500 强，列第 376 位。

9月9日　河南省人大常委会委员领导到温岭考察人大代表联络站工作和建设。

9月13日　泽国牧屿污水处理厂进入通水调试阶段，污水日处理量 1 万吨。时为台州 6 个在建提标改造工程中的首个通水项目。22 日，城北、新河、牧屿等三家污水处理厂出水水质从原来的一级 B 标准提高到 IV 类水标准。

9月18日　温岭市历史文化研究会成立，吴茂云为会长，陈高华、林家骊、胡可先、张继定等 14 位专家受聘为理事会顾问。

9月22日　台州市首个地面烟炉增雨作业站在大溪镇太湖山建成，增雨作业可通过燃烧碘化银烟条，使碘化银随着上升气流进入云层达到人工增雨效果。

9月27日　市内 32 个部门 460 个审批服务事项与浙江政务服务网对接，实现在线审批服务进驻率 100%，在全省 125 个县（市、区、开发区）中排名第一。

9月28日　第二届"感动温岭"人物（群体）颁奖晚会在市行政中心大会堂举行，韦桂花、冯洪钱、朱晓燕、李定海、张金华、梁秀慧等 6 名"感动温岭"人物，以及天鹰应急服务中心和被渔民誉为"海上飞虎队"的市第四人民医院海上急救志愿队 2 个"感动温岭"群体受到表彰。

同日　第 11 届中国工量刃具展览会开幕式暨温岭·中国工量刃具指数发布会在市会展中心举行。市四套班子领导出席开幕式。

9月29日　台州市重大项目集中开工暨温岭市石塘太阳文化旅游项目举行开工仪式。当天温岭共有 18 个项目集中开工，总投资 187 亿元。台州市人大常委会领导和温岭市四套班子领导等出席开工仪式。

9月　台州市域铁路 S1 线一期工程可行性研究报告获省发改委正式批复。S1 线一期工程线路从台州中心站至温岭城南站，全长 52.568

千米,其中地下线 22.28 千米,占比 42.38%,高架线 29.512 千米。全线设站 15 座。温岭境内设泽国、火车站、横峰、中心大道、城西、万昌路、体育场路、城南等 8 个站,其中,城西、万昌路、体育场路 3 个站为地下站。

9 月 《新河镇志》由中华书局出版,主编林崇增,总计 154 万字,历时七年成书。

10 月 13 日 温岭新建的第一批公租房城东康惠佳园一期 1 幢交付使用。

10 月 15 日 第 120 届广交会开幕,温岭 123 家企业参展,展位 408 个,其中品牌企业 30 家,展位 162 个。

10 月 16 日 国内水泵行业的首个专业指数——温岭·中国泵业指数在广交会展馆正式发布、上线。发布会由中国机电产品进出口商会、中国通用机械工业协会、温岭市政府联合举办,商务部流通产业促进中心为支持单位。

10 月 17 日 温岭泵与电机行业入选省经信委、省财政厅公布的 2017 年度"机器换人"分行业推进实施方案名单,成为继制鞋业后温岭第二个省级"机器换人"试点行业,可获省财政 500 万元专项资金支持。

10 月 18 日 温岭市美丽乡村运动会暨农村文化礼堂运动会在松门镇南塘一村广场举行,全市 16 个镇(街道)400 多名体育爱好者参与展示全民健身丰硕成果。

同日 市中心渔港一期(石塘港区)防波堤工程竣工验收。

10 月 22 日 2016 年中国技能大赛"中建钢构杯"全国建筑钢结构行业职业技能竞赛(涂装工)在天津举行。温岭市钢泰钢结构工程有限公司涂装工朱克兵获一等奖。

10 月 28 日 22 时,希腊籍油轮 *Australis*(南极光)与"浙岭渔 91002 号"在台州外海发生碰撞,导致渔船上 6 名船员全部落水。东海救助局派出直升机"东一飞 B-7346"两次从温州基地出发前往事发水域搜救,温岭也多方出动人员搜救,终因寒潮南下等恶劣天气影响,6 名船员下落不明。

10 月 31 日 阿里研究院发布《2016 年度中国淘宝村研究报告》,温岭淘宝村数量从 2015 年的 21 个增加到 54 个,主要分布在横峰、城北、城东街道、泽国镇、大溪镇五大区块。仅次于义乌市,成为全国第二大淘宝村集群。

同日　市委召开党的十八届六中全会精神传达会。市委书记强调,要把党的十八届六中全会精神落实到温岭的发展上,争取两年内 GDP 超千亿元,加入浙江"千亿俱乐部"。

10 月　太湖水库清淤工程开工,预算投资 3316 万元,工期 6 个月。为水库自建成投用 54 年来,首次实施库底清淤。

11 月 2 日　市区最后一批管道燃气用户由原管道液化气转换成管道天然气,此批转换工作自上月 10 日开始。

11 月 5 日　第一批浙江省美丽乡村示范县、示范乡镇名单公布,坞根镇名列其中。

11 月 8 日　《温岭市域总体规划纲要(2015—2030)》在杭州通过评审。评审会由省建设厅组织省发改委、国土资源厅、交通运输厅、环保厅等省级部门相关专家组成。

11 月 9—11 日　台州富岭塑胶有限公司董事长江桂兰应 APEC 秘书处邀请,出席在智利首都圣地亚哥召开的 APEC 会议"女性中小企业征服国际市场"研讨会并在会上作演讲。

11 月 10 日　路泽太高架快速路开工建设。路段起自台州市东环大道洪家装饰城,自北向南经椒江、路桥、温岭,沿路泽太一级公路布线,终点连接温岭城东高架,全长 21 千米,主线长 17.5 千米。设计双向六车道,全程高架、全线不设红绿灯,桥型采用钢混组合梁,改扩建隧道 498 米,全线设常规互通 6 处,立交互通 2 处,计划总投资 65.35 亿元,建设工期为 3 年。

11 月 15 日　全市领导干部会议召开。会上宣读省委、台州市委对温岭市主要领导职务的调整决定:徐仁标任中共温岭市委书记,免去徐淼的中共温岭市委书记、常委、委员职务;提名王宗明为温岭市市长候选人。

11 月 16—18 日　2016 中餐烹饪世界锦标赛(个人赛)在北京举行。

市职技校学生文民宏、成丽分别获得中餐面点项目冠、亚军。其中文民宏是唯一获得金牌的大陆选手。

11 月 17 日上午　台州市域铁路 S1 线一期温岭段开工仪式在城南镇大闾街村举行,市域铁路 S1 线工程总投资 218.2 亿元,线路全长 52.4 公里,起点为台州中心站,终点为温岭城南站。其中温岭段线路长 27.7 公里,境内设 8 个站,总用地面积 968 亩,投资 92 亿元,计划建设工期为 4 年。

11 月 22 日　全市举行第五次集中拆违活动。市领导率相关部门负责人分别到城南镇竹坑村、泽国镇扁屿村、横峰街道西塘村、温峤镇横泾堂村、城西街道吴山村、城东街道下蒋村以及大溪镇小溪村等地进行拆违督查,全市单日拆除 31.1 万平方米。

11 月 24 日　温岭联合村镇银行和中国农业发展银行浙江省分行合作,举行支农转贷款授信签约仪式,联合村镇银行获得 1.5 亿元的支农转贷款,用于扶持和促进温岭"三农"发展。

同日　首次 80 辆公务车因公务用车制度改革在市行政服务中心拍卖,成交率 83.75%,总成交价 168.04 万元。

11 月 24—25 日　由市政府主办的 2016 首届中国(台州 温岭)汽车用品展览会暨企业新产品发布会在市会展中心举行。来自广东、福建、浙江、河北、山东等 10 余个省市的 80 家知名汽车用品生产企业与温岭240 家企业一起参展。

11 月 25 日　温岭农村商业银行携手市市场监督管理局、太平街道、市民卡中心等,共同打造二菜场为"智慧菜市场",市民买菜可直接使用市民卡、银联卡、丰收付或微信等方式支付。

11 月 26—27 日　温岭海风队在江西婺源举行的第三届"中国最美乡村"杯全国气排球邀请赛中夺得老年男子组第一名。邀请赛有 14 个省、自治区(含香港特别行政区)、直辖市的 106 支男女代表队 1400 余人参加。

11 月 28 日　按照二级甲等医院标准设计的市第四人民医院历经 8 年建设竣工。新院位于松门镇育英西路,占地面积 41366 平方米,总投资1.34 亿元。

11 月 30 日　由中央文明办主办的"我推荐、我评议身边好人"活动"中国好人榜"揭晓,被誉为"海上飞虎队"的温岭市第四人民医院海上急救志愿队榜上有名。

12 月 2 日　市法学会成立大会暨第一次会员大会召开,市委副书记、政法委书记沈云才当选市法学会会长。

12 月 6 日　温岭东方医院成为台州学院医学院教学医院,此为市内首家成为高等院校教学基地的民营医院。

12 月 12 日　市环境综合整治工作委员会(简称市环综委)正式挂牌运行。市环综委归并了市五水共治办、三改一拆办、多城同创办、小城镇环境整治办、交通治堵办等五个机构的职能,力推环境综合整治工作。

12 月 13 日　由工业和信息化部科技司主办,温岭市政府、中国航空综合技术研究所协办的"2016 年产业集群区域品牌建设示范区质量品牌提升现场会"在温岭召开。工信部科技司领导参加会议,市委副书记、代市长王宗明到会致辞。

12 月 16 日　104 国道大溪段改建工程完工并正式通车,大溪到乐清距离缩短了 6 千米。该工程历时 4 年 10 个月,总投资 9.55 亿元,路线全长 12.03 千米,包括平原段 5.25 千米、山岭段 6.78 千米,其中高架桥约 2.5 千米,大桥 8 座、中桥 4 座、连拱隧道 585 米。

12 月 22 日　石塘镇东海村被列入第四批中国传统村落。东海村,又称外箬,村域面积 0.097 平方千米,全村 1250 人,是一个古老的纯渔业村。加上第二批列入的石塘镇里箬村和第三批列入的石塘镇东山村,至此,全市共有 3 个村落列入中国传统村落名录。

12 月 23 日　市社会科学界联合会(简称社科联)第一次代表大会召开,省社科联副主席陈先春到会祝贺。会议审议通过《温岭市社会科学联合会章程》,选举产生第一届理事会,陈翁斌当选市社科联主席。

12 月 24 日　市内首批两家自助图书馆——市城市新区自助图书馆和市青少年宫自助图书馆正式对外开放,24 小时为市民提供办证、借还书服务。

12 月 27—30 日　中共温岭市第十四届代表大会第一次会议在市行

政中心大会堂召开。会议审议通过徐仁标代表中共温岭市第十三届委员会向大会作的《勇立潮头敢为先　实干建设新温岭　奋力夺取高水平全面建成小康社会新胜利》报告;李利兵代表中共温岭市纪律检查委员会向大会作的《坚持挺纪在前　强化监督专责　坚定不移推进党风廉洁建设和反腐败斗争》报告。审议通过《中国共产党温岭市委员会工作规则》《关于认真贯彻党的十八届六中全会精神从严加强干部队伍建设的决定》;大会选举产生中共温岭市第十四届委员会和纪律检查委员会,市委书记徐仁标在闭幕式上作重要讲话。

12 月 29 日　位于温岭城南镇毛洋村的台州沿海高速燕山隧道贯通,为双向六车道分离式隧道,其中左洞长 1160 米,右洞 1195 米。

12 月,市委党史研究室编著的《中国共产党温岭历史大事记(1978—2008)》由中央文献出版社正式出版。全书真实全面地记录了党的十一届三中全会以来,百万温岭人民在中国共产党的领导下,历经 30 年的风雨征程。

是年　温岭位列"2016 年度中国中小城市综合实力百强县市"第 33 名,较上年上升 3 位。泽国镇位列"2016 年度中国建制镇综合实力前 100 强"第 57 名,较上年上升 2 位。

是年 全市生产总值 899.14 亿元,按可比价格计算,比上年增长 8.4%。其中第一产业增加值 69.58 亿元,增长 4.6%;第二产业增加值 366.44 亿元,增长 6.4%;第三产业增加值 463.12 亿元,增长 10.7%。人均生产总值 73943 元,比上年增长 8.4%,按年平均汇率计算,人均生产总值为 11132 美元。规模以上(年主营业务收入≥2000 万元)工业企业 869 家,总产值 720.37 亿元。全市财政总收入 103.20 亿元,比 2015 年增长 4.6%,其中地方财政收入 61.69 亿元,增长 9.1%。全市金融机构年末人民币存款余额 1449.13 亿元,贷款余额 1092.26 亿元。全市固定资产投资 450.97 亿元,比上年增长 18.5%。全市社会消费品零售总额 526.76 亿元,比上年增长 11.8%。外贸自营出口总额 231.04 亿美元,比上年增长 0.2%。年末全市户籍总人口 1216731 人,其中男性人口 615919 人,女性人口 600812 人,男女性别比为 102.5∶100;全市城镇人口 591826 人,乡村人口 624905 人,全年出生人口 10164 人,死亡人口 7592 人,人口出生率为 8.36‰,人口自然增长率为 2.12‰。全市常住居民人均可支配收入 38935 元,比上年增长 9.5%;城镇常住居民人均可支配收入 48941 元,比上年增长 9.4%;农村常住居民人均可支配收入 25922 元,比上年增长 9.2%。

2017 年

1月1日　第三次全国农业普查正式启动,市内 3000 余名普查人员开始入户登记。全市共设立普查区 864 个、普查小区 2165 个,普查单元 3000 多个。

1月2日　晚上,"放歌温岭"田燕君作品音乐会在温岭举行。这场音乐会是 2016 台州市文艺名家(名团)展演工程之一,也是温岭市 2017 年元旦文艺精品展演活动之一。田燕君是温岭市教师进修学校退休的音乐高级讲师、作曲家。

1月4日　全市重大项目集中开工暨市南排工程项目开工仪式在城南镇磊石村举行。本次集中开工共涉及 7 个重大项目,总投资额 83.2 亿元。南排工程主要由湖漫隧洞排涝工程、骨干河道整治工程、张老桥隧洞撇洪工程三部分组成,估算总投资额 37.9 亿元,为温岭历史上投资最大的水利工程。

1月5日　市首届农产品农超对接会暨万村达乡村购物节在石桥头镇文化站启动。近 20 家专业合作社、家庭农场等生产经营主体,三和超市、华联超市、中国农港城、麦德龙等知名超市商家参与农超对接会。

1月9日　市中心渔港一期(石塘港区)被农业部、国家安全监管总局授予"全国文明渔港"称号。

1月　省政府公布第五批浙江省非物质文化遗产代表性项目名录,温岭传统舞蹈类的"天皇花鼓"、民俗类的"石塘元宵习俗"入选。

2月3—5日　第 12 届中国泵与电机展览会在市会展中心举行。参展企业 495 家,其中市外企业 290 家,入场采购商及观众 5.1 万人次,现场成交额 3.82 亿元,意向合同额达 9.2 亿元。

2 月 13 日 通号空中快车有限公司院士专家工作站授牌仪式在市科技创业服务中心举行,标志着温岭引进高端人才和高层次智力资源有了新突破。该工作站由国家 973 项目首席科学家、中国工程院院士谭建荣领衔。

2 月 15—19 日 政协温岭市第十四届委员会第一次会议召开。本届政协委员 353 名,列席会议人员 199 名。会议审议通过政协温岭市第十三届委员会常务委员会所作的工作报告和提案工作情况报告,通过《中国人民政治协商会议温岭市第十四届委员会第一次会议决议》;选举产生第十四届市政协主席、副主席、秘书长和常务委员。黄海斌当选为市政协主席。

2 月 15 日 全市开展"违建大拆除"集中拆违日行动。2017 年的集中拆违日频率从一月一次调整为一周一次,拆违级别从专题拆违升级为整村拆违、整村推进。

2 月 17—21 日 市第十六届人民代表大会第一次会议召开。大会正式代表 370 名,列席会议人员 259 名。王宗明代表市政府作政府工作报告,戴康年代表市第十五届人大常委会作工作报告。会议依法选举产生新一届市人大常委会组成人员和新一届市人民政府领导班子,审议并通过各项报告和决议。陈辉当选为市人大常委会主任,王宗明当选为市长。

2 月 22 日 市监察委员会组建转隶会议召开。市委书记徐仁标、台州市纪委副书记林潘庆为温岭市监察委员会揭牌。

同日 太平街道岙底杨村十八道地风景区内的观音洞下发现娃娃鱼,体重近 1.4 千克,体长 63 厘米,体色为红棕色,体表有不少黑色石斑。娃娃鱼学名大鲵,是一种珍稀的野生两栖类动物,为国家二级保护动物。

2 月 27 日 太平街道小河头村整村改造完成腾空,涉及房屋 502 户710 间。3 月 7 日,旧房全面开拆,共需拆除建筑面积 14.7 万平方米。

2 月 第七批省级文物保护单位名单公布,温岭石塘天后宫和石塘石屋入选。

同月　阿里研究院发布"2016 年中国跨境电商创业二十五佳县（市）"排行榜，温岭排名第 16 位。

3 月 20 日　市行政服务中心全面启动"一窗受理、集成服务"的业务办理新模式。相比原先的分部门分项目分散办理模式，此举使群众办事更加便捷。根据"最多跑一次"的改革要求，全市 32 个部门的 690 项行政审批事项，全部纳入"6＋2"综合窗口受理，在台州率先完成"一窗受理"整合。

同日　南海涂农业围垦填海项目推进会召开。该项目位于市东南沿海隘顽湾内，由围涂和造地两部分组成，其中围涂总面积 2.47 万亩，堤线总长 10.524 千米；造地部分包括围区吹填、河道调蓄湖、土地整理和农业配套设施等，建成后可增加农业耕地面积约 1.7 万亩。工程计划总投资约 30.81 亿元，项目建设期约 5 年。

3 月 21 日　《关于公布温岭市群众和企业政府办事"最多跑一次"事项清单（垂直管理部门、镇街道）的公告》发布，明确垂直管理部门、镇（街道）"最多跑一次"项目 1876 项，其中垂直管理部门 127 项、镇（街道）1749 项，清单在市政府门户网站（网址：http://www. wl. gov. cn）上公布，接受群众和企业的监督。

同日　来自绍兴、丽水、台州等地的 30 位逝者（其中 16 位为温岭人）家属，手捧洁白的骨灰坛，在温岭海事码头参加浙江省首次沿海内陆互联海葬活动启动仪式。13 时 30 分，"中国渔政 33012"执法船作为"海葬祭奠船"鸣笛起航，至 14 时 20 分许到达 210－4 海区施行海葬。温岭于 2008 年在台州市率先实施海葬，10 年中，已有 96 位逝者的骨灰被撒入大海。

3 月 30 日　大溪镇下陈村村民杨元中，带着家乡泥土前往朝鲜，参加中国驻朝鲜大使馆在平壤友谊塔举行的清明节祭奠中国人民志愿军烈士的活动。杨元中的大伯杨春是抗美援朝烈士，安葬在朝鲜新安州烈士陵园。

3 月 31 日　市气象局利用人工增雨烟炉站点燃催化剂烟条降雨。这是自去年 9 月在大溪镇太湖山建成台州首个地面烟炉增雨作业站后，首次利用该工作站实施人工增雨作业，并获得成功。

3月 《箬横镇志》由中华书局出版,主编林迪新,总计 125 万字,历时四年成书。

4月1日 全市剿灭劣 V 类水工作培训会举行,市环综委工作人员、市级"五水共治"督导员、各镇(街道)"五水共治"办负责人等共同探讨剿灭劣 V 类水工作。市"五水共治"目标分为三步:三年解决突出问题,五年全面改观,七年实现质变。

4月5日 温岭市上市公司联谊会成立。利欧集团股份有限公司为首任联谊会会长单位。

4月14日 全市党建工作会议暨"三评三改三处理"干部作风提升专项行动部署会召开。市委书记徐仁标在会上要求,以"三评三改三处理"干部作风提升行动开路,以硬措施改变干部工作习惯,在全市上下形成求真务实、真抓实干的浓厚氛围,确保实干建设新温岭取得良好开局。

同日 35 位香港香岛中学师生,在校长黄颂良带领下,到结对联谊的姊妹学校——温岭市九龙学校,开展师生结对、文艺演出、校际篮球友谊赛等友好交流活动。

4月16日 市水业协会成立。协会成员由供水、污水处理、管道材料、机泵、水表生产等行业的 31 家会员单位组成。

4月17日 2017 年"健康中国行——温岭市公民健康素养大讲堂百场巡讲"暨首场开讲启动仪式在市青少年宫举行。"健康中国行"是国家卫生计生委自 2013 年开始在全国范围内组织开展的大型健康传播活动。

4月20日 37 名网络诈骗案犯罪嫌疑人被押回温岭。市公安干警经过一个多月的连续作战,破获一起涉案金额高达千万元的特大通信网络诈骗案,并远赴陕西宝鸡,捣毁犯罪窝点。此案涉及全国各省市被害人 300 余名。

4月21日 台州市域铁路 S1 线温岭段工程管线搬迁优化方案对接会召开。S1 线温岭段沿线涉及 6 个镇(街道)46 个村,征收用地 968 亩。4月开始,全线房屋征迁和管线搬迁工作全面提速。

4月27日 第四期电视问政直播节目《环境革命箭在弦上》晚上直播,历时 2 个多小时。问政嘉宾围绕环境革命主题犀利发问,针对现场曝光的问题,镇(街道)和相关部门负责人一一答复,并立下"军令状"。

同日　市餐饮食品安全协会成立,由 96 家成员单位、32 家理事单位组成。为省内首家成立的餐饮食品安全协会。

4 月 29 日　第六届中国(温岭)国际汽车展示会在市会展中心开展。展出面积 2 万平方米,参展品牌 65 个,是台州规模最大、档次最高的国际车展。

4 月　市内第一部村志《南鉴志》由中华书局出版,主编戴禹庭,执行主编李生盛,总计 72 万字,历时五年多成书。

5 月 2 日　城南镇彭家村首届村民运动会开幕。除乒乓球、台球、象棋等传统比赛项目外,还有 40 米抢收粮食进仓比赛、担重运粮比赛等体现农家特色的项目。

5 月 4 日　全市新一届村两委主职干部轮训班开班,城东、城西、松门、新河等 4 个镇(街道)的 416 名村级主要干部参加首期培训。

5 月 12 日 市新能源汽车产业基地项目签约仪式举行。台州市委常委、常务副市长董贵波及温岭市领导徐仁标、王宗明、林建敏、李海兵出席签约仪式。

5 月 17 日　市委政法工作会议暨"四个平台"、全科网格建设工作推进会召开。"四个平台"是指综治工作平台、市场监管平台、综合执法平台和便民服务平台,基本涵盖乡镇日常的管理和服务事项。

5 月 18 日　市政府举办温岭会展十周年暨中国(温岭)产业会展发展论坛。中国会展经济研究会会长袁再青、浙江省会展行业协会会长刘志刚等出席。至 2016 年底,温岭共举办各类展览会 144 个场次,展位数 26023 个,参展企业 15062 家,现场成交额 75.36 亿元。

5 月 19 日　在公安部召开的全国公安系统英雄模范立功集体表彰大会上,被评为"全国优秀公安基层单位"的太平派出所,受到表彰。

5 月 31 日　"中梁·望族学府杯"2017 中美俱乐部篮球对抗赛在市体育馆开赛,赛事由市体育局承办,温岭日报协办。美国发展联盟联队以 85：80 战胜浙江稠州银行队。

5 月　曾以建造国内首艘万米级载人深潜器科考母船"张骞"号而闻

名的浙江天时造船有限公司,开工建造国内首艘直流综合电力推进系统新型小水线面双体型科考船,达 2200 吨级,是国内民营企业投资建造的最大吨位的小水线面双体船。

6 月 2 日　晚上 7 时,石塘镇红旗村中断近 40 年的民间娱乐节目"滚鱼"活动重现。相传"滚鱼"有 200 多年历史,已被列入温岭市非遗保护名录。

6 月 7 日　第六批台州市非物质文化遗产名录公布,共 27 个项目,其中温岭有温岭滩簧、石塘石屋营造技艺、石塘箬山传统小吃制作、温岭灰雕等 4 个项目入选。至此,温岭共拥有非遗项目数:国家级 2 个、省级 12 个、台州市级 41 个、温岭市级 151 个。

6 月 11 日　中国中西医结合学会脑心同治专业委员会温岭工作站成立大会暨第二届台州市脑心同治学术年会召开。中国中西医结合学会脑心同治专业委员会副主任委员万海同教授被聘请为温岭工作站站长。

6 月 12 日　位于箬横镇的市红升多孔砖建材厂 40 米高的烟囱被爆破拆除,拉开温岭市"十三五"轮窑行业整治序幕。

6 月 13 日　浙江中马传动股份有限公司在上交所主板上市,共发行股份 5333 万股,募集资金 5.57 亿元。为温岭首家在上交所上市的企业。

6 月 16 日　"2017 年温岭台湾两地民间海上应急救助合作演练"在石塘海域举行。台湾宜兰县义勇海上救难协会派人到温岭参与演练,为温台双方在 2015 年签署《海上救助合作协议》后第一次协同演练。

同日　市建设规划局与市城市管理局签订城市管理职能划转备忘录,涉及职能调整的燃气、园林绿化、物业、公共自行车、城乡污水处理、城市道路和排水管线等城市管理方面的行政许可事项全部由市建设规划局划转至市城市管理局。

6 月 19 日　市慈善总会举办慈善法讲座暨星级慈善义工发证仪式,首次评定星级义工。219 位义工成为首批星级义工。2017 年 5 月底,全市已建立 48 支慈善义工服务队,注册义工 6816 人。

6 月 22 日　浙江省肿瘤医院台州院区在新河镇台州市肿瘤医院揭

牌。浙江省肿瘤医院将派出管理人员和专家团队驻留台州院区,按"同质化"发展理念管理院区,用 3—5 年时间打造成具有三级专科医院水平的浙江省东部地区区域肿瘤诊治中心。

6 月 26 日　市国税局、地税局东部新区联合办税服务中心在东部新区千禧路试运行,面向新区 200 余家企业提供 106 项常用涉税事项的办理,使企业往来办税时间减少 90% 以上,等候时间大为缩短。

6 月 28 日　省第十四次党代会精神报告会暨市委理论学习中心组(扩大)学习会在市行政中心大会堂举行。省第十四次党代会精神宣讲团作专题宣讲。

6 月 30 日　担屿围涂工程通过项目验收工作组验收,工程质量评定为优良等级。担屿围涂工程是省重点工程,位于城南镇隘顽湾西侧,投资 4.1571 亿元,可造地 1.52 万亩。

6 月　市污水处理二期工程于月底完工,提前 3 个月投入使用。二期工程位于城南镇三宅村,2015 年 12 月开工建设。采用改良式 AAO(厌氧—缺氧—好氧)工艺法,尾水排放执行一级 A 标准。

同月　《中国共产党浙江省温岭市组织史资料　第五卷(2006.10—2012.1)》出版,全书 50.1 万字。

7 月 2 日　在宁海中学举行的 2017 年"麦点杯"全国青年男子拳击锦标赛上,市少体校运动员陈奕融获 91 公斤级冠军。

7 月 6 日　台州市居住出租房屋"旅馆式"管理工作现场会暨消防安全工作部署会在温岭召开。市长王宗明在会上介绍温岭居住出租房屋"旅馆式"管理工作经验。

7 月 6—8 日　市建工局组织曙光建设、天颂集团、华太建设、华神建设、中岭建设、钢泰钢结构等温岭建筑行业骨干企业负责人赴沪考察装配式建筑。上海的装配式建筑走在全国前列。

7 月 9 日　浙江戏曲联盟在温岭宣告成立,由浙江省小百花越剧团、浙江越剧团、浙江京剧团、浙江昆剧团、杭州剧院、各地方剧团和剧场等 69 家单位联合组建。

7 月 10 日　市政府召开企业股改工作动员会,推进企业全面建立现代企业制度,并将新制订的《温岭市股改新政 10 条》印发全市。股改新政分简化流程优化服务、提高扶持减轻成本、改革创新突破难题、搭建平台强化保障四大部分。

7 月 11 日　铁路站场综合交通枢纽工程可行性研究报告暨初步设计通过评审。铁路站场综合交通枢纽位于铁路新区核心区,为市"十三五"重点建设项目,具体由广场立体枢纽、台州市域铁路 S1 线站房、交通枢纽预留用房等部分组成,总投资约 12 亿元。

同日　浙江大元泵业股份有限公司在上交所主板上市,发行股份 2100 万股,募集资金 4.71 亿元。至此,全市上市公司 9 家、"新三板"挂牌企业 8 家。

7 月 14 日　全国爱国卫生运动委员会公布 2015—2017 周期国家卫生城市(区)名单,温岭市榜上有名。

7 月 18 日　由国家发改委指导,新华社、杭州市政府主办的首届"中国城市信用建设高峰论坛"发布《中国城市信用状况监测评价报告 2017》,温岭以 71.17 的综合指数位列 2016 年全国 361 个县级市综合信用指数前 50 名城市中的第三名。

7 月 21 日　位于城南镇长沙村的沿海高速温岭段田西隧道实现双洞贯通。田西隧道为分离式双向六车道隧道,合同造价 1.3 亿元。2016 年 7 月开工建设。

7 月 24 日　第二届中国(台州·温岭)汽车用品展览会在温岭会展中心开幕,市内外 320 家企业参展,全国 20 多个省市的专业采购商到场参观采购。

7 月 27 日　《温岭市志(1988—2007)》专家评审会在温岭国际大酒店召开。由浙江省社会科学院党委委员、浙江省人民政府地方志办公室主任、研究员潘捷军率领的 8 人专家组对《温岭市志》(复审稿)进行为期一天的评审。温岭市市长、市地方志编纂委员会主任王宗明会见评审组专家。温岭市委常委、常务副市长、市地方志编纂委员会副主任朱明连出席评审会并致辞。市地方志办公室主任、《温岭市志》主编方先勇在评审会上介绍《温岭市志》编纂经过及志书的创新和特色。专家组评定,

《温岭市志(1988—2007)》是一部兼具时代特征、地方特色、科学规范地反映温岭地方历史与现状的资料性文献,一致同意通过复审。

7 月 29 日　台州产业园在温岭市城西街道开园。该产业园是一个集科技项目引进开发、人才培养集聚、高新技术企业大力发展的综合性创新创业基地。

7 月　市人民法院审理一起非法捕猎珍贵、濒危野生动物案,重庆籍嫌犯蒋某因抓捕斑头鸺鹠(俗称猫头鹰)被判刑。

8 月 2 日　2017 年浙江省全民健身浙东片区(温岭石塘)休闲健身活动暨温岭市第九个全民健身日活动开幕式在石塘举行。

8 月 8 日　市委发出通知,要求全市各级党组织深入学习贯彻习近平总书记 7 月 26 日在省部级主要领导干部专题研讨班上的重要讲话精神,切实把思想和行动统一到重要讲话精神上来;切实增强"四个意识",进一步坚定信仰定力、政治定力、战略定力,坚决维护以习近平同志为核心的党中央权威和集中统一领导。

同日　联合国教科文组织世界地质公园执行局评估考官帕特里西奥·梅洛教授、沙菲·洛曼教授一行到长屿硐天景区开展考察评估。此为雁荡山世界地质公园方山—长屿硐天园区第三次接受联合国教科文组织的评估。

8 月 15 日　山下金新水厂建成投运。新水厂制水能力比老水厂增加近一倍。

同日　杭绍台铁路温岭段勘测定界工作启动,沿线涉及大溪、泽国两镇。

8 月 24 日　2017 温岭电子商务创新发展峰会召开。会议通报 2016 年温岭积极推进"电商换市"战略,全市实现网络零售总额 116.1 亿元,电子商务专业村数量居全国第二位,连续 4 年入围全国电商百佳县(市)。

8 月　工业和信息化部办公厅发布 2017 年全国第一批绿色制造示范名单,利欧集团股份有限公司进入绿色工厂示范名单,成为全省 4 家绿色工厂之一。

9 月 19 日　省农业厅、林业厅、食品药品监督管理局、海洋与渔业局联合发文,公布第二批省级农产品质量安全放心县(市)名单,温岭市榜上有名。

9 月 21 日 《温岭市域总体规划(2015—2040 年)》审查会在杭州召开。由省建设厅组织,省发改委、国土资源厅、交通厅、环保厅等省市相关部门人员参与此次评审,并特邀 5 位专家参与方案的论证。会议审查并原则通过该项规划。

9 月 23 日 2017 年浙江省五人制足球比赛总决赛在温岭市体育中心和九龙新城五人制球场举行。来自省内各地市的冠军球队和东道主温岭队共 15 支球队 160 多名运动员参加比赛。

9 月 28 日 由中国机电产品进出口商会和温岭市政府主办的第 12 届中国工量刃具展览会在市会展中心开幕,国内外 311 家企业参展,展位数 495 个,特邀俄罗斯、乌克兰、伊朗等 10 个国家 55 位采购商参与。

9 月 30 日 夜间突发短时强降雨,全市多个站点 3 小时降雨量超 100 毫米,城南大间、观呑等站点甚至出现 1 小时超 100 毫米、2 小时超 200 毫米的特大暴雨。时值半夜,百姓猝不及防。城南等多地出现险情,幸未造成人员伤亡和大的损失。

9 月 温岭市与巴拿马科克莱省建立国际友好交流城市关系,成为继澳大利亚洛根市、韩国大田广域市西区之后,第 3 个与温岭建立友好关系的国际交流城市。

10 月 9 日 由中国城市经济学会中小城市发展委员会等单位联合发布的"2017 年度全国中小城市综合实力百强县市"榜单出炉,温岭市入选百强县市,排名第 34 位。

10 月 11 日 是日起,市一医院实施分步搬迁,医院部分门诊科室在新院开诊。相关部门对新院附近的公交线路进行调整,新增 4 条线路通往或者途经新院附近,方便市民就医。

10 月 13 日 全省国土资源局局长座谈会在温岭召开。省国土资源厅领导陈铁雄等出席座谈会。

10 月 15 日至 11 月 4 日 第 122 届广交会在广州举办,温岭 125 家企业参展,展位 415 个,其中品牌展位企业 31 家,展位 166 个。接待境外采购商 19516 人,达成意向订单 1.41 亿美元,环比增长 6.61%。

10 月 18 日　全市各级各部门集中收听收看习近平总书记在中国共产党第十九次全国代表大会上所作的《决胜全面建成小康社会 夺取新时代中国特色社会主义伟大胜利》的报告。

同日　机新线(台州机场至温岭新河公路)温岭段正式通车。机新线起自路桥东方大道,终于石松一级公路新河镇屿头村,全程 10 千米,其中温岭段主线长 6.16 千米。

同日　浙江省重点工程项目——台州骨伤医院新门诊综合大楼举行结顶仪式。

10 月 20 日　杭绍台铁路温岭段所涉 29 个村土地征收签约工作全面完成。温岭段主线及车辆段总征地匡算面积约 1031 亩,涉及泽国镇 17 个村、大溪镇 12 个村。

10 月 22 日　公安部致电温岭公安局,向破获浙江首例重大非法制售爆炸物案的参战民警致以亲切慰问。至 11 月 1 日,此案共刑拘非法制售爆炸物的李某、鲍某等犯罪嫌疑人 14 人,查缴爆炸物品 52 千克,制爆原材料 14.7 吨。

10 月 23 日　位于城西街道的市一医院新院门诊全面开诊。当天门诊量 3970 人次,就诊秩序井然。

10 月 25 日　新河至五百屿公路建设工程开工。公路全长约 12.9 千米,核定概算 8.45 亿元,为省级重点工程。

10 月 31 日　南排工程之一的张老桥隧洞撇洪工程开工仪式在温峤镇张老桥村隧洞入口处举行。

11 月 1 日　中共浙江省委书记、省人大常委会主任车俊到温岭调研,强调用党的十九大精神引领发展改革。

11 月 2 日　第六届温岭文化产品交易博览会在市会展中心开幕。

同日　位于城北街道横塘村的台州第一技师学院首幢教学楼结顶。该学院按 72 个教学班、在校生 3000 人的办学规模标准设计建设。

11 月 7—9 日　2017 第 19 届中国国际工业博览会在沪举行。市钱江机器人有限公司占据国产工业机器人最大展位,展位面积 400 多平方米。工博会开幕式当天,钱江机器人还举办"智·未来——国产机器人助力科技强国"战略发布会,会上签订 1500 台工业机器人销售订单。

11 月 8 日　浙江工量刃具交易中心有限公司香港 H 股上市签约仪式在浙江工量刃具交易中心举行。

同日　晚上,全市首届村歌大赛在新河镇屿头村文化礼堂内举行,来自全市 16 个镇(街道)的 17 支代表队参加比赛。

11 月 10 日　市第十八届运动会开幕式在市体育馆举行。本届市运会共有 25 个代表团参赛,比赛项目成年部设田径、篮球、五人制足球等 15 个大项,青少年部设田径、排球、跆拳道等 10 个大项,残疾人部设田径、乒乓球、飞镖、象棋等 4 个大项。

11 月 11 日　石学敏院士台州市温岭中医医疗中心(集团)工作站揭牌启动仪式举行。石学敏为中国工程院院士,天津人,是中国第二届"国医大师"、全国针灸临床研究中心主任,享受国务院政府特殊津贴。

11 月 12 日　市方城小学举行一百周年校庆活动。《方城小学校志》同日首发。

11 月 15 日　城区公交全面推行手机扫码乘车服务。扫码乘车可享受五折优惠,绑定市民卡可同步学生卡、爱心卡、老年卡等优惠类型。

11 月 17 日　市农林局和林燊农业名家工作室联合主办温岭市首届甘蔗擂台赛。泽国镇塔龙村周云龙、上庄村张国春种植的甘蔗获得黄皮组优质果蔗奖,箬横镇东桥头村陈明康、东浦村林根友种植的甘蔗获得紫皮组优质果蔗奖;城东街道汇头王村叶新华带来的甘蔗以 4.59 米的长度夺得黄皮果蔗组株高冠军,箬横镇亚湖村陈岳林的甘蔗以 3.5 米的株高夺得紫皮组冠军。

11 月 25 日　纪念戴复古诞辰八百五十周年暨戴复古与南宋文学学术研讨会开幕。研讨会由市委、市政府和中国宋代文学学会主办,来自全国各地的有关专家、学者聚集温岭,开展研讨纪念活动。

11 月　中央精神文明建设指导委员会颁发证书,授予坞根镇、石塘镇里箬村"全国文明村镇"称号。

同月　农业部授予石塘镇五岙村"国家级最美渔村"铜匾。

12 月 7 日　位于城南镇黄湾村的一座 60 多米高的轮窑烟囱被爆破拆除。至此,全市年内存有的 28 支轮窑烟囱全部拆除,从而宣告了这种高能耗、重污染、低效益的落后产业——传统烧结墙材轮窑的终结。

同日　市人民调解协会成立。

12 月 8 日　金清港大桥悬臂浇筑箱梁顺利合龙。该大桥横跨温岭和路桥,桥梁全长 1761.5 米,大桥主孔跨越金清港河道,宽 190 米,可通航 500 吨级杂货船。

12 月 9 日　"第五届全国村干部大讲堂"在广州开幕。大溪镇沈岙村作为浙江省唯一的行政村代表参加会议,并在会上发言。沈岙村为首批全国农村幸福社区建设示范单位。

12 月 12 日　第二届全国名镇论坛暨第二批中国名镇志丛书出版座谈会在贵州省黔东南州雷山县举行。方志出版社于 2017 年 3 月出版的《泽国镇志》作为浙江省两部名镇志之一,入选中国名镇志文化工程丛书,会上获授"中国名镇志文化工程牌匾和入选证书"。

12 月 15 日　《浙江日报》头版《最赤诚的为农情怀——追忆省农科院畜牧兽医研究所研究员王一成》一文,报道王一成的生前事迹。王一成是温岭大溪人,从事畜禽传染病防治技术研究工作,长期奔波在第一线,废寝忘食,积劳成疾,于 9 月 12 日去世,被称为"浙江猪病防控第一人"。

同日　81 省道温岭段改建工程主线"大松一级公路至石板殿段"完工验收,正式通车。该工程主线长 26.3 千米,项目总投资 26.65 亿元,此次通车的线路长度约为主线长度的一半。

12 月 17 日　在中国互联网新闻中心主办的"2017(第三届)中国美丽乡村建设发展论坛(北京)"评选中,温岭被评为"中国最美乡村旅游目的地"。

12 月 19 日　龙门港集装箱内支线首航仪式举行。上午,满载着外贸集装箱的"联合 10 号"货轮缓缓离开龙门港,驶向宁波港。台州市副市长张加波,浙江省海港集团总经理蔡申康,宁波舟山港股份有限公司总经理宫黎明,温岭市领导徐仁标、王宗明等出席首航仪式。

12 月 20 日　晚上,由市委、市政府主办的第五期全媒体问政节目《问居》开播。问政节目自 2015 年 10 月推出后,先后播出《问水》《问堵》《问安》《环境革命箭在弦上》等,将镜头对准民生大事,受到广泛关注。

12 月 25 日　省文化厅公布第五批浙江省非物质文化遗产代表性项目代表性传承人名单,温岭 7 人上榜。他们分别是"天皇花鼓"许子利、"温岭草编"陈根土、"温岭剪纸"韩伟、"松门白鲞传统加工技艺"陈其恩、"王氏大花灯制作技艺"王春梅、"石塘七夕习俗"陈筱祥、"温岭洞房经"应光远。

12 月 26 日　市实验学校教育集团的集团化办学工作正式启动。该教育集团由市实验学校太平校区、城东校区组成,实行单一法人制度、一校两区管理模式,为市第五个教育集团。

12 月 31 日　中国旅游合作联盟第八届年会(中外旅行商走进台州)暨温岭国际旅游推介会在温岭国际大酒店举行。来自全国各地的 300 多名旅行商代表以及澳大利亚、俄罗斯、泰国、越南等地的境外旅行商参加此次活动。

12 月　连接市区中心大道、阳光大道与九龙大道 3 条城市主干道的田园路建成通车。田园路位于九龙汇湿地公园东侧,北起中心大道,南至九龙大道,全长 1.4 千米、宽 30 米,双向 4 车道,总投资约 6582 万元。该工程是市重点建设项目,也是破难攻坚项目之一。

年底　全市共有百岁老人 87 人,其中男性 22 人,女性 65 人。最年长者是城南镇后里村 106 岁的陈歪妹老人。

是年　启动实施"美丽公路三年推进计划",即 2017 年至 2019 年,每年分别完成 500 千米、700 千米、600 千米的美丽公路建设,力争用 3 年时间进行道路、设施、绿化带等改造提升,全面建成全市范围内路网合理、路况安全、环境舒适、特色明显、服务优质的美丽公路网。

是年　全市签约招商项目投资总额超 300 亿元,实现超亿元重大招商项目落地 11 个。

是年　全市共建成农村文化礼堂 203 家。

2018 年

1月1日　2018 中国（温岭）曙光节在石塘千年曙光园举行。台州市委常委、宣传部部长叶海燕,温岭市市长王宗明等领导和近万名游客一起迎接 2018 年的第一缕曙光。

1月2日　建设平安温岭工作会议召开。市委书记徐仁标在会上强调,建设平安温岭,不仅是一项严肃的政治任务,更是一项事关群众切身利益的民生工程,各级各部门一定要以铁的决心、铁的纪律、铁的措施,确保实现平安夺鼎。

1月3日　位于市青少年宫内的市青少年科普活动中心、市青少年毒品预防教育馆揭牌,对外开放。

1月5日　市历史文化研究会抗倭文化研究分会成立暨抗倭文化座谈会在松门镇召开,这是继东瓯文化研究分会、历史名人研究分会后成立的第三个研究分会。

1月6日　市太平乡贤联谊会成立,连克俭当选为首任会长。

1月8—9日　中国共产党温岭市第十四届代表大会第二次会议在市行政中心大会堂举行。市委书记徐仁标代表中共温岭市委作题为《坚决扛起新使命　实干建设新温岭　为谱写"两个高水平"新篇章而努力奋斗》的报告。会议动员全市上下为谱写高水平全面建成小康社会、高水平推进社会主义现代化建设的新篇章而努力奋斗。

1月13日　上午,由浙江省马拉松及路跑协会主办的 2018 年迎新春环九龙湖欢乐跑比赛在九龙汇生态湿地公园鸣枪开跑。

1月14—18日　中国人民政治协商会议温岭市第十四届委员会第二次会议在市行政中心大会堂举行,354 名政协委员参加会议,市政协主席黄海斌作工作报告。会议表彰 2017 年度政协工作先进集体、政协提案办理工作先进单位,优秀政协委员、优秀提案和反映社情民意信息工作先进个人。

1月16—19日　温岭市第十六届人民代表大会第二次会议在市行

政中心大会堂举行,367 名人大代表出席大会,市长王宗明代表市人民政府作《政府工作报告》。会议强调要下定攻坚的决心,激发破难的劲头,主动作为,奋发有为,干好每一天,干实每一季,干出全年红。

1月16日　中央政策研究室经济局局长冯海发一行到温岭调研中小微企业发展情况,参观浙江钱江锂电科技有限公司、台州市轩业电器设备有限公司、浙江东禾机电制造有限公司,并召开中小微企业座谈会。

同日　曙光狮项目获浙江省宣传思想文化工作创新奖,该奖项是省宣传系统的最高荣誉。

1月18日　首批 54 辆城乡公交车投入使用,其中松门、石塘区块 21 辆,滨海、箬横区块 33 辆。运行线路为太平分别至松门、石塘、箬山、钓浜、乃崦、箬横、东方等共 7 条线路,54 辆车均为纯电动公交车。

1月20日　中央电视台 2018 年春节戏曲晚会浙江台州分会场节目在石塘镇金沙滩景区录制,温岭本地剧团演绎越剧名段《天上掉下个林妹妹》,气氛热烈,观者如潮。

1月21日　市中医院"李正祥名医工作室"入选国家中医药管理局全国基层名老中医药专家传承工作室,此为台州市内首家"国字"号名医工作室。

1月23日　同济大学硕博研究生公共服务设计创意公益项目实践汇报会在温岭召开,项目围绕石塘金沙滩暨五岙村公共服务设计展开。

1月24日　全市市管部管干部学习贯彻党的十九大精神集中轮训开班典礼在市行政中心大会堂举行。市委书记徐仁标作专题辅导。

1月26日　台州市中西医结合医院新院全面投入使用。新院位于泽国镇商城大道,总投资 4 亿多元,是国家重点建设项目、省重点工程,按三级乙等医院标准设计,一期占地 67 亩,建筑面积 7.8 万多平方米,实际可开放床位 760 张。

同日　温岭市与台州出入境检验检疫局签订合作协议,共同推进省级出口海捕水产品质量安全示范区建设。

同日　箬横镇对帽业园区 3 块工业用地采用"先租后让"的方式进行挂牌出让,促进土地节约集约利用,降低企业用地成本,完善工业用地市场化配置制度,为温岭首例。

1月30日 "曙光引才"专家对接会在台州产业园举行。对接会以人才引领、智慧集聚、大众创业、精准对接为主题,旨在为当地企业、高端人才搭建一个对接合作平台。

1月 市人民法院对市内一家未取得资格证但仍参与网络竞拍的公司,作出罚款30万元的决定。此为台州法院系统开出的首张司法网拍罚单。

同月 "曙光狮"美陈展在温岭银泰城举行,作为"争做中国好网民"接力活动的线下部分,此为温岭首次把"曙光狮"形象以美陈的形式集中展示。

2月1日 直排式燃气热水器专项整治部署会召开。会议提出,市内直排式燃气热水器全部更换成符合要求的热水器,彻底铲除直排式热水器这一安全隐患。

同日 市工商联(总商会)九届三次执委(理事)会议召开。浙江民泰商业银行董事长江建法当选为市工商联(总商会)主席(会长)。会议提出市工商联工作要紧扣"两个健康"发展主题和构建"亲""清"新型政商关系主线,引导广大非公经济人士勇当转型升级排头兵,再创民营经济新优势。

2月5日 城南镇36个人口超千的村庄成立村级义务消防队,并进行首次消防技能训练。此为温岭首批成立的农村义务消防队。

2月6日 温岭大学生联合会成立大会暨第一届全体会员代表大会召开。

2月7日 《浙东草编工艺》一书首发。该书由浙江舜浦工艺美术品股份有限公司董事长、"温岭草编"项目代表性传承人陈根土所著。书中详细介绍浙江草编工艺的概况、浙东草编主产地传统手工编织的起源和传承、产品结构和品类、技艺特色和工艺流程,同时还附录陈根土的创业史。

同日 全省外经工作会议在温岭召开,来自全省各地的商务部门负责人和企业代表参加会议。

2月8日　横湖东路东延工程主车道正式通车,与81省道接通。工程全长640米,双向六车道,主车道宽14米,总投资4417万元,2017年6月进场开始施工。

同日　81省道温岭段主线全线通车。公路投资26.55亿元,全程26.2公里,双向六车道,经城东湖南、肖溪村及箸横浦岙、桥下村,至松门龙门。

2月9日　《温岭市国家森林城市建设总体规划》通过由浙江农林大学、省林业厅、省林业技术推广总站等单位专家组成的专家组评审。

2月21日　温岭召开全国异地温岭商会工作会议暨回归项目签约仪式,温岭籍企业家欢聚一堂共话发展。会上,亚繁·台州亚乐城生活中心项目、高端数控刀具生产项目、高端伺服电机项目、高端真空设备项目、温岭市红房子妇女儿童医院项目等10个回归项目进行签约。

2月22—24日　第十四届(2018)中国泵与电机展览会在市会展中心举行。展出面积3万平方米,展位1151个,参展企业495家。国内采购商及观众6.35万人次参加,分别达成现场成交额、意向合同4.6亿元、11.1亿元。

2月28日　全市三级干部大会暨乡村振兴动员会召开。市委书记徐仁标强调要抢抓机遇、乘势而上,以乡村振兴引领实干建设新温岭。

2月　新河镇入选小城镇环境综合整治省级样板名单。

3月1日　晚上,石桥头镇上王村举行盛大的迎大灯活动,两盏20.18米新高的王氏大花灯,吸引远近数万群众前往观赏。

3月2日　中央电视台财经频道(CCTV-2)《大国重器》第二季第五集《布局海洋》节目介绍温岭江厦潮汐试验电站相关情况。电站利用潮水涨落双向发电,是世界最先进的潮汐发电工程之一。

3月7日　市妇联举行庆三八"双学双争"(学"红船精神",争做新时代新女性;学垦荒精神,争创高水平新业绩)主题活动暨乡村振兴巾帼行动启动仪式,各界妇女代表近500人参加。

3月13日　全国"湾长制"试点工作领导小组成员在台州市领导张晓强、吴海平和温岭市领导王宗明、沈云才等陪同下,前往石塘镇金沙滩,观摩温岭湾(滩)长制运行情况。

3月15日　市农村文化礼堂管理员培训会召开,以助力乡村振兴战略、加强农村基层文化建设、大力推动温岭农村文化礼堂长效管理机制建设。

同日　全市商品房预售资金纳入监管,为台州首个实施此政策的县(市、区)。

3月18日　市一院和中国工程院邱贵兴院士举行合作项目签约仪式。"邱贵兴院士工作站"是该院引进的首个院士工作站,也是温岭医疗卫生领域的第三个院士工作站。邱贵兴院士为中国协和医科大学北京协和医院外科学系主任、骨科主任,主任医师、教授、博士生导师。

3月21日　市朗诵协会成立大会暨第一次会员代表大会召开,选举产生第一届理事会,汤琴文当选第一届理事会主席。

3月23日　中国侨商会常务副会长、省侨商会会长廖春荣带领省侨商会考察温岭大湾区、大花园、大通道、大都市区"四大建设",开展"访侨企送服务"活动。考察团还参观了温岭城乡规划展览馆、温岭银泰城项目、九龙汇公园等,市领导徐仁标、王宗明等陪同参观。

同日　台州市委书记陈奕君就台州泵与电机产业发展情况到温岭进行专题调研。陈奕君先后实地考察新界泵业集团股份有限公司、浙江泰福泵业股份有限公司、浙江利欧集团股份有限公司和浙江金龙电机股份有限公司,并主持召开座谈会,详细了解温岭泵与电机产业发展情况。她强调,要坚定信心,精准扶持,实现产业优化升级裂变发展。

3月24日　温岭相亲角首期活动在市妇女儿童活动中心举行,吸引众多市民参与。

同日　温岭市首届纸鸢节在长屿硐天举办,来自全市的200多户家庭参加此次活动。

3月25日　温岭爱尚单车骑手金招伟获得环浙首站磐安站大师组冠军。2017年他曾获环浙大师组总冠军。

3月30日　市委书记徐仁标带队考察江苏大学,双方就开展政产学研合作进行深入交流,并签订《全面战略合作框架协议》。

同日　由国家卫生计生委医院管理研究所主办、市一院承办的"磐石行动"浙赣桂医院管理会议在温岭举行,来自浙江省、江西省、广西壮族自治区县级医院的 250 多位管理人员参会。"磐石行动"是国家卫生计生委医院管理研究所发起的推进分级诊疗政策、提升县域医疗服务水平和质量的项目,力争全面提升县级医院综合能力,县域内就诊率达到90%,基本实现大病不出县的目标。

同日　市综合行政执法局联合市妇联,在全市 16 个镇(街道)开展垃圾分类宣传。4 月 1 日,《浙江省城镇生活垃圾分类管理办法》正式实施,垃圾不分类将被处以罚款,并记入个人信用档案。

3 月　温岭市卫计、公安、民政三部门联合出台《温岭市进一步规范人口死亡医学证明和信息登记管理工作的通知》,4 月 1 日起启用新版《居民死亡医学证明(推断)书》(简称《死亡证》)。

同月　由市澄川白鲞专业合作社推选的"澄川松鲞"品牌入选"浙江省金牌老字号",成为温岭此次唯一上榜的品牌。

4 月 1 日　浙江天时造船有限公司建造的"沈括号"科考船成功下水。"沈括号"是国内首艘民资打造的小水线面双体型科考船,总长 63米,型宽 23 米,型深 9.4 米,满载排水量约 2180 吨,载员 60 人,该船由中船重工 702 所设计,泰和海洋科技集团投资建造,首次采用国产化大功率直流母排电力推进技术和大功率永磁电机,特别适合于水声调查研究和海洋声学设备的海试,是天时造船有限公司继"张骞号"科考船之后的又一力作,2017 年 5 月开工建造。

同日　浙江广播电视大学温岭学院 2018 春季警务班开学典礼在市职技校北山校区举行。此为温岭电大第一次招收警务人员,共计招生1012 人,其中协辅警招生 756 人,居全省县(市)级电大"招生总人数"和"警务人员学历提升工程招生人数"首位。

4 月 2 日　温岭市与中青旅上海控股有限公司签订合作协议,中青旅投资 30 亿元,在大溪镇滥田湖村打造浙江温岭蓝田湖农业田园综合体项目。市领导徐仁标、王宗明等出席签约仪式。

4 月 3 日　俄罗斯联邦鞑靼斯坦共和国库克莫尔市代表团到温岭开

展友好访问。市领导徐仁标、王宗明等会见库克莫尔市市长迪米特里耶夫·谢尔盖、鞑靼斯坦共和国工业和贸易部代表吉利亚佐夫·马尔森等贵宾。

同日　市"垃圾革命"业务培训会在市委党校举行。各镇（街道）"垃圾革命"培训员、示范学校和示范市场人员，各单位及镇（街道）"垃圾革命"主办科室负责人和市"垃圾革命"办公室人员参加培训。

4 月 4 日　温岭首届人体器官（遗体）捐献者缅怀祭奠活动在市中心陵园举行。设立人体器官（遗体）捐献者纪念碑，为台州首例，新设立的纪念碑上刻有 13 位捐献者的名字。

4 月 6 日　第五届沪杭温岭籍医学专家清明节义诊活动在市第一人民医院再次开启。28 位来自国内知名医院的医学专家，为 350 多名患者免费诊疗。

4 月 10 日　上海中医药大学附属龙华医院台州分院（温岭市中医院）举行揭牌仪式，上海中医药大学校长徐建光，上海中医药大学附属龙华医院院长肖臻，台州市副市长吴丽慧，温岭市委副书记、市长王宗明等领导出席。双方签署《温岭市人民政府与上海中医药大学附属龙华医院合作办医协议》，温岭市中医院正式成为龙华医院台州分院。

同日　国家中盖结核病项目专家组一行 9 人到温岭市疾控中心、市第一人民医院、温西中心卫生院和温峤镇北珠村，实地开展结核病防治工作核查督导。

4 月 12 日　市第二次全国污染源普查动员会召开。普查活动旨在摸清全市各类污染源基本信息、数量、结构和分布状况等，普查标准时点为 2017 年 12 月 31 日，普查对象为全市行政区域范围内有污染源的单位和个体经营户。

同日　温岭市政府和省海洋水产养殖研究所签署科技合作协议，双方将在海洋与渔业产业项目、国家贝类产业技术体系核心示范区建设、水产养殖绿色生产新模式等领域加强合作，着力打造"生态、健康、循环、集约、低碳"的现代渔业发展模式。

4 月 13 日　温岭市政府和台州科技职业学院在温岭东部新区举行

全面战略合作框架协议签约仪式。

4月17日　全市重大项目集中开工活动暨洛克赛技改项目开工仪式在东部产业集聚区举行,共有 40 个市重点项目集中开工,总投资 104.4 亿元,涵盖产业转型、乡村振兴、交通能源、城市建设、社会民生等五大领域,其中产业转型板块数量最多,共 21 个,总投资 51.71 亿元。

同日　浙江省知识产权研究与服务中心温岭工作站在温岭市科创中心举行揭牌仪式。

4月18日　由省政协副主席、民革省委会主委吴晶带队的省调研组一行到温岭调研民革台州学院支部道德教育基地——温岭石塘海上平安救助站建设运行情况。

4月21日　2018市民文化节暨全民读书月活动在东辉公园启动。以“新时代 新阅读 新生活”为主题,策划推出以“春之声”“夏之韵”“秋之果”“冬之梦”为篇章的近百项群众文化系列活动,和以市、镇(街道)、村三级联动开展的近千场全民阅读推广活动,从 4 月一直持续至 12 月。

同日　浙江之声等媒体报道城东街道鸡鸣村垃圾中转站掩埋垃圾的情况,引起社会广泛关注。市委、市政府立即召开会议专题研究,迅速整改,在清理现场垃圾的同时,土地覆绿和规划道路建设也在加快推进。

4月23—25日　国家质检总局专家组一行 4 人到达温岭,现场审查论证温岭筹建国家水泵产品质量监督检验中心的可行性。经论证,专家组认为该项目符合国家产业规划政策,顺应产业结构调整和质量提升需求,筹建方案基本合理,可按要求申报。

4月23—25日　两批分别来自湖州市长兴县、嘉兴市嘉善县,由当地教育局负责人和中小学校长、骨干教师组成的特殊教育考察团,到温峤镇第三小学、石桥头镇小学、泽国镇第三小学、大溪镇第二中学、市特殊教育学校学习考察特殊教育工作,认为温岭的特殊教育和融合教育工作“经验丰厚,理念先进,领导高度重视,教师行动力强”。

4月24日　著名版画家袁振璜将其从艺 50 年来创作的 30 件佳作及收藏的 20 件书画精品,捐赠给温岭博物馆。其中,个人作品中包括被誉为温岭版《清明上河图》的 20 米长卷《太平春秋图》和《石破天惊》系列版画等,藏品中则有画家蒲华、林蓝等人的佳作。

4月25日 市农办组织的乡村振兴建设专题千人培训班(第二期)在市委党校举办。各镇(街道)村庄整治办公室负责人、2017年度和2018年度村庄整治村驻村干部共计500余人参加培训班。

4月26日,温岭市召开庆"五一"劳模座谈会,市委副书记、政法委书记沈云才出席座谈会。全市共有各级劳模249位,其中国家级劳模8位,省部级劳模60位,省级先进工作者17位,省五一劳动奖章获得者5位,台州市级劳模43位,台州市五一劳动奖章获得者2位,温岭市级劳模114位。台州法雷奥温岭汽车零部件有限公司行政总监兼工会主席周正平荣获本年度全国五一劳动奖章。

同日 温岭智能制造推广暨政协科技界2018年"界别活动周"活动在浙江钱江机器人有限公司举行。

4月28日 杭绍台高铁温岭段南端特大桥和跨甬台温特大桥同时清表开工。位于大溪镇曹岙村的杭绍台铁路温岭段拌合站建设同步启动。

同日 "世界之窗"——章友棣摄影作品展在市文化馆展出。20多年间章友棣行摄世界得到的近百幅人文作品,展示了世界各地的风土人情。

4月29日至5月2日 第七届中国(温岭)国际汽车展示会举行。共展出65个品牌、500余款车型,吸引入场观众5.15万人次,实现现场成交额3.38亿元,达成意向合同9.7亿元。

4月 浙江鱼童新材料股份有限公司获得中央军委装备发展部颁发的《装备承制单位注册证书》,并注册编入《中国人民解放军装备承制单位名录》,成为全市首家办齐"军工四证"的民营企业,标志着该公司获得军工科研生产入场券,涉足军工领域。

同月 石塘镇栖衡石舍、日出三舍被评定为浙江省第八批五星级农家乐经营户。

同月 省质量强省工作领导小组办公室发布《关于首批"浙江制造"品牌培育试点县(市)评价情况的通报》,温岭获评优秀,是台州唯一获此殊荣的县(市)。

5月1日　浙江省正式进入海洋伏季休渔期。温岭市 557 艘应休渔船全部进港。

5月2日　应太平乡贤联谊会之邀,同济大学教授、温岭籍博导林家阳在太平街道作《打造"太平"形象的三种意识》讲座,此为太平乡贤联谊会"乡贤讲坛"的首讲。

5月3—5日　市委书记徐仁标一行先后赴四川省阿坝藏族羌族自治州茂县和浙江省景宁畲族自治县,开展对口扶贫、山海协作对接工作。

5月5日　镇(街道)一级的首个亲子阅读驿站"童阅吧"在箬横镇揭牌启动。

5月7日　温岭广电全媒体中心启用。总面积 2500 余平方米,采用国内一流高清演播设备,实现采、编、制、播全流程高清,为观众带来更清晰的观感,也更好地对接上级台播出平台。

5月8日　市域铁路 S1 线(温岭段)全线正式启动建设。

5月9—11日　吉林省柳河县党政考察团一行到温岭开展考察交流活动。考察团参观温岭城市规划展示馆、泽国镇小微园区建设、城市新区建设、东部产业集聚区产业发展,石塘镇美丽乡村建设和旅游民宿开发等,双方签订《温岭市人民政府柳河县人民政府对口合作框架协议》。

5月10日　温岭举行创建浙江省教育基本现代化市工作汇报会。市委书记徐仁标代表市委、市政府向专家组汇报温岭创建省教育基本现代化市工作情况。省教育基本现代化市预评估专家组听取汇报后,进行预评估。

同日　横湖情怀——蒲华书画作品展在王伯敏艺术史学馆展厅开幕。

5月11日　省农业厅农作物管理局委托台州市农业局组成专家组,对温岭东浦农场百亩油菜示范方测产验收。杂交油菜越优 1401 实割亩产 210.4 千克,创温岭油菜产量新高。

5月12—13日　浙江省医院协会全县(市)医院管理分会学术年会和第二届"健康中国健康县域"系列论坛之华东峰会相继在温岭召开。

华东地区各县(市)级医院院长、副院长及职能科室管理人员等 400 多人齐聚温岭,共同探讨县级医院的发展之道。

5 月 14 日　浙江省第四次经济普查综合试点工作动员会在温岭召开,此次试点区域为城东街道辖区,时间为 4 月初至 6 月中旬。

5 月 16 日　韩国大田广域市西区代表团到温岭开展文化交流活动。代表团一行参观温岭市城乡规划展示馆;双方在王伯敏艺术史学馆举行民乐互动、书法交流等文化交流活动;温岭文化馆与西区文化院签订文化交流协议。

同日　山东省临沂市罗庄区党政考察团到温岭考察。考察团一行参观了市城乡规划展示馆、利欧集团股份有限公司、台州北平机床有限公司、浙江爱仕达电器股份有限公司等。

同日　市登山协会会员连醒峰在尼泊尔一侧成功登上海拔 8848 米的世界最高峰——珠穆朗玛峰,此为温岭人首次站上世界之巅。

5 月 16—17 日　在市公证处、松门镇纪委等相关单位的配合监督下,松门镇面积最大的立改套项目——"五村联建"工程顺利通过抽签定房。该工程涉及松门镇乌坑、山里皇、洞下、大坑沙等四个高山村和沙镬村,又称高山移居工程,总建筑面积 138525.7 平方米,住宅面积 98922.6 平方米,共有 12 幢 778 套房屋,总投资 3 亿多元。

5 月 18 日　在浙江省—鞑靼斯坦共和国商务论坛上,市委副书记、市长王宗明代表温岭与博加特耶萨贝市政区区长明尼哈诺夫·拉伊斯签署建立友好城市关系协议。

5 月 19 日　市行政服务中心首个办事无休日启动,多个窗口实行周末上班制度,接受业务办理。

5 月 20 日　市委副书记、市长、市地方志编纂委员会主任王宗明主持召开市地方志编纂委员会会议,听取《温岭市志》编纂工作汇报,同意批准《温岭市志》出版。常务副市长、市地方志编纂委员会副主任朱明连和市地方志编纂委员会全体组成人员出席会议。

同日　下午,市气象局在坞根镇大岩头实施火箭人工增雨作业。两轮作业共发射火箭弹 8 枚,同时利用烟炉配合增雨,实际效果明显。傍晚到夜里,全市普降中到大雨,部分区域降雨量超 30 毫米。

5 月 22 日 2018 年全省医疗与中医现场执法实训(第一期)在温岭开班。来自全省卫生计生监督机构的 100 多名执法人员参加。

5 月 23 日 台州骨伤医院与市体育局签署体医结合战略合作协议。院内设市运动健身与健康促进指导站,成为"温岭市体育赛事医疗保障指定单位";同时,设立"滕灵方名医工作室台州骨伤医院脑科基地"。

5 月 24 日 市小微园区建设联席会议召开。全市有在库小微园区 39 个,总占地面积 3500 余亩。年底,全市将再建小微园区 29 个,建成厂房及配套用房 240 万平方米。

5 月 24—27 日 第一届中国气排球公开赛在温岭市体育馆举行。

5 月 25—26 日 全国政务大厅服务标准化工作组国家标准研讨会在市行政服务中心召开,来自全国各地的专家就《投资建设项目审批待办服务规范》的起草工作建言献策。专家们还围绕"最多跑一次"国家标准的框架和内容开展研讨。

5 月 市长、市地方志编纂委员会主任王宗明主持召开市地方志编纂委员会会议,同意批准《温岭市志》出版。

6 月 1 日 温岭市警方经过一个月的深入挖掘,出动 400 多名警力,成功打掉一个以小额贷款为幌子的"4·26 网络套路贷"犯罪团伙,连夜从福建把 246 名犯罪嫌疑人押回温岭。至 12 月,市法院受理该系列案件 22 件,并陆续进行审判。

同日 温岭市果蔬特色省级农业科技园区建设启动仪式举行。

6 月 3 日 全市渔业安全管理大会召开,2300 多名渔船船东船长参加。会议强调,要严格落实渔船船东船长主体责任。

6 月 4 日 市第一人民医院太平分院正式开诊。太平分院位于人民中路市一院原医院方便门诊部。

6 月 10 日 在 2018 年全国青年赛艇锦标赛暨"我要上青奥"赛艇项目选拔赛中,温岭籍赛艇小选手孙红静与搭档以 8 分 21.09 秒的成绩夺得 2000 米女子双人单桨无舵手项目冠军,取得第三届青奥会入场券。

6 月 11 日 市卫计局举行全科医学发展培训会。来自澳大利亚大学农村及偏远地区医学系终身教授杰夫·莱利在会上作《澳大利亚全科医学发展现状及对浙江的启示》的讲座。

同日 浙江理通风机有限公司在浙江省土地使用权网上交易系统上竞拍获得大溪镇下廊桥村"2#-1"地块,并签署《土地出让合同》交易确认书。该地块是台州市首宗在浙江省土地使用权网上交易系统成功挂牌出让的工业"标准地"。

同日 云南省漾濞彝族自治县党政考察团一行到温岭考察市城乡规划展示馆、市行政服务中心、万邦德制药集团股份有限公司、爱仕达电器股份有限公司等。

同日 温岭首个无须经过人民银行核准的新设企业基本存款账户在工行温岭支行开立。经国务院批准同意,中国人民银行于5月23日印发《中国人民银行关于试点取消企业银行账户开户许可证核发的通知》,自2018年6月11日起,在浙江省台州市、江苏省泰州市试点取消企业基本存款账户开户许可证核发。

6月12日 温岭统一战线书画摄影展在市文化馆展览厅开幕。此次书画摄影展以"不忘初心跟党走,同心共筑中国梦"为主题,共展出81幅摄影作品,展览持续半个月。

6月14日 松门镇"彝族之家"正式挂牌成立,成为温岭成立的首个专门服务彝族群众的社会组织。

6月15日 市供电公司带电作业班在石塘镇车关村对10千伏龙岗W074线95-1号杆开展带电更换跌落式熔断器作业,这是该公司首次使用自行式绝缘作业平台开展配网不停电作业,也是国内首台作业高度达到17米的柴油版新型自行式绝缘作业平台,俗称"蜘蛛车"。

6月21日 全市首次集中拆除村集体违建行动全面铺开,各镇(街道)的拆违工作强势推进。至18时,拆违总量达10多万平方米。

同日 温岭市教育文学艺术体育界联合会成立。

6月22日 温岭乡村振兴研习所在坞根镇坑潘村揭牌。研习所是由市农办与坞根镇共同发起,集乡村振兴理论研究、实践研习及人才培养三位一体的综合性学习教育平台,是以乡村振兴为主体的教学科研实践基地。

6月22—23日　市委副书记、市长王宗明一行前往四川省阿坝藏族羌族自治州茂县，调研对接东西部扶贫协作工作，实地了解援建项目建设、产业发展、医疗事业、教育发展等方面的情况，并召开温岭市——茂县东西部扶贫协作联席会。24日，王宗明一行前往重庆市涪陵区新妙镇调研白鹤村便民服务中心和互庆路硬化工程对口支援工作。

6月25日　第五届中国(温岭)县域会展创新发展大会在温岭耀达国际大酒店举行。大会以"县域会展与县域经济"为主题，探讨中国县域会展经济的良性发展。中国会展经济研究会会长袁再青，国际展览业协会(UFI)荣誉主席、上海市会展行业协会会长陈先进等出席会议。

6月27日　省政协副主席周国辉到温岭开展"中央环保督查反馈意见整改落实情况"专项集体民主监督和关于治土攻坚战的重点提案办理工作调研。

6月28日　15名企业业务骨干和1名律师分别被聘为城东街道工资集体协商指导员和工资集体协商专业指导员，标志着温岭首支镇(街道)总工会工资集体协商指导员队伍成立。

6月29日　市人民检察院公益损害与诉讼违法举报中心正式揭牌，此为全国首家聚焦公益保护和诉讼活动监督的举报中心，旨在成为群众反映问题的"快速路"，架起检民之间的"连心桥"。全省三级检察机关同时举行揭牌仪式。

7月2日　全市劳模工匠技术服务队成立。服务队由劳动模范、专家教授、技术能手组成，正式成员86名，共有科教、技能和公益3支服务队，服务内容涵盖模具、数控、机械、电工、钳工、车工、医疗、农业、科技、法律、教育等十多个领域。

7月3日　12位市民分两组成功登上日本海拔3775.63米的富士山，此为温岭市民首次以团队形式登顶富士山。

7月5日　经农科人员实测，新河镇上桥村瓜农王新路种出的"西瓜王"重56.42斤，打破了2016年他自己创造的51.12斤纪录。

7月6日　省级"海绵城市"建设试点工作推进及绩效考核宣贯会在

温岭举行,省建设厅城建处领导实地参观东部新区、城市新区"海绵城市"项目。温岭"海绵城市"试点建设工作自 2016 年启动后,开工建设项目 30 个,完成项目 21 个,累计完成投资 49 亿元,建成试点面积 13.6 平方公里,占"三年计划(2016—2018)"的 86％。其中,东部新区成为"海绵城市"建设样板和典范,金塘北路及标准厂房等被列为第一批浙江省"海绵城市"建设典型案例。

同日　经过 2 个月的缜密侦查,市警方出动百余名警力,成功打掉一个以"淘宝店加盟"为由实施诈骗的团伙,连夜将抓获的 89 名犯罪嫌疑人从武汉押至温岭。案件涉及全国各地受害人千余人,涉案金额 600 余万元。

7 月 12 日　温岭拳击代表团在浙江省第十六届运动会上斩获 2 金 1 铜。张鹏程在拳击男子乙组＋69 公斤级决赛中,为台州市代表团夺得首金。陈奕融在拳击男子甲组＋81 公斤级别比赛中,以压倒性优势获得金牌。牟乐摘得拳击男子甲组 50 公斤级别铜牌。

7 月 16 日　台州市检查组验收温岭小城镇环境综合整治工作。检查组一行随机抽签松门、箬横、温峤、石桥头等 4 个镇,肯定了温岭小城镇环境综合整治的成效。

同日　新河中学排球队代表台州市参加省第十六届运动会男子排球(甲、乙组)比赛,获得金牌。

同日　温岭籍选手梁嘉伟在世界青少年武术锦标赛散打男子少年组 48 公斤级项目比赛中夺冠,此为梁嘉伟在世界级大赛中首次夺金。

7 月 17 日　2018 年全市第二次重大项目集中开工暨杭绍台铁路工程(温岭段)项目开工仪式在铁路新区举行。此次共有杭绍台铁路工程(温岭段)、横峰大道沿线全域整治启动区块、东部新区晨光路北延工程等 18 个项目集中开工,涵盖轨道交通、工业技改、城市建设、环境提升、社会民生等多个领域。总投资达 108.2 亿元,其中投资 20 亿元以上的项目 3 个,杭绍台铁路工程(温岭段)总投资 40 亿元,正线长约 6.4 千米,设计时速 350 千米。

同日　"第一届温台高中棒球社团邀请赛"在市体育中心举行,此为台湾的棒球社第一次到浙江开展棒球交流活动,也是两岸首次组织高中棒球社团的比赛。受邀参赛的是台北市私立复兴实验高级中学和台中市葳格高级中学棒球社团。

7 月 18 日　市妇幼保健院成为台州首个省内先天性心脏病筛查定点单位。先天性心脏病慈善救助基金"爱佑慈善基金温岭工作站"授牌成立,定向救助贫困的先天性心脏病患儿家庭。

同日　省人大常委会副主任史济锡到滨海镇、新河镇调研农村承包地"三权分置"工作。

7 月 20 日　新组建的国家税务总局温岭税务局挂牌成立,标志着原温岭市国家税务局、温岭市地方税务局正式合并。

7 月 23 日　夏粮收购入库工作正式启动。2018 年本市共签订订单粮食 33696 吨,腾空仓容近 4 万吨,安排塘下库区、桥下库区、永安直属库、新河粮库、新街粮库、东方粮库、龙山粮库等 7 个收购点和箬横粮库 1 个备用粮库。

7 月 24 日　全市召开行政村规模调整工作动员大会,全面部署行政村规模调整相关工作。

7 月 25 日　国内第一个结直肠筛查项目——"结直肠筛查和干预新技术新方案研究"落户台州市肿瘤医院。

7 月 26 日　下保山公园工程通过竣工验收,将全面对外开放。下保山公园位于城西街道,项目规划用地面积 31.88 公顷,北临曙光西路,南临横湖中路,西临环山路,东临保塔路。

7 月 28 日　温岭三心美德老年病专科医院与邵逸夫医院康复医学中心合作,设立邵逸夫医院康复医学指导中心,此为邵逸夫医院在外设立的第二家康复医学指导中心。中国非公立医疗机构协会《诚信服务自律公约》授牌仪式同时举行。

7 月 30 日　金融服务乡村振兴战略工程启动仪式在温岭农村商业银行举行。到 2022 年,温岭农商行计划投入 60 亿元服务温岭乡村振兴战略,实现普惠金融全覆盖。

7 月　市内首座城镇驿站型公厕——坞根杨家岭公厕建成,公厕主体结构采用 7 个集装箱,面积 180 平方米,投资 200 万元,除如厕功能,还配套建有医疗室、阅览室、茶吧、观景平台等,集休闲娱乐于一体。

同月　省特殊教育专项督导组到温岭督导特殊教育工作,实地走访市特殊教育学校和泽国镇第三小学、石桥头镇中心小学、温峤镇第三小学等。

同月　温岭成功创建国家级农村职业教育和成人教育示范县,为台州唯一。

8 月 1 日　由市委宣传部、市文广新局、市文联主办的"不忘初心 走向新时代"温岭改革开放四十周年纪实新闻摄影展在市文化馆开幕。展出的 112 张纪实新闻照片全部由市委报道组退休干部金宗炳拍摄,最早的摄于 1989 年 3 月,最迟的摄于 2014 年 5 月,时间跨度 25 年。

同日　温岭举办"四好农村路"建设新闻发布会,通报实施"四好农村路"建设三年行动计划,计划投资 16.8 亿元。

8 月 2 日　全市警示教育大会召开。市委书记徐仁标在会上强调要以反面典型为镜,以案示警、以案肃纪、以案正风,教育引导全市广大党员干部敬畏党纪国法,锤炼严实作风,增强拒腐防变能力,共同营造风清气正的良好政治生态。

8 月 5 日　在国际乒联青少年巡回赛黄金站的香港公开赛上,温岭籍小将向鹏获少年组男团、男双、男单三项冠军。

8 月 10 日　中国社科院调研组到温岭调研基层协商民主建设,组长为中国社会科学院马克思主义研究院中国化研究部副主任陈志刚。台州市政协主席陈伟义以及温岭市政协主席黄海斌等陪同调研。

8 月 14 日　温岭乡村振兴学院在浙江广播电视大学温岭学院内揭牌成立。旨在进一步深化校地合作,培养造就一批懂农业、爱农村、爱农民的人才队伍,推动农业全面升级、农村全面进步、农民全面发展,为深入实施乡村振兴战略贡献"温岭经验""温岭样本"。

同日　台湾宜兰县苏澳区渔会参访团一行 25 人到石塘镇开展海峡两岸渔业交流座谈活动。此为苏澳区渔会第六次组团到温岭开展渔业交流。

8 月 15 日　四川省阿坝藏族羌族自治州茂县学习考察团到温岭,就横峰街道全域改造工作进行交流学习。考察团一行到方家洋村、莞渭陈村和马鞍桥村实地考察,详细了解横峰街道全域改造工作中的主要政策、运作模式以及征地、签约、安置等问题的处理办法。

8 月 17 日　2018 年消防队伍多种形式岗位练兵大比武在市体育馆举行。13 个镇(街道)消防专职队、15 个村(居)志愿队、14 个社区微型站,共计 181 名队员参赛。

8 月 21 日　省政协副主席蔡秀军带队的省督察组一行到温岭开展"亩均论英雄"改革专项督察。督察组一行与温岭相关部门负责人、企业家等进行座谈交流,并深入企业走访调研。

8 月 22 日　市残疾人文化艺术人才培养计划启动暨荟鸣文化慈善汇演在温岭影视城举行。残疾人文艺人才培养对象为肢体残疾(三、四级)、听力残疾、视力残疾的温岭户籍残疾青少年。

同日　市内首批 EVCARD 共享汽车投入试运行,全市共有 15 个共享汽车网点。

8 月 23—25 日　市委书记徐仁标率考察团先后赴新疆生产建设兵团一师阿拉尔市、四师可克达拉市等地考察交流,倾力对口支援,架起友谊金桥。25 日至 26 日,徐仁标一行赴伊犁、乌鲁木齐等地,考察霍尔果斯天盛国际中心等温岭企业在疆项目,看望新疆生产建设兵团温岭商会企业家代表,并与兵团援疆办负责人开展深入交流。

8 月 28 日　坞根红军小学新校区举行揭牌仪式,新校区正式投入使用。

9 月 4 日　台州市南部湾区引水工程温岭段政策处理工作推进会召开。该工程以长潭水库和朱溪水库为水源地,北起黄岩区院桥镇,途经温岭市、玉环市,项目总投资 18.43 亿元,输水线路总长约 40.56 千米,其中温岭市涉及 8 个输水隧洞、17 个作业面,输水管道长 15.9 千米。

同日　温岭成为全省第二批通过验收的两化(信息化与工业化)深度融合国家示范区。

9 月 6 日　台州众邦金属材料有限公司与浙江晴天太阳能科技有限

公司合作的 170 千瓦光伏电站项目成功并网发电。该光伏电站采用自发自用、余电上网模式并入国家电网,占用屋顶面积 1050 平方米,安装光伏电板 634 块,总投资 84 万元。

9 月 11 日　市厕所开放联盟暨公厕革命新闻发布会召开,标志着台州首家厕所开放联盟正式成立。

9 月 11—14 日　省第 21 督查组一行到温岭督查"五水共治"(河长制)、"三改一拆"、小城镇环境综合整治、生活垃圾分类等工作的推进情况。市领导王宗明、沈云才等参加汇报会。

同日　由市文广新局主办的"笔走龙蛇铁砚穿——余任天先生书画展"在王伯敏艺术史学馆开幕,展出余任天书画作品 26 件及印章若干件。

9 月 12 日　石桥头镇杨家村村民张志明和伙计们完成直径为 3 米的超大凉箦制作,刷新该村民自己保持的直径纪录。

同日　受省现代服务业发展工作领导小组委派,丽水市发展改革委到温岭开展 2017 年服务业强县工作情况核查。检查组一行围绕招商引资项目发展情况、服务业重大项目投资完成具体金额、服务业政策落实整改到位情况等议题,与温岭相关部门主要负责人进行座谈交流,并就逐步完善服务业培育发展工作提出目标要求。

9 月 18 日　副省长、省公安厅厅长王双全一行到温岭开展联系人民群众主题活动,并调研新河镇雅雀村人大代表联络站、新河派出所,慰问市公安局扫黑工作组,听取公安工作汇报。

9 月 21 日　为庆祝改革开放四十周年,原温岭越剧团复排经典越剧《祥林嫂》,并在温岭影视城举行公益巡演首演。

9 月 28 日　第 13 届中国工量刃具展览会在市会展中心举行。来自全国各地的 330 家企业参展,其中有 139 家企业来自温岭市外。展览会共设立展位 525 个,分工量具展区和工量具应用展区。来自俄罗斯、乌克兰、伊朗、巴基斯坦、韩国、约旦、伊拉克等 10 多个国家的特邀外商,到会进行贸易活动。

9 月　2018 年中国民营企业 500 强峰会在沈阳举行,温岭曙光控股有限公司、天颂建设集团有限公司、华太建设集团有限公司等 3 家房屋建筑企业继续上榜,利欧集团股份有限公司首次上榜。

同月　市政府公布新一批文物保护单位、文物保护点名单。解放战争初期中共温岭特委革命活动办公旧址、忠节祠等两处被确认为市级文物保护单位,月湖书院、章家庙、金璇烈士故居等 3 处被确认为市级文物保护点。

同月　温岭共有数控斜床、新型高效液相色谱仪-LC5090 型、FAB 精密行星齿轮减速机、YQS(D)P 系列井用屏蔽潜水电机、WC600A 智能污水提升泵、TDF750w 水泵智能变频控制器、一体式节能型微油螺杆空压机等 7 件产品被认定为 2018 年台州市装备制造业首台(套)产品。东部数控等 7 家企业获得 20 万元政策补贴。

同月　温岭画家张光志创作的作品《十月乐清湾》入选 2018 年全国油画作品展,此为温岭画家的油画作品 10 多年来第一次入选国展。

同月　温峤镇入选 2018 年度小城镇环境综合整治第一批省级样板名单。

同月　曙光控股集团、天颂建设集团、利欧集团股份有限公司、爱仕达电器股份有限公司、新界泵业集团股份有限公司、浙江南洋科技股份有限公司、森林包装集团股份有限公司、浙江大元泵业股份有限公司、中马传动股份有限公司等 9 家温岭企业上榜“2018 浙商全国 500 强”。

10 月 9 日　三门县考察团一行到温岭考察,围绕打造山海协作升级版主题,两地党政领导和相关部门负责人开展深入交流。

同日　首届“中国温岭·曙光狮杯”鞋靴设计创作大奖赛评审会在温岭举行。来自全国各大院校及企业的 400 多款作品参加评审。

同日　2018 年全国纺织服装职业教育教学指导委员会鞋服饰品及箱包专业指导委员会工作会议暨童鞋产业创新发展研讨会开幕式在温岭召开。

10 月 11 日　台北温岭同乡会参访团到新河镇,开展海峡两岸文化交流。

10 月 12 日　台州市应急办与温岭市网联会合作签约暨台州市应急宣传合作基地授牌仪式在城北街道举行。温岭市网联会由新媒体从业人员、网络知名人士和网络管理人员等精英组成,并在省内首家成立党支部。今日头条、温岭发布、虎山论坛等知名媒体和网站为网联会会员单位。

10月15日　儿童电影《彩色熊猫》在石塘镇中心小学正式开机。《彩色熊猫》由中央广播电视总台出品,是亚洲、太平洋广播电视联盟(ABU)儿童戏剧联合制作的项目,旨在促进各国之间儿童电视电影的发展和交流,内容包括各国儿童节目展播、研讨、交换播出。电影拍摄结束后,代表中国少年儿童形象,在亚洲、太平洋地区等60多个国家和地区电视台展播。

10月18日　第十六届异地温岭商会(莫斯科)联谊会在温岭举行。

10月19日　全国工商联调研组到温岭实地考察浙江利欧股份有限公司、台州北平机床有限公司、新河镇商会新商大厦、温岭民营企业服务中心。调研组对温岭相关工作成绩予以肯定,并表示要总结推广温岭经验。

10月19—22日　吉林省柳河县委书记陈旭升带领的柳河县对口合作考察团年内再次到温岭考察调研。

10月22—25日　第六届"温岭杯"全国象棋国手赛在温岭举行。温岭籍选手赵鑫鑫夺冠。

10月23日　全省机构改革动员大会在杭州召开,标志着浙江省机构改革正式全面实施。市委书记徐仁标在台州分会场,王宗明、黄海斌、沈云才等市领导在温岭分会场参加会议。

10月24日　温岭召开2018年平安夺鼎誓师大会,要求全市动员、全线上阵、全民参与,打一场平安夺鼎的人民战争。

10月25日　人保财产温岭支公司工会获中国金融工会工作委员会授予的"金融书香柜台示范点"牌匾。

10月31日　省督查组一行到温岭督查禁毒工作专项情况。督查组通过现场检查和听取汇报,肯定温岭禁毒工作成绩和独特创新,并要求不断加大宣传力度,确保禁毒工作稳定开展。

10月31日—11月1日　市风景旅游管理局主办"山海温岭牵手书

香绍兴,曙光圣地结缘鲁迅故居"2018 绍兴旅游商走进温岭踩线活动。绍兴市 60 多家主力组团社代表及主流媒体,约 100 人走进温岭,了解温岭的特色景观和地域风情。

11 月 1 日　温岭市被中国机械工业联合会授予"机械工业引领高质量创新发展产业集聚区"称号。

11 月 5—10 日　市商务局组织 214 家采购商、476 名人员赴沪参加首届中国国际进口博览会,市富岭塑胶美国公司以参展商名义参加进博会。

11 月 9 日　大溪镇 6500 亩连作晚稻亩产 1484 斤,创历史新高。

11 月 10 日　市委书记徐仁标一行专程赴上海参观考察首届中国国际进口博览会,走访由温岭企业邀请参展的美国、德国 2 家企业,并重点考察与温岭产业结合度高的智能及高端装备展区。

同日　温岭(杭州)智能制造创新中心启动运行。作为台州县(市、区)首家"飞地孵化器",将对接一线城市人才资源,打通项目大城市孵化与本地高端制造业协同发展的渠道,推进温岭泵与电机千亿级产业集群建设。

11 月 11 日　温峤镇帽岭村生活垃圾兑换超市正式开业。此为温岭首家生活垃圾兑换超市。

11 月 14 日　温岭召开商事登记省级标准化试点项目动员会,全力打造商事登记政务服务"温岭样板"。市市场监管局成功获批省级标准化项目——商事登记省级标准化试点,为全省市场监管系统首例。

11 月 14—15 日　浙江省示范区(项目)区域文化联动"乡镇(街道)公共文化绩效评估"专题经验交流活动在温岭举行,省文化厅多名专家、各县(市、区)等代表参加。

11 月 15 日　位于新河镇披云山的授智书院举行开院仪式。

11 月 16 日　温岭市云影像诊断中心、云心电诊断中心和消毒供应中心在市一院授牌。

11 月 18 日　第 32 届温岭市青少年科技创新大赛在市青少年宫举行。大赛主题为"体验·创新·成长",461 名学生参赛。

11 月 23 日　2018 年全国中小学云图书馆助推 OTO(线下与线上)阅读高峰论坛在温岭拉开序幕,来自全国各地的 200 多位专业人士参与分享中小学云图书馆建设经验。全市共有近 80 所学校进行数据的有效迁移,其中 40 所学校完成基础数据搭建,启用新平台进行日常的图书借阅工作。

11 月 27—28 日　德国伍珀塔尔市代表团一行到温岭实地考察台州第一技师学院,了解温岭海外人才引进情况并交流职业教育合作;参观新界泵业(上马厂区)和中马传动两家企业,了解城市生活供水用泵生产及汽车传动变速箱制造情况。市长王宗明和德国伍珀塔尔市市长约翰内斯·斯拉维克分别代表温岭市与伍珀塔尔市签署两市建立友好城市意向书。

11 月 29 日　截至当日,2018 年温岭出口退税 304512 万元,首次突破 30 亿元大关,为历史最高水平,同比增加 54916 万元,增长 22%。

同日　中国科学技术协会下发 2018 年模范院士专家工作站名单文件,万邦德制药集团股份有限公司院士专家工作站成功入选,成为温岭市首家、台州市第二家国家级模范院士专家工作站。万邦德制药集团获 50 万元市人才经费奖励。

11 月　市地方志编纂委员会编纂的《温岭市志(1988—2007)》(上、下册)由中华书局出版,全志共 47 篇 1798 页,采用篇、章、节、目结构层次,总计 208 万字。编委会主任叶海燕、周先苗、李斌、徐仁标、王宗明,顾问陈高华,主编方先勇。该志是新中国成立后温岭以县(市)级行政区域名称冠名的第二部综合性地方志书,也是温岭撤县设市后的第一部全市综合性地方志书。全志系统记载了 1988—2007 年温岭自然与社会的历史和现状,详细记述改革开放以来温岭经济社会发展波澜壮阔的历史画卷,部分记述适当上溯,重要事物的记述适当下延,大事记延伸到 2013 年。

同月　《中国淘宝村研究报告(2018)》发布,温岭以 97 个淘宝村的数量居"2018 年全国十大淘宝村集群"第三位。

同月　市食品安全委员会办公室、市市场监督管理局、温岭日报社等联合编写的《食安温岭》一书由浙江工商大学出版社正式出版。

同月　温岭"新界"牌水泵入选"苏浙皖赣沪名牌产品 100 佳",为省内泵类行业唯一入选该榜单的品牌。

12 月 1 日　傍晚,市环保局环境监察大队副大队长兼大溪中队中队长陈奔在调查环境违法案件时,被犯罪嫌疑人驾驶车辆冲撞拖行,不幸牺牲。5 日,中共温岭市委决定追授陈奔同志为"温岭市优秀共产党员"。

同日　市老干部艺术团 20 多位成员带着舞蹈《迎亲酒神曲》,赴北京参加 2018—2019 CCTV 群星跨年晚会颁奖盛典,并荣获一等奖。

12 月 4—5 日　长三角地区地面沉降防治省际联席会议在温岭召开。会议通报交流长三角地区 2017—2018 年度地面沉降防治工作,协商确定 2019 年和下一步重点工作。自然资源部地质勘查管理司、省自然资源厅领导,温岭市委副书记、市长王宗明等出席会议。

12 月 8 日　投入 3500 多万元的市残疾人托养中心二期项目如期建成并试运行,建筑面积约 8000 平方米,床位 250 张,此为台州市首家"公建民营"残疾人托养中心,由政府投资建成后,交由第三方机构具体运营管理。

12 月 13 日　由方远建设集团股份有限公司承建的温岭市医疗中心综合楼工程获"中国建设工程鲁班奖"。

同日　时代印迹——温岭市庆祝改革开放 40 年摄影作品展在市文化馆展览厅开幕,近百幅新老照片展示了温岭改革开放 40 年以来的巨变。

12 月 14 日　九旬老人林鄂青向温岭图书馆捐赠古籍图书,分别是清光绪三十二年(1906)版的《九老诗存》1 册和光绪二十九年(1903)澄衷学堂印书处第九次石印的《字课图说》6 册。林鄂青是温岭清末民初学者、藏书家林丙恭的孙女。

12 月 15 日　台州市中医药学会与温岭市中医院联合举办台州市中医系统第三届医院管理学术会议暨温岭市中医医联体启动仪式。以温岭市中医院为核心、市内 17 家基层卫生院为成员的中医医联体,为台州市首家中医医联体,标志着温岭中医药事业发展迈入快车道。

同日　城西街道九龙湖社区下保渭渚城中村复建安置房工程正式开工。首次尝试将浙派建筑与周边景物相融合,以提升城市品位、改善市民居住环境。下保渭渚城中村复建安置房工程为市重点工程,位于九龙大道以南,田园路以西。工程总投资约 1 亿元,主体建筑为约 130 幢的小康型居民住宅。

12 月 24 日　温岭博物馆开馆。博物馆建筑面积约 9500 平方米,共有地上 5 层、地下 1 层,设有国宝厅、历史厅、临展厅、报告厅、文物库房及设备用房等,时有馆藏文物 1500 余件。

同日　温岭市档案馆开馆。市档案馆总建筑面积 14064 平方米,是一座设施完善、功能齐全、节能环保的现代化新型公共档案馆。馆藏档案分为清代、民国和新中国成立后三大部分。共有馆藏档案 257 个全宗,案卷 10.82 万卷,以件为单位整理的档案 23.97 万件,数据库总量达 246 万条,档案全文数字化总量达 900 万页。

同日　太平街道顺利通过台州市组织的污水零直排镇(街道)验收,成为温岭市首个通过污水零直排验收的镇(街道)。

12 月 26 日　市非物质文化遗产保护协会第一次会员大会暨成立大会举行,浙江舜浦工艺美术品股份有限公司总经理陈君标当选为第一届理事会会长。

12 月 27 日　市政府携手浙江省股权交易中心成功举办温岭制造板开板仪式暨温岭制造企业项目路演,浙江博思嘉办公设备股份有限公司、台州铭星装饰工程股份有限公司、温岭市达昌电器股份有限公司、台州三麟精密工具股份有限公司、台州程隆电器股份有限公司、温岭市卡西奥机械股份有限公司等 6 家市内制造业企业挂牌省股交中心成长板。市委副书记、市长王宗明为温岭制造板鸣锣开板,并为上述 6 家挂牌企业授牌。

12 月 28 日　台州市"醉美乡村"农村文化礼堂美术、书法新人新作大展在温岭市文化馆展览大厅开展。

12 月 29 日　温岭书画院揭牌启用,纪念王伯敏先生诞辰九十五周年书画精品展同时开幕。温岭书画院位于锦屏公园东门北侧,总建筑面积 2467 平方米,设有书画专业展厅、创作室、培训室、修复室、收藏室以及办公管理等功能区块,集书画展示、交流、研究、教育和收藏于一体,成为温岭独特的文化地标。

同日　投资 1200 多万元的温峤镇成人文化技术学校新校暨工量刃具科创中心正式落成。此为国内首家在乡镇级文技校成立的科创中心。

12 月 30 日　第三届斗米尖越野赛暨市首届少儿越野赛在市体育馆鸣枪开跑。共 625 名越野爱好者参赛,越野赛分为全程组 52 千米、半程组 40 千米、体验组 15 千米和少儿组 2.6 千米等 4 个组别。

12 月　省政协主席葛慧君到温岭调研民营经济发展和政协工作,实地考察北平机床有限公司和利欧集团股份有限公司,并分别召开民营经济调研座谈会和政协工作座谈会,听取台州及 9 个县(市、区)政协工作汇报。

同月　"温岭草编"作为编织扎制类别的一项入选第一批省传统工艺振兴目录。

同月　2018 年度中国县级医疗机构互联网品牌影响力排行榜揭晓,市一院位居全国第三。

是年　全市国家级高新技术企业达 172 家,省级科技型中小企业达 1059 家。

是年　全市实现生产总值 1091.07 亿元,按可比价格计算,比上年增长 7.7%,其中第一产业实现增加值 75.11 亿元,下降 0.1%;第二产业实现增加值 454.79 亿元,增长 8.7%;第三产业实现增加值 561.17 亿元,增长 8.0%。财政总收入 130.70 亿元,增长 13.0%,其中地方财政收入 77.29 亿元,增长 13.5%。全市社会固定资产投资增长 8.1%。社会消费品零售总额 633.34 亿元,比上年增长 11.0%。实现进出口 328.45 亿元,比上年增长 10.5%,其中进口 24.33 亿元,增长 22.6%,自营出口 304.12 亿元,增长 9.6%。年末全市户籍总人口 1221381 人,其中男性人口 617989 人,女性人口 603392 人。居民人均可支配收入 46268 元,比上年增长 8.7%。其中城镇常住居民人均可支配收入 57793 元,增长 8.7%;农村常住居民人均可支配收入 30743 元,增长 8.2%。

附　录

表 1　1978—2018 年历年年末总户数和人口数

年　份	户籍总户数（万户）	户籍总人口（万人）
1978	23.18	94.18
1979	23.70	95.07
1980	24.17	95.71
1981	24.95	96.46
1982	25.22	98.13
1983	25.70	99.25
1984	26.47	100.24
1985	27.71	101.26
1986	28.22	102.46
1987	29.28	103.75
1988	29.99	105.20
1989	31.07	106.58
1990	32.05	107.72
1991	32.47	108.48
1992	32.86	109.01
1993	33.14	109.50
1994	33.50	110.06
1995	33.77	110.79
1996	34.34	111.58
1997	35.64	112.23
1998	37.12	112.83
1999	38.41	113.28
2000	38.73	113.80

续表

年　份	户籍总户数(万户)	户籍总人口(万人)
2001	38.98	114.09
2002	39.34	114.28
2003	39.71	114.50
2004	40.28	114.82
2005	41.26	115.09
2006	41.85	115.70
2007	42.55	116.56
2008	43.12	117.58
2009	42.90	118.45
2010	42.60	119.29
2011	42.35	119.93
2012	42.05	120.60
2013	41.81	121.05
2014	41.43	121.80
2015	41.19	121.53
2016	41.00	121.67
2017	40.80	122.01
2018	40.59	122.14

注:本表中 2015—2018 年常住人口数据为第七次全国人口普查修订后各年的年末数据,其余则为当年人口普查数据。

表 2　2018 年各镇(街道)户数人口

镇、街道	年末总户数(户)	年末总人口(人)	按性别分	
			男(人)	女(人)
全　市	405921	1221381	617989	603392
太平街道	43068	120144	59016	61128
城东街道	19146	54790	27215	27575
城西街道	10813	31335	15385	15950
城北街道	6901	20396	10241	10155
横峰街道	10921	34085	17040	17045
泽国镇	41140	128605	65136	63469
大溪镇	40986	133068	67588	65480
松门镇	31174	93372	46831	46541
箬横镇	48599	146831	75344	71487
新河镇	40524	122033	61962	60071
石塘镇	23138	68248	34307	33941
滨海镇	25630	75330	38581	36749
温峤镇	21447	63400	32300	31100
城南镇	24434	74955	38670	36285
石桥头镇	9667	28799	14955	13844
坞根镇	8333	25990	13418	12572

表 3 1978—2018 年历年气象资料

年　份	全年平均气温(摄氏度)	最高气温(摄氏度)	最低气温(摄氏度)	总降水量(毫米)	月最大降水量(毫米)	日最大降水量(毫米)
1978	17.3	35.1	−2.4	1571.1	319.1	104.5
1979	17.6	36.6	−6.6	1043.1	297.9	68.7
1980	17.0	36.2	−5.4	1517.6	259.9	137.0
1981	16.9	35.0	−4.6	1826.9	402.6	278.9
1982	17.2	34.7	−3.3	1867.9	436.3	177.2
1983	17.4	35.5	−3.3	1744.9	348.4	138.8
1984	16.8	35.4	−5.5	1560.2	212.4	121.4
1985	17.2	35.3	−4.1	1764.0	437.3	229.2
1986	17.0	35.6	−4.2	1127.2	162.2	51.7
1987	17.3	36.1	−3.5	1830.3	448.4	259.6
1988	17.1	38.1	−1.4	1631.1	393.5	161.1
1989	17.2	36.0	−2.1	2427.0	622.2	128.7
1990	18.0	36.6	−2.6	2535.4	715.4	249.5
1991	17.8	37.0	−4.3	1461.9	260.5	103.5
1992	17.4	36.8	−2.1	1977.0	403.0	154.8
1993	17.3	37.0	−4.3	1544.3	287.0	111.5
1994	18.3	35.9	−3.3	1826.8	410.2	119.3
1995	17.2	37.3	−2.3	1463.4	264.0	115.0
1996	17.4	36.5	−2.6	1492.3	412.1	124.1
1997	18.0	35.4	−1.9	1759.8	618.4	160.9
1998	18.8	38.5	−3.4	1602.7	361.1	72.7
1999	18.1	33.9	−3.6	1666.2	288.5	129.9
2000	18.1	36.6	−3.4	2010.7	420.5	112.7
2001	18.3	35.2	−1.9	2172.1	494.9	189.1
2002	18.6	36.5	−0.3	1932.5	605.7	157.8

续表

年　份	全年平均气温（摄氏度）	最高气温（摄氏度）	最低气温（摄氏度）	总降水量（毫米）	月最大降水量（毫米）	日最大降水量（毫米）
2003	18.6	40.6	−2.2	1183.0	238.6	128.4
2004	18.5	36.2	−3.1	1963.6	458.7	170.4
2005	17.9	36.8	−3.4	2171.1	495.1	195.0
2006	18.7	37.0	−2.3	1716.4	467.0	93.5
2007	18.8	38.2	0.1	1792.8	391.9	177.7
2008	18.0	36.7	−1.0	1558.3	294.4	131.5
2009	18.2	38.0	−3.5	1868.3	564.0	347.3
2010	17.8	38.6	−3.6	2483.1	632.6	271.3
2011	17.8	37.5	−2.6	1202.6	220.6	130.9
2012	17.8	37.4	−2.3	2253.4	354.1	134.6
2013	18.4	39.7	−2.4	1691.1	379.2	172.6
2014	18.3	36.2	−1.2	2143.1	420.9	156.8
2015	18.2	36.6	−1.1	1704.8	323.0	141.3
2016	18.8	37.3	−5.7	1808.2	364.9	116.5
2017	18.9	38.7	−0.1	1319.9	292.9	108.9
2018	18.9	36.8	−2.7	1628.4	354.4	98.6

注:因气象部门计算方法调整,对部分历史数据进行了修正。

表 4 1978—2018 年历年财政收入与支出　　　　　　　　　　　　单位:万元

年　　份	财政总收入	地方预算内财政收入	地方预算内财政支出
1978	1805		1186
1979	1892		1396
1980	2308		1728
1981	2432		1823
1982	2588		1927
1983	2929		2222
1984	3655		2761
1985	5353		3211
1986	6548		4497
1987	7951		4870
1988	9991		5943
1989	11534		8222
1990	13124		8325
1991	13777		10495
1992	15156		10521
1993	21187		15739
1994	29221	16558	18245
1995	36441	19688	22738
1996	49622	23688	28728
1997	50176	26260	31461
1998	61306	34018	35353
1999	85474	41458	43432
2000	134805	56588	58537
2001	139009	77538	71737
2002	177911	80018	87979

年　份	财政总收入	地方预算内财政收入	地方预算内财政支出
2003	222880	97357	114671
2004	260234	117954	137168
2005	294209	134798	149336
2006	333938	158013	171353
2007	418892	204069	219287
2008	453898	233759	284684
2009	475522	250238	288982
2010	570123	305918	340441
2011	665511	361688	451736
2012	721978	388678	486941
2013	785977	438479	607223
2014	877077	478388	645088
2015	983574	541213	726079
2016	1031980	616886	943353
2017	1157118	680900	911183
2018	1307043	772850	1078061

注:2004 年,外贸出口退税政策调整,按新口径计算,当年全市财政总收入 203229 万元,地方预算内财政收入 104568 万元。2007 年开始财政支出中分项指标口径变动。

表 5 1978—2018 年历年生产总值

年　份	生产总值（万元）	第一产业（万元）	第二产业（万元）	工业（万元）	第三产业	人均生产总值（元）
1978	20355	8462	5797	3790	6096	218
1979	26328	10182	8879	6301	7267	278
1980	27552	9808	9884	7602	7860	289
1981	32439	10199	11675	9089	10565	338
1982	38050	14108	11618	9329	12324	391
1983	42138	14354	13204	10187	14580	427
1984	51657	14220	19809	15327	17628	518
1985	69826	26138	20608	17433	23080	693
1986	84676	29840	23974	21571	30862	831
1987	107129	38716	31088	27669	37325	1039
1988	139991	47754	39525	34560	52712	1340
1989	152507	50792	46165	41699	55550	1440
1990	161212	53223	50311	43874	57678	1505
1991	216933	79171	62931	52290	74831	2007
1992	278919	94637	94438	84260	89844	2565
1993	421251	108432	188318	166108	124501	3856
1994	657951	180230	280362	254137	197359	5993
1995	933228	224680	425266	390945	283282	8451
1996	1160182	236223	574169	531209	349790	10435
1997	1245195	256253	604343	567611	384599	11127
1998	1353736	259929	663726	625464	430081	12030
1999	1482229	262839	734779	698865	484611	13111
2000	1656554	255171	845962	805413	555421	14590
2001	1782466	260372	910492	867278	611602	15643
2002	1996711	261644	1016922	964829	718145	17487

年　份	生产总值（万元）	第一产业（万元）	第二产业（万元）	工业（万元）	第三产业	人均生产总值(元)
2003	2277769	264787	1188978	1120323	824004	19912
2004	2673278	265021	1425126	1335088	983131	23315
2005	3066839	286396	1645846	1553447	1134597	26679
2006	3535320	290218	1928252	1806031	1316850	30637
2007	4156486	311449	2286226	2125658	1558810	35793
2008	4787823	331290	2631565	2441427	1824968	40898
2009	5039585	356481	2743029	2516062	1940075	42703
2010	5804450	414022	3159114	2900522	2231313	48830
2011	6619701	495933	3527073	3217313	2596695	55344
2012	6752300	522790	3314415	2952571	2915094	56145
2013	7389002	555950	3544876	3137343	3288175	61153
2014	7867032	565343	3856694	3208364	3444996	64788
2015	8042814	602859	3750168	3000614	3689788	66107
2016	8519401	669934	3792748	3028758	4056720	70061
2017	9213734	724120	4221516	3330255	4268098	75621
2018	10301945	764012	4757082	3699899	4780852	84391

注:根据国家统一部署,本次对地方生产总值进行了较大范围的修订,2004 年起包含了 R&D 研发费用;2007—2016 年根据第三次全国农业普查情况进行了修订;2014—2017 年根据第四次全国经济普查情况进行修订。

表6　1978—2018年历年社会消费品零售总额　　　单位:万元

年　份	社会消费品零售总额	按行业分		
		批发和零售业	住宿和餐饮业	其　他
1978	10583	10166	239	178
1979	12235	11686	276	273
1980	15173	14489	308	376
1981	17130	16190	324	616
1982	17292	15993	354	945
1983	19682	18539	458	685
1984	22685	21320	499	866
1985	31718	29332	964	1422
1986	39251	33170	1080	5001
1987	50381	42920	1364	6097
1988	74196	63932	1836	8428
1989	75992	66348	1937	7707
1990	74716	66152	2213	6351
1991	83792	75309	2584	5899
1992	102236	88778	5596	7862
1993	148681	124459	8635	15587
1994	251317	219190	18400	13727
1995	371144	312889	34931	23324

注:1995 年后各年数据均不包括居民购买住房。

年 份	社会消费品零售总额	按行业分		
		批发和零售业	住宿和餐饮业	其 他
1996	477408	428644	27764	21000
1997	517735	463064	29849	24822
1998	551521	498017	21154	32350
1999	587884	523378	28074	36432
2000	604442	531946	32148	40348
2001	642717	560762	41138	40817
2002	711693	615815	52227	43651
2003	796888	696164	66166	34558
2004	922800	800449	79697	42654
2005	1073924	925509	100984	47431
2006	1249273	1077615	120304	51354
2007	1457003	1263802	146865	46336
2008	1736376	1542559	193817	
2009	2025050	1695837	329213	
2010	2355278	1980359	374919	
2011	2802448	2332578	469870	
2012	3266826	2707253	559573	
2013	3779022	3120164	658858	
2014	4305372	3561065	744307	
2015	4738870	3927630	811240	
2016	5267628	4352051	915577	
2017	5933498	4890239	1043259	
2018	6289005	5141019	1147986	

注:根据第四次全国经济普查结果,对2018年数据进行了修订。

表 7 1978—2018 年历年主要金融指标　　　　　单位:万元

年　份	全部金融机构年末存款余额	住户存款年末余额	全部金融机构年末贷款余额
1978	2476	516	6231
1979	3119	869	7254
1980	4384	1409	8996
1981	5232	1764	9212
1982	6198	2505	10483
1983	7728	3406	10829
1984	10962	4368	15919
1985	13863	5278	19101
1986	18914	8447	25059
1987	21472	8538	27060
1988	23254	7907	29771
1989	32563	13656	34675
1990	43363	18873	41893
1991	54415	23649	52141
1992	73220	33218	62780
1993	93560	43494	79134
1994	153356	77983	110620
1995	233358	125362	150744

注:本表存贷款数据均为人民币口径。

年　份	全部金融机构 年末存款余额	住户存款 年末余额	全部金融机构 年末贷款余额
1996	345750	206840	195267
1997	474289	291746	270102
1998	661768	426383	344760
1999	815093	518685	414989
2000	1040687	653153	528773
2001	1314020	842660	706305
2002	1657502	1068248	999675
2003	2093265	1328275	1437744
2004	2257412	1448715	1702243
2005	2701079	1744140	1884606
2006	3345671	2162756	2342977
2007	3986205	2339612	2862630
2008	4778196	2990952	3369116
2009	5867655	3511053	4326833
2010	7161274	4146191	5424161
2011	7794948	4759168	6048916
2012	8775263	5392500	6905020
2013	10585785	6239741	8210481
2014	11687531	6758438	9246375
2015	12710028	7332217	10505489
2016	14292356	8279103	10844125
2017	15009177	8817560	12008923
2018	16532217	9887652	13800077

　　注:1998 年前金融机构现金收入为银行现金收入,1998 年起为全部金融机构现金收入。

后记

2018 年 11 月,《温岭市志(1988—2007)》由中华书局正式出版,这是新中国成立后温岭以县(市)级行政区域名称冠名的第二部综合性地方志书,也是温岭撤县设市后的第一部综合性地方志书。当时适值全国改革开放四十周年,市地方志办公室(2019 年 7 月改名为市地方志编纂室)决定编纂《温岭改革开放 40 年大事记(1978—2018)》(以下简称《大事记》),并经市人民政府办公室同意编纂。市地方志办公室立即投入紧张的资料搜集整理工作,凭借《温岭市志(1988—2007)》编纂过程中积累的大量资料,往前溯源到改革开放起始的 1978 年,往后循迹到改革开放 40 年的 2018 年。编纂内容从《温岭县志》《温岭市志》和有关文件、档案、年鉴、报刊、书籍中搜集精选大量资料整理编写,编辑部还征集采访大量史料,经考证、核实后载入。同时,编辑部通过逐条讨论、补充、反复修改完善,至 2022 年底,经三易其稿,形成总字数约 23 万字的《大事记》书稿。2023 年 4 月,温岭市地方志编纂室与中共温岭市委党史研究室整合组建中共温岭市委党史研究室(温岭市地方志编纂室)后,对《大事记》个别条目再作修改、补充,进一步完善书稿,并增加人口数、气象数据、历年生产总值、财政收入与支出等七张数据表格作附录,最终形成《大事记》出版稿,提交浙江大学出版社正式出版。

《大事记》编纂过程中,受到市地方志编纂室的原主管部门市人民政府办公室的高度重视和关心。资料征集过程中,得到市档案局、温岭日报社和原市委党史研究室的资料支持,有关部门单位积极提供建设性意见。在此,一并致以诚挚的感谢!

由于本《大事记》时间跨度 40 年,内容涉及面广,史料的搜集难以穷尽,加之编纂人员水平受限,书中内容虽经反复核实、考证,也难免存在疏漏和不妥之处,恳请读者批评指正。

编者

2024 年 3 月